“十三五”国家重点图书出版规划项目
国 家 战 略 预 警 研 究 译 丛

珍 珠 港
预 警 与 决 策

PEARL HARBOR
Warning and Decision

[美] 罗伯塔·沃尔斯泰特（Roberta Wohlstetter）——著
张魁——译

金城出版社
GOLD WALL PRESS
·北京·

图书在版编目（CIP）数据

珍珠港：预警与决策 /（美）罗伯塔·沃尔斯泰特 (Roberta Wohlstetter) 著；张魁译 .—北京：金城出版社有限公司，2020.12
（国家战略预警研究译丛 / 朱策英主编）
书名原文：Pearl Harbor: Warning and Decision
ISBN 978-7-5155-2045-2

Ⅰ. ①珍… Ⅱ. ①罗… ②张… Ⅲ. ①日军偷袭珍珠港（1941）—史料 Ⅳ. ① E195.2

中国版本图书馆 CIP 数据核字（2020）第 167443 号

珍珠港：预警与决策

ZHENZHUGANG YUJING YU JUECE

作　　者 [美] 罗伯塔·沃尔斯泰特
译　　者 张　魁
策划编辑 朱策英
责任编辑 李晓凌
责任校对 李凯丽
责任印制 李仕杰
开　　本 700毫米 × 960毫米　1/16
印　　张 28
字　　数 431千字
版　　次 2020年12月第1版
印　　次 2020年12月第1次印刷
印　　刷 天津旭丰源印刷有限公司
书　　号 ISBN 978-7-5155-2045-2
定　　价 128.00元

出版发行 **金城出版社有限公司** 北京市朝阳区利泽东二路3号　邮编：100102
发 行 部 (010) 84254364
编 辑 部 (010) 64271423
投稿邮箱 gwpbooks@yahoo.com
总 编 室 (010) 64228516
网　　址 http://www.jccb.com.cn
电子邮箱 jinchengchuban@163.com
法律顾问 北京市安理律师事务所　(电话)18911105819

编者语

当今全球局势复杂多变，安全冲突此起彼伏，不确定性与突发性相互交织，给世界带来了全新的挑战。提高战略预警能力，完善国家战略预警系统，成为各国的必然选择。

国家战略预警，指一国武装力量为防御突然袭击，运用预警技术监视别国战略进攻性武器活动态势的综合性警戒手段。它关乎一国的战略核心利益，是维护国家安全、执行战略行动的重要保障，是国家防御体系的重要组成部分，是国家战略防御和威慑力量不可或缺的重要基础。战略预警攻防兼备，以守为攻。其目的在于，及时在尽可能远的警戒距离内，准确探测识别敌方攻击，分析判断各类情报信息，发布先期警戒情报，使国家决策层尽早采取反制措施，甚至先发制人。

针对敌方的突然袭击，如何识别、预警、预判、反制、威慑、防御，是全球情报人士热切关注的问题。为此，我们特别策划了“国家战略预警研究译丛”，将该领域的国际研究成果推荐给中国读者，供读者批判性学习。丛书主要针对的是国家层面的战略预警，内容涵盖早期预警、情报搜集、情报分析、预判突袭、预先防御、先发制人、情报失误、减少不确定性等方面。我们所精选的作品，既有享有盛誉的经典著述，也有一些顶尖专家的最新研究，备受各国情报人员和国家安全学者推崇。

目前，中国已进入一个全新时代，比历史上任何时期都更接近实现民族复兴的目标。但前进的道路不可能一帆风顺，我们还面临许多重大风险挑战。我们真诚希望本套丛书，可对我国相关领域的从业者有所启迪；为维护我国国家安全、践行总体国家安全观，在理论与实践上有所探索。

目　录

序　言

如果我们相信珍珠港事件只是一场灾难深重但不同寻常的无意之过，也许会感到宽慰。但令人不安的是，珍珠港事件却是一次极其**寻常**的无意之过。实际上，“无意之过”这个词太过具体，因为我们在珍珠港事件中暴露出的毫无防备令人无法忘却，而且这既不能归因于事件发生在周日早晨，也不能归因于珍珠港远在夏威夷。珍珠港事件就是在一场冷战式危机中，一个情报发达的政府无法预期敌人行动的巨大失误。

想一想整个美国政府及其广布的军事力量和外交机构，我们就会认识到，当珍珠港事件发生时我们在打盹的说法是不真实的。世界上没有哪个政府能比我们更有能力预期到事件将会发生。我们只是预期错了。最应该承担责任的，是我们的战略分析，而非我们的预警。我们忙于思考日本人的那些“明显”的行动，却忽视了应对他们正在实施的行动。

对我们而言，这个行动是“不太可能”的。而就算我们没有被突袭，我们可能仍然会在一定程度上感到震惊。（如果我们没有提供被袭击的目标，袭击也有可能被取消。）但事情并不是这样完全“不太可能”。对于日本人而言，如果说珍珠港是一个长距离袭击目标，那么和美国之间的战争也是一个长期过程。这次袭击映射出日本的战争决策，展现出精心策划的迹象。而在我们的计划中，却有将不熟悉的事务与不太可能的事情混淆的倾向。那些我们没有认真考虑的偶发事件对我们而言是奇怪的，而看起来奇怪的就会被认为是不太可能的，不太可能的也就没有必要认真考虑了。

我们还犯下一个可怕的错误，那就是忘记了一个好的威慑也会成为上佳的目标。我们在 20 世纪 50 年代几乎犯下同样的错误。

当突袭发生在某个政府身上时，它可能是一个复杂、涉及面广泛、牵涉到官僚主义的问题。其中涉及忽视职责，也涉及因为职责定位不准确或模糊而让行动时无所适从的问题。它涉及情报空白，也涉及因为情报过于敏感而没有分发给那些需要情报者的问题——就好像一串珍珠因为过于珍贵而舍不得佩戴一样。它涉及未能生效的警报，也涉及因为警报发出过于频繁而失去整体意义的问题。它涉及那个不警惕的值班员，也涉及因为他知道要是把上级从床上叫起来自己一定会被活剥的问题。它涉及无人所知的事件，也涉及那些因为每个人都假定其他人已经关注了偶发事件而产生的问题。它涉及直接的拖延情况，也涉及因为内部分歧而造成的政策拖延问题。此外，它还涉及那些在确信事情真的发生之前未能积极有效应对问题的人们，而当他们开始应对时却为时已晚。（现实可不像是在电影里，有背景音乐暗示我们高潮即将来到。）最后一点，正如在珍珠港事件中那样，突袭会涉及敌人采取的某些创新举措，还可能会伴随着纯粹的坏运气。

珍珠港事件的结果呈现出突然性、集中性和剧烈性的特点。而失误却是累积性的、涉及面广泛的，而且看起来令人沮丧的似曾相识。这也是当突袭发生在某个政府身上时，我们不能仅仅用人们受到震惊这一点来描述。不论是在珍珠港，还是在柏林墙，突袭涉及的是某个政府（或是某个联盟）无法有效预测的问题。

沃尔斯泰特女士的著作是对一个国家无法预测的巨大失误的独特剖析。如果说她竭力展现出我们是如何滑入某种态势——正如日本人发现我们所处的状态那样，它也会提醒我们现在可能正处在同样的态势中。危险并不在于我们应当在缺乏足够技能的情况下去解读信号和指标；危险在于缺乏预期，在于惯性地将自己局限于熟悉而非可能会发生的那些危险中。盟国间的外交、机构间的讨价还价、拨款听证会，还有公众讨论似乎全都需要集中注意力于一小部分生动形象而过于简化的危险。规划者应当思考更为敏感和多样化的问题，考虑更为广泛的可能事件。但正如沃尔斯泰特女士所揭示的那样，那些有话语权的“规划者们”同样也要负责盟国间的外交、机构间的讨价还价、拨款听证会和公众讨论；他们太忙了。这正是政府的困境。这本顶级的著作无情地揭示了这一困境的后果。

哈佛大学国际事务中心

托马斯·谢林（Thomas C. Schelling）

引 言

本项研究主要是基于以下资料：1946 年出版的 39 卷关于珍珠港袭击的《国会听证会》（*Congressional Hearings*）；自 1941 年以来出版的日本和美国政治家和军方领导的回忆录；来自历史学家们第二手记录，包括罗伯特·布托（Robert Butow）、赫伯特·菲斯（Herbert Feis）、威廉·兰格（William Langer）、埃弗里特·格里森（Everett Gleason）、沃尔特·米利斯（Walter Milis）、塞缪尔·艾略特·莫里森（Samuel Eliot Morison）有关陆军的第二次世界大战丛书等特别优秀、客观的研究。我还参考了一些私人的、未出版的资料，包括海德公园富兰克林·罗斯福图书馆中的文献和哈佛法学院珍贵藏品室中日本战争罪审判的副本。对那些经历过 1941 年事件的陆军和海军人员的访谈，有益于还原当时的官僚机构氛围，并确定与文件上记载内容相反的、鲜活的交流言辞。当然，众所周知，鉴于人类记忆容易出错，这些口头访谈并没有被用于确定任何存在争议问题的确切日期或时间。

本书的最初灵感来自我的朋友安德鲁·马歇尔（Andrew W. Marshall）。对他、伯纳德·布罗迪（Bernard Brodie）和哈威·德维尔德（Harvey DeWeerd）在 5 年的研究里给予的持续鼓励和建议，我尤为感激。本研究还得益于亨利·洛文（Henry Rowen）和阿尔伯特·沃尔斯泰特（Albert Wohlstetter）这两位长期从事突然袭击和意外战争分析专家的建议。经济学、工程学、历史学、法学和战略领域的许多其他专家也提供了有价值的帮助。尤其要感谢的是迈克尔·阿恩斯登（Michael Arnsten）、詹姆斯·迪格比（James Digby）、哈尔彭（A. M. Halpern）、索利斯·霍尔威茨（Solis Horwitz）、维克多·亨特（Victor Hunt）、威廉·考夫曼（William W. Kaufmann）和萨拉加（F. M. Sallagar）。

要感谢小阿道夫·伯利（Adolf A. Berle, Jr.）允许我仔细研读他在那一时期所写的日记并进行引用；感谢赫尔曼·卡恩（Herman Kahn）准许我参阅海德公园富兰克林·罗斯福图书馆中的文献，还有他对书中“决定向战场发出警报”那一章的评论。军事史办公室主任肯特·罗伯茨·格林菲尔德（Kent Roberts Greenfield）宽容地准许我查阅他办公室的档案文件。感谢该办公室的伊斯雷尔·怀斯（Israel Wice）引导我找寻相关资料，感谢历史学家斯特森·康恩（Stetson Conn）对手稿的评价。海军上将罗伯特·洛克哈特（Robert G. Lockhart）、斯图尔特·穆里（Stuart S. Murray）、哈里·桑德斯（Harry Sanders），查尔斯·弗里曼（Charles L. Freeman）海军上校，乔治·莱因哈特（George C. Reinhardt）上校和肯尼斯·伯奎斯特（Kenneth P. Bergquist）将军在阐明 1941 年时美国海军和陆军的组织架构和能力的技术方面提供了非常大的帮助。

在我非常有幸访谈的众人中，我尤其想感谢埃德温·莱顿（Edwin T. Layton）海军上将和迈科克伦（A. H. McCollum）海军上将，前者对于檀香山当地的问题有独到见解，并对夏威夷的材料进行了详细的评论，后者对华盛顿官僚机构的运行有独特的了解，并对海军《听证会》（*Hearings*）中的含混之处进行了澄清。

最后，我必须要感谢睿智的密码分析专家威廉·弗里德曼（William F. Friedman）上校以及陆军和海军的团队，他们的奉献和努力让我们可以解读“魔术”（MAGIC）信息。尽管出于明显的安全原因，弗里德曼上校不能对本书中呈现出的密码分析材料进行任何评论，但他却无私地向我贡献了他的时间、才智和智慧。对于他和其他那些“从帽子里变出兔子来”的无名魔术家们，我要表达崇敬和感谢。

与埃莉诺·哈里斯（Eleanor Harris）一起工作十分愉快，她在编辑我准备出版的手稿方面提供了无价的帮助。

在允许被引用材料的出版商方面，我希望提及以下：哈珀兄弟公司（Harper & Brothers）1948年出版、罗伯特·舍伍德（Robert E. Sherwood）所著 *Roosevelt and Hopkins：An Intimate History*；迪尤尔、斯隆和皮尔斯公司（Duell, Sloan and Pearce, Inc.）1950年出版、埃利奥特·罗斯福（Elliott Roosevelt）和约瑟夫·拉什（Joseph P. Lash）主编 *F.D.R.:His Personal Letters: 1928—1945*, Vol. II；西蒙与舒斯特公司（Simon & Schuster, Inc.）1954年出版、哈罗德·伊克斯（Harold L. Ickes）所著 *The Lowering Clouds*，Vol. III of *The Secret Diary of Harold L.Ickes*；1956年出版的东乡茂德（Shigenori Togo）的 *The Cause of Japan*；美国海军学院论文集中引用的资料，包括渊田美津雄（Mitsuo Fuchida）的“I Led the Air Attack on Pearl Harbor”（Vol.78，1952年9月）、福留繁（Shigeru Fukudome）的“Hawaii Operation”（Vol. 81，1955年12月）和岛田光一（Koichi Shimada）的“Japanese Naval Air Operations in the Philippine Invasion”（Vol. 81，1955年1月）。

罗伯塔·沃尔斯泰特

1962年4月于加利福尼亚洛杉矶

关于军衔的说明

在以下文本中，有关陆军、海军和空军人员的军衔特指在 1941 年时的军衔。到 1942 年至 1946 年举行正式质询时，绝大部分人的军衔已经晋升，这也可以解释军方人员在听证会作证时的军衔与 1941 年时存在的明显差异。只要条件允许，某名军官在首次出现时都会包括该人的全名和 1941 年时的军衔，而之后则只使用简化形式。（比如，克拉默海军少校一开始是 Lieutenant Commander A. D. Kramer，之后则简写为 Commander Kramer。）当对 1941 年的军衔存在疑问时，我使用了各军种向国会调查委员会提供的组织机构图（参见 *Hearings*, Part 21, pp. 4552*ff*）。

前　言

珍珠港事件为我们提供了一个震撼人心而且记录详细的袭击案例，尽管袭击前已经有庞大数量和多种类型的信号，但袭击却达成了完全的、令人震惊的突然性。在对证据进行梳理后，一些分析家和历史学家将袭击归因于个人或群体的过错，另一些则不同意，其他人则从更大的外交关系背景下来考虑珍珠港事件的作用。与上述认识都不同，本书几乎只关注于预警和突袭的事实，以及它们在今天的意义。研究的出发点是对 1941 年——更多的是从当今这样一个氢弹时代——美国决策机制面临突然袭击时如何运作的兴趣。

今天，一次热核武器的突然袭击不仅可以杀死上千万人，而且可能让受袭国家的快速军事反应能力瘫痪，逐渐减缓其动员战争潜力的机会。正因为如此，减少突然袭击的可能性，在近年来，至少是从艾森豪威尔总统的“开放天空”（Open Skies）倡议起，已经逐渐成为西方与苏联之间谈判的核心关注点。因此在这个时候，珍珠港事件可以作为一个历史案例来阐明突袭的种种因素。

首先，我们应当就信息及其传递提出一些相对简单的问题。我们应当细致地审视信号（signal）的侦测和通信。（在本书中，“信号”一词虽然来源于信息的现代理论并与之用法一致，但我们可以从非技术层面来理解它。它表示一条线索、迹象或是证据，揭示了某个特定威胁或是敌人某个特定的行动或意图。)

其次，我们应当对信息如何影响我们的行动进行梳理。我们想知道一个信号从被筛选出来到抵达决策过程核心环节，这一段时间内发生了什么。具体地说，我们想知道以下问题的答案：

1. 1941 年，在我们的信息系统内，究竟有哪些关于日本即将对美国设施发动袭击的信号？换言之，我们在华盛顿特区和檀香山的军事和民事情报机构究竟搜集到哪些信号？

2. 对于檀香山的军事指挥机构而言，这些信息中有多少是可用的？有多少信息是从华盛顿转来，又有多少是在当地产生的？有多少信息从檀香山发往了华盛顿？

3. 相较于我们的公开来源，秘密来源究竟有多大作用？

4. 有多少信号丢失了或是遗漏了？这些信号是长期性的或是临战最后时刻的，抑或两者都是？

5. 有多少信号传达到那些有行动决策权的人手中？

6. 这些信号如何被解读，又是如何在决策中使用的？

7. 就所有可用的信息而言，我们的领导层是如何被突袭震惊的？

8. 最后，就今天可能会发生的、后果更为严重并且可能是致命的突然袭击而言，珍珠港事件又能告诉我们什么？

要试图回答上述问题，我们应当描绘出夏威夷战场上的陆军和海军司令部、华盛顿的陆军部和海军部高官和参谋部门，以及白宫和国务院是如何接收信号并做出决策的。我们应当梳理这些机构的资源和掌握的情况，以及军事作战部门和最高决策层之间的联系手段、频率和类型。

普遍的看法认为，获取秘密信息的行动存在巨大的危险性和戏剧化的情节。但却鲜有人理解解读信息、从丰富的公开和秘密来源数据中筛选出相关迹象，这一工作存在的危险。推理的飞跃过程，即使不是那么富有戏剧性，也存在着巨大风险。

公众关于珍珠港灾难即将发生的印象显得过于简单，他们认为事件脉络清晰，没有模糊信息。档案记录中也充斥着各种依据，可以清晰地从中推论出日本的计划。“魔术”信息中的“东风雨”（East Wind Rain）就是最著名的一条证据。而事实上，仅在檀香山地区这样有限的范围内，各类信号构成的图景却无比复杂。当我们把视线转移到位于华盛顿的更大量的机构时，信号变得更加庞杂，模糊程度也更深。在这两个地方，表明珍珠港袭击的肯定信号，总是伴随着袭击其他地点的信号或是否定的信号，还有各种各样、无助于预测此次灾难发生的信息。我们把这些矛盾的信号称为“噪声”（noise）。要理解突袭的事实，就有必要梳理那些在事件发生之后可以看清预示袭击信号的特点，以及噪声的特点。

即使达不成其他目的，只要理解了任何一个信号系统中存在着噪声，也会让我们对信息分析人员的工作肃然起敬。比如在 1941 年，分析人员面对的就是从巴拿马运河到圣地亚哥、旧金山、温哥华、南美、加勒比和菲律宾等地传来的危险存在的喧嚣，何况还有大西洋和欧洲地区出现的极大数量的危险信号。在珍珠港，先前的数次警报也形成了噪声的氛围。此外，训练和增援外围岛屿等方面的问题进一步转移走了原本应集中在有价值迹象上的关注。在华盛顿，人们的注意力被欧洲和大西洋地区的警报转移开，即使在有关远东地区的信号模式中，也有大量显示日本准备向北攻击西伯利亚的矛盾信号。回顾过去，我们能看到多年前曾被遗漏的迹象。但遗憾的是，拥有决策权的人面临的问题是要去预测而非回顾。我们想要做的，是重构 1941 年时所显示出来的信号图景。

以往曾有许多关于珍珠港事件的论述，研究了 1940—1941 年间对抗的逐渐升级，记述了外交策略的错综复杂，以及在欧洲和远东两者利益间不断选择的压力。为简单明了之故，我们在研究开始时采取了相反的路径，不再赘述这一背景。研究将从檀香山当地和袭击前数小时的情况开始。

第1章
檀香山得到的信号

在和平被打破前的最后几小时，预警信号的侦测和通信最主要依靠技术设施的速度和效率，还有单个观察人员的反应时间。12月6日晚间和7日早间，在檀香山，接收和发出袭击即将发生的临战前最后信号的情况如何？信号是什么？哪些人得到了信号？

第一节　接收和发出临战前最后信号

一、陆军近岸空中巡逻

陆军负责近岸空中巡逻和雷达网设施，而海军负责近岸舰艇巡逻和远程侦察。之所以这样区分侦察职责，还要回溯到查尔斯·赫伦（Charles D. Herron）中将执掌夏威夷指挥权的时期，并在1941年4月11日的《联合海岸前沿防御计划》（Joint Coastal Frontier Defense Plan）中得到确认。

之所以出台这一计划，目的就是明确陆军和海军在联合防御珍珠港中的职责。赫伦中将这样解释计划的缘由：

……海军十分嫉妒陆军可以实施水上飞行，我们当然得这么做，因为我们得在岛屿间起降穿梭。

现在，就我们所掌握的飞机数量而言，只能够实施一项具有军事价值的侦察任务，那就是搜索潜艇，而海军对我们监视近岸水域搜索潜艇十分紧张。所以，为了避免海军必然的、对任务控制权的争夺，我们提出可以由他们来负责远程侦察。这当然符合逻辑，因为只有他们拥有向外海机动并停留在海上的飞机；同时也是为了确保我们可以进行水上飞行，我们把自己的职责规定为近岸侦察，虽然没有明确定义这一职责，但显然包括训练人员发现靠近海岸的敌人潜艇。若非如此，这一职责也就没有军事意义了。[1]

赫伦认为近岸空中巡逻的离岸距离可以达到 40 英里[2]，而袭击发生时担任夏威夷陆军航空兵（Army Air Corps）司令的马丁（F. L. Martin）少将则认为这一距离应当是 4 至 5 英里。两位军官都将搜寻范围限制在侦查水面或水下的“看似可疑的物体”。[3] 对马丁而言，近岸巡逻一直都是另一项任务的一部分，即“训练的……附带的”，而且“并不是对本地区的有序组织的侦察”。[4] 近岸空中巡逻从未发现任何潜艇，但通信路径是首先要到达夏威夷航空司令部（Hawaiian Air Force Headquarters），然后到达陆军，接着才到达海军。由于此条路径从未被使用，因此很难估计当危机爆发时能发挥多大作用，但似乎信息发送到海军足足需要半小时。无论这

[1] 原注：*Hearings before the Joint Committee on the Investigation of the Pearl Harbor Attack*, Part 27, p. 118*f*. 此后均简称为 *Hearings*（《听证会》）。

[2] 编注：1 英里约为 1.6 千米。

[3] 原注：*Hearings*, Part 28, p. 964.

[4] 原注：*Hearings*, Part 28, p. 954.

样的巡逻是否能够发现敌人空袭的信息，充其量也只能为航空司令部提供数分钟的预警时间。在 12 月 7 日早晨，空中巡逻根本没有发挥任何作用，因为空中就没有陆军的飞机。

二、陆军飞机警报部队

12 月 7 日，飞机警报部队（Aircraft Warning Service, AWS）包括位于瓦胡岛（Oahu）沙夫特堡（Fort Shafter）的一个新建信息中心，还有卡车搭载的几个移动雷达（SCR–270），分别位于科韦罗阿（Kawailoa）、卡胡库角（Kahuku Point，又称“奥帕纳”）、卡阿瓦（kaaawa）、科科角山（Koko Head）、沙夫特堡后方，可能还包括怀安纳（Waianae）。[1]（参见图 1–1）这些雷达用发电机组供电，由于频繁使用，出现了故障，[2] 而且它们只对高空和距离在 30 至 130 英里这个范围内的飞机才有效。雷达无法侦测到低空或距离在 30 英里以内的飞行。[3]12 月 7 日后才发现，在莫洛凯岛（Molokai）以北存在着 20 度的盲区，并在那时才最终进行了校准。在瓦胡岛上，雷达操作员和信息中心之间是通过商用电话进行通信，而外围岛屿与瓦胡岛之间则通过无线电通信，但效果“不令人满意”。除了和惠勒机场（Wheeler Field）之间外，从信息中心到各个作战中心（operating center）都没有通信线路。11 月份进行的测试使得中心和战斗机之间建立了联系，但通信范围仅限于离岸 5 英里。尽管陆军防空哨所在有人执勤时可以向信息中心报告，但却没有系统的地面观察。

[1] 原注：有关移动雷达的位置和数量的证词与证据相互矛盾。本文参照的是《听证会》中第 12 部分第 322 页中的图表。

[2] 原注：12 月 7 日后，供电方式才由发电机组更改为商业电力。

[3] 原注：1941 年，人们相信，雷达部署地点的高度越高，接收信号的效果越好。后来才发现，造成夏威夷地区雷达机组难以侦测到 30 英里以内近距离信号的地物反射波，可以通过将雷达部署在背靠山地的低平地区的方式消除。这些雷达都被部署在环岛周边的高地上。由于地物反射波和地壳弯曲，雷达无法获取低空飞行信号。

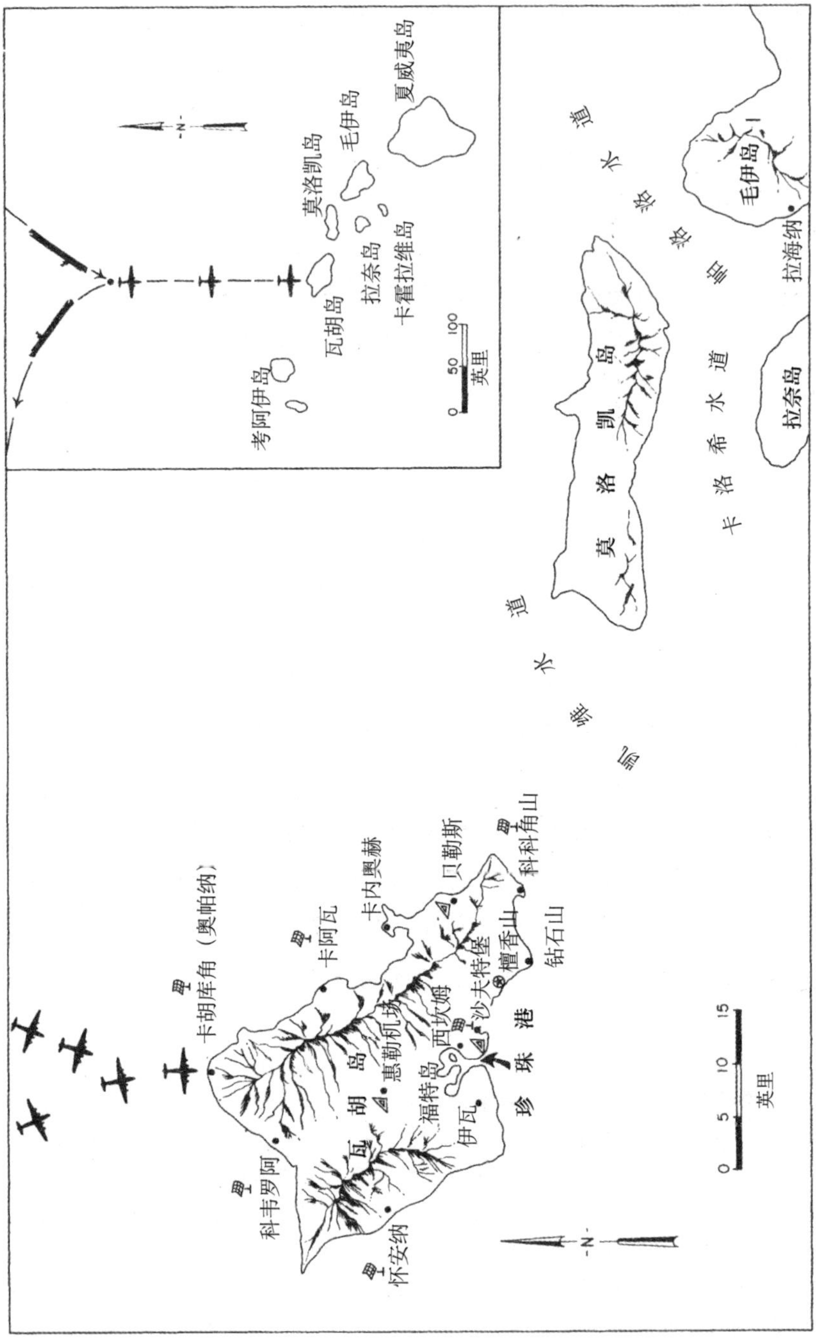

图 1-1 1941 年 12 月 7 日，瓦胡岛上的陆军飞机警报部队

飞机警报部队已经通过训练的方式组建运行数月。移动雷达是在 1941 年 8 月就接收到位，[1] 并且一直与一个临时信息中心联合运行。11 月 17 日，当信息中心的永久设施完工时，标图桌也设置完成。设置后，负责的军官才发现标图桌绘制的半径是 200 英里，这样一来，作为标图中心部分的夏威夷地区就显得太小了。于是又花费一周重新绘制成半径更小的图，再花费一周把图描绘到桌上并让标图员进行练习。终于，到 12 月 7 日，按照威廉 · 泰勒（William Taylor）海军中校（他是一位雷达专家，由海军在 11 月中旬时借调给飞机警报部队）的证词，“标图员们训练良好，能够在不需要飞机控制员的情况下进行监视和检查”。[2]1941 年 11 月，还举行了陆军和海军都参与的数次演练。但由于所有雷达中心并非每次都有人值守，没有一次演练是完整的。尽管如此，识别和截获工作一直被认为是令人满意的——至少在夏威夷陆军信号部队（Army Signal Corps）负责人鲍威尔（C. A. Powell）中校向史汀生（Stimson）部长的特别助理哈威 · 邦迪（Harvey Bundy）报告时是相当满意的。[3] 甚至在更早的 8 月 5 日，沃尔特 · 肖特（Walter Short）中将在写给赫斯本德 · 金梅尔（Husband E. Kimmel）海军上将的信中称飞机警报部队“马上就要成军”。无论肖特是否有意为之，他的信给金梅尔造成了一种印象，即到 1941 年秋天时飞机警报部队能够成型并作为截击机指挥部（Interceptor Command）下属的一部分发挥作用。

自然，那些运作飞机警报部队的人没有肖特将军或金梅尔将军那么乐

[1] 原注：3 个固定式雷达（SCR–271）早在 1941 年 7 月就接收了，但用来部署它们的房屋却远未完工。经过将近一年的讨论和联系，华盛顿终于在 1941 年 1 月 6 日授权开始建设工程；在 3 月份之前，两个地点的所有设计和各种审批环节均已完成，另一个需要内政部批复的地点的设计和审批手续也在 5 月 29 日完成。但是，陆军工程兵（Army Engineers）不知何故却被岛上的休闲美景吸引走了。负责飞机警报部队设施任务的陆军地区工程兵西奥多 · 怀曼（Theodore Wyman）上校的证词，是一大段可以解释珍珠港事件这一失误中的腐化和低效的自白。

[2] 原注：*Hearings*, Part 27, p. 560.

[3] 原注：*Hearings*, Part 18, p. 3187.

观。他们不仅要面对装备获取顺序靠后的问题，而且要面对雷达机械技术问题（如无法识别的雷达信号、环岛山峰的干扰、停电等）。同时，他们还要面对由于人性弱点而引发的困难局面。由于信号部队只要仍处于训练状态，负责人鲍威尔中校就拥有“作战控制权”，因此飞机警报部队依然处于训练状态，而鲍威尔也不愿意让出控制权。负责训练驱逐机飞行员的夏威夷截击机指挥部作战官肯尼斯·伯奎斯特少校相信，所有人员已经做好了由航空兵在 11 月接手控制权的准备。这一证词显示了航空部队和信号部队之间关于控制权问题的大量争斗，而结果是信号部队获胜了。正是由于这一原因，信息中心和雷达机组 12 月 7 日并没有以正常的 24 小时全时状态运行。也正是由于这一原因，没有一名联络官在场，甚至都没有任命过联络官，因此也就不存在快速正确识别并拦截飞机的可能性。申请任命联络官的请求显然没有得到重视，因为整个行动中都没有出现过一名被确认的指挥官。虽然海军曾借调出一名雷达专家，但却没有指定一名联络官；陆战队（Marine Corps）、陆军轰炸机指挥部（Bomber Command of the Army）、联邦通信委员会（Federal Communications Commission）中都有官员出现在演练中，但这些机构都没有指定联络官。即使这些官员都出现在演练中，演练也是“相当混乱的”，[1] 因为任何时候在群岛周边行动的大量飞机都没有装配敌我识别系统（IFF），也因为根据美国舰队总司令发布的要求，所有飞机在联合演习时都保持无线电静默。正如陆军珍珠港委员会（Army Pearl Harbor Board）的弗兰克将军（General Frank）所说：“我深感震惊，因为就在陆军内部，在航空兵和信号部队之间，就存在飞机警报部队是按照合作方式而非确切指挥方式运行的情况。”[2] 诚然，这一评价正好击中了珍珠港防御计划的核心混乱点：没有人知道，当敌人袭击时，谁对夏威夷群岛的防御拥有最终的指挥责任。

12 月 7 日早晨，飞机警报部队雷达中心从凌晨 4 点至 7 点均有人值守。这些值守时间是根据肖特中将在 11 月 28 日针对华盛顿发出的战争警报信息

[1] 原注：Commander Taylor’s testimony, *Hearings*, Part 27, p. 558.
[2] 原注：*Hearings*, Part 27, p. 274.

而做出的决定，在此之前，值守时间是早上 6 点至上午 11 点 30 分，再加上下午几小时，但肖特认为 4 点至 7 点这一时间段是从日本航空母舰上起飞的飞机实施袭击的“最危险时段”。显然，肖特并没有把更换值守时间的原因告诉飞机警报部队的任何负责人，所以每个人都认定这样做只是为了减少装备的损耗。发出警告的条件也没有任何显著变化。因此，飞机警报部队只是比之前早一点时间开始工作，而训练持续到上午 11 点——周日除外。

伯奎斯特少校作证时指出，他并不知道时间段更改的原因，他认为飞机警报部队是受信号部队控制，而且自己也没有得到通知。被要求接手飞机警报部队指挥权的陆军航空兵霍华德·戴维森（Howard C. Davidson）准将，在被询问到肖特于 11 月 28 日发出的破坏警戒[1]时说：“第一级警戒（破坏警戒）实施时，其实我并不在场。我于 10 月 15 日回到美国去研究设立截击机指挥部的问题，直到 12 月 3 日才返回，所以，至于为何这是……质疑我们防卫的……唯一举措，我从未认真思考过。”[2]鲍威尔中校同样也对发出警戒的背景情况不知情，他和戴维森一同外出，并同时返回。就警戒的原因问题，他作证时说：“对此我知道的，都是我在（美国）本土阅读报纸上这个问题时才知道的。”[3]鲍威尔中校和伯奎斯特少校同样都急于并力推飞机警报部队发挥作用，但第一级警戒并没有把任何危险迫近的情绪传递给他们，而他们的下属自然就更不会警觉了。

12 月 7 日早晨，[4]奥帕纳的雷达站是由操作员二等兵约瑟夫·洛卡德（Joseph L. Lockard）和标图员二等兵乔治·埃利奥特（George E. Elliott）值守。他们没有像其他雷达站那样在 7 点准时关闭，因为埃利奥特想等待有关

---

[1] 原注：关于肖特的警戒等级和流程，参见附件。

[2] 原注：*Hearings*, Part 22, p. 110.

[3] 原注：*Hearings*, Part 22, p. 213.

[4] 原注：12 月 7 日早晨，是 6 周以来截击机指挥部头一次在周日早晨，没有指导陆军防空高炮部队（Army Antiaircraft Artillery Corps）和舰队航空兵（Fleet Air Arm）。（参见：General Burgin's testimony, *Hearings,* Part 28, p.1357。）从某种程度上讲，这很幸运，因为没有为演练提供实爆弹药，而且如果炮兵不在位，要把弹药运送过去需要更长时间。

示波器操作的进一步指示。7点零2分，当他在控制台时，“一些完全不寻常的东西”出现在屏幕上。[1] 洛卡德接手了操控台，而埃利奥特则从瓦胡岛以北137英里处开始标绘飞行轨迹，并打电话给信息中心交换台。电话接线员说不知道该怎么办，因为信息中心空无一人，但几分钟后，信息中心回了电话。由伯奎斯特少校指定在4点至8点值班的在训航空兵中尉科密特·泰勒（Kermit Tyler）告诉两名士兵忘掉这件事。但后者还是一直标绘飞行图到7点30分（此时，飞机距离瓦胡岛大约30英里），因为这“确实是个问题”。[2]

泰勒中尉的任命是“沙夫特堡截击控制委员会（interception control board）驱逐机军官”。控制委员会的飞机警报部队人员已经收拾好并在早上7点离开了，但泰勒根据命令留守到8点。陆军珍珠港委员会的麦克纳尼（McNarney）将军后来问他：“当时你是同时担任控制员和驱逐机军官吗？”泰勒回答道：“是的，长官，我不知道自己的职责是什么。我只是被告知待在那儿，维持运转。”[3] 之前，他并没有做这一工作的经验。他只有过一次“在装置里穿过，有人向他解释了情况”。[4] 他显然是到那里学习的，并且要在有人替换前确保该站点的运行。当奥帕纳站在7点20分打来电话时，他虽然毫无经验，但却断定两名士兵看到的是己方飞机，而且可能是从美国本土起飞并应于当天早晨到达的B-17——这架飞机后来是在日本发动袭击过程中抵达了。大约7点55分时，他走出门，看到了他认为的“海军轰炸机在珍珠港上空举行轰炸练习”。[5]

如果该部队一直24小时全时运行，在最好的状况下，也许可能为陆军提供45分钟的预警时间，为海军提供30分钟预警时间。

---

[1] 原注：*Hearings*, Part 27, p.520.

[2] 原注：塞缪尔·艾略特·莫里森宣称，根据英格里斯（Inglis）海军少将要求，从上午6点45分至7点，这两名操作员还“追踪了一架飞在轰炸机前面进行侦察的巡航水上飞机，并适时作了报告；监视军官听到报告但什么也没做”。（*The Rising Sun in the Pacific: 1931-April 1942*, p. 138.）

[3] 原注：*Hearings*, Part 22, p. 223.

[4] 原注：*Hearings*, Part 22, p. 223.

[5] 原注：*Hearings*, Part 22, p. 221.

三、海军巡逻

海军进行的是区域内空中巡逻，只覆盖舰队在岛屿周边的作战区域。这些区域每天都在变化。除非是在警戒情况下，否则很少会在区域外巡逻，而且就算有，也主要是为了训练。比如，在 12 月 7 日之前的那一周，从周一至周四，每天都向北方和西北方 300 至 400 英里范围内的不同地域派出搜索巡逻机。这些任务主要都是为了训练飞行员并且熟悉最近刚刚抵达的一批 PBY 飞机。到了周末——也包括周五，这些飞机都将返回基地进行保养。根据对日本宣战时美国海军战争计划的描述，这些飞机是被保留用于针对日本托管地（Japanese Mandates）[1] 的首波行动。

尽管人们充分理解为了在敌人航空母舰的飞机起飞时进行拦截，有必要实施距离为 800 英里的长距离巡逻以及时报告敌人航母情况，但却从未推动在岛屿周边实施 360 度全方位的长距离侦察。夏威夷陆军航空兵司令马丁少将和夏威夷海军巡逻机司令帕特里克 · 贝林格（Patrick Bellinger）海军少将曾在 1941 年 3 月 31 日的一份联合报告中清楚地指出这一点，报告同时还分析并预测了 12 月 7 日袭击的某些背景细节。但是，要实施这样的侦察，马丁和贝林格还需要 180 架 B–17，他们确实也申请了，但这一数量甚至超过了美国本土部署的 B–17 的总和。由于无法部署这些飞机，贝林格显然放弃了实施有效巡逻的想法，转而专注于他所认为第二重要的工作，即扩展训练（expansion training）。[2] 他的直接上司、第 14 海区司令官布洛赫（C. C. Bloch）海军少将，以及金梅尔总司令也意识到在当

[1] 原注：加罗林群岛（Caroline Islands）、马里亚纳群岛（Marianas）、马绍尔群岛（Marshalls）这些原先的德国殖民地，在第一次世界大战后被国际联盟交由日本托管。“托管地”这个词在本书中使用时，指的就是上述群岛的统称。

[2] 原注：珍珠港的海军实施了扩展训练、作战训练和具体任务行动。根据贝林格的作战官罗根 · 拉姆塞（Logan C. Ramsey）海军中校回忆，“扩展训练中，我们被要求对整个飞行机组进行编组训练，把他们送回美国，组建成刚刚领受任务的飞行中队的核心……这需要庞大的训练计划，而新建的海军基地防御空中力量则实际上让这一努力半途而废”。（*Hearings*, Part 32, p. 449*f.*）

时情况下无法实施全面巡逻，于是同意采取贝林格提议的行动。

12 月 7 日早晨，海军有数架巡逻机在空中巡逻。包括 3 架 PBY 飞机的拂晓巡逻（第 2 巡逻机联队第 14 巡逻队，受贝林格海军少将指挥），正在实施当天对舰队作战区域的每日搜寻。这些飞机携带了深水炸弹，并得到命令，对所有在潜艇安全区（submarine sanctuary）之外发现的无近距警戒的潜艇，一律击沉。此外，4 架 PBY 飞机正在与卡内奥赫湾（Kaneohe）外的一些潜艇协同开展通信和识别训练。他们正在向着拉海纳锚地（Lahaina Roads）方向搜索。5 架 PBY 飞机在拂晓飞离中途岛，以半径 450 英里在 120 度至 170 度间搜索这一区域；另外 2 架 PBY 飞机在同一时间离开了中途岛，前去与“列克星敦”号（*Lexington*）航母汇合，并为航母上的海军陆战队搜索侦察机护航。这就意味着有 14 架贝林格指挥下的飞机在飞行，但他知道那天威廉·哈尔西（William F. Halsey）海军中将指挥的第 8 特遣舰队（Task Force 8）正在从威克岛（Wake Island）返回珍珠港，并且会派出例行的搜索侦察飞行。哈尔西的一个飞行中队在珍珠港以西大约 215 英里处升空，沿着前进方向，向着 45 度至 135 度的 150 英里范围搜寻，并前往伊瓦海军陆战队基地（Ewa Marine Base）。（这个中队的 7 架飞机在抵达珍珠港时被日本人击落。）哈尔西的远征部队受到了很好的保护，因为在 12 月 7 日那一天，夏威夷以西地域与之前一周一样，防卫相当严密。而夏威夷以北地区则没有受到保护，也正是因为这个原因，日本人的攻击部队得以从北方不知不觉地靠近。[1]

除了上述空中巡逻，第 14 海区还进行了定期的港湾内巡逻，此外还有一次特别的增加力量巡逻；3 艘海岸警卫队（Coast Guard）海岸警卫船和 1 艘驱逐舰始终待命执勤；2 艘扫雷舰对港口入口进行了例行扫雷。大约在日本袭击的 2 个月前，金梅尔上将在给自己参谋的一封秘密信件中已经强调了日本实施突然袭击的可能性，[2] 并且在他的指示中加上了潜艇袭击的可能性：

---

[1] 原注：日本对美国侦察机的无线电测绘，参见本书第 6 章内容。

[2] 原注：Confidential letter 2CL-41(rev.), October 14, 1941, in *Hearings*, Part 33, p. 1162.

必须谨记，一次单独的袭击，也许会也许不会意味着更多的潜艇将发动袭击。

同时必须谨记，一次单独的潜艇袭击也许意味着可能有快速舰艇和一艘航母组成的庞大水面部队出现。特遣舰队司令官必须在之后，在情况和昼间条件允许时尽快集中自己的特遣大队（Task Group），以便做好对通过空中搜寻或其他方式定位的敌人舰船进行追击和交战的准备。[1]

也许重要的是，他并没有进一步说明仅仅是在防御海区范围内**观察到**一艘单独的敌方潜艇，可能意味着敌人某支特遣舰队在附近；据他的原话，“一次单独的潜艇**袭击**”[2] 就应当是证据。且不论这样说的真实意图是什么，金梅尔的指令被下属仔细研读，并在宣战后被解读为应对情势的适宜之举。

12 月 7 日凌晨前，执勤的“沃德”号（U.S.S. *Ward*）驱逐舰正在珍珠港入口外巡逻。两艘扫雷舰“秃鹰”号（*Condor*）和“交嘴雀”号（*Crossbill*）正在对港口入口进行例行夜间扫雷。大约 3 点 55 分，“秃鹰”号用闪光信号灯通知“沃德”号说，看到了一艘下潜的潜艇。两艘船之间进行了简短的无线电通话；“沃德”号没有确切发现；所以“沃德”号的奥特布里奇（Outerbridge）舰长在感谢了“秃鹰”号并下令继续搜寻后，就回到船舱了。两艘船都没有向第 14 海区作战室的港口控制站（Harbor Control Post）报告这一情况。

这个控制站是海军在紧急状况下向整个网络发出信号的中枢。通常情况下，该站由 2 名值班军官和 1 名电话接线员值守。在训练期间，则应当由“所有可用的军官们，包括所有电传打字机操作员”和陆军联络人员值守。12 月 7 日早晨，只有 1 名值班军官哈罗德 · 卡明斯基（Harold Kaminski）海军上尉独自值班，还有 1 名“完全无用并且没有受过指导”

[1] 原注：Confidential letter 2CL-41(rev.), October 14, 1941, in *Hearings*, Part 33, p. 1162..

[2] 译注：作者在文中对部分需要强调的词语使用了斜体。按照中文阅读习惯，译文中均改为加粗字体。

的接线员助手。[1] 卡明斯基接到的命令是，在袭击发生的情况下给海区参谋长以及司令官的副官打电话。

显然，控制站在演练时全员值守的情况下，通信交流是充分的。4 月中旬到 10 月中旬，通过一系列演练，已经纠正了主要问题错误，但自那以后，就再没有值得称道的特别提升。[2] 不得不在日常条件下值班的工作人员有过数次口头抱怨，当然，根据袭击事件后的证词来看，只有书面抱怨才会引发重视。12 月 7 日那一天本应值班的资深值班军官保罗・贝茨（Paul Bates）海军上尉作证时表示，他一直试图增加助手数量："当袭击发生时，我们只能使用一部拨号电话来打给 10 个不同的地方，我们有一个助手，但他同时还是地区基地的一名当地后备人员。他通过野战电话来值班。他是我们唯一的助手……"[3] 卡明斯基海军上尉也同意这一点："我感到仅我一个人是无法让控制站高效运转的……我抱怨过他们安排进行电话值守的人，他们让不会说英语的夏威夷当地人值守电话，这些人不知道怎么通过电话接收适宜的指示……也不知道电传打字机怎么用，我觉得一个人承担这些责任太重了。"[4]

卡明斯基海军上尉的办公室在收到"沃德"号发来的信息后，于周日上午 6 点 53 分开始行动。继续在港口巡逻的"沃德"号继"心宿二"号（U.S.S. *Antares*）后也发现了一艘潜艇的指挥塔。这一次确信无疑了。上午 6 点 45 分，奥特布里奇舰长下令炮手开火，并在 6 点 51 分向第 14 海区控制站发出了无线电："我们已经向在防御海区活动的潜艇投掷了深水炸弹"。接着，为确保接收无线电的人不会产生怀疑，认为发现的是一条黑鲸或是鲸鱼，奥特布里奇在 6 点 53 分又发出了第二条信息："我们已经向在防御海区活动的潜艇实施了炮火打击并投掷了深水炸弹"。

卡明斯基海军上尉显然确定我们"已经身处战争"。他首先试图联系

[1] 原注：*Hearings*, Part 23, p. 1036.

[2] 原注：依据拉姆塞海军中校的证词。

[3] 原注：*Hearings*, Part 23, p. 1033.

[4] 原注：*Hearings*, Part 23, p. 1036.

司令官的副官，但没有成功。他联系上舰队值班军官，接着又自己决定给待命执勤的驱逐舰发出电文，要求“立刻赶去，联系在防御海区的‘沃德’号”。随后他找到参谋长约翰·厄尔（John E. Earle）海军上校，后者则要求“沃德”号确认核实。卡明斯基再也没有收到确认电文，但他确实从“沃德”号收到了第三条信息：“我们拦截了一条小船。我们正在押送这条小船进入檀香山。请通知海岸警卫队派出海岸警卫船接手小船。”卡明斯基呼叫了海岸警卫队和作战计划部门的军官，然后开始打电话给所有的部门领导。在他和所有人联系完之前，第一波攻击在 7 点 55 分已经开始。无论他，还是任何其他人，都没有向陆军司令部报告。

卡明斯基对“沃德”号发出电文的反应与众不同。其他所有人都不相信那是一艘潜艇，或是说这次遭遇意味着即将发生的危险。奥特布里奇舰长一直十分谨慎并清楚表明他是向一艘潜艇开了火，但他也坚信自己已经击沉了潜艇。当小船上的船长向他挥舞着投降的白旗时，他却有点茫然失措，在听到日本人攻击的响声时，他对自己的一名少校说：“我猜他们正在从珍珠港炸出一条新路到檀香山。”[5]

厄尔海军上校在收到卡明斯基的信息后，“打电话给第 14 海区司令布洛赫海军少将，通报了发生的情况并与他讨论了一会，决定接下来应当采取何种其他行动。鉴于我们已经有过无数起关于发现潜艇的报告，我们认为这也许是一个误会，但如果不是误会，‘沃德’号也能处置，而且前往增援的驱逐舰也能施以援手，同时司令官也有足够的力量去采取任何其他可能需要的行动。我们主要是要百分百确定到底发生了什么”。“我们接到了模糊的警告，”厄尔接着说，“但从中看不出任何具体的威胁……我们不能想象，如果真的是一次袭击的话，‘沃德’号在已经攻击了一艘潜艇的情况下，会离开自己的位置前往檀香山……我们的感觉是，即使这真的是一次袭击，在将事情向司令官做了通报后，我们已经做了我们可以做的事情。”[6] 换言之，现在已经是更高层的事情了。但即使是更高层也对报告持怀疑态度。上午 7 点 55

[5] 原注：*Hearings*, Part 36, p. 59.

[6] 原注：*Hearings*, Part 36, pp. 268-270.

分，金梅尔海军上将仍然在等待来自“沃德”号的确认核实。

海军的拂晓空中巡逻也遇到了类似的情况。周日上午 7 点整，海军的一架飞机在离珍珠港港口入口外一英里处击沉了一艘敌人的潜艇。[1] 飞行员用密语向海军航空兵参谋部值班军官发出了无线电信息，就意味着这条电文在上午 7 点 30 分之前是不会被分发的。（金梅尔后来在作证时认为，这名飞行员违反了他的参谋关于明确在紧急情况下必须使用明语的指示。）

上午 7 点 30 分，参谋部值班军官通过电话向贝林格海军少将的作战官拉姆塞海军中校通报了这条信息，后者则将信息转达给司令官的参谋部值班军官。金梅尔海军上将于 7 点 40 分收到这一信息。没有任何报告送达陆军。

拉姆塞海军中校同样也持怀疑态度。他问：

> ……电文是否已经进行了必要的核实，因为在我的脑海中总感觉很有可能这是一个误会，是因失误而发送了某条演习电文……我立刻去到指挥中心，也不知道为什么，就当天的情况，起草了一份飞机的搜寻计划……同时，我一直在等待讯息得到核实。[2]

当他看见第一架飞机向福特岛（Ford Island）俯冲时，就开始起草一份违反飞机规定的报告，因为他认定这是某个年轻飞行员在“低空蛮飞”。接着，炸弹爆炸，拉姆塞冲进无线电室，用明语在所有频率发布广播：“珍珠港遭到空袭。这不是演习。”[3]

拉姆塞关于通信系统效率的证词，也佐证了贝茨和卡明斯基的抱怨。他是这样描述通信系统的：

[1] 原注：从记录上来看，并不清楚这是不是“沃德”号曾经对其开火的同一艘潜艇，或者是另外一艘潜艇。

[2] 原注：*Hearings*, Part 32, p. 444.

[3] 原注：*Hearings*, Part 32, p. 444. 演习讯息通常都要求以“演习”为开头。

当飞机在空中时，我们用无线电。对于那些在伊瓦基地的海军陆战队飞机，我们不得不用电话——那些使用专门架设电话线路的电话。至于陆军轰炸机飞行单位，我们有陆军安装的野战电话，这也是我们同陆军轰炸机单位的直接联系手段。我们与海军基地防空部队（Naval Base Air Defense）的搜寻和攻击机群之间没有直接通信，必须要通过珍珠港、福特岛、西坎姆机场（Hickam Field）的电话交换机。要联系上部署在卡内奥赫所有战斗机的指挥官戴维森将军十分困难。我们直接联系的唯一方式就是通过珍珠港交换台。此外，通向各个不同地点，我们有 2 条或者 3 条电传打印机线路——我现在记不清几条了，但却没有一条通往一直有人值守的外围电台。[1]

12 月 7 日早晨，海军近岸巡逻系统应当可以提供大约 1 个小时的预警时间。

四、远距侦察规定

当然，下一个问题应是，即便存在技术低效、人员短缺和训练缺乏的问题，为什么当临战前最后危险信号出现时，仍然没有任何改变呢？这件事说起来话长，而且涉及檀香山和华盛顿两地的情报和决策工作领域。但是，在我们把视线从夏威夷当地临战前最后情势转移开之前，首先要通过文件来看看 1941 年在夏威夷这里传递警报的设施机构及其责任，我们要举的例子就是远距侦察。

文件记载，远距侦察的责任应当是下面这样的。1941 年 4 月 11 日，夏威夷总部司令官肖特中将和第 14 海区司令布洛赫海军少将签署了一份《联合海岸前沿防御计划》的文件。该文件的依据是《陆海军联合基本作战计划彩虹 1 号》（“Joint Army and Navy Basic War Plan Rainbow No. 1”）

[1] 原注：*Hearings*, Part 32, p. 440*f.*

和一份1935年签署的《陆海军联合行动》（"Joint Action of the Army and Navy"）文件。4月11日签署的这份文件在开篇概述中说："协调的方式是通过互相合作……除非出现了调用统一命令方式。"[1] 该文件赋予陆军以下总体任务："守住瓦胡岛，抵御来自海上、地面和空中力量，以及同情敌人者（即'第五纵队'）的袭击。"而赋予海军的总体任务是："在海岸地区巡逻，控制和保护这一地区的船舶；支持陆军部队。"文件尤其要求陆军针对"瓦胡岛海防区（D.C.A.）水域，与海军近岸巡逻合作"，建立"近岸空中巡逻……对外围岛屿的空中观察系统，以及一个针对夏威夷群岛的飞机警报部队"。[2] 而对海军，文件则赋予近岸巡逻、近海区巡逻和远距侦察任务。文件附件Ⅶ给出了联合空中行动的一些细节：

针对敌人水面舰船的联合空中打击，将在海军的战术指挥下实施。陆军司令部司令官将决定参与每次任务的陆军轰炸机力量。考虑到当前的战术情势，移交给海军控制的轰炸机数量应当达到最大的实用性。这支力量将始终保留给海军，以在需要的情况下实施多次打击，在任务完成后才会重新转回陆军控制。

在瓦胡岛上空及附近区域的防御性空中行动，将在陆军的战术指挥下实施。海军基地防御官将决定参与每次任务的海军战斗机力量。考虑到当前的战术情势，移交给陆军控制的战斗机数量应当达到最大的实用性。这支力量将始终保留给陆军，以进行多次巡逻、战斗或是根据要求保持战备状态，只有在战术情势发生改变时，由海军基地防御官（第14海区司令官）撤回后，才重新转回海军控制。[3]

附件Ⅶ有时也被称为《联合空中协定》（"Joint Air Agreement"），它是由夏威夷陆军航空兵司令马丁少将和海军巡逻机司令贝林格海军少将起

[1] 原注：*Hearings*, Part 15, p. 1430.

[2] 原注：*Hearings*, Part 15, p. 1432.

[3] 原注：*Hearings*, Part 15, p. 1435.

草，布洛赫海军少将和肖特中将于 1941 年 3 月 28 日签署。它在 1941 年 12 月 7 日发挥了效用。另一个作战协定（《海军基地防御空中力量作战计划 A–1–41》[Naval Base Defense Air Force Operation Plan No. A-1-41]），于 1941 年 4 月 9 日由马丁和贝林格签署，这份文件显示了更多有关飞机战备状况、优先目标等的细节。[1]

数个不同文件中也设立了传递信号的规定。1941 年 3 月 5 日《作战计划 1–41》的附件 D 就在第 14 海区作战室设立了一个港口控制站。该站点要操作和实施以下的直接电话联系：

港口控制站至——
沙夫特堡夏威夷总部司令部
德鲁西堡（Fort Derussy）司令部独立海岸炮兵旅（HSCAB）司令部
卡姆哈梅哈堡（Fort Kamehameha）指挥站
西坎姆机场指挥站
第 2 巡逻机联队指挥官
（在泊位）船上最高级军官（SOPA）[2]
海军船坞信号塔
海军船坞电力房

港口控制站还与陆军海军的报告、通信和情报部门会同，“准备好向陆军和海军力量发出飞机来袭或突然袭击的‘警告’，并帮助协调他们的防御措施”，同时还要“指示船坞电力房何时拉响空袭和灯火管制警报，以及发出安全信号”。[3] 该站点还要：

适时向直接上级、陆军和海军报告已经采取的行动，并让他们了解到

[1] 原注：*Hearings*, Part 22, pp. 348*ff*.
[2] 原注：全称为 Senior Officer Present Afloat。
[3] 原注：*Hearings*, Part 33, p. 1305.

事情所有的发展情况。

会同近岸巡逻指挥官、船坞指挥官（Captain of the Yard）、地区公共工程军官（District Public Works Officer），确保陆军港口防御部门（Army Harbor Defenses）了解在控制区域（Control Post Area）内授权行动舰船的动向。

……………………………………………………………………………………

从近岸巡逻指挥官处获得其指挥下每日计划的巡逻和扫雷舰船清单。保持陆海军防御和战备等级（Conditions of Readiness）的最新数据。

以下是规定给港口控制站的战备等级：

一级：站点全员在位，准备全面行动。

二级：站点由陆军和海军值班军官在位值守，电话和电传操作员值守。

（备注：一级和二级是“警戒”级别。）

三级：正常级别。电话操作员值守。海区和船坞值班军官待命。

12 月 7 日，我们看到，港口控制站处于三级战备；站点是由一名后备役军官和没有受过训练的电话操作员值守。

《作战计划 1–41》的附件 E（于 1941 年 7 月 19 日增加）[1] 是一项通信计划，列出了应使用的无线电频率和信号，以便于在沙夫特堡信息中心（那时在陆军防空兵指挥下）和第 14 海区司令官之间进行“即时”通信。那时飞机警报部队尚未运行。但是，在 4 月份时，附件Ⅶ已经令人宽慰地提出：

在飞机警报部队成立后，将要就远距敌我飞机位置信息的传递设立规

[1] 原注：*Hearings*, Part 33, p. 1306.

定。要设立专门的电线及无线电线路，保证海军联络官的使用，便于他们就已有可用信息做出自己的预测，并将预测传递给他们自己的机构。通过海军渠道获得的有关瓦胡岛近海区敌对飞机出现和动向的信息，将立刻传送给飞机警报部队信息中心。

……………………………………………………………………

在飞机警报部队成型之前的这段时间，海军通过运用雷达和其他适宜手段，将努力把这些敌对袭击的警报以切实可行的方式发送出去。[1]

就此，华盛顿的任何人在看过这些有关夏威夷防御的文件安排后，都会发现没有发出警告的理由。也许对飞机从陆军转给海军控制然后再转回，而一切都依赖于怎么定义“瓦胡岛附近区域”这一“奇景”，他会产生疑问。但只要再往下看，他又会打消顾虑：贝林格和马丁每周实施空中演练的规定，会消除他对这一细节问题的疑虑。[2]

1941 年 2 月 14 日，布洛赫和肖特曾给一个联合委员会下达了一项命令，要求研究并准备一系列每周联合演习的计划，以确保应对突然空中袭击的联合防御措施的战备状态。肖特在 2 月 17 日的一份单独备忘录中，详细解释了“对在所有陆军和海军空中行动——无论是在空中还是地面——的通联完全满意”，还确定了在不同情况下不同程度的责任，以及对有效即时的空袭警告安排，舰载和岸上防空炮火协调，将美国飞机限制在特定区域以便侦测敌机等细节。很难找出并提醒他还没有考虑到的紧急情况。

华盛顿的旁观者也许会继续质询，为什么海军远距侦察计划没有详细的工作安排。他也许会从马丁和贝林格在 1941 年 3 月 31 日准备的《联合

---

[1] 原注：*Hearings*, Part 15, p. 1435*f.*

[2] 原注：从作者读到的证词来看，曾参与这些演练的军官们随后都产生了这样一种印象，即他们一直坚持每周进行这样的演练，因此整个体系可以依托现有的飞机运转顺畅。实际上，第一次联合空袭演练是在 4 月 24 日，而最后一次是在 11 月 12 日，在整个 1941 年，只进行过 13 次联合演练。原拟在 11 月 29 日举行一次演练，但由于临时出动而取消。华盛顿的旁观者是不会知道理论和实际之间的差异的。

预测》(Joint Estimate)文件中引用某些信息。这份文件提出应对敌人对瓦胡岛袭击可能采取措施，以及如何最佳应对的理论框架。两位军官是这样阐述的：

(一)在宣战之前可能会：

1. 在作战区域对舰船发动一次潜艇突然袭击。

2. 对瓦胡岛，包括珍珠港内的舰船和设施发动一次突然袭击。

3. 以上两者都有。

(二)对瓦胡岛最有可能也最危险的袭击方式应当是空袭。相信在目前，这样的袭击最有可能是由进入300英里范围内的一艘或多艘航母发起。

(三)当执行防御任务的飞机被第一波攻击吸引开后，这一次单独袭击，可能意味着也可能不意味着会有更多的潜艇或飞机等待实施袭击。

(四)一次单独的潜艇袭击，可能意味着敌人有大规模且尚未被发现的、包含着一艘航母和快速舰只的水面力量。

(五)一次拂晓的空中袭击，很可能意味着尽管我们正在进行巡逻，但袭击是一次全面的突袭，我们虽然处于战备状态，但要启动追击行动却会很缓慢……

我们可以采取的行动：

(一)尽可能向海上实施360度全覆盖的每日巡逻，减少来自水面或空中突袭的可能性。这是急需的，但依据现有人力和物资也只能在非常短的时间内发挥作用，并且只有在其他情报显示水面袭击有限的情况下才能作为实用的措施。[1]

在马丁—贝林格的预测中规定了所有可用飞机的物资准备和战备程度(degree of readiness)，但起草者指出战备程度时间如果少于2小时，

[1] 原注：*Hearings*, Part 15, p. 1437*f*.

并且超过四分之一的飞机被保留用于搜寻和攻击，正常的训练计划就会大幅减少。

鉴于瓦胡岛是被用作菲律宾的训练基地，也没有同时开展训练和侦察的足够飞机，华盛顿的旁观者可能会推测，虽然非常需要远距侦察，但事实上无法实施，而且贝林格海军少将实施这样的侦察行动前，必然会等待基于最新情报的警告命令。不管怎样，这位旁观者也可能会从《联合预测》关于敌人行动的现实推理中获得些许安慰吧。

现在的问题是，如果海军已经得到敌人袭击迫在眉睫的警告，哪位军官应当启动这样的 360 度全面覆盖的侦察呢？或者这样的侦察行动就应当是警告发出后自动的结果呢？ 12 月 7 日前，所有的书面文件中都没有这个问题的答案。珍珠港事件后，质询的国会议员们自然地向海军防空官（Naval Air Defense Officer）、贝林格海军少将寻求相关信息，而后者在进行了一些研究后，确实可以澄清自己及这些议员们头脑中关于他自己各种不同的指挥职责这个问题。结果似乎是，即使他负责指导巡逻的飞机，但却没有权力下达实施此类侦察任务。这一任务只能由布洛赫海军少将下达，而布洛赫虽然不是飞行员，但却要确定飞机的战备等级，因此他被称为贝林格的“监军”（supervisory control）。

贝林格的管辖权包括以下：第一，他是驻守夏威夷的巡逻机联队（Patrol Wing）指挥官，是第 2 巡逻机联队指挥官。（在前一个、同时指挥权也更大的职位中，他还指挥着附属于第 1、第 2 巡逻机联队的巡逻机中队及飞机维修保障船 [aircraft tender]）。第二，他是第 9 特遣部队指挥官，指挥着包括第 1、第 2 巡逻机联队及其供应水面舰船在内的、太平洋舰队司令官可能赋予其指挥的其他单位。第三，他是珍珠港舰队航空支队（Fleet Air Detachment）指挥官，这一岗位的职责包括所有驻扎在珍珠港海军航空站（Naval Air Station）内所有飞机在当地的行政管理权，但并不包括作战指挥权。第四，他要就包括中途岛、威克岛、巴尔米拉（Palmyra）、约翰斯顿群岛（Johnston Islands）等在内的第 14 海区内的飞行事务进展等，担负与该海区司令官进行联络的职责。第五，他还是海军基地防御空中力量指挥官。

贝林格在履行上述不同职责时，归属于以下更高级军官的领导：

1. 作为巡逻机联队舰种司令官（type commander）、驻扎在圣地亚哥的飞机侦察部队（Aircraft Scouting Force）指挥官。

2. 包括第 1 和第 2 巡逻机联队在内的侦察部队（Scouting Force）指挥官。

3. 太平洋舰队司令官。作为第 9 特遣部队指挥官，太平洋舰队司令官是贝林格的直接上司。

4. 当第 1、2、3 特遣部队被赋予特别作战行动任务，就巡逻飞机开展行动时，这些特遣部队的指挥官。

5. 第 14 海区司令官。当贝林格履行自己作为海军基地防御空中力量指挥官职责时，该司令官是贝林格的更高一级军官。

弗格森（Ferguson）参议员在询问金梅尔的参谋长威廉·史密斯（William W. Smith）海军少将时，问到有关贝林格职责的问题："你是否曾发现这些人会被这些命令搞糊涂？"史密斯回答："不，他们能够把每件事都记在脑子里。"[1]

贝林格就此进一步作证。当然，我们那位凭借假设的华盛顿旁观者是绝对不会引用这样的证词的。他指出："海军基地防御力量（Naval Base Defense Force）只存在于纸上……从来都没有特定的人手和装备去完成确定的任务。只有在适宜的职权（陆军和海军联合行动）下……或是在确实发生了紧急情况时……它才会组成。而它的组成部分是变化的。"即使是海军基地防御力量在演练命令条件下启动，贝林格的权力也仅仅扩展成"海军基地防御空中力量的搜寻和攻击群，而不涉及陆军追击飞行和海军战斗机飞行，后两者是在陆军航空指挥之下"。[2] 第 14 海区司令官布洛赫海军少将则把海军基地防御力量比作是"志愿救火队"。

贝林格当然可以在任何时候自主建议实施远距侦察，但他从未被告

[1] 原注：*Hearings*, Part 8, p. 3544.

[2] 原注：*Hearings*, Part 8, p. 3452.

知任何战争警报电文。他在作证时说："在 10 月、11 月、12 月，就我们和日本之间的关系，以及战争的紧迫性等问题，我唯一的信息来源就是檀香山的报纸……我所知道的、有限且非官方的信息，没有显示出我应当向太平洋舰队司令建议，为确保当时珍珠港的安全，应当实施远距离空中搜寻。"[1]

得到战争警报消息的布洛赫和金梅尔在收到 11 月 27 日警报时，布洛赫认为如果他们两人做出了侦察的决定，贝林格应当知情，但两人都不认为需要讨论侦察事宜，也就没有将此事告知贝林格。[2]

当贝林格海军少将负责海军基地防御时，他在陆军中的对等指挥官马丁少将知道海军的空中侦察是不足的。他也知道联合作战行动的书面计划并没有包括实际行动的部门。但他和其他陆军军官们都对海军通过其他手段完成这一任务有极大的信心。

根据《联合空中协定》，只要海军提出需求，马丁少将都要将可用的飞机借调过去用于远距侦察。12 月 7 日这一天，即使是借调给海军进行远距离巡逻，他能动用的也只有 6 架正在用于训练菲律宾空军人员的 B-17。但情况是，布洛赫海军少将没有提出任何请求。正是因为没有这样的请求，肖特中将和马丁少将都相信海军采取了某种措施来实施这项任务。肖特知道海军有一个通信分析部门，能够了解日本舰队的位置。他知道一些美国舰只装备了雷达；事实上，他手下的一些军官在 1941 年夏曾在海军舰只上接受雷达培训。他知道特遣舰队都会派出搜索任务，而大量的侦察是通过此类方式实施的。最后，他与陆军航空兵指挥官马丁少将观点一致，即海军驻守在珍珠港这一点本身就是安全保障，"海军足够强大，特遣舰队也足够强大，除了整个日本海军舰队，这些力量对谁都是威胁……这些对于派遣一支特遣舰队来到该区域的日本人而言，是决定性的

---

[1] 原注：*Hearings*, Part 8, p. 3455.

[2] 原注：弗格森参议员问："怎么知道？难道他们有小道消息并依赖于此？"有关高级官员们的背景情况，下文会详细讨论。

威慑力量”。[1]

陆军防空高炮部队指挥官亨利·布尔津（Henry T. Burgin）少将与肖特中将一样，对海军的侦察工作抱有信心："这些（空中）巡逻每天早上被派出，每天傍晚才回来。我从未被告知，当然也没有试图了解他们采用何种巡逻路线，去了哪里，巡逻覆盖了哪些区域，但我心里知道，同时也肯定肖特中将心里同样知道，海军一直在开展搜索，而一旦敌人靠近，我们就会从海军那里得到信息。"[2]

无论具体个别军官的态度和评估如何，海军书面接受了远距侦察的职责。陆军也因此才有了感到安全的一些理由。那么，可能会增强陆军这种安全感的、海军可动用的其他侦察措施如何呢？由于珍珠港被山环绕，任何一艘舰船上的雷达在港内都无法工作。根据金梅尔反驳华盛顿的说法，刚刚在舰船上安装完毕的新型"射击雷达"（gunnery radar）实际上根本无法侦测到飞机。[3] 由于华盛顿的海军作战部长（Chief of Naval Operations）于 10 月 16 日和 11 月 25 日下达命令，将珍珠港以北的航线全部调整到南面，因此特遣舰队的搜寻任务难以覆盖珍珠港以北的半圆形区域。至于无线电通信分析，这又是另外一个，收到信号却没将警报传递给有权做出决定的军官们的故事了。我们应当通过陆军和海军在夏威夷群岛上的整个情报架构来讲述这个故事。

与陆军对海军的信心相对应的，是海军对陆军并非恶意的某种轻视。海军飞行员们认为绝大多数陆军飞行员训练不扎实；海军情报部门没有指望从 G–2（陆军情报部门）那里获得任何东西，并且被迫根据华盛顿指令给予 G–2 自己独家信息。[4] 海军中从最底层到最高层蔓延着的这种自给自足态度，加上积极的安全措施，也许正足以让陆军产生相信海军的幻觉。

金梅尔海军上将也许是海军中这种自给自足态度的例外者，但他在听

---

[1] 原注：*Hearings*, Part 28, p. 972. Cf. Short's testimony, *Hearings*, Part 27, p. 192.

[2] 原注：*Hearings*, Part 28, p. 1356.

[3] 原注：1941 年 10 月 22 日金梅尔写给斯塔克的信，*Hearings*, Part 33, p. 1172.

[4] 原注：来自 1956 年 7 月 11 日对埃德温·莱顿海军上将的访谈。

证会上关于这方面所说的，也许只是“事后诸葛亮”。他在证词中说，自己依赖于飞机警报部队来侦测靠近的敌机。他的手下没有一个人指望过从该部队得到此类信息。比如，贝林格甚至在袭击发生后都没有给该部队信息中心打过电话。他手下许多人甚至都不知道有这样一支部队。

不管怎样，陆军军官们没有质疑海军这种态度。肖特中将的政策是，不去向金梅尔询问任何有关海军的细节问题，而金梅尔海军上将对肖特也保持了同样的敬而远之。肖特中将指出：“金梅尔作为一名海军高级将领，如果每次有一艘舰船进出，我都要求他报告，他必定不满意。在我看来，我们的关系是这样的：他认为有必要的任何一条信息，都会毫不迟疑地交给我。”[5] 马歇尔在第一次指示肖特时就强调了与海军维持诚挚关系的重要性，而肖特也确实从字面到精神上都贯彻了马歇尔的建议。军种之间的诚挚关系不仅在高尔夫球场上，也在官方会面时得到了体现，但这并不等于相互之间自由地交换信息。

第二节　珍珠港的情报机构

海军在夏威夷有三个情报部门：约瑟夫·罗彻福特（Joseph J. Rochefort）海军少校指挥的战斗情报部门（Combat Intelligence）、埃德温·莱顿海军少校指挥的舰队情报部门（Fleet Intelligence）、欧文·梅菲尔德（Irving Mayfield）海军上校指挥的反间谍部门（Counterespionage）。梅菲尔德是第 14 海区情报官，直接向海区司令官布洛赫海军少将汇报。罗彻福特的部门也在第 14 海区麾下，而莱顿则受金梅尔指挥。（参见图 1–2）

[5] 原注：*Hearings*, Part 27, p. 194.

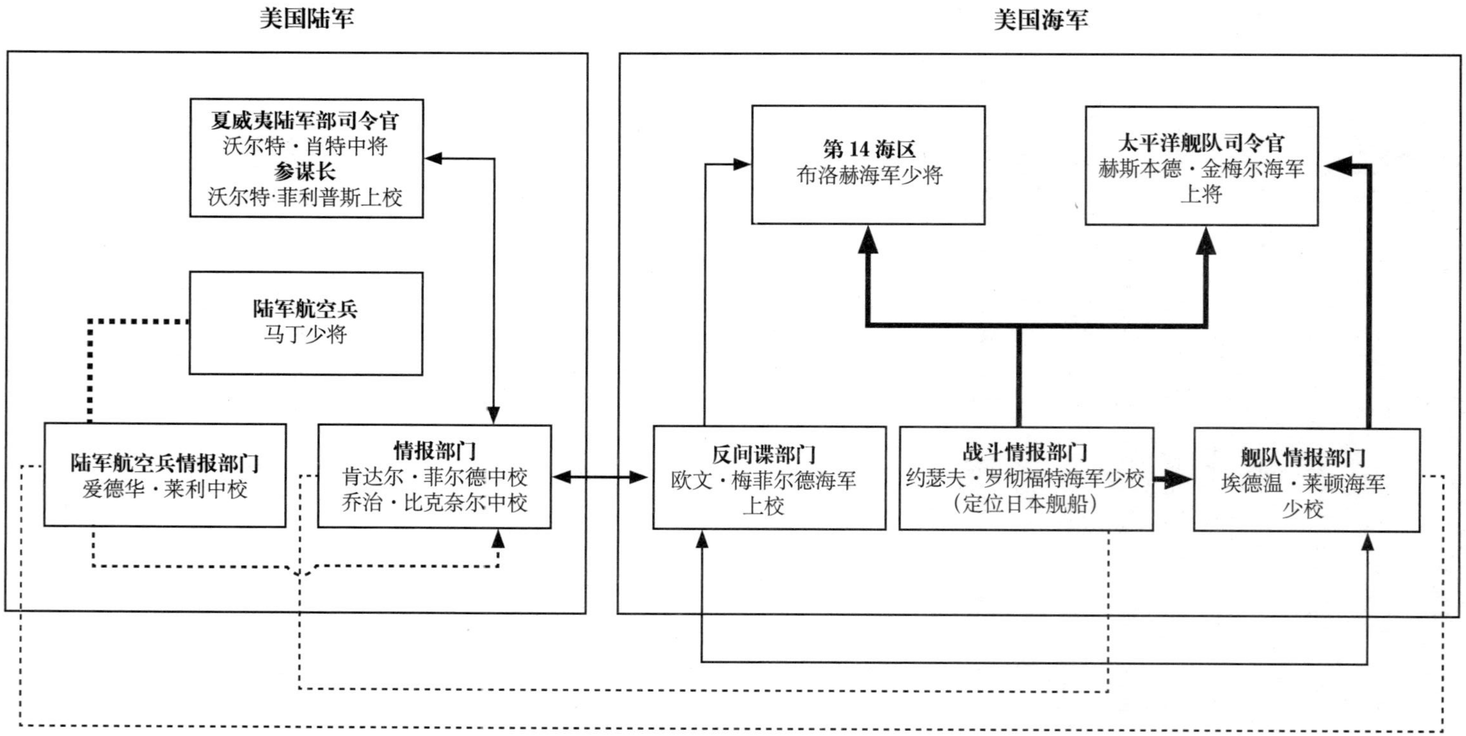

主要的通信路径

———— 有关反情报和谍报的信息

━━━━ 有关战略情报的信息

- - - - - 偶尔联系（就通信的频次和内容存在相互矛盾的证词）

注：爱德华·莱利中校，此处原英文为 Col. Edward W. Raley，对应军衔是“上校”，但在随后的文本中却明确其军衔是“中校”。可能是简写其军衔。全文统一为“莱利中校”。

图 1–2　夏威夷的陆军和海军情报组织

到 1941 年 12 月 7 日，莱顿在岗位上已经工作了 1 年，罗彻福特是 1941 年 5 月 15 日到任的，而梅菲尔德则是 1941 年 3 月 15 日到任的。罗彻福特被认为是出自海军的最有经验的密码分析家之一。1925 年至 1927 年，他“曾在华盛顿海军部（Navy Department）负责所有密码工作”。他曾作为语言官在日本工作 3 年，并“在不同部门关于历次战争问题进行过密码方面的研究”。[1] 而且，他还曾管理过许多受过良好训练的密码分析人员和无线电通信分析人员。他在珍珠港的部门有大约 10 名军官和 20 名工作人员，在外围站点还有 10 名军官和 50—60 名工作人员。莱顿曾于 1937 年 4 月至 1939 年 3 月担任驻日本海军武官助理（assistant naval attaché），能说一口流利的日语。梅菲尔德海军上校曾在华盛顿短暂从事过两周情报工作，曾担任驻智利的海军武官，但他并不会说日语。

陆军有两个情报部门：由肯达尔·菲尔德（Kendall J. Fielder）中校及其助手乔治·比克奈尔（George W. Bicknell）中校领导的 G–2 主体部门，由爱德华·莱利（Edward W. Raley）中校领导的陆军航空兵 G–2 特别部门。菲尔德和比克奈尔向肖特中将汇报，而莱利则向马丁少将汇报。到珍珠港袭击发生时，菲尔德已经任职 4 个月了，但“之前从未在 G–2 任职”。[2] 他在沙夫特堡的部门包括：1 名军官和 2 名办事员组成的小型行政单位，2 名军官和 3 名办事员组成的公共关系单位，以及可以在紧急情况下快速扩充的、由 2 名军官和数名办事员组成的战斗情报单位。此外，还有一个大约 12 名军官和 30 名特工组成的、被称为“联系办公室”（Contact Office）的反情报单位，驻扎在檀香山市区，由比克奈尔负责。比克奈尔于 1940 年 10 月开始在赫伦中将手下任职，到珍珠港袭击发生时，他已经任职约 14 个月。莱利在 1941 年 12 月 7 日前已经领导航空兵的 G–2 约 1 年时间。但是，没有书面记录显示莱利所领导部门的角色。[3]

---

[1] 原注：*Hearings*, Part 10, p. 4673.

[2] 原注：*Hearings*, Part 35, p. 88.

[3] 原注：从有关珍珠港的记录来看，从事此项工作的经验与警报信号出现时能否认知之间，存在着巨大的联系。莱顿和罗彻福特精确而权威地解读了掌握的原始数据资

一、海军情报

罗彻福特领导的第 14 海区中的战斗情报部门，是华盛顿情报部门设在远东地区的两个战场情报部门之一。另一个位于菲律宾甲米地（Cavite）的第 16 海区内。两个战场情报部门都接收来自华盛顿的命令，将材料发回给海军作战部长、亚洲舰队（Asiatic Fleet）司令官和美国舰队司令官，并相互之间发送。重要的电文，要么使用他们自己的密码系统通过无线电发送，要么就放在锁好的袋子里通过航空邮件发送。所有旧的信息则通过海上交通发送。第 14 海区情报部门的主要任务是，进行无线电通信分析，以确定日本舰只的位置。第 16 海区情报部门除了此项任务外，还担负截收和破译日本外交通信的任务（也就是"魔术"）。一般情况下，该部门总是将加密电文直接传送给华盛顿。1941 年 7 月之后，第 16 海区没有再直接发送外交通信到第 14 海区，而是直接发送给托马斯·哈特（Thomas C. Hart）海军上将和麦克阿瑟上将。

罗彻福特的直接资源是设于荷兰港（Dutch Harbor）、萨摩亚（Samoa）、瓦胡岛和中途岛的四个测向（direction-finding）站，一个在阿伊亚（Aiea）截收所有日本海军加密通信的无线电部门（另外一套系统是在甲米地和华盛顿），一个通过非密码分析手段获取有关日本人所有信息的无线电部门。他同时还接收来自夏威夷当地陆军 G–2 单位、夏威夷联邦调查局和联邦通信委员会（FCC）、另外两名海军情报官莱顿和梅菲尔德，以及华盛顿海军情报局（Office of Naval Intelligence，ONI）的信息。他部门的作用被认为是技术性的、有限的："我们只提供某种特定且范围相对狭窄的情报，我并不指望——现在也不指望——有关任何外国的所有信息都会送到我的办公室来。"[1]

料，形成了清晰的假设。比克奈尔做得不如他们，但也不差。然而，这样的印象有可能是因为我们掌握的证词中，更多的是来源于莱顿和罗彻福特而非其他情报官。他们两人在除克拉克委员会（Clarke Committee）之外的所有调查委员会上都作了证。

[1] 原注：*Hearings*, Part 32, p. 369.

罗彻福特在证词中表示，就所截收的海军通信而言，他的部门能够破译并明白大约其中的 10%。没有哪个部门能够破译高优先级的海军密码。[1] 罗彻福特的部门既没有尝试，也确实未能截收任何日本外交通联信号。当然，任何被截获的加密外交材料原本就应当送去华盛顿处理，而解读后的信息也不会返回第 14 海区。如果必要，罗彻福特的部门是可以解读最简单的日本外交 PA–K2 密码的，但在 12 月 3 日之前，并没有要求他们这样做。

此时，无线电通信分析还是一项困难而又有些不精确的艺术。正如莱顿海军少校向国会委员会解释的那样，分析人员不得不“在不解读敌人电文”的情况下解读敌人的无线电信号，并“基于谁在行动、怎样的行动规律，从经验判断现在敌人正在做什么”。[2]1941 年 11 月 30 日，他们推测出在“日本托管地”有一支航母编队，但事实显示他们错了。莱顿是这样解释的：

根据日本海军的组织结构，航母或航母编队之前已经被调拨给第 1 和第 2 舰队。但在 1941 年年中时，这样的组织结构显然被打破了。我们花了一些时间才弄明白。航母被归拢到同一个组织中。但日本人原本的意图之一是，将对空警戒驱逐舰（plane guard destroyer）与同一支航母编队编在一起，当航母从第 1 和第 2 舰队转调给航母舰队时，也把对空警戒驱逐舰一同带去了。

对空警戒驱逐舰在托管地出现，并在正常情况下保持无线电静默，这应当是首个且可能是唯一一个说明一艘航母也在那里的线索。虽然还不足以证明航母是否在那里，但在正常情况下，做出这样的推测也合乎逻

[1] 原注：萨福德（L. F. Safford）海军上校宣称，甲米地的部门在 1941 年 11 月至少已经能够部分地解读日本海军的 JN 25 密码。1941 年 12 月 4 日，日本采取了新的密钥系统，第 16 海区情报部门做了报告，但由于日本继续沿用旧密码，事情就变得简单。萨福德的证词是有关这方面内容的唯一证词。（*Hearings*, Part 18, p. 3335.）

[2] 原注：*Hearings*, Part 10, p. 4836.

辑……后来证实，这支对空警戒驱逐舰编队正是航母派出的分队，是前往托管地增援托管地舰队的。[1]

在珍珠港、甲米地和华盛顿，无线电通信情报都是一种受到高度保护的秘密。除了肖特中将外，这项工作从来都没正式告知在夏威夷的任何其他陆军军官。在华盛顿，该部门的行动被秘密隐藏，以至于海军部的许多人——更不要说陆军部（War Department）的高级官员们了——都认为这项工作是一种秘密武器，从而臆测认为珍珠港一直在截收和破译包括外交电报在内的各种密码，并拥有训练有素的 400 人左右的队伍。[2]

罗彻福特通过莱顿向金梅尔海军上将、布洛赫海军少将，并偶尔直接向金梅尔发送口头和书面的每日信息。他从未将信息发送给第三名海军情报官，即梅菲尔德海军上校。罗彻福特作证时说，他确实曾与夏威夷 G–2 负责人菲尔德中校“大概一周两次”进行联系。[3] 罗彻福特并没有说他给了菲尔德什么，但却肯定给的东西中没有包括任何他认为是“超级”（ultra）的东西。正如罗彻福特作证时所说，菲尔德“并不在我认为应当值得给予超级信息的那份名单中”。接下来的对话是这样的：

问：那么，谁定了这样一份名单？

答：这份名单一直在我们办公室里，是前任负责军官制订的，然后再传给接任的负责军官。

问：谁是负责军官？

答：我从 1941 年 6 月起是，先生。

问：那么在你担任此职位时，完全是由你来决定陆军中谁应当或者不应当接收这样的秘密信息吗？

答：是这样的。除非我从华盛顿或金梅尔海军上将那里接到相反

[1] 原注：*Hearings*, Part 10, p. 4836.

[2] 原注：详见本书第 3 章内容。

[3] 原注：*Hearings*, Part 10, p. 4675.

的命令。[1]

正是在最后一次国会调查中，这样的提问才让人们明白，确实是罗彻福特自己决定不向菲尔德提供重要信息，或者说他把持着来源以至于菲尔德无法评估信息。虽然并未在听证会上体现，但确实有证据表明华盛顿曾有指令，特别要求罗彻福特将信息分发范围限制于少数海军军官。[2] 罗彻福特与其他陆军军官之间并无联系；而按照菲尔德的政策，罗彻福特甚至与他之间也没有过联系，这与罗彻福特的证词完全相反。

莱顿是金梅尔的舰队情报官，他直接向金梅尔本人，以及金梅尔的参谋长、作战计划官、作战官汇报。他还制作书面的内刊，分发给舰队最高指挥部（Fleet High Commands）和华盛顿的海军作战部长。他的情报来源有联邦调查局（当地的和华盛顿的）、海军情报局、其他两位海军情报官、英国在远东地区的情报来源、美国海军武官和观察员、领事及国务院在远东地区的代表，以及他发现"完全可信赖"或是"总体值得信赖"的匿名来源。

莱顿不记得自己曾被单独召去向肖特和金梅尔展示情报工作状况。他记得有几次会议时，当自己在向金梅尔和已经返回珍珠港的特遣舰队指挥官们作简报时，肖特曾经在场。他从未与肖特的 G–2 负责人菲尔德中校有过接触。1941 年 10 月或 11 月，他曾有过一次和菲尔德的助手比克奈尔中校谈话。[3] 他曾与航空兵马丁少将的情报官莱利中校有过数次接触。他曾交给莱利一些经过选择、精心释义的绝密材料，并且没有披露来源。他"认为……他（莱利）那时就代表陆军"。[4] 是莱利提议建立联系的，而根据莱顿的说法，这也是在袭击前 3 个月才发生的事情。莱顿也认为在

[1] 原注：*Hearings*, Part 10, p. 4703.

[2] 原注：1956 年 7 月 11 日对莱顿的访谈。

[3] 原注：很多年之后，莱顿告诉作者，他曾与比克奈尔见过"完全不止一次"。（1956 年 7 月 11 日对莱顿的访谈。）

[4] 原注：1945 年 4 月 25 日向亨利·克劳森上校提供的宣誓口供，参见 *Hearings*, Part 35, p. 51。

10月份他一周见两次莱利，在珍珠港事件之间的10天内他每隔一天见一次莱利。

1945年，莱利是这样回忆他和莱顿之间的关系的：

在1941年12月7日及之前约一年时间里，我领导夏威夷航空兵的G–2。就在我担任这些职务后不久，我通过那时的莱顿海军少校，建立……与海军之间的某种联系。我告诉莱顿少校，我建立联系是为了夏威夷航空兵。在这大约一年时间里，我和莱顿少校就联系的主题进行的对话不超过6次。在此期间，对话还持续着。就我所能回忆起来的，我们之间在1941年12月7日之前的最后一次对话，大约是在1941年的10月。

莱顿少校给我的信息是我从海军得到的唯一来源。他声称，如果日本有任何海军行动，只要他知道，而且行动将会威胁到夏威夷群岛，就会通知我。他给我的有关这方面的唯一具体信息是，他就日本可能对马来采取敌对行动以及日本舰队在托管地设施的研究。我相信这至少也是在1941年12月7日之前两个月的事了。[1]

莱顿从没提出接收或是要求从陆军来源得到任何信息，他甚至没有暗示过这样的信息可能会有价值（这可能会对敌人部队的行动形成更全面的信息）。显然，他认定自己的来源必然更胜一筹。他的职责就只限于向金梅尔、舰队最高指挥部和华盛顿报告。他认为金梅尔会把所有重要的海军信息发送给肖特，还有各个特遣舰队军官，并且第三位海军情报官梅菲尔德也会通过陆军G–2在较低层级上做同样的事情。[2]

---

[1] 原注：1945年3月11日向亨利·克劳森上校提供的宣誓口供，参见*Hearings*, Part 35, p. 38*f*。这些由克劳森记录的口供信誉极差、不可信赖，从莱顿的证词得到的印象是，莱利和莱顿之间的联系，事实上要比莱利宣称的频繁。

[2] 原注：在回答“谁是珍珠港陆军方面与你对等的人？”时，莱顿部分地回答了问题：“我（与陆军）之间的联络……是……通过梅菲尔德上校……每一两周陆军、联邦调查局和他之间都会举行会议。在报到后不久我就参加过一次，就是想告诉他们我到这儿了，愿意在所有方面进行合作。但如果任何人暗示我应当找出一个对等的

梅菲尔德海军上校是第 14 海区情报官，对第 14 海区司令官布洛赫海军少将负责，就包括在第 14 海区内的岸上反破坏、反间谍在内的所有情报事宜，向海军情报局局长负责。他的来源有地方联邦调查局的罗伯特·希弗斯（Robert Shivers），陆军 G–2 的比克奈尔中校，有关 1941 年 12 月 1 日之后日本领事馆来往电文的美国无线电公司（RCA）档案（发送给罗彻福特进行破译和翻译），在 1941 年 12 月 2 日之前对日本领事馆电话进行了 22 个月窃听得到的截获信息。他与布洛赫海军少将和莱顿海军少校就反间谍事宜进行过对话；除了这两位军官之外，他从没讨论过有关战争可能性的问题；他不记得从这两人那里收到了任何信息。他没有从罗彻福特处得到任何信息。他在陆军中唯一的联系就是比克奈尔中校。

二、陆军情报

夏威夷总部 G–2 负责人菲尔德中校，每周与肖特的参谋长沃尔特·菲利普斯上校，以及其他部门首脑会面。这是一项日常性工作，而他“在会面中的任务包括向军官们介绍世界最新形势”。[1] 大约每个月他提交一份书面报告，涉及“本地有关经济和共产主义、种族骚乱等类似情况”。[2] 在 12 月 7 日之前，他从未提交过一份战略预测，之后他倒是每周提交一次。他不记得从华盛顿接收过有关国际形势的任何信息，但他作证

军官，或者说夏威夷总部中的 G–2 应当依靠我得到信息来源，那就反常了。原因很简单，华盛顿的陆军和海军有密切的协定，并且已经在情报方面保持紧密联络许多年了，海军会把情报传递出来，告诉陆军，陆军也会告诉海军。如果说我们相互之间想在战区里咨询，那我们就在战区里相互咨询。”接着，他又说，“如果菲尔德有一刻对他自己从华盛顿得到的信息不满意——当然我也不知道他是否得到了——他肯定会与我建立联络。”（*Hearings*, Part 10, p. 4865.）鉴于莱顿经常出海并保持无线电静默，要同菲尔德保持定期联络多少有点不实际。

不幸的是，就像莱顿对华盛顿部门之间相互联络的想法一样，海军情报局和华盛顿 G–2 的绝大多数人，对战场上陆军—海军的联络也抱着同样自满的态度。

[1] 原注：*Hearings*, Part 28, p. 1555.

[2] 原注：*Hearings*, Part 28, p. 1551.

说“我们拥有的（涉及日本可能的海军和陆军行动）唯一信息来源就是通过海军”，[1] 接着他又说自己确实能接触到陆军部和海军部的信息。他的另外一些来源有，对从东亚（Orient）回来的盛名在外的旅行者、当地的联邦调查局等的采访。他还特别把报纸排除在来源之外。在与当地海军情报部门联络的事情上，他在作证时说联络工作“在反情报方面非常紧密。每周都定期讨论和调查（当地日本人中）嫌疑者名单。但就战斗情报而言，（罗彻福特）和我与舰队情报官（莱顿）之间的联系和关系就不是非常紧密了，因为我们之间事实上没有任何共同点。那时也没有战斗。”[2]

在一份给克劳森上校的宣誓口供中，菲尔德宣称他从未在任何时间从罗彻福特或是莱顿那里接收过任何信息，他的另一份证词也与此一致。显然，对于那些莱顿愿意通过马丁少将发送给莱利的任何信息，他都有可能接触得到，但在 12 月 7 日之前他却从没听说过这种联络关系。也没有更进一步的证据显示菲尔德愿意去知道比原本应当知道的更多情况；他从未向华盛顿或是当地的海军那里请求更多此类信息。显然，他和莱顿对于比克奈尔—梅菲尔德层级和肖特—金梅尔层级上的陆海军联络关系都相当满意，尽管在夏威夷当地存在联络不足的问题，但无疑都将在华盛顿由陆军和海军情报部门之间的中央联络关系加以解决，因此要再进一步做点什么实在没有必要。

比克奈尔于 1940 年 10 月成为 G-2 的二号人物。他在听证会上作证说，他已经“与联邦调查局、海军海区情报官（梅菲尔德海军上校）、联邦电信委员会，所有诸如海关、移民局和财政部这样的地区和联邦部门立刻建立了联络”。他的主要情报来源有：从东亚返回的商人，与英国官员和经过夏威夷的其他国家军事代表的访谈，截获的所有日本明语无线电广播，能够找到的当地日文报纸，以及一些东亚的报纸。从 1941 年 9 月开

[1] 原注：*Hearings*, Part 28, p. 1544.

[2] 原注：*Hearings*, Part 28, p. 1561. 根据菲尔德所说：“在陆军看来，没有战斗，就没有战斗情报工作。”（1945 年 5 月 11 日菲尔德给克劳森的证词，参见 *Hearings*, Part 35, p. 88。）

始，他每两周撰写国际预测并在夏威夷总部的所有部门分发，也在每周的参谋会议上进行口头报告。在第一次预测中，他预测与日本的战争将在11 月底爆发，如果没有的话，那就是在（次年）4 月爆发。肖特从未询问过他有关情报预测的事情，因此比克奈尔声称“司令官不提出问题……这太不寻常了”。[1] 实际上，肖特出现在参谋会议上是一件不寻常的事。比克奈尔确实知道莱利和莱顿之间的联络关系，并从莱利那里获得了所有莱顿的信息。[2]

遗憾的是，除了克劳森上校外，没有人对莱利中校进行审查，前者得到（前文刚刚提到）后者的宣誓口供。莱利直接向马丁少将汇报，他提及曾于 1941 年 10 月与比克奈尔、莱顿的联合会面，但没有提到菲尔德或是肖特。

记录充分证实了夏威夷 G–2 的主要工作是破坏和颠覆，这一点不仅受到陆军 G–2 传统的影响，也受到当地数量庞大的日本族群这一事实的影响。所有 3 名陆军情报官全都依赖于当地的海军来源和华盛顿，来获取有关突然袭击或是战争爆发的国际信息。

可以从莱顿、罗彻福特与金梅尔、布洛赫与梅菲尔德、梅菲尔德与比克奈尔之间的紧密联系看到总体的情况。由于梅菲尔德只处理反间谍事务，因此任何有关国际形势的信息，都不得不从金梅尔处传递给他自己的海军军官和肖特。然而，金梅尔寄希望于布洛赫与肖特之间的联络；布洛赫就像莱顿一样，寄希望于肖特与金梅尔的联络。实际上，由于没人同菲尔德对话，因此信息传递给肖特的渠道主要是通过比克奈尔。依据菲尔德的说法，莱利出于“荣誉感”，只会把莱顿透露给自己的情况报告给马丁，而马丁向菲尔德或是肖特揭露了什么，却没有任何说法证实。无论怎样，莱顿和莱利之间的交流联系显然不太经常，内容上也有限。

我们可以看到，陆海军极度缺乏在交流关键国际信息方面的联络。肖特和他的 G–2 假定海军将会把此类他们需要和期盼的信息发送过来，这

[1] 原注：*Hearings*, Part 10, p. 5119.

[2] 原注：*Hearings*, Part 10, p. 5112.

一想法也毫无根据。在岸上和舰上反间谍事务方面，联络工作相对紧密。但是，无论梅菲尔德和比克奈尔究竟谈论了多少，由于前者无法接触到海军情报的主要来源，因此谈话都不会形成有关国际局势或是有关袭击可能性等话题的情景。

有趣的是，在这 6 名军官中，只有莱顿曾留下抱怨接收的信息不足、人员不足的记录。[1] 即使是在罗彻福特的部门，显然也没有缺少已受训密码分析人员和语言学者来完成工作的感觉。高效工作的最主要障碍，就是美国法律禁止对日本人与本土或在夏威夷内的通信进行审查、窃听或监控。海军和联邦调查局早已把这样的法律顾忌抛到一边，但 G–2 还是严格遵守。

莱顿的抱怨很有意思。它直指有关情报信息向战场循环的政策点，这一点我们在之后讨论华盛顿的情报机构时也将看到。1941 年 2 月和 7 月，基于日本“紫色”（PURPLE）[2] 外交密码系统，莱顿已经获得日本将向维希政府（Vichy）提出的要求，以及一旦维希政府不答应日本将会如何行动的信息。他早前曾写信给海军情报局远东组（ONI’s Far Eastern Division）负责人迈科克伦海军中校，催促后者根据解密的外交通联继续向他发送信息。迈科克伦的回复简明地给出了华盛顿的观点：

我完全理解，如果您手头上有外交情报（diplomatic intelligence, DIP），那么在日常预测中将可能会帮助极大。

但这会引发难以解决的安全等问题。虽然我欣赏您在这件事上的立场，但我不能同意以您建议的方式将这方面的材料发送给您。鉴于国务院能够获取信息的能力要远远超过任何舰队司令部——无论后者有多庞大，国务院的工作人员更多，能够评估政治形势发展结果，因此有理由相信，

[1] 原注：檀香山 G–2 甚至都没把划拨来的 1940—1941 年的所有经费（1.5 万美元），用于增加额外的办事员和购买信息。

[2] 原注：“紫色”是指日本外交绝密密码。它一般指的是《听证会》上的“紫色密码”，这也是本书采用的说法。

国务院应当是获得政治形势评估的源头。因此，舰队联络工作必须依赖于国务院以获得政治形势评估的观点。

我认为，总体上舰队的力量应当限制在，一旦采取行动就必须要面对的战略和战术形势上。鉴于政治领域的行动是由政府作为一个整体而非由舰队来决定，因此您提及的材料必然只有短时和暂时的意义。

对我而言，要建立一个仅仅是重复国务院情报部门工作的舰队机构，是不实际的。我明白，所有这些都将让您处于这样一个立场，即人们自然都会对动态发展情况感兴趣。然而，我相信，应当在感兴趣的信息与可指导行动的信息之间画出一条严格的区分线，并且要持续强调两者之间的差别。

换言之，您和舰队也许对政治事宜高度感兴趣，但您做不了什么。因此，除非是对舰队的直接行动产生影响，否则，有关政治意义的信息只能作为您的兴趣而没有实用价值。[1]

迈科克伦的立场考虑周到，但也许前后并不一致。他的第一个论点是，外交通联信号也许会在形成每日预测中发挥作用，但发送出去却可能会冒危险大于可能效用的风险。他的第二个论点是，莱顿的评估将仅仅是重复华盛顿的工作，因此并无必要。最后他说，对莱顿而言“魔术”非常让人感兴趣，但却无用，因为它只涉及政治领域，而那是政府作为一个整体的事务。第一个论点不能忽视，即确实存在困境。最后一点却忽视了这样一个事实，即对政治行为的了解可以作为寻找、观察并正确解读夏威夷当地所发生信号的基础。也许我们会对““魔术’对莱顿的用处大于成本”这一点持有疑问，但它的作用是毋庸置疑的。

就本书的直接目的而言，迈科克伦在拒绝莱顿请求的同时，表达出在限制信息上的模糊性，而这一点具有重要意义。他的回信尽管几近于确定的拒绝，但却让莱顿相信自己能够收到基于“紫色”的、任何关键的行动

[1] 原注：1941 年 4 月 22 日迈科克伦写给莱顿的信，参见 *Hearings*, Part 10, p. 4845*f*。

信息。在事件之后，他说自己对于受到欺骗而“极度愤慨”。

第三节　迟到的信号

现在我们脑海中已经有了当地情报架构的图景，我们可以提问：在12月7日前的关键几周里，这6名军官及其下属是如何处理所收到的信号呢？谁接收了什么信息，又传送给了谁？在夏威夷有人得到所有的信号吗？

一、海军情报

1941年11月1日，罗彻福特的部门在给莱顿的每日书面小结中报告说，日本人已经更换了呼号（call sign）。12月1日，日本人再次更换了呼号。罗彻福特办公室在1941年12月1日发出的通信情报小结中这样记述：

> 所有舰船的呼叫从12月1日零时起更换。之前，呼叫每6个月或更长时间更换一次。最近一次更换是在1941年11月1日。更换的呼号只维持了一个月，意味着敌人正在采取进一步进攻性步骤，准备更大规模的积极行动。[1]

两次更换如此接近，这本身就构成了警报。按照罗彻福特的说法，这样快速的更换是他从未经历过的。此外，这样的更换也让识别工作非常困难。[2] 到11月底，取得了一些进展，在11月25日和11月30日，罗彻

[1] 原注：*Hearings*, Part 17, p. 2636.

[2] 原注：在谈到12月2日面临的识别工作的新困难时，莱顿的证词说：“这只是

福特的部门曾先后报告了潜艇集结和至少有一支航母编队在马绍尔群岛（Marshalls）的情况。第 16 海区的情报部门对于潜艇的动向意见一致，但并不赞同航母的情况（他们是正确的，因为后来显示那时在托管地并没有航母编队）。由于该部门的无线电站报告说并没有发现无线电信号，因此他们相信所有已知的日本第 1 和第 2 舰队的航母都在本土水域的吴港—佐世保（Kure-Sasebo）区域。[1] 在 11 月月中，华盛顿认定第 16 海区情报部门提供的信息比第 14 海区的更加可靠，之后就依赖于前者的报告。[2] 在日本第二次更换呼号之后，罗彻福特的部门于 12 月 2 日报告："今天几乎完全无法获取有关航母的信息。" [3] 12 月 3 日又报告说："没有关于潜艇或航母的信息。" [4] 从那一天到 12 月 7 日，通联信号量没有显著变化，也没有截获任何航母的通联信号。[5]

金梅尔海军上将对失去航母的无线电信号踪迹感到十分担忧（自 11 月 16 日后就失去了），12 月 1 日他要求舰队情报官制订出一份日本海军的位置列表，并与甲米地（第 16 海区情报部门）进行核对。甲

呼号更换后的第二天，有大约 2 万个呼叫通联。就算是把全世界的人都聚集来，也是不可能做到（识别）的，因为根本没办法。只有在通联信号持续许多天后，你才能把信号都摆出来，然后识别。你要知道，那时指挥官们有很多呼号，而舰船只有一个呼号。"（*Hearings*, Part 36, p. 134.）

[1] 原注：这些航母，包括"赤城"号（*Akagi*）和"加贺"号（*Kaga*）（第 1 航母编队），"飞龙"号（*Hiryu*）和"苍龙"号（*Soryu*）（第 2 航母编队），"翔鹤"号（*Shokaku*）和"瑞鹤"号（*Zuikaku*）（第 5 航母编队），构成了珍珠港特遣舰队的最重要部分。

[2] 原注：Dispatch of November 24, in *Hearings*, Part 14, p. 1405*f*. 根据劳伦斯·萨福德海军中校的说法，第 16 海区情报部门之所以被认为更加可靠，是因为它能更好地截获无线电，解读日本海军 JN 25 密码，并与英国在新加坡的反情报部门交换信息和翻译文本。（*Hearings*, Part 18, p. 3335.）在甲米地负责无线电通信分析的军官，在证词中否认了具备解读 JN 25 的能力。在记录中没有证据显示究竟哪一种说法是正确的，但似乎应当是负责信号分析的军官更了解情况。

[3] 原注：*Hearings*, Part 17, p. 2638.

[4] 原注：*Hearings*, Part 17, p. 2639.

[5] 原注：对 12 月 1 日至 7 日之间无线电通信情报的记录过于简化。全面的分析详见：莱顿在休伊特质询会上证词的复件（*Hearings*, Part 36, pp. 116-141）。

米地的回复让他有所宽慰，但他在 12 月 2 日重新审视了一遍位置列表后，用开玩笑的语气对莱顿说："什么，你不知道航母在哪里？你是不是说他们正在包围钻石山而你却不知道？"莱顿回答说期望可以在这发生以前看到敌人。

这种亲切和感到安全的气氛可以理解。在整个 1941 年和之前，不仅是航母，无法通过无线电通信情报确定战列舰、巡洋舰、其他战舰位置的事情曾发生过许多次。莱顿解释说：

这是因为当航母或其他舰只返回本土水域、母港、本土演习地域后，他们就会通过低功率无线电直接与岸上站点通联。在正常情况下，他们是通过电报电话通联，以防止我们的测向站和截收站收听到通联。在这样的时间段内，我们一般都将这些舰只定义为"在本土水域"。[1]

这是一直以来的政策，并且在过去也经过了事实的检验。正如莱顿解释的那样：

如果说从海军军令部（Naval General Staff）发出的成千条电文中，有任何电文是发给航母、航母编队指挥官或是航母司令官的，即使航母处于静默状态，想一想航母保持无线电静默本身就是至关重要的事情。但事实是，从未有发给他们的信号，甚至一次也没有，这让我们相信，他们目前的状况，与 1941 年 7 月日本人派出特遣舰队并向法属印度支那发出最后通牒那次航母编队的状况完全一样。[2] 那次，航母就留在了本土水域……以防我们采取反制措施。[3]

[1] 原注：*Hearings*, Part 10, p. 4838.

[2] 原注：有关印度支那危机的更详细情况，参见本书第 2 章内容。

[3] 原注：*Hearings*, Part 10, p. 4839. 后来，莱顿用更加坚定的语气强调说："舰船处于无线电静默的状况可以理解，但就我过去数年间的观察而言，之前日本海军的通信还从未出现过这样的现象（没有从舰船发出，也没有发给舰船的任何讯息）。"（*Hearings*, Part 10, p. 4904.）莱顿相信，与日本人的证词相反，袭击珍珠港的舰船在

在 1941 年 7 月做出推测时，莱顿有一系列日本用绝密外交密码“紫色”发出的解密电文。“紫色”（还有总被我们称为“魔术”的其他日本密码）中包含的信息非常详细精确，这也让他坚定了自己有关航母位置的假设。1941 年 12 月时，莱顿手头上只有两份基于“紫色”的信息（包含在从海军作战部长处发来的三条电文中）。他有了“从中国岸上观察者、海军武官助理、商船船长、领事人员处得来的报告，说他们看见这些舰船装载并出港，舰船编队向南行驶，并且注意到整个行动都是向南”。[1] 此外，莱顿于 12 月 6 日早晨从亚洲舰队司令官处收到一条电文，后者称自己的侦察部队在暹罗湾（Gulf of Siam）和金兰湾（Camranh Bay）看见日本海军及辅助舰只。这些目击事件同样也得到了一份英国报告、一份由驻中国上海海军武官助理所发出报告的证实。莱顿在收到这一电文后，登上了派耶（W. S. Pye）海军中将的旗舰“加利福尼亚”号（*California*）并亲自将电文呈送给后者。莱顿评价说，在暹罗湾的行动“具有非常重大的意义，唯一的问题就是他们是不是把我们留在他们的侧翼并造成威胁，或者是要在南下路上把我们除掉”。[2] 当他说“我们”时，指的并不是珍珠港，而是菲律宾和关岛。莱顿总结说：

> 我从未认为采取无线电静默的日本航母在靠近瓦胡岛。我希望当时我能够这样想……我个人认为，同时我们在做预测研究时也认为，日本航母还是停留在本土水域做准备，这样在日本攻击时——如果她攻击东南亚的话，当我们要针对日本采取行动时，他们的航母就处在掩护位置。[3]

---

11 月 16 日之后再也没有收到过指示，也从来没有发出过袭击的密语信号“攀登新高峰”（Climb Mount Niitaka）。（*Hearings*, Part 10, p. 4906.）

[1] 原注：*Hearings*, Part 10, p. 4835.（参见公布集第 27 卷［Exhibit No. 27］, *Hearings*, Part 37, pp. 789*ff*。公布集中复印的报告只是该文件中一小部分。）

[2] 原注：*Hearings*, Part 10, p. 4859.

[3] 原注：*Hearings*, Part 10, p. 4840.

莱顿的观点与罗彻福特在 11 月份的总结陈述一致，后者认为一支“强大的力量也许正准备在东南亚行动，同时其中一部分会在帕劳至马绍尔群岛一线行动”。[1]

截至 12 月 7 日，莱顿收到哪些进一步让他坚定这一预测的信号？他可能要比珍珠港的其他任何情报官得到更好的信息。正如他的证词所说，他有“来到珍珠港的所有可用信息”。[2]

首先，有两份警报发给太平洋舰队司令官，一份是在 11 月 24 日，另一份所谓的“战争警报”是在 11 月 27 日。内容如下：

1941 年 11 月 24 日

签发：海军作战部长

发往：亚洲舰队司令官（CinCAF），太平洋舰队司令官（CinCPAC），第 11、12、13、15 海区

抄送：大西洋舰队司令官驻伦敦海军特别观察员（Spenavo London Cinclant）

242Ø05 [3]

与日本谈判达成有利结果的可能性不高。加上日本政府的声明及其海陆军部队的动向，我们认为，表明在任何方向上采取包括袭击菲律宾或关岛在内的一次突然性侵略行动是可能的。陆军参谋长也发出同样电文，并要求收文单位通知所在地区陆军高级军官。为避免已经紧张的形势复杂化或触动日本提前行动，需确保高度机密。关岛将单独通报。

抄送陆军部作战计划部、第 12 处，但不再分发。[4]

---

[1] 原注：*Hearings*, Part 6, p. 2815.

[2] 原注：*Hearings*, Part 10, p. 4859.

[3] 原注：这些数字是指从华盛顿海军通信办公室发出的日期和海军时间。242Ø05 意思是 11 月 24 日 20 点零 5 分，即华盛顿时间晚上 8 点零 5 分。

[4] 原注：*Hearings*, Part 14, p. 1405.

1941 年 11 月 27 日
签发：海军作战部长
发往：亚洲舰队司令官、太平洋舰队司令官
抄送：大西洋舰队司令官、海军特别观察员（Cinclant，Spenavo）
272337

本电报应被视为战争警报。希望在太平洋地区形势达成稳定的对日谈判已经终止，预计未来数日日本将采取侵略性行动。日本部队的数量和装备，以及海军特遣舰队的组织都显示，日本可能在任何方向上采取一次突然的侵略动向，包括针对菲律宾、泰国、克拉半岛或可能是婆罗洲采取一次两栖远征作战行动。执行适当的防御部署准备工作，以实施第 46 号作战计划（WPL46）中部署的任务。通报地区当局及陆军机构。陆军部也正发出一份类似的警报。

海军特别观察员通报英国。大陆地区、关岛、萨摩亚采取适宜措施应对破坏。

抄送陆军部作战计划部。[1]

莱顿对 11 月 24 日的电文是这样反应的：

他们掌握的信息与我们掌握的一样；他们和我们一样关注到南边的动向，他们同样也发现日本人不会把自己的侧翼暴露给我们……就我个人的印象来看，而且我也是这么说的，除了对苏联外，日本还从来没有把自己的侧翼暴露给一个强大的敌手……我的推测是，在第 2 舰队司令官手下有两个特遣舰队，一个从台湾—海南—巴哥（Bako）[2] 以内区域南下进入南中国海，目标是克拉地峡（Kra Isthmus）或其附近区域，以及暹罗湾。另一个则从西加罗林群岛的帕劳经过，意图可能是威胁帝汶岛（Timor）、西

[1] 原注：*Hearings*, Part 14, p. 1406. 第 46 号作战计划要求在远东地区爆发战争的情况下，太平洋舰队机动应对马绍尔群岛之敌。

[2] 译注：地名，在今马来西亚。

里伯斯岛（Celebes）[1] 以及其他该地区的荷兰属地……如果他们敢于把侧翼留给我们，按照情况可能发展，一旦我们决定采取行动支援大不列颠、法属印度支那或是泰国，我们位于菲律宾的位置将对他们的交通线是一个威胁。[2]

莱顿对 11 月 27 日电文的反应是：

这确实符合当前的形势，如果日本决定不把菲律宾的侧翼暴露出来并南下，我们很快就会开战，同时日本也会寄希望于来栖—野村 [3] 谈判达成妥协以安抚我们。这让我感觉到，面对的是大好的、已经完全清楚的形势，时机非常关键，鉴于海军部的声明中说到不希望任何事情加剧已经严重的形势，也许海军部希望在最后一刻能达成妥协。[4]

他回忆起当时对第二份警报中省略了关岛的评论，一些人笑称："我猜他们认为，无论怎样关岛都会陷落，所以也不值得把它的名字放在警报中了。" [5]

与日本之间的战争在 11 月 27 日后随时可能爆发——这种反应再三出现，但不会是在珍珠港爆发。除此之外，莱顿收到另外一些信号，从他掌握的信息来看，他的预测似乎是有道理的。

另一份印证 11 月 27 日警报的电文是在 28 日发出的，电文全文引用了陆军发出的警报。有关陆军电文中的"要和不要"（do-don't）的内容、有关不要惊扰当地平民的警示、坚持要确保日本打响第一枪等，已经有了许多评论。在这份海军的第二次警报中，海军也强调了让日本打响第一

[1] 译注：即今印尼苏拉威西岛。

[2] 原注：*Hearings*, Part 36, p. 144*f*.

[3] 编注：来栖是指来栖三郎（Saburo Kurusu），野村即野村吉三郎（Nomura Kichisaburo）

[4] 原注：*Hearings*, Part 10, p. 4860.

[5] 原注：*Hearings*, Part 10, p. 4867.

枪，但莱顿并不认为自己由此产生了迷茫和疑惑。11 月 28 日电文如下：

签发：海军作战部长

发往：太平洋北部海岸前沿指挥部（Com Pnncf）、太平洋南部海岸前沿指挥部（Com Psncf）

抄送：太平洋舰队司令官（Cincpac）、太平洋海岸前沿指挥部（Com Pncf）

参见我 272338 号电文（海军破坏警报）。[1] 陆军将以下内容发至西部防御指挥部指挥官。

“对日谈判看来将要终止，日本政府返回谈判桌并提出继续谈判只存在微弱可能。日本未来行动不可预计，但可能在任何时候采取敌对行动。如果敌对行动**不可**［重复一次］[2] 不可避免，美国希望日本打响第一枪。本政策**不**［重复一次］不应当被理解为限制你们采取可能危及防御安全的行动。在日本采取敌对行动前，你们应当按照指示实施必要的侦察和其他措施，但这些采取的措施**不**［重复一次］不应惊扰平民或暴露意图。汇报所采取的措施。一份有关在美颠覆行动的单独电文将发送给第 9 军 G–2。一旦发生敌对情况，只要敌对行动来自日本，你们应当实施《彩虹 5 号计划》中规定的任务。将此高度机密信息的分发范围局限在少数关键军官。”除非是在东南太平洋区域和巴拿马海岸前沿（Panama naval coastal frontier）实施，否则第 52 号作战计划 [3] 不适用于太平洋地区，并且也不会在该地区生效。在日本打响第一枪前不要采取任何进攻性行动。鉴于第

---

[1] 原注：*Hearings*, Part 14, p. 1406. 该电文未发送至金梅尔的司令部，而是发给了大陆地区、关岛和萨摩亚。

[2] 译注：电文中为避免语义理解产生歧义，对某些如否定的“不”等词语会在电文中标注“［重复一次］”。

[3] 原注：第 52 号作战计划（WPL 52），即《海军西半球防御第 5 号计划》，在此计划之下，大西洋舰队得到了对在西大西洋区域内遭遇的、与德国和意大利海上、陆上、空中力量开火击毁的命令。

46 号作战计划适用于在敌对情况发生时的日本，[1] 因此要做好实施该计划规定任务的准备。[2]

11 月 27 日晚，莱顿看到陆军“进入战备状态，卡车在移动，部队在移动，我想我看见了武器架设在街上，我猜想他们已经进入全面战备，还包括环绕珍珠港和瓦胡岛上其他重要地点设置的防空和其他机动武器”。[3] 莱顿并不是唯一如此猜想的人。海军有三个警戒等级（conditions of alert）：一级是全面警戒等级，二级和三级逐渐减弱到正常状态。海军总是先进入全面警戒等级，然后再逐渐降低。陆军的警戒体系正好相反。它起始于最低的一级，即应对破坏，二级是应对空袭，三级才是全面警戒。[4] 陆军和海军在这方面没有任何共同点，这一事实也正是相互尊重、诚挚但却空泛的两个军种间交流沟通的另一个写照。

莱顿那晚看到的，是按照肖特中将发布的一级破坏警戒实施行动的状况。布洛赫海军少将听说陆军处于一级警戒后，十分满意，显然他也做了同样错误的假定。事实上，没有任何海军军官的证词显示他们曾有其他的假定。[5] 为什么当海军自己没有全面警戒时，却会一致认为陆军实施了全面警戒？这一点引起一些国会质询议员的好奇。在他们的追问下，弄明白了一点：1941 年，舰船在港口内时，总是实施有限警戒等级。

现在，很容易把迄今为止的信号，按照发生先后顺序做一个总结：

11 月 1 日，日本呼号更换。

整个 11 月份，观察者报告舰船向南行驶。

11 月 16 日，美国失去日本航母踪迹。

---

[1] 原注：第 46 号作战计划规定，当战争在远东地区爆发时，太平洋舰队应机动应对马绍尔群岛之敌。

[2] 原注：*Hearings*, Part 14, p. 1407.

[3] 原注：*Hearings*, Part 10, p. 4860.

[4] 原注：关于肖特中将的警戒流程，参见附录。

[5] 原注：See *Hearings*, Part 6, p. 2853*f*. 参见金梅尔的证词。

11 月 24 日，海军发出第一份有关“在任何方向上采取一次突然性侵略行动”的电文。

11 月 25 日，第 14 海区报告在马绍尔群岛有一支航母编队；第 16 海区不认同。

11 月 27 日，海军战争警报（接收于 11 月 28 日）。

11 月 28 日，海军转发陆军战争警报（接收于 11 月 29 日）。

11 月 30 日，第 14 海区再次确认在马绍尔群岛有一支航母编队。

12 月 1 日，日本呼号更换，同时还有其他无线电秘密情况显露。评估认定，在 11 月 1 日已更换过一次的情况下，再次更换呼号极度不寻常，预示着战争准备。

12 月 6 日，来自亚洲舰队司令官的电文称，观察到日本舰船出现在金兰湾。

莱顿还曾收到其他信号，一些验证了战争将在数天内爆发的可能性，另一些则将爆发地点指向东南亚。有三份基于“魔术”的电文讯息。第一份接收于 12 月 1 日，大致描述了日本计划怂恿英国入侵泰国，这样就可以让日本以保护者的身份进入泰国。这是来源于截获的 11 月 29 日日本驻曼谷大使发回东京的无线电文。[1] 这条电文再次验证了无数条有关日本向南（“法属印度支那南部，台湾南部，海南南部”[2]）的报告和观察者们关于进攻克拉地峡的预计。因为进攻克拉“在泰国最南端宋卡的泰国机场，这里距离（马来亚）边境只有几英里，是理想的海滩地区，是实施两栖登陆的绝佳地点”。[3] 莱顿在 12 月 6 日早晨的会议上与金梅尔讨论了这一点。

其他两份来源于“魔术”并在 12 月 3 日发出的电文注意到，绝大多数日本外交密码已被销毁。其中第二份是在第一份后 5 分钟发出的。这些

---

[1] 原注：Dispatch No. 011400, Opnav to Cincaf, info Cincpac, December 1, 1941, *Hearings*, Part 6, p. 2540. 参见 *Hearings*, Part 12, p. 203, 关于原始截获电文的内容。

[2] 原注：*Hearings*, Part 10, p. 4882.

[3] 原注：*Hearings*, Part 10, p. 4882.

电文在国会调查过程中被引用多次，因为华盛顿的许多军官在事后认为这些电文对美国战场指挥官而言，是最关键的预示，也是实施全面警戒的清晰信号。

1941 年 12 月 3 日
签发：海军作战部长办公室（Opnav）
发往：亚洲舰队司令官，太平洋舰队司令官，第 14、16 海区
抄送：
Ø31850

收到高度可靠信息，昨天已有明确而紧急的指示发送给驻中国香港、新加坡、巴达维亚[1]、马尼拉、华盛顿和伦敦的日本外交与领事馆所，要求他们立刻毁掉绝大多数代码和密码，并烧毁所有其他重要的机密和秘密文件。

1941 年 12 月 3 日
签发：海军作战部长办公室
发往：亚洲舰队司令官，第 16 海区
抄送：太平洋舰队司令官，第 14 海区
Ø31855

12 月 1 日东京 2444 号通报命令伦敦、中国香港、新加坡和马尼拉毁掉紫色密码机。巴达维亚的机器已经送往东京。12 月 2 日要求华盛顿毁掉紫色。全部毁掉，只留其他系统的一份复件。毁掉所有文件。伦敦英国海军部今天报告伦敦的日本使馆已经执行。[2]

接着这两份电文的是一份 12 月 4 日海军作战部长办公室发往关岛的

[1] 译注：即今印尼的雅加达。
[2] 原注：*Hearings*, Part 14, p. 1407*f*.

命令复件，抄送给太平洋舰队司令官和第 14 海区，命令要求关岛毁掉所有秘密和机密文献，只为关键通信联系保留最低程度的加密渠道。12 月 6 日，莱顿接到下面这份发给金梅尔的电文：

签发：海军作战部长办公室
发往：太平洋舰队司令官
抄送：亚洲舰队司令官
Ø61743

鉴于国际形势和我们太平洋外围岛屿的暴露位置，你可以授权他们现在或者在之后更加紧急情况下销毁机密和秘密文件。用于保障我们当前行动和特别情报工作的通信手段当然应当保留到最后一刻。[1]

莱顿也知道，海军已经指令驻东京的海军武官和诸如天津等驻中国地区的海军单位销毁其密码材料。12 月 5 日，他收到这些人的明语电文“回飞镖”（Boomerang）——这是表示所有密码和文件都已销毁的暗语。

除了发自华盛顿和远东地区的密码销毁命令外，莱顿在 12 月 6 日还获得日本领事馆已经连续两天焚烧文件的信息。罗彻福特向华盛顿发出了一份由布洛赫签署、有关这方面的电文：“虽然你 3 日的 1855 号电文［之前关于焚毁密码的通知］应该没有提及，但相信本地领事馆已经销毁所有系统，只保留一套。”[2] 莱顿并没有看到这条电文，但罗彻福特“告知了大意”，后者从梅菲尔德处得到通知，而梅菲尔德又是从当地联邦调查局得到的。

---

[1] 原注：*Hearings*, Part 14, p. 1408. 还不清楚金梅尔是在袭击之前还是之后看到这一电文。没有关于该电文何时收到的记录。（*Hearings*, Part 9, p. 4288.）这条电文是延迟发出的，金梅尔认为自己应当看过了，但因为是延迟发出的，所以认为并不重要。（*Hearings*, Part 6, p. 2829; cf. *Hearings*, Part 11, p. 5498.）电文发出的顺序是特急（urgent）、加急（priority）、平急（routine）、延迟（deferred）。

[2] 原注：*Hearings*, Part 14, p. 1409.

罗彻福特曾向莱顿通报了一份 11 月 28 日从华盛顿海军通信部门发来的指令，要求后者的部门一天 24 小时监视所有日本短波广播发出的所谓“风语”报文。11 月 19 日，东京用 J–19 密码向华盛顿发送了两条电文。由于 J–19 总是排在“紫色”后面翻译，所以海军直到 11 月 26 日和 28 日才处理这两条电文。第 16 海区在东京—新加坡通信线路上也截获了同样的报文，荷属东印度群岛和爪哇的军官获得另外两条验证报文。这五条电文成了有关“风语”密码组成的证据。东京—华盛顿的电文是这样的：

第 2353 号通报

关于在紧急情况下广播特别消息事项：

在紧急情况下（断绝外交关系的危险）和国际通信断开的情况下，以下警报将会加在每天的日语短波新闻广播中。

（1）在日美关系危急情况下：东风雨（HIGASHI NO KAZEAME）。

（2）日苏关系危急：北风云（KITANOKAZE KUMORI）。

（3）日英关系危急：西风晴（NISHI NO KAZE HARE）。

该信号将会作为天气预报在中间和结尾各播送两次。听到后，请销毁所有密码文件。这是完全机密的安排。

作为紧急情报发送［11 月 28 日翻译］。[1]

第 2354 号通报

当我们的外交关系变得危急时，我们将会在情报广播的开始和结尾加上以下文字：

（1）如果是日美关系，“东”（HIGASHI）。

（2）日苏关系，“北”（KITA）。

（3）日英关系（包括泰国、马来亚和荷属东印度群岛），“西”（NISHI）。

[1] 原注：*Hearings*, Part 12, p. 154.

以上文字将在开始和结尾各重复五次。

传递给里约热内卢、布宜诺斯艾利斯、墨西哥城、旧金山［11 月 26 日翻译］。[1]

罗彻福特作证时一直说，自己的部门从未截收任何一条播报的“风语”密码。他甚至说，自己从未听说任何从华盛顿 G–2 发给夏威夷 G–2、指示后者与自己联系通报有关天气预报的消息。他也没有从华盛顿收到任何有关“风语”密码播报的情况。

且不论华盛顿或其他任何地方是否真的在 12 月 7 日之前收到“风语”密码播报的情况，都与我们想要表达的观点没有关系。我们确实有“风语”密码的证据，而它作为一个警报信号，完全可以与销毁密码的其他通知和销毁密码的准备等一样重要。

莱顿和金梅尔“非常简短地”讨论了这两条源于“魔术”的电文。两人都不知道“紫色”这个词是什么意思，在询问了金梅尔的安全官赫伯特·科勒曼（Herbert M. Coleman）海军少校后，才知道这是日本人的“一个电子外交密码机”。莱顿回忆说，在这次讨论中，“压力都放在‘绝大多数’这个词［由海军作战部长签发的电文中］之上，意指他们的绝大多数代码和密码”，而金梅尔在国会委员会作证时也阐明了同样观点，即不是说所有的日本密码都被毁掉了，因此他“在收到时……并不认为该电文具有任何关键的重要意义”。[2] 之前金梅尔就曾说，“那时对我而言，这份电文和其他的电文，意味着日本正在采取预先准备措施以进入泰国，而正是因为他们考虑到英国人或美国人，或是这两拨人一起，可能会在他们进入泰国后扑上来，缴获他们的代码和密码”。[3] 因为这一点不是新闻也不是关键信息，金梅尔没有把它传递给肖特中将。对自己收到要求他授权外围岛屿销毁其秘密文件的命令，对他而言也没有多大意义。“他们［华

[1] 原注：*Hearings*, Part 12, p. 155.

[2] 原注：*Hearings*, Part 6, p. 2764.

[3] 原注：*Hearings*, Part 6, p. 2596.

盛顿］之所以要授权，原因之一是他们知道我的通信体系能让他们［外围岛屿］拥有一些极度秘密的密码，而前者想让后者立刻销毁，因为后者就不应该有。”[1] 至于日本领事馆焚烧文件一事，金梅尔的证词是：

在这一年里，类似这样的报告我收到过三四次。第一次收到时，我非常关心并且试图尽我所能找出原因；对于之后这样的报告，我也努力去找到原因。

……………………………………………………………………

现在想来，他们当时是不是正在销毁密码，我不知道。我没有收到任何确切的消息说他们正在销毁密码。我收到的报告是说他们正在再次焚烧文件。[2]

如此看来，金梅尔的反应要比罗彻福特轻松得多，后者向华盛顿发出了前述引用的电文，说檀香山领事馆正在焚烧密码而不仅仅是文件。可以推测，莱顿是在金梅尔的判断基础上，得出了自己的结论。应当公平地说，至少莱顿在收到一些信号后显露出来的焦急和急切情绪，也许被金梅尔预测日本向东南亚进发的精确性信息所缓和。不管怎样，他都不记得自己是否向金梅尔通报过罗彻福特的电文。那时，他只是简单地认为这是“又一个焚烧密码的证据”。

现在我们不得不在我们之前列举的檀香山信号清单中加上以下项目：

11 月 28 日，给罗彻福特的命令要求监视“风语”密码。

12 月 1 日，有关日本在泰国诱使英国侵入的“魔术”电文。

12 月 3 日，两份源于“魔术”的有关日本主要使馆销毁密码机和密码文件的电文。

12 月 4—6 日，收到发往关岛要求销毁密码和文件的通知。收到在其

[1] 原注：*Hearings*, Part 6, p. 2765.

[2] 原注：*Hearings*, Part 6, p. 2793.

他危险地点（东京、天津、重庆、香港、西贡、河内、曼谷）销毁美国密码的通知。

12 月 6 日，给金梅尔的命令要求授权外围岛屿销毁密码和机密文件。

12 月 6 日，联邦调查局发来的日本当地领事馆正在焚烧文件的通知。

此外，还有夏威夷当地的三个信号没有抵达夏威夷的舰队情报部门。据莱顿所说，其中只有一个或许会影响到他关于珍珠港可能遇袭的预测，即美国的“赖特”号（U.S.S. *Wright*）于 1941 年 12 月 6 日在夏威夷水域观察到一艘无法识别身份的舰船。[1] 由于得到过无线电静默的命令，所以舰长并没有报告这起目击事件。另一起未报告的目击事件是在 11 月底，当时“博伊西”号（*Boise*）在临近关岛的美国水域发现了敌舰。莱顿说，这样的目击事件也不能为日本舰船向帕劳群岛进发的图景中增加什么新内容。第三个信号是截获的一通电话，即檀香山当地一个名叫森 [2] 的日本牙医与东京某个报社的人之间的越洋电话。当地联邦调查局做的电话记录，在 12 月 6 日引起了梅菲尔德的注意，于是他安排第二天一早与莱顿会面。[3] 这通电话包含了大量有关夏威夷当地的飞行条件和日美关系的情况，但其中有关不同种类花卉开放的部分在当时着实令人怀疑，而即使是在今天，解读起来也很困难。莱顿能否将这通电话解读为对瓦胡岛即将开始的袭击，令人怀疑。

在华盛顿还有其他一些可用的信号，这些我们之后再讨论。这些信号并没有传递给战场的任何情报官，因此也没有传递给檀香山的任何陆军或海军人员。在 1941 年，金梅尔是夏威夷众多军官中唯一一个收到基于某个官方来源的一系列有关国际形势预测的人。这些都体现在他与海军作战部长哈罗德 · 斯塔克（Harold R. Stark）海军上将之间的私人书信中。这些信件从非正式渠道揭示了斯塔克本人对事件发生进程的见解，而且这些

[1] 原注：*Hearings*, Part 17, p. 2829.

[2] 原注：或者可能是他的妻子森夫人。

[3] 原注：莱顿宣称由于海军没有进行翻译，他只见到了日文版本。

情况与华盛顿所搜集到的体系完整的指标相比，就是小巫见大巫了。

在我们今天看来，莱顿可用的这些信号显示出战争将在数日内爆发——也许是在11月30日的那个周末，如果不是，那就是在12月7日的那个周末。袭击的目标应当是在东南亚，可能也会对关岛和菲律宾，也许甚至还有夏威夷外围岛屿发动佯攻。而对夏威夷发动袭击，用金梅尔的话说，就是日本人“举国自杀”。即使在今天，基于这些信号，人们也倾向于预测日本的重点是（或者应当是）指向了大英帝国，尤其是在马来亚，而不是美国。这就是12月6日时莱顿和金梅尔的观点，而就他们掌握的证据而言，这是一个合理的观点。不合理的地方在于，在这种情况下他们没有认真考虑过那些合理程度更低、更不太可能但却更具毁灭性的后果。

如果用后见之明的眼光看，我们要对金梅尔和莱顿的预测进行批判，就必须牢记这一预测是在“嘈杂而极度混乱”的背景下做出的。上面所列举信号的简要清单，是从7个不同的调查委员会和1个独立调查人（克劳森）的一系列含混问题和答案中提取出来的。在判断当时的预测时，必须要牢记当时情报工作面对的噪声或无用信息的挑战这一背景。莱顿在那时曾收到“大约有来自中国来源和外交来源的50份消息……有领事们、海军武官助理、蒋介石的代表等等，都说日本下周肯定入侵苏联”。[1] 每周，罗彻福特的部门都要筛除掉大量当地日本广播的文稿；梅菲尔德的部门忙于证实无数条有关破坏的消息，并翻译当地日本人的电话。应当永远记住当时不得不经手和筛除材料的数量，而被筛除掉的材料（除极少数外）并没有体现在记录中。

混乱部分是由夏威夷当地军事行动的注意力偏移造成的。肖特、金梅尔及他们各自的参谋在11月27日早晨再次举行会议，并在此后又举行数次会议，讨论了增援威克岛和中途岛这个迫切的问题。他们一直纠缠于一些细节问题，如谁应该提供什么，谁负责指挥等，而忙于解决这些职责问

[1] 原注：*Hearings*, Part 10, p. 4856.

题实际上将重要关注点过度地放在外围岛屿而非夏威夷本身。此外，还有要与陆军之间协同制定实施覆盖日本托管地的侦察任务，而目的是为了提供某些极度需要的军事信息，顺便解决第 14 海区和第 16 海区无线电情报部门之间就日本航母是否出现的争论。我们同样必须记住在 1941 年时接到的警报数量，这同样可能会增加“狼来了”的感觉。[1]

要从这样的噪声背景中区分出重要的声音，就不得不去专门寻找一件事情，或是从许多事情中专门寻找某件事情。简言之，要听到重要的声音，不仅需要一只耳朵，而且要有一系列假设来指导倾听的过程。到目前为止，我们尚未考虑珍珠港事件前高级官员们持有的不同军事和政治方面的假设，而这些假设并不总是会向包括情报官在内的下属清楚地展示出来。确实，莱顿不得不只将某些行动——比如舰船行驶的方向、无线电保密状态、销毁外交密码等——作为敌对意图的指标，而且他应当知道一个简单的等式：敌人等于日本，而敌人暗示出“在任何方向上采取一次突然性侵略行动”。然而，现实远比我们已经确定下来的一系列动因要复杂得多。不论华盛顿官方可能对此说过什么，任何一个对自己工作感兴趣的情报官都必须就日本和美国的心理及政治行为形成猜想和假设。要进行推测，就必须细致地考虑以下平衡因素，如日本内阁的组成、天皇及日本军方的倾向和权力，美国公众和国务院对总统的影响力，等等。如果华盛顿确实认为只应当向战场发送行动信息，那就应当针对日本人可能会或可能不会做什么，形成一套简单的警戒准则，而不是一系列猜想。

莱顿要想获得政策方面的信息，不得不依赖与金梅尔的谈话及对他脸部表情的推测，当地报纸和杂志对政治事务发展的评论，以及一些舰队中流传的政治小道消息。比如，当莱顿被问及是否知道在日本只对英国发动直接袭击的情况下，美国政府的政策是什么时，他回答说不知道，说自己没有“在政治层面上”。他曾听金梅尔说过不下四五次“我希望自己知道我们将要做什么”，他也听到过小道消息并告诉了莱利中校：

[1] 原注：我们将在之后结合 1940 和 1941 年时发出的警戒来讨论这些警报。

存在着地理上划定的禁区，只有高层知道；如果日本人跨过禁区，英国人、荷兰人或是我们自己，就有可能会采取行动。对此没有具体的文件，也没有实权人物的对话。这是正式场合外的小道消息之一，鉴于它有价值，我把它告诉了莱利中校。[1]

宾夕法尼亚州众议员墨菲用谴责的口吻总结道："换句话说，你作为夏威夷舰队的主要情报官，是被迫传递这些小道消息。"那时，墨菲先生可能忘记了听他评说的人，是夏威夷地区唯一一个能够接触到所有信息的情报官。其他情报官知道的更少。

还有，在实际工作中，莱顿并不承担预测美国或敌人政治意图的任务，他应当对这些置之不理。这里，对某个特定工作而言，再次出现了书面规定的职责与实际之间存在差异的问题。根据莱顿履行职责所依据的1941年美国太平洋舰队司令官的《参谋部指令》（Staff Instructions），他的职责描述如下：[2]

214：情报官（25号军官）

（a）指导汇集并评估敌人的信息，分发给参谋部各成员，标示出何处需要采取行动。

（b）向作战官和作战计划官（War Plans Officer）提供动态预测的关键信息（专题材料）。

（c）维持更新形势预测（敌人军力）第二部分（a）、（b）、（c）、（e）、（f）和（g）。维护更新可能的敌人或盟军舰队的位置标图。

（d）指导反间谍和反信息工作。

（e）维持更新情报记录。

（f）就收到的海军其他单位的流程和做法，开展情报信息评估，就本

[1] 原注：*Hearings*, Part 10, p. 4995. 这指的是丘吉尔和罗斯福在1941年8月11日达成的协议。罗斯福在8月17日向野村大使传达了警告。

[2] 原注：*Hearings*, Part 37, p. 812.

舰队应当采取的行动准备提出确定的建议。

（g）准备《舰队情报公告》。

（h）负责审查工作。

（i）舰船的内部安全。

（j）监督侦察照相行动。

他的助手（26 号军官）有以下职责：[1]

除了在情报部门所有职责方面协助 25 号军官外，履行以下额外任务：

（a）维持更新商船标图并分析。

（b）准备拟分发给舰队的我们自己和敌人的舰船及飞机的剪影。

（c）汇集、评估和分发敌人的信息。

（d）维护当前形势预测（敌人军力）和可能的敌人或盟军舰队的位置标图。

在上述 214（a）条中使用的“评估”敌人的信息和“标示出何处需要采取行动”，似乎是要求莱顿不仅仅要履行搜集职责。我们需要再一次牢记，这只是对他职责的书面描述。实际上，并没有期望莱顿“确切阐述敌人可能采取的行动”，[2] 而是要他详细阐述敌人军力，特别是舰队的组成情况。（对于自己掌握的敌人陆上和空中力量的信息，他认为是“极度缺乏细节”，[3] 但实际上这些信息也应当包括在内。）严格地讲，如果他曾试图要基于敌人军力的组成情况来预测其行动，他就有可能跨进了作战计划部门的工作领域。此外，他在证词中说，要是他标示出“何处应采取行

[1] 原注：*Hearings*, Part 37, p. 812.

[2] 原注：*Hearings*, Part 36, p. 146.

[3] 原注：*Hearings*, Part 36, p. 147.

动”，就会过于“自以为是”。[1] 因此他从未这样做。他把信息传递给作战部门和作战计划部门，由他们来决定采取什么行动。就收到临战信号的规定而言，莱顿不知道陆军已经有了雷达，也从未见过《联合海岸前沿防御计划》或其附件，因为“这文件是另一个指挥部制订的”。[2] 他也不认为，基于他所搜集的敌人信息去建议实施空中侦察，或是对侦察工作部署进行任何改变，是自己职责所在。

所有对书面所描述职责的履行，都体现于他在休伊特海军上将（Admiral Hewitt）面前回答索内特先生（Mr. Sonnett）提问的证词中。幸运的是，莱顿对无线电情报的掌握和他对当代政治事务的理解，要比规定给他的敌人信息这一界限超出了许多。正如我们从迈科克伦信中看到的那样，其中体现出他对情报信息工作限制的恼怒。

就掌握信息的全面性而言，罗彻福特在几位海军情报官中排第二。由于他主管无线电情报，所以掌握了所有以下信号：呼号更换，丢失了航母踪迹，日军总体南进。他没有看到海军部 11 月 24 日发出的电文，但看到了更为关键的 11 月 27 日警报。他也看到日本和美国销毁密码的主要通知，看到有关泰国阴谋的电文。梅菲尔德告诉他有关当地日本领事馆销毁文件的事，推测出领事馆销毁了所有密码系统而只保留了一套。他当然知道有关“风语”密码的情况，因为他手下有四名军官全天 24 小时在监视。唯一莱顿掌握而罗彻福特不掌握的信号是 11 月 24 日的电文，以及 12 月 6 日下达给金梅尔要求外围岛屿销毁密码的命令。

梅菲尔德海军上校则没有这么幸运。鉴于他负责的是反间谍工作，显然他的地位和陆军 G–2 差不多，只有极少数的“超级”信息被筛选过滤后发送到他的部门。他没有直接或间接地收到有关日本舰队各单位位置的报告和任何无线电情报报告。他不知道“风语”密码。他对 11 月 24 日和 27 日的电文一无所知。他所掌握的只有一条转述后的日本人正在销毁绝大多数密码的消息，这还是来自当地联邦调查局发出的日本领事馆正在焚

[1] 原注：*Hearings*, Part 36, p. 154.

[2] 原注：*Hearings*, Part 36, p. 147.

烧文件的通知，以及联邦调查局在 12 月 6 日早晨送来的森牙医电话通话的文稿。对于后者，他认为是“有点奇怪”但“没有联系”。森医生“似乎有点不知所措”，而梅菲尔德那时认为这通电话值得继续研究。但不管怎样，这件事都没有让他立刻警醒，他也没有在 12 月 7 日前向布洛赫海军少将汇报。梅菲尔德自己的关注点是当地的反间谍工作，他在休伊特质询会中的一次结束陈词显示出他完全只在思考以下事情：

索内特先生：如果有的话，在 11 月 27 日至 12 月 7 日之间，你和金梅尔上将、布洛赫少将、莱顿上校 [3] 或是罗彻福特少校的对话，曾经涉及日本与美国之间爆发战争的可能吗？

梅菲尔德：我不记得有过，我也不认为我会就这个话题与金梅尔上将进行对话。我确实与布洛赫少将、莱顿少校就情报事务进行过对话，主要涉及反间谍工作，但我不记得说过任何有关战争迫近的话。我记得的是我们讨论过日趋紧张的局势，特别是要采取的反间谍措施。[4]

梅菲尔德不记得曾就袭击珍珠港的可能性进行过任何对话。

二、陆军情报

夏威夷总部的 G–2，事实上与接触信息最少的海军情报官梅菲尔德知道得差不多。菲尔德中校和比克奈尔中校确实在 11 月 27 日的参谋部门会议上听到大声宣读的陆军警报电文 [5]，而梅菲尔德说自己不知道同样发布的海军警报。比克奈尔对看到过 11 月 24 日发给海军电文的转述稿“依稀记得”，但他并不知道 11 月 27 日海军战争警报中的词语。（菲尔德对这两者

---

[3] 译注：原书用的是“上校”（captain），而不是 1941 年时莱顿的军衔海军少校。这应该是莱顿在质询会时的军衔。

[4] 原注：*Hearings*, Part 36, p. 338.

[5] 原注：在海军发布的电文中已经引用了该电文的全部内容，可参见前述有关内容。

均未提及。）梅菲尔德并没有把掌握焚烧密码的信息告诉G–2里的任何人，比克奈尔是从其他地方知道了日本人焚烧密码的风声，但由于他不能印证，也就没有将任何信息转达给菲尔德。正如弗格森参议员所说——而且他也同意这一观点，"甚至是这一消息都还没达到完美小道消息的地步"。[1] 比克奈尔是从联邦调查局那里获知日本领事馆在焚烧文件的信息，并在12月6日的参谋部门会议上告诉了大家。显然，肖特和菲尔德对这类消息的反应与金梅尔类似：这只是正常的事，我们自己时不时也焚烧机密文件。

比克奈尔的证词尽管有时前后不太一致，但却显示出在这一信号被发现过程中出现的一些有趣事情：

我想大概是12月3日或4日，地区情报官梅菲尔德海军上校打电话给希弗斯先生，询问后者是否知道日本领事们正在焚烧他们的密码。联邦调查局并不知情，以为他说的是当地的领事馆。他们增加了工作力度，对当地领事馆进行观察，接着发现了当地日本领事馆正在焚烧密码。这一消息被反馈给海军，用以印证日本正在焚烧密码的消息，但那时联邦调查局并不知道梅菲尔德说的是另外一条消息。[2]

因为文件是在**领事馆内**被焚烧的，因此联邦调查局验证的来源并非源于直接目击，而是领事馆内日本厨师给檀香山某人打的电话，这位厨师用极度兴奋的语气说领事馆内正在焚烧所有重要文件。在12月7日之前，比克奈尔并不知道有这通电话，他显然认为这次焚烧是另外一起在后院露天焚烧的事情，可以直接观察到。无论如何，这条通知和其他的小道消息汇集在一起，显然让他相信"与战争有关的某事"将在某地发生，而且很快。[3] 作为一个指标，如果联邦调查局通报的这条特别信息能够与来源一

[1] 原注：*Hearings*, Part 10, p. 5113.

[2] 原注：*Hearings*, Part 10, p. 5111. 在这段话中，比克奈尔用复数形式来指代具体的某个领事馆，已经显示出将夏威夷当地领事馆和全世界的领事馆混淆起来这一点。

[3] 原注：*Hearings*, Part 35, p. 30.

同出现，进行评估就会容易得多。此外，如果梅菲尔德把他掌握的焚烧密码的信息用转述而非疑问的形式传递出去，联邦调查局和陆军 G–2 就会掌握两条而非一条信号。至于焚烧密码，在夏威夷 G–2 中没有任何人被告知美国也开始在自己的外围领地中开始销毁密码了。

12 月 2 日或 3 日，比克奈尔也从英国驻檀香山代表手中得到一份来自马尼拉的电文，有关日本军队在印度支那增兵的内容，还有一份有关战争很快将在日本与英国之间爆发的预测。12 月 6 日，他从联邦调查局那里得到森医生通话的文稿。对于通话中有关本地花卉开放的部分实在值得怀疑，令他寝食难安，以至于他坚持要在当天下午晚些时候去见菲尔德和肖特。后两者正准备一同外出晚餐，因此明显对被拖延感到不耐烦。然而，在花了 5 分钟时间浏览电文后，他们认为这是对当前夏威夷情况的准确描述，但也确切地向比克奈尔表明了他们认为这里面没有什么需要警惕，还说比克奈尔有点“情报意识太浓”。

除海军外，G–2 自己还收到了两条信号。一条是由华盛顿的 G–2 负责人谢尔曼 · 迈尔斯（Sherman Miles）准将 11 月 27 日发给夏威夷 G–2 的，目的是确保后者在与日本爆发战争后能够应对任何破坏行动（原因如迈尔斯所说，这是 G–2 的“责任”）。电文如下：

对日谈判已经陷入僵局。敌对局面将随之而来。可以预期到颠覆行动。仅通报指挥官和参谋长。[1]

另一份给 G–2 的电文发于 12 月 5 日：

就有关东京天气广播事宜，通过第 14 海区司令官立刻联系罗彻福特海军少校。[2]

---

[1] 原注：*Hearings*, Part 14, p. 1329. 莱顿对这份电文的评价是：“请注意，这份电文中没有说要通知海军。”（来自 1956 年 7 月 11 日的访谈。）

[2] 原注：*Hearings*, Part 14, p. 1334.

后一份电文也是由迈尔斯签发的。这份电文是在华盛顿 G–2 远东组组长鲁夫斯·布拉顿（Rufus S. Bratton）上校的办公室完成的，因为布拉顿不确定海军会否把“风语”密码的信息传递给陆军。[1] 正如布拉顿的助手克莱德·杜森贝里（C. Clyde Dusenbury）中校所说的那样：“据信，海军情报官埃德温·莱顿对夏威夷总部 G–2 的肯达尔·菲尔德缺乏信心。”[2] 这种信心的缺乏又在以下两件事情上得到了验证：首先是菲尔德不记得曾接到过电文（虽然所有的信号部队记录都显示电文不仅发出而且被签收了），其次是就算他见到过，对他而言也没有什么意义。

菲尔德自己对克劳森是这样回忆这份电文的：“鉴于比克奈尔中校认识罗彻福特，而且和梅菲尔德有紧密的联络关系，因此我一定会把这份电文转交给比克奈尔……尤其是无线电文的措辞，让它看起来不是那么紧急或是特别重要。”[3] 比克奈尔在向克劳森作证时说，他曾在菲尔德的桌子上看到电文，他早已知道了“风语”密码的情况，他已经要求当地的通信委员会开始监视播报信号（当地通信委员会否认了这一点），当他看见电文后，就联系了罗彻福特，后者建议他也监视播报情况。（罗彻福特对此没有印象。）比克奈尔说，他也从当地联邦调查局那里收到同样的信息。联邦调查局的希弗斯则否认知道关于“风语”密码的准确形式。梅菲尔德只是在 12 月 1 日左右告诉他有这么一个密码。就夏威夷日本人销毁密码这件事的重要意义而言，即使按照克劳森报告的说法，比科奈尔已经知道“风语”，但这一点显然也没有体现在他的预测中。似乎他得到不止一条关于“风语”密码的小道消息也不可能，因为对罗彻福特而言，任何此类信息都应当是“超级”秘密，是不会转达给他人的。如果比克奈尔掌握了不止一个小道消息，按说他的工作之一就是要去通报给菲尔德；而如果菲尔德得知，可以想象得到的是，尽管菲尔德的情报工作经验非常有限，他也

---

[1] 原注：莱顿对此评价是：“G–2 确信海军不会也不能，因为有华盛顿的指令。”（来自 1956 年 7 月 11 日的访谈。）

[2] 原注：*Hearings*, Part 35, p.25.

[3] 原注：*Hearings*, Part 35, p.88.

会认定 G–2 总部发来的消息中肯定不仅仅是天气预报的事情，而且之后也一定会多少记得这件事。[1]

从华盛顿 G–2 努力在不惹恼作战计划部门或作战部门的情况下将信号送达夏威夷 G–2 这件事上，凸显了在情报工作中确保安全保密的极度困难。华盛顿 G–2 并不知道夏威夷总部 G–2 知道多少，也不知道后者从当地来源了解到多少，而且除了一些疑问之外，也几乎对夏威夷海军的情况，以及海军被授权可以给予夏威夷 G–2 什么一无所知。显然，在很大程度上，对背景信息了解的准确程度决定了对信号的解读。当 A 向 B 报告一个信号时，如果信号的传递是在严格安全的情形下进行的，还不能完全说 B 就能收到这个信号。对菲尔德而言，东京的天气广播就是天气广播，也许是一些有趣的气象数据，但也就是这些了。

对于夏威夷 G–2 中能获得最全面信息的比克奈尔中校而言，可用的信号清单如下：

11 月 24 日（可能是），发给海军的电文称“在任何方向上采取一次突然性侵略行动”。

11 月 27 日，发给陆军的警报电文称“对日谈判看来即将终止”。

11 月 27 日，发给 G–2 的电文称“敌对局面将随之而来”。

12 月 2 日或 3 日，日本在印度支那集结兵力的危险行动。

12 月 3 日或之后，未经证实的、有关日本人在世界不同地点焚烧密码的小道消息。

12 月 5 日，通知要求就东京天气广播事宜与罗彻福特联系。

---

[1] 原注：在我们完成对这一点的讨论前，应当注意到华盛顿 G–2 接收到有关“风语”密码可能最迟的日期是 11 月 28 日。在正常情况下，破译的截获电文都会在翻译后的当天送达。为什么他们要等到 12 月 5 日，才以这样一种间接的方式把存在这个密码的事情通报给夏威夷 G–2，还没有任何解释。可能是在 4 日或 5 日时曾收到一份广播播报，而鉴于 G–2 不能向战场发送任何行动信息，因此希望能够通过罗彻福特——他当然被认为应当已经截获了同样的或是同时发送的播报讯息——把电文送达当地的 G–2 部门。

12 月 6 日，联邦调查局关于夏威夷当地日本领事馆焚烧秘密文件的通知。

12 月 6 日，森医生的电话。

在比克奈尔看来，这些信号更加说明了日本即将针对某些方面采取侵略性行动，但行动可能不是直接针对美国，而且肯定不会针对珍珠港，但最终也许会把美国卷进去。

至今为止的研究中，还没有发现任何详细描述夏威夷 G–2 理论作用的参谋部门指令。夏威夷 G–2 军官们的证词，以及夏威夷标准作业程序（Hawaiian Standing Operating Procedure）中的一些迹象，也似乎证实了菲尔德关于 G–2 的主要工作就是发现破坏行动的论点。G–2 有关预测敌人企图的工作落到“战斗情报”的范围之下，因此只有在战争状况下才可以实施。认为夏威夷 G–2 应当担负起外部敌人来袭警报责任的想法，除了出现在调查者们提出的充满愤怒预期的问题中外，并不存在。他们就像其他那些无知的门外汉一样，总是在一说到“情报”这个词时，就只和对敌人所有的秘密渗透联系起来。我们将看到，即使是在华盛顿 G–2 总部，具备预测来自外部袭击的能力也不是迈尔斯将军最喜爱的梦想。即使是比克奈尔的联系办公室用非常适宜的规模开始处理国际事务综述和意图预测时，这些工作也都不是它的首要职责。比克奈尔也像其他陆军军官一样，对于一旦出现日本发动袭击的危险时“海军知道一切”，或者至少海军能在适宜时间警告陆军这一点上，抱有高度信心。

汇总本节从 11 月 1 日至 12 月 7 日这一段时间内夏威夷收到的信号，就能清楚地看到海军情报部门比 G–2 更好地获得了信息，因此总体而言，海军军官比陆军军官有更好的机会引起警觉。但正如事情所发生的那样，海军内部的传递几乎与海陆军军种之间的传递一样缓慢和低效。即使是莱顿和罗彻福特在履行职责，并且莱顿还经常超越了自己的职责所限，但可用的信息并没有被转化成军事行动。

本章的主要目的，并非在于追踪由情报部门提供的信号如何被负责作战的军官们接收和转化，但我们应当扼要记录下那些传递给肖特和金梅尔的主要信号究竟怎样了。

可能除了有关授权在外围岛屿销毁密码的命令外，金梅尔海军上将都是从他的舰队情报官莱顿那里得到我们上述提到的所有海军情报方面的信号。此外，他还从斯塔克海军上将那里收到描述相当具体的信件。他有关日本向东南亚机动的预测，几乎与莱顿一模一样。11 月 27 日，他没有对巡逻、侦察或是警戒等级做出任何更改。他唯一的行动就是，用无线电联系上当时正带领战列舰出海的派耶海军中将，告知后者有战争的危险并要求采取所有的预防措施。在金梅尔看来，他的舰队已经身处战争状态一段时间了：他属下四分之一的舰载对空高射炮全天候有人值守，剩余的高射炮也都备足了弹药。他**没有**向以下军官通报 11 月 24 日或 27 日的电文：他手下负责巡逻机的贝林格海军少将、他的助手阿瑟·戴维斯（Arthur C. Davis）海军上校，还有他在 12 月 5 日派出 3 艘航母和 5 艘驱逐舰运送一中队的飞机前往中途岛的约翰·纽顿（John H. Newton）海军少将。这些军官显然与他，还有他的作战计划官麦克莫里斯（C. H. McMorris）海军上校观点一致，大家都认为那时珍珠港根本不可能遭受到空中突然袭击。[1]

在陆军情报方面，除销毁密码的小道消息和要联系罗彻福特的通知外，肖特中将掌握了所有的信号。此外，他还在 11 月 27 日的总体警报电文之后，收到两条敦促采取预防措施应对破坏的电文。这两份电文都是由

[1] 原注：关于在收到 11 月 27 日警报后是否可以建议实施远距空中侦察一事，麦克莫里斯海军上校的证词是："讨论过这件事……考虑过不同的因素，如可用的巡逻机，这些飞机的训练状况，他们可能会被召集去执行的任务，作战计划中确定的进攻行动，保护水面舰只训练水域以防潜艇袭击的重要性，为新的中队补充人员的必要性（等等）……在前一两年，曾不时地从瓦胡岛派出一些远距搜寻任务，但鉴于可用飞机数量和机组人员有限，一般总是针对面积较小区域。这些区域每日轮换。在经过适当考虑后，决定不再实施搜寻。我的意见是，这样的搜寻在很大程度上只是象征性的，效率有限，并会严重影响到训练，而且一旦我们被召集去实施作战，我们也许会发现在需要飞机时，大多数的飞机都需要对引擎进行大修。"（*Hearings*, Part 32, p. 570*f.*）

华盛顿陆军部于11月28日发出的。[1]

肖特对11月27日陆军警报的印象是，“避免战争是最为重要的，陆军部最为担心的就是在夏威夷发生了某些国际事件，并被认为是日本采取了某种公然行动……自1940年6月17日的警戒消息后，再未曾提及对夏威夷可能的袭击……在电文中没有任何指示我做好迎接空中袭击或是全面袭击的准备。在我看来，‘在任何时候采取敌对行动’意思是，就夏威夷而言，陆军部预计的是破坏行动。破坏也是一种敌对行动”。

在与自己的参谋长琢磨了半小时后，肖特发出了回复11月27日电文的电报，电报分别被马歇尔、史汀生及陆军和海军作战计划部门首脑签收，但都没有引起他们的注意。电报说：“报告总部，已经对防止破坏有了警惕。参照贵方4722017号电报要求与海军联络。”[2]11月29日，他回复了11月28日有关破坏的电文，列出了针对颠覆活动采取的预防措施清单，马丁少将则就第二封要求夏威夷航空兵指挥官注意的电文于12月4日回复（华盛顿直到12月10日才收到马丁的电文）。

肖特将11月27日的警报交给自己的参谋长菲利普斯上校、航空兵马

---

[1] 原注：第一条电文是：“428第28号，严峻的形势要求在陆军部侦查职责范围内，立刻采取所有预防措施以防颠覆活动（参见第三段）……同时要求你们采取所有额外的必要措施保护你们的机构、财产和装备以防破坏，保护你们的人员以防颠覆性宣传，确保所有活动以防间谍活动。这并**不**［重复一次］不意味着可以得到授权采取任何非法的措施。防护性措施应当限制在确保安全的关键措施上，避免造成不必要的信息披露和引发警报。为确保传送的速度，同样的电报正发往所有航空场站，但这并**不**［重复一次］不影响到你们依据现有指示所应承担的职责。”（*Hearings*, Part 14, p. 1330.）

第二条电文是：“［484第28号］夏威夷航空兵指挥官注意。以下指示应当下达给你控制下的所有单位和部门，在陆军部侦查职责范围内，要求指挥：针对颠覆活动的行动（参见第三段）……当前严峻的形势要求必须立刻采取所有预防措施。要求你们采取所有额外的必要措施：保护你们的人员以防颠覆性宣传，确保所有活动以防间谍活动，保护你们的装备、财产和机构以防破坏。这并**不**［重复一次］不授权开展任何非法措施。避免造成不必要的警报和信息披露，防护性措施应当限制在确保安全的关键措施上。［以下另起一段］还需要在本年度12月5日或之前，向陆军航空兵司令提交你执行这些指示而采取所有行动的报告。［签署人］阿诺德。”（*Hearings*, Part 14, p. 1330.）

[2] 原注：*Hearings*, Part 14, p. 1330.

丁少将、防空高炮部队的布尔津少将、G–2、直属部队指挥官、两个师的指挥官。鉴于 11 月 27 日电文中“局限在少数关键军官”的指令，他没有再通知陆军中的其他任何人员。虽然事后在调查者们看来，肖特对信息的分发并不充分，但至少没有金梅尔那么饱受诟病。事实上，金梅尔更是一个关键的瓶颈。

肖特并没有与马歇尔上将书信往来这一便利条件，来详细了解对日谈判进展和其他政治事件动向。除了对海军正在恪尽职守略感宽慰，对海军认为主要的日本航母都在本土水域坚信不疑外，金梅尔拥有的来自无线电情报的信号，他一条都没有。除了手下 G–2 知道的以外，他也没有得到任何销毁密码的通知。简言之，他知道的与自己的 G–2 差不多，而后者也没有告诉他太多。

但是，无论肖特中将多么缺少信息，在日本和美国关系极度紧张的时刻，他确实有一些重要的信号，而且这些信号似乎也足以转变为全面警戒的行动。对于金梅尔和肖特，要总结的一点就是他们没有意识到接收了危险迹象。对他们而言，唯一能够而且确实也显示出“敌对行动”的就是轰炸了。显然，他们也不是唯一这样的人。在《罗伯茨委员会报告》（Roberts Commission Report）中，军官们的证词都显示出完全的震惊；只有听见爆炸的巨响，人们才开始认出飞机是日本人的。

早在 1936 年在夏威夷群岛进行推演和演练时，就已经基于珍珠港遭到突然袭击拟制了计划。根据作战计划——金梅尔和肖特也应当遵循这一计划行动，这一紧急事件被定义为日本发动的突然空袭（在计划中被称为“橙色”）。如上所述，《马丁—贝林格报告》已经指出，可能在完全没有发出警报的情况下就发生这样一次突袭。4 月份时，斯塔克发出的一份电文中，已经就轴心国偏好在周末或假日发动袭击而警告了所有海区，并指示情报部门采取措施，监督“落实适当的监控和预防措施”。尽管“突然袭击”是流行语，但似乎并没有对“突然”这个词的真正含义做务实评价；没有有关预测可以确切地显示出，这样的一次袭击将对我们的舰队、空中力量、地面力量造成什么样的损伤；没有就可能造成的人员和装备损失进行过估算，甚至连百分比都没有尝试过。日本人曾粗略地估算出自己在发动珍珠港袭击中会损失三分之一，这可能是因为他们必须要对这样一个危险的冒险行动制订务实的计划。而要受到第一波打击的一方，却没有进行与之相对应的预测。

我们一直碰到的都是，在言语上的悲观现实主义与实际行动上的宽松乐观主义这样一种相互矛盾的情况。真正决定我们反应的，是派耶海军中将在自己陈述中的想法："如果我们有 10 分钟预警的话，每个人都会在岗位上［操纵着枪炮］，但我们没有预计到连 10 分钟预警都没有。"[1] 而在马歇尔上将 1941 年 5 月写给总统的《建议备忘录》中，则表达出更为自满的观点：

> 鉴于瓦胡岛本身的防御工事、驻守部队以及岛屿自身的自然条件，确信该岛是世界上最坚固的堡垒。
>
> ……………………………………………………………………………………
>
> 面对充分的防空措施，敌人的航母、海军护航舰船、运输舰船将在到达约 750 英里范围时就会受到空中打击。空中打击的强度将会持续，而到了 200 英里范围内，在我们最先进驱逐机的支持下，敌人的兵力将会遭受到全面轰炸。
>
> ……包括目前进行的空中力量机动在内，夏威夷受到我们 35 架最先进的飞行堡垒、35 架中程轰炸机、13 架轻型轰炸机、150 架驱逐机（其中 105 架是我们最先进的型号）的防卫。此外，夏威夷还能得到从本土飞来的重型轰炸机的增援。鉴于这样的可用兵力，要对瓦胡岛发动一次主攻被认为是不现实的。
>
> 就可能性而言，首先预期的是破坏……[2]

---

[1] 原注：*Hearings*, Part 22, p. 540.

[2] 原注：*Hearings*, Part 15, p. 1635. 在 1941 年 9 月 22 日给总统的另一份备忘录中，马歇尔梳理了在美国领地上的所有地面部队，并认为夏威夷是"可以的，保持原状"。他评论说："舰队的存在削弱了主要袭击的危险性。只要舰队保留在太平洋，就可以延迟进行增援。"（*Hearings*, Part 15, p. 1637.）

对形势的预测，与马丁和贝林格的预测在言辞上正好相反，但其中所蕴含的态度却完全一致。

即使是在完美的搜集和评估环境下，情报工作也只能界定紧张局势的总体水平和范围。在珍珠港事件发生时，至少在华盛顿那里，就接触到的巨大规模和各种类型的数据资料而言，搜集的环境几近完美。但华盛顿和战场上的作战计划部门和作战部门，却承担起评估的主要工作。（这种搜集和评估之间的分离在华盛顿的机构中表现得尤为明显。）职责所在也正是工作表现所在，一项工作的职责范围所在取决于这项工作的声誉，这是一个真理。情报工作的声誉低下，也切实反映出这项工作本身的弊病。在情报岗位工作时间足够长的情报官，很少能够对信号敏感，因为如果那么做，也会自然地被情报领域的人视为不具有很高的水准。那些在情报岗位工作的人不具备指挥岗位工作能力——这是经常被用到的一个推论。而留在情报岗位的人，又不能被委以评估这样敏感性极高的重任。

事实上，搜集数据资料的工作与评估工作密切交织。一个敏感的搜集者知道从噪声的背景中选择哪些“声音”，他呈现出来的关键“声音”其实也是评估的关键第一步。因为认知也是一种活动。数据不是主动给予的，而是被动采纳的。此外，从一片混乱的噪声中挑选出信号的工作，必须依靠于假设，依靠于远超我们曾认为的技术性信息范畴的背景知识。这样的背景知识，也许应当包含对美国与日本之间秘密谈判状态的了解，以及应当采取应对日本动向的行动的了解。但是，战场情报工作既不了解谈判，也不知道外交计划。

在下章中，我们将会看到，这样的不知情实际上来源于保护秘密数据资料来源的切实需求和官方计划安全的需要，但我们还将看到，这样的了解对于正确解读预警信号多么至关重要。

第2章
檀香山的噪声

在1941年12月前，美日关系曾有过三次极度紧张的时间段，且每次都导致夏威夷群岛上的警戒状态。[1]第一次是发生在1940年6月，第二次和第三次分别是在1941年的7月和10月。1940年6月和1941年10月，华盛顿的陆军和海军在是否有必要实施警戒上产生了分歧，因此夏威夷的陆军和海军也分别收到不同的指令和预测。1941年7月，陆军和海军发出了一份陆海军联合指令和一系列不同的预测。在这三次警戒之前，夏威夷的部队都掌握了不同的信号，也由此得出与华盛顿之间、彼此之间不同的结论。

这种混乱一直持续有很多原因，但同时人们却依然相信，夏威夷的陆军和海军在面对危急情况时能够作为一个协调的防御整体发挥作用。第一，两个军种之间、华盛顿和海外指挥部之间的交流沟通系统并不完美。

[1] 原注：在1941年2月有一段时间极度紧张，因为位于西贡和中国海南的一支大规模日本海军力量，似乎有对印度支那、马来亚半岛，或是荷属东印度群岛发动袭击的威胁。因为英国的抗议，这支部队被撤离了。尽管美国的政策制定者们有所警惕，但没有采取任何行动，而是只发表了一个温和的反对声明。但日本人相信美国部队已经进入警戒状态。

这是老问题，也曾尝试要去提升。但正是因为缺乏沟通交流，更强化了陆军关于海军警觉性和能力的臆想；对于海军，情况也是一样。

第二，陆军和海军在瓦胡岛有不同的任务。不论舰队在港与否，陆军都担负着全天候防御瓦胡岛及其海军设施的任务。比如，当 1940 年 6 月第一次警戒时，还没有坚决做出让舰队以珍珠港为基地的决策。理论上讲，舰队仍然属于一支机动力量，基地位于圣地亚哥，当时还处于机动状态。原先的预想是陆军应当在 1940 年 6 月之前保持防御力量处于警戒状态，比海军更充分地做好准备，而且陆军应当在没有相应的海军警戒等级排序的情况下，建立自己的警戒等级。

第三，有关和平时期成功实施警戒状态的标准一直处于混乱之中。在某些情况下，警戒只是提升效率的手段，敌人是否知道实施了警戒并不重要。而在一些情况下，从另一方面来看，警戒可以用于显示出应对袭击的战备状态，因此可以威慑袭击，这时也需要让敌人知道已经实施了警戒状态。在其他一些情况下，警戒也许是应对突然袭击的准备工作的一部分，可能需要隐藏起来，因为这样的准备工作可能会被认为是挑衅。当进攻性武器和防御性武器之间的差异没有那么明显时，最后一类情况尤其明显。在 1941 年的檀香山，我们的许多武器、潜艇和飞机可以用于侦察，可以用于应对袭击的防御，但同时也完全适用于进攻日本军队。在檀香山，实施警戒状态的目的是为了满足以下所有需要：让部队更加高效，通过适度公开的方式实施机动以进行威慑，秘密地采取一定的预防措施。华盛顿也认为，如果在达成上述需求之外，警戒状态还不会打破正常训练计划，扰乱参与者的士气，或是惊扰平民，那么就是成功的。鉴于要在当地拥有大量日本裔群体情况下进行保密是不可能的，而且在实施警戒后确实也没有发生任何事情，所以夏威夷倾向于把成果归结为 11 月 27 日前的所有警戒形成了威慑“展示”。[1]

---

[1] 原注：一个指挥部快速进入警戒状态的能力，体现在迟滞敌人，以及必然地体现在敌人的准备工作中。但是，鉴于日本人在 12 月 7 日前并没有做好实施这样一次袭击的准备，因此，上述警戒状态是否发挥了威慑作用，值得怀疑。

第四，也是最重要的，之所以有不同的预测和指令，原因在于要对全球范围内政治结盟关系进行分析，并在此背景下对在日益紧张状态中哪一个时刻实施警戒做出决定，存在着巨大的困难。1940 年和 1941 年的背景如此复杂，变化如此之快，即使是今天我们已经可以用后见之明和许多历史学家的分析，但仍然存在大量未解决的和也许是无法解决的问题。这样的复杂性使得要对美国政府和其他外国政府的行动进行预测十分困难。对于战场指挥官及其参谋人员而言，他们所面临的拼图显然要比驻守华盛顿的军事领导和政策制定者们更加庞大。基本的安全需求要求许多主要决定必须对敌人保密。比如，一旦敌人知晓战争与和平的界限所在，就等于给了敌人将我们压迫到这条底线上的机会。为了让敌人猜测，华盛顿经常不得不让自己的战场人员也去猜测。我们的安全保密政策部分地解释了为何在有关国际形势的观点上，战场指挥官或战场情报官与华盛顿政策圈子内的人差异极大。除了政府刻意隐瞒的一些决定外，在其他一些情况下，安全的保护伞也会掩盖住决策犹豫不决、相互冲突的混沌状态。即使是首都一些信息灵通人士也会陷入茫然，难以准确说出我们的政策是什么，或者在最近将会怎样。这一点，在 1940 年以及 1941 年 7 月 25 日《贸易禁运法案》（Embargo Act）之前 6 个月、美国和日本的贸易事务上体现得淋漓尽致。

转而更为细致地观察夏威夷的 3 次警戒，我们会发现，如果用看待 12 月 7 日警戒的方式来看待这 3 次警戒——从启动警戒的军官们所掌握的可用信号来看，会有所收获。有必要重申一点，在说“信号”时，我们指的是显示出特定危险的迹象。在说“可用”时，指的是特定的关键人物记录下或通过交流沟通得到的。在说某个信号可用时，与说某个信号被**感知**以至于可作为采取某个特定行动的证据或是必要条件等意思并不一样，也不是说发送者和接收者将该信号作为同样类型威胁的证据。比如，经常出现的情况是，某个信号对华盛顿而言是一种危险，而对于战场则是另外一种危险。11 月 27 日，华盛顿建议肖特中将要预计到任何时候的“敌对行动”，意思是说“从外部而来对美国领地的袭击”，但肖特却将其理解为“破坏”。华盛顿确信已经完全警告了肖特，肖特也确信自己已对此充分警惕——但他是对破坏行动完全警惕。

在检视这三个警戒时，我们会问："檀香山的指挥官们有所警觉的是什么危险？是破坏？是颠覆？是日本针对苏联的军事进攻？是针对荷兰人的？针对英国人的？还是针对美国领地的？指挥官们就所感知到的危险信号，做了什么样的行动准备？他们是在准备预防破坏吗？是通过实力展示进行威慑吗？是要帮助某个盟国吗？是在遇袭时报复吗？还是要首先发动攻击？"这些问题的答案并不总是那么清楚，因为在那时，甚至都没有清晰地提出这些问题。然而，研究这些警戒状态，可以教会我们很多关于在今天和未来提出什么问题，以及如何清楚地组织和表达这些问题。当我们了解早期警戒会如何影响到夏威夷当地的军官们时，就能够开始明白夏威夷是如何解读华盛顿 11 月发出的警戒消息了。这三次警戒制造了一种噪声背景，从而模糊了最终信号发出的预警。

第一节 1940年6月17日的警戒

上述夏威夷三次警戒状态中的第一次，实际上迟滞了军种之间加强沟通联络的迫切性。情报在这一事件中发挥了极小作用。无论是陆军情报机构还是海军情报机构都没有建议实施警戒——实际上这也不是他们的职责范畴。

华盛顿的海军情报局确实有一个外国情报单位，根据公开出版的记录[1]看，它承担了对外国海军力量、部署和可能意图进行搜集和评估的职责。然而，评估实际上是作战计划部门的权限，而任何行动建议肯定是超出了海军情报局的领域。

[1] 原注：*Hearings*, Part 15, p. 1864.

类似的，陆军G–2人员将主要注意力集中在当地的颠覆活动上，这一点在夏威夷和华盛顿的总部都一样。虽然G–2确实参与了评估国内颠覆材料的工作，但在涉及外国政府时，它将自己的工作严格限定在预测能力而非意图上。1940年5月，曾考虑过要扩展其外国情报单位的职责。马歇尔将军要求将现有的行动预测维持在加勒比地区、拉丁美洲和南美地区、阿拉斯加地区和远东。他还要求迈尔斯少将就欧战得到的经验提交定期分析。

在所有军事部门，欧洲事务得到极高关注，G–2或者说那时的军事情报局（Military Intelligence Division, MID）发现自己的领域扩大了。但是，马歇尔要求的预测工作在6月17日之前可能还未开展，[1] 与1941年12月相比，此时发现和传递警报信号的技术总体而言还不是那么先进。通信主任（Chief Signal Officer）约瑟夫·莫博涅（Joseph O. Mauborgne）少将尤其对破译密码感兴趣，并在积极推动这方面的工作。但与后来的情况相比，破译电文和为关键军官提供日常翻译的工作在当时却要慢得多。此外，在1941年美日谈判中发挥如此重要作用的日本最高级别外交密码“紫色”，直到1940年8月才被破译。[2] 海军的无线电分析工作技术不太复杂，人员配备不那么充足。在夏威夷、菲律宾或是巴拿马，都没有雷达站，而且只有少数舰船装配了雷达。

1941年时，有许多其他方式可以提升情报材料及其通联。然而就

[1] 原注：没有发现6月17日前马歇尔要求的定期分析。

[2] 原注：依据破译者威廉·弗里德曼上校的证词。他宣称在此日期之前已经部分破译电文，但第一次完整破译是在1940年8月。我相信，马歇尔在作证时说1940年6月警戒命令是基于“魔术”做出的，他是记错了。“魔术”一词是海军情报局局长沃尔特·安德森（Walter S. Anderson）将军创造的、用来指所有被破译日本加密电文。“紫色”指的则是通过一套专门的复杂密码破解的日本外交电文。如果那时我们拥有相关的“魔术”，我们就会知道日本人关注的是要让法国人作出让步，而非与我们公开为敌。马歇尔说他将整理形成独特的“魔术”电文，但他所说的背景证据却并不包含这些电文：这些电文没包括在出版的《听证会》中，而且总顾问米切尔先生作证说，他在1940年“魔术”文档中找不到任何能够引发警戒状态的东西。（See *Hearings,* Part 3, p. 1382.）

1940 年 6 月的警戒而言，我们的参谋长们和政治家们不得不把从不同使馆工作人员那里得来的报告和报纸的评论作为主要信息来源。而且鉴于美国官员和记者们在管窥轴心国和日本政府的政策方面并无秘密来源，他们不得不进行某些复杂的预测，也不得不对轴心国外交政策可能变动的、间接但公开的标志性事件保持敏感。后来，“紫色”减轻了在有关日本的情况以及偶尔有关德国的情况方面开展细致工作的压力。也许在 1941 年，正是因为拥有这样独特的信息来源，才阻止了美国观察者们全面运用公开可用的信号。

陆军情报和海军情报只发挥了边缘作用，但它们一如既往地准备好要去承担任何军事失误的责任（也是最终的、非常方便的替罪羊）。不管怎样，一些经由 G–2 筛选的报告，以及一份海军情报局拟制的报告，还是在发出 6 月 17 日警戒的决策过程中发挥了作用。[1]

第一份送达 G–2 的报告来源于旧金山海区，并提交给海区司令官。[2] 报告涉及的是发生在 1940 年 5 月 1 日的一次对话，对话者之一是加利福尼亚尤里卡一个不知姓名的德国人，另一个则是他的朋友、在旧金山服役的士兵丘吉尔。德国人喝醉了，告诉他的朋友，如果美国即将参战，他就计划炸毁巴拿马运河。这份报告的复件被送往联邦调查局、海军情报局第 12 海区单位以及第 9 军 G–2。报告上没有日期，显然也没有后续报告。

第二份报告是国务院 6 月 13 日发给军事情报局的。这是一份由海岸警卫队洛杉矶区指挥官发出的电文，标记为 6 月 10 日，送达埃利斯 · 扎卡里亚斯（Ellis M. Zacharias）上校。它包含的信息是：一群巴西船员从日本船员那里得到“所有日本舰船都收到命令，一旦美国宣布动员令，如果舰船在巴拿马运河，就沉船”。[3]

第三份是驻东京的约瑟夫 · 格鲁（Joseph C. Grew）大使发给国务卿

---

[1] 原注：由马歇尔将军作战计划部负责人乔治 · 斯特朗（George V. Strong）将军在 1940 年汇总形成，并用于马歇尔出席国会委员会的记录。

[2] 原注：*Hearings*, Part 15, p. 1933.

[3] 原注：*Hearings*, Part 15, p. 1927*f*.

的报告。报告的日期是 5 月 25 日，转述的复件于 5 月 28 日发送给海军情报局和军事情报局。《听证会》重印的复件字迹不清，所以我们重新拟制了斯特朗的总结：

格鲁先生讨论了一系列在东京的活动。尽管他并未从中看出要对荷属东印度群岛发动袭击的缘由，但他也承认，这样的袭击准备工作必然是受到最为严格的保密。（在我们看来，这一点并不应该转移，而是应当吸引我们的注意力，关注在其他地方实施攻击或袭击的可能性。）[1]

第四份报告也是格鲁大使发给国务卿的，时间是 6 月 3 日。没有任何迹象表明国务卿将该报告制作了复件，并传递给海军情报局或军事情报局。该报告细致讨论了在日本这样一种“极其紧张的政治动荡氛围”中，三种相互竞争的主要思想派别。[2] 所有的三派都倾向于尽快解决“中国问题”，但第一派主张通过与苏俄结盟，第二派主张通过与德国结盟，第三派则希望与美国结盟。格鲁提到，第一派最近的影响力正在缩减，但随着欧洲事态的快速变化，“日本有可能会感觉到自己所有的算盘都被打乱，因此有可能采取极端方式”。[3] 第一派是保守阶层和陆军中的年轻军官们，他们主张与苏联一同瓜分中国，倾向于攫取荷属东印度群岛，也意识到可能不得不面对美国的经济报复措施，但不相信可能会爆发对美战争，同时也相信“日本舰队在任何情况下都不畏惧使用武力”。[4] 由于其他两派得到自己所倾向盟友的支持——一派是德国，一派是美国，他们的影响力被认为不相上下。

1940 年，马歇尔上将作战计划部门负责人斯特朗少将，对 6 月 3 日的电文是这样总结的：

---

[1] 原注：*Hearings*, Part 15, p. 1909.
[2] 原注：*Hearings*, Part 15, p. 1916.
[3] 原注：*Hearings*, Part 15, p. 1918.
[4] 原注：*Hearings*, Part 15, p. 1917.

在梳理日本局势时，格鲁先生用外交语言阐述说："不敢保证对日本的未来会一直有自我满意的看法。"［在斯特朗少将总结的来源档案中，并没有可以归结为这句话的阐述。］他引用了日本军国主义者关于日本舰队在任何情况下都不畏惧使用武力的看法，以及他自己关于日本"有可能采取极端方式"的认识。[1]

这样的总结让报告有了一种原文中缺乏的、危言耸听的语气，但要是我们想到作战计划部那时持有的有关日苏协议的假设，就不难理解斯特朗为什么会选择格鲁的这份报告了。[2]

斯特朗少将没有提及格鲁大使在 6 月 10 日的报告，[3] 大使在报告中认为，美国舰队驻守在夏威夷，对日本政府中更倾向于军国主义的人（这显然指的是 6 月 3 日电文中所说的第一派）发挥了有益的遏制作用。虽然这份报告与显示出需要发出警戒的信号框架并不相符，但斯特朗并不认为报告削弱了信号。在 6 月份的那个时刻，整个作战计划部都关注于接收来自欧洲、南美、加勒比、远东地区对美国的危险信号。

第五份也是格鲁大使给赫尔国务卿发送的报告，日期是 1940 年 6 月 17 日，同日军事情报局也看到这份报告。报告是这样的：

我们从不同来源连续收到秘密报告说日本在海南、台湾和九州（Kyushu）等地大规模集结，但这些报告并未证实。鉴于法国已在欧洲有条件地投降，这里的苏联和英国武官正在考虑日本是否有可能入侵法属印度支那。[4]

---

[1] 原注：*Hearings*, Part 15, p. 1909.

[2] 原注：关于日苏协议，参见本章之后的内容。

[3] 原注：1940 年 6 月 10 日，格鲁和日本外相有田八郎（Hachiro Arita）会话的备忘录，参见 *Foreign Relations of the United States: Japan, 1931-1941*, Vol. II, pp. 67*ff*。

[4] 原注：*Hearings*, Part 15, p. 1932.

毫无疑问，在军事情报局的档案中还有许多其他报告，但以上 5 份是挑选出来用于听证会的报告。换言之，对于那些协助斯特朗少将准备有关 1940 年 6 月警戒情况备忘录的军官们，这 5 份报告在事后看来意义重大。如果我们把这些报告列成信号清单，结果如下：

5 月 1 日，如果美国即将宣战，德国计划破坏巴拿马运河。（来源：来自加利福尼亚尤里卡未知身份的德国人。）

5 月 25 日，东京的一系列官方活动，被解读为可能是在为进攻荷属东印度群岛进行秘密准备。（来源：格鲁大使。）

6 月 3 日，日本军国主义者准备让日本舰队使用武力，并叫嚣要攫取荷属东印度群岛。（来源：格鲁大使。）

6 月 13 日，日本舰船得到命令，一旦美国宣布动员令，如舰船在巴拿马运河，就沉船。（来源：一艘巴西舰船上的船员们。）

6 月 17 日，日本军队在海南、台湾和九州等地集结，被解读为在法国失败后准备入侵法属印度支那的准备。（来源：格鲁大使。）

对每个信号，这份清单列出的解读都是可能最为糟糕的后果，并把非官方来源与格鲁大使的可靠性相提并论。即便如此，也没有哪个信号显示出针对美国领地精心策划的袭击。之所以发出巴拿马运河的警告，也许是为了避免运河遭到破坏，但即使是在日本对荷属东印度群岛或法属印度支那发动袭击的情况下，作战计划部门也不可能了解到美国的政策。但是，正如斯特朗少将在备忘录中所说的那样，我们不能在真空中去考虑这 5 份报告。引发警戒的事态发展情况都不是秘密信息，只要是每天读报纸的人都会知道。这些信息包括希特勒对荷兰的闪击战、法国即将崩溃、大英帝国崩溃的预期等，这些都足以让日本可以在东南亚放手冒险。海军情报局在 6 月 17 日警戒前的报告中阐述的，也是这一系列事件。

这份 6 月 17 日的报告，是罗斯福总统在 4 天前要求就大英帝国的命运进行预测，以及他关于美国海空力量是否要阻止德国—意大利在大西洋地区获胜之意见的产物。[1] 海军情报局提供的数据显示，在大西洋地区，德国、意大利和法国的舰队联合起来，要比英国舰队多出约三分之一，也超过了美国大西洋舰队和太平洋舰队之和。报告也阐明，一旦希特勒控制了法国舰队，也许会成功地入侵英格兰。[2] 陆军情报部门也被要求就类似任务阐述观点和就实力进行预测，但目前并没有找到其答案。[3] 但我们确实知道，在 6 月 17 日，陆军和海军计划人员都对盟国在大西洋地区的前景表示出担忧。

到此时为止，美国公众和政府的某些人都很放松，对英国人将会并能够实施大西洋战役深信不疑。而现在这种信心却受到一个关键问题的挑战，即法国舰队会完好无损地落入德国人手中吗？在 6 月 17 日，答案似乎是“是的”。[4] 如果法国舰队败于德国，英国舰队怎么才能生存下来？我们的太平洋舰队可能也不得不被转移到大西洋地区。但如果这样机动，将会如何影响到日本在远东地区入侵的进程？

1940 年春季，基于展示力量可能阻止日本扩张主义者的想法，太平

---

[1] 原注：Langer and Gleason, *The Challenge to Isolation*, p. 549.

[2] 原注：Langer and Gleason, *The Challenge to Isolation*, p. 549. See also *New York Herald Tribune*, June 23, 1940.

[3] 原注：Mark S. Watson, *Chief of Staff: Prewar Plans and Preparations*, p. 109. 马克·沃森（Mark S. Watson）说是作战计划部被要求这么做的；6 月 26 日，克拉克上校和摩尔海军上校（联合计划委员会）思考后，向马歇尔和斯塔克提交了回复。

[4] 原注：尽管法国政府保证不会允许德国人控制法国舰队，但美国政府从德国的能力及其之前抛弃书面承诺的做法形成了对德国意图的判断，从法国的能力出发形成了对法国意图的判断，从而选择无视法国政府的保证。从今天所掌握的证据来看，由于希特勒担心在舰队问题上对法国施压，会导致法国将舰队直接送去加入英国舰队，因此并无施压意图。同时，似乎法国也决意在任何情况下都不会将舰队交出去，而且达尔朗（Darlan）海军上将也发出了命令，要求即便是在停火之后，一旦必要，就沉船。然而，就 6 月 17 日掌握的证据而言，英国和美国政府的主流预测观点是正确的。

有趣的是，一年半之后，对于日本做出的言语保证，美国却没有对其实力做如此谨慎的权衡。与 1940 年 6 月可能会失去一个盟国相比，美国在 1941 年 12 月份时更加谨慎，不想去触怒一个敌人。这样在判断意图与判断实力之间的权衡是一件精细而困难的事情，而且对于决策者而言，无疑是一种永久折磨。

洋舰队得到命令，机动前往夏威夷。舰队到达后，被要求无限期驻守，这并不是考虑到舰队在此处可以比其他地方更好地发挥威慑作用，而是因为罗斯福害怕撤出舰队可能会被日本人解读成绥靖举动。当时负责这支海军的詹姆斯·理查森（James O. Richardson）海军上将原计划于 5 月 9 日返回圣地亚哥。他对这一任命很不满意，并在 5 月 22 日写信给当时的海军作战部长斯塔克海军上将。理查森指出，在美国西海岸可以更高效地进行训练及其他战争准备工作。斯塔克海军上将在 5 月 27 日如此回复：

你为什么会在夏威夷地区？

答案：你之所以在那里，是因为你的出现会对进入东印度群岛的日本人产生威慑作用。在前面的信中，我把原因与投入战争的意大利人联系到一起。这两者之间的联系在于，随着意大利卷入进来，相信日本人会感觉到可以更加自由地独自采取行动。我们相信，德国人和意大利人都已经告诉日本人，就他们而言，日本在荷属东印度群岛拥有自由行动权。

你可能自然会问道，意大利和战争的关系如何？我可以郑重地说，过去两周时间里，从看起来真实的信息来源处，我们已经在数个不同场合得到意大利将在 24 小时内宣战的消息。其他一些消息则宣称这将在未来 10 天内发生。我个人以前曾说过，理性的逻辑让意大利在一段时期内不会宣战。谁也说不准。也可能这封信到你手中时，事情就会明朗。在法国北部，事情发展快速。

以上事实显示出形势的不确定性。

与第一个问题同时会让你自然想到的问题是，如果日本人真的进入东印度群岛呢？我们应当怎么办？我的回答是我不知道，而且我想也没有人能够告诉你答案。就这一点上我的观点而言，我知道的是，白宫和国务院与你最近一封信中的想法是一致的。

我想指出一点，那就是如果日本人决定进入荷属东印度群岛，而美国要做的决定就是不采取任何具有决定性的行动。我们可不能泄露，否则，就会把你之所以在夏威夷地区的原因完全抵消干净。就记住一条，日本人不知道我们将会做什么，只要他们不知道，就会犹豫，或是被威慑。我对这些想法一直保密。

我想，以上这些可以回答“你为什么会在那儿”这个问题，但还不能回答你将会在那里待上多久的问题。请相信，我在得到信息的第一时间就会告诉你。现在还没有人能够回答。和你一样，我也问过这个问题，同样我也无法得到答案。[1]

如果说斯塔克的信如今读来非常模糊和令人困惑，原因在于确实如此。在让日本人猜测的同时，美国政策制定者自己也在猜测。罗斯福对理查森的舰队，以及在日本一旦对荷兰人或英国人发动直接袭击时美国如何行动这个更为关键的问题上，拥有最后决定权。但罗斯福选择不做出决定。相较于斯塔克对理查森的解释，罗斯福对理查森的解释显然没有那么冗长。他的解释是：“当我不知道如何行动时，我保持不动。”[2] 因此，由于没有撤离的决定，舰队就待在珍珠港。6 月 18 日，斯塔克在一份送给总统的记录中强烈敦促把舰队转向大西洋。6 天后，总统通知斯塔克：“舰队从夏威夷返回的决定，将在稍后做出。”[3]

从 1940 年 6 月的《纽约时报》中，我们能够快速浏览有关远东地区即将面临危险的公开信号。当然，注意力自然集中在欧洲：意大利宣战和法国的陷落。远东地区的新闻位于第 7 页及以后。但这些新闻非常详细，

---

[1] 原注：*Hearings*, Part 14, p. 943.

[2] 原注：Langer and Gleason, *The Challenge to Isolation,* p. 597. 这样犹豫不决的政策框架在斯坦利·霍恩贝克（Stanley Hornbeck）1940 年 5 月 24 日给赫尔的备忘录中有所体现：“欧洲的形势就让它这样吧，远东的形势就这样吧，本国可能采取行动的范畴——在本国内，在此时——就这样吧，就远东和太平洋地区，本国致力的最可取行动就是‘静坐不动’：就主要进口事宜不采取任何新的外交动作，对美国作战舰队的部署不做改变，保持我们过去曾经采取的立场不变，既不建议也不赞同妥协，让我们保持没有负担的状态，睁大眼睛，倾听动静。”（Langer and Gleason, *The Challenge to Isolation*, p. 592.）

[3] 原注：Langer and Gleason, *The Challenge to Isolation*, p. 597.

而且令人担忧：[1]

6月1日，根据5月27日日本媒体的消息，德国对日本的照会，让日本多少在荷属东印度群岛有了全权委托的自由。

6月的头两周，经常性的对中国重庆的大规模轰炸，将美国人的生命财产置于险境。

6月10日，日本否认对在重庆的外国财产损失承担责任。日本和苏联商定解决了“满洲”前线的争端。协定让东京可放手在南太平洋进行冒险，因而被视为“让日本受益匪浅”。

6月13日，赫尔对重庆遭受轰炸表示抗议，并向日本政府发出正式照会。

6月14日，日本否认应承担责任，要求在重庆所有大国转移走其民众。日本监管下的南京伪政府要求英国、法国和意大利从中国撤走军队和战舰。

6月15日，日本拒绝对南京伪政府提出的要求负责。

6月16日，日本可能袭击印度支那。

6月17日，美国战舰遭到日本轰炸。在赫尔国务卿谴责后，日本动用113架飞机对重庆发动了新一轮空袭。

6月19日[2]，东京反对印度支那发生改变。来自中国的报告：大家都在询问日本是否会利用法国战败的机会对印度支那发动攻击。

1940年5月23日，罗斯福对商业顾问委员会（Business Advisory Council）说：“我看不到很远——不能比我们任何其他人看得远，我不能

[1] 原注：在下面列出的清单中，事件通常都比报纸上描述的日期要早一天。

[2] 原注：6月19日，在《纽约时报》第1版读到很有趣的话：“将两大洋海军的账单快递到众议院，斯塔克的海军计划震惊首都。”接在这一段话后，在第13版上是日期为6月18日、来自檀香山的一篇短文：“已下令延长机动。继詹姆斯·理查森海军上将宣布原定下月初美国舰队到访太平洋港口的计划被取消后，陆军命令夏威夷总部的2.4万名士兵即日进入延长机动状态。对上述两行动均无解释。”

看到四五个月后的情况。”[1] 我们很幸运，拥有在此段时间之前、日期为 6 月 13 日的斯塔克看法的记录。他的看法远比海军情报局的报告要乐观，也比陆海军联合作战计划参谋部门的看法要乐观。罗斯福认为，到 1940 年秋冬，将出现以下形势：

英国和大英帝国毫发无损。

法国被占领，但法国政府和剩余的兵力仍在抵抗——也许在北非地区。

英国和法国海军的剩余兵力，与美国海军一同，坚守着波斯湾、红海和自摩洛哥至格陵兰的大西洋地区。盟国舰队可能已被赶出东地中海地区，但对西地中海地区保持了不稳定的控制。

盟国兵力维持了目前对近东地区的控制。土耳其维持了目前与盟国之间的政治关系。

苏联和日本不甚积极，没有参与战争。

美国积极参与战争，但仅限于海军和空中力量。飞机生产正接近最高点。美国提供了盟国所需的部分飞行员。摩洛哥和英国成为向西半球航运输送的补给基地。美国运输补给给盟国。美国海军为大西洋封锁（从摩洛哥至格陵兰）提供了绝大部分力量。[2]

这些观点显示出与联合计划委员会（Joint Planning Committee）观点的巨大差异。计划人员首先相信，6 个月结束时，英国而非大英帝国将不再会是战争中主动积极的作战力量。德国对英格兰的入侵被认为是“极有可能”。鉴于在北非，法国已经被切断了供应源头，法国将不可能进行有力抵抗。

计划人员强烈倾向于认为，日本和苏联可能在远东地区采取协调一致的进攻行动。至于美国作为交战方参与战争这一点，他们非常肯定地

[1] 原注：Langer and Gleason, *The Challenge to Isolation*, p. 472.

[2] 原注：引自 Matloff and Snell, *Strategic Planning for Coalition Warfare, 1941-1942*, p. 14。

认为“不可理喻”，这是因为“美国长远的国家利益。我们对全面侵略的准备是如此不堪，因此只要我们在做好充分准备之前还有选择，就应当避免争斗”。[1]

在总统的政策中，最困扰计划人员的有两条：一是以美国武装力量为代价向英国人提供武器弹药，二是在太平洋显示力量。陆军部人员相信，舰队驻扎在珍珠港这种展示实力的方式，可能会被日本政府视为开战的理由。这一行动“只有在政府政策的其他方面也让舰队驻守位置看来不仅是虚张声势”时，才会发挥威慑作用。[2]但对计划人员而言，这样的做法显然是虚张声势。他们相信，美国完全没有做好应对日本敌对反应的准备。但是，总统和国务院却颇为倾向于展示可见的力量。

于是，到 6 月 13 日时，美国官员们面对着一系列竞争性假设的挑战。这些假设将最终决定是否采取警戒行动，但在这些假设包含的信息中，在有关何种行动将会对日本这个敌人起到有别于德国的威慑时，却加入了许多个人的、含混的假定。究竟什么会产生威慑与什么会产生挑衅之间，存在着细微差别，对这个问题，政策制定官员反复讨论但思考很少，共识更少。[3]

在 1940 年 6 月为实施警戒而解读信号的过程中，不是国务院，也不是罗斯福总统，而是陆海军联合委员会（Joint Army-Navy Board）及其计划参谋部门的假设符合实际。想来总统及这些机构都有相同的公开可用信号，还有几乎相同的秘密来源信号。我们可以通过 1940 年 6 月 17 日早晨的参谋部门会议来看一看，究竟是什么促成马歇尔及其陆军参谋人员的看法：

---

[1] 原注：Report of June 26, 1940, “Views on Questions Propounded by President on War Situation,” War Plans Division file number 4250-4253, quoted by Matloff and Snell, p. 15.

[2] 原注：“Decisions as to National Action,” quoted by Matloff and Snell, p. 16.

[3] 原注：在一次题为“关于威慑的政策计划：美国在 1939 年至 1941 年间对日本展示实力的经验”的私下交流中，邓恩（F. C. Dunn）和科恩（B. C. Cohen）详细阐述了其中的不同意见和讨论情况。

议题：防御问题

出席人员：马歇尔将军，斯特朗将军，安德鲁斯将军，摩尔将军

参谋长指出，在审视不同可能性的过程中，我们似乎突然发现日本和苏联像是一伙那样在行动，并将我们的舰船拖在太平洋。如果法国海军跑到德国和意大利一边，我们将不得不在南大西洋面对一个非常严峻的形势。德国会在几周内让南美的形势变得岌岌可危。

我们是否被迫要考虑重新调整海军政策的问题，即在太平洋地区采取完全的防御行动，而将主要力度放在大西洋地区。存在受到袭击并引发公众反应的可能。敌人的主要方向会在特立尼达以南，任何以北行动的目的在于佯动，从而阻止我们将物资等运往南美。这也似乎标示着我们即将达到要动员国民警卫队的节点。

斯特朗将军称，海军报告说有关于法国舰队已被移交且被并入英国舰队的确切信息。（备注：后来从海军部得到的信息显示这一点值得怀疑。）如果确实如此，并且如果德国人下一步行动——可能是通过爱尔兰——导致英国有条件投降，那么合并的大西洋舰队会移师至西半球。在这种情况下，鉴于没有其他可能性，这些舰队必须从我们的港口出发行动。从这一点出发，作战计划部和海军对行动存有不同看法。作战计划部认为在太平洋地区只应采取防御行动，并应将所有注意力集中在此半球。

参谋长建议，如果英国和法国舰队到来，海军的观点就可行；如果不来，海军的观点就是完全错误的。我们不得不准备好应付可能形成的最糟糕形势，即在大西洋地区，我们没有盟国舰队。[1]

我们中断一下文本，要注意到在此处，有关大西洋局势将会恶化的两个假设非常清楚：

1. 苏联和日本可能会变成一伙，把我们的舰船拖在太平洋地区。

2. 德国可能在几周内让南美形势变得岌岌可危。

---

[1] 原注：*Hearings*, Part 15, p. 1929*f.*

有一些证据支持第一个假设。6 月 10 日，苏联和日本签署了一个确定“满洲”和外蒙古边界的条约。最初，一伙日本陆军在未经东京政府同意的情况下引发了一场未宣战的边界战争，双方在人员和金钱上都损失惨重，而条约也终结了这场战争。在斯特朗少将为国会委员会撰写的关于警戒行动的备忘录中，他也提到 6 月 12 日时苏联进入立陶宛，并在 6 月 16 日要求爱沙尼亚和拉脱维亚更换政府。苏联似乎正在与轴心国合作，而边界协议的言下之意就是日本和苏联可能正在准备就一项中立条约进行谈判。从上述事件中，马歇尔得出结论，即日本和苏联之间的睦邻友好关系可能非常紧密，足以让他们成为一伙，共同对付美国。（今天看来，这一点似乎有点牵强附会，但在 1940 年 6 月时，任何会推动轴心国成功的事情看来似乎都是合理的。）

至于第二个假设，有关纳粹对南美——特别是在有大量德国裔人口的巴西和乌拉圭——渗透的报告似乎指出存在一次或一系列纳粹政变的危险。自 1939 年以来，陆海军联合委员会已经注意到轴心国在南美洲造成的危险。1940 年 5 月和 6 月，威尔逊大使从乌拉圭发回的电文引发了对纳粹政治控制该国可能性的担忧。1940 年 5 月 30 日，他发电报给国务院，报告说在 5 月 25 或 26 日曾有人计划发动一场武装起义，只是因为当局及时采取了行动，才挫败这一计划。他建议派出一支有 40 至 50 艘战舰的庞大力量到南美东海岸巡航，并且将一支强大的舰艇编队无限期停留在蒙得维的亚（Montevideo）。国务院将他的建议呈送给罗斯福，总统立刻命令重型巡洋舰“昆西”号（*Quincy*）驶离古巴，前往里约热内卢，然后前往蒙得维的亚。但要进行大规模的武力展示，是不可能的。斯塔克海军上将坚定地反对从太平洋地区抽调走任何舰船，并且在 6 月 2 日，他还建议只从大西洋舰队抽调一艘重型巡洋舰“维奇塔”号（*Wichita*）。总统指示“维奇塔”号加入“昆西”号，这场武力展示就这样结束了。6 月 13 日，乌拉圭当地的纳粹党被清理，其领导人被逮捕。之后不久他们又被释放（“昆西”号还在近海“展示”），威尔逊则继续发回纳粹力量正在南美洲扩散的不祥态势的报告。

6 月 11 日，当两艘美国巡洋舰正在乌拉圭海岸附近时，巴西总统瓦加斯（Vargas）发表了一个被美国公众解读为他正在追随希特勒和墨索里尼脚步的演讲。在演讲中，他谴责了“政治民主的无效鼓动”。[1] 罗斯福总统和国务院显然明白，这位巴西独裁者演讲针对的是国内形势，而不是要回应罗斯福总统 6 月 10 日在夏洛茨维尔发表的演讲。[2] 然而，美国陆军部计划人员却可能将演讲解读为另一个危险信号，尤其是 5 月 27 日的论断已经警告说，有一支 6000 人组成的纳粹队伍正搭乘商船前往巴西，并受雇于巴西的纳粹去夺取政府。[3] 6 月 14 日，美国驻伦敦海军武官阿兰 · 科克（Alan G. Kirk）海军上校向自己的上级建议：“依我看来，如果大英帝国陷落，美国的安全必将陷入危险，而可以预期意大利人和德国人将很快进入南美和加勒比地区……运河的安全至关重要。”[4]

6 月 17 日马歇尔参谋部门会议的文本，接下来谈的是：

仔细思考，如果夏威夷没有大型轰炸机呢？我们有 56 架。可能的情况是：我们在太平洋地区的对手已完成到夏威夷行程的五分之四时，我们才会知道他们已经移动了。在夏威夷有 5 或 10 个飞行堡垒会改变这一状况吗？

安德鲁斯将军宣称，这么少数目的飞机会被敌人的驱逐机压制。我们在驱逐机方面较弱，而任何规模较小的力量都会被摧毁。他相信，我们不应当分割力量，而是要么派去更多，要么干脆不派。他还相信如果我们将弹药、炸弹等库存送达夏威夷，就可以在需要时于 3 天之内把大型飞机运送到那里。参谋长认为，3 天足以致命。斯特朗将军认为我们应当只会有少于 24 小时的预知时间。

---

[1] 原注：Langer and Gleason, *The Challenge to Isolation*, p. 618.

[2] 原注：罗斯福在演讲中谴责了墨索里尼宣战的决定，这是他首次公开宣布美国帮助盟国的政策。

[3] 原注：Watson, *Chief of Staff: Prewar Plans and Preparations*, p. 95.

[4] 原注：Quoated in Watson, *Chief of Staff: Prewar Plans and Preparations*, p. 107.

在夏威夷，我们的陆军和海军航空力量一共有476架飞机。由于日本航母的数量少、尺寸小，目前很难集结超过400架飞机。商船可以被改造来让飞机升空，但这些飞机将不能再返回降落。

……………………………………………………………………

安德鲁斯将军和斯特朗将军建议下达征召国民警卫队进入现役的命令。斯特朗将军预计在60天内，在南美地区（巴西和乌拉圭）将会急需兵力。参谋长认为，尽管我们不能立即派出远征部队，但能够向一些南美政府保证占领并坚守一些关键港口。

至于总统宣言中提及的向盟国提供更多装备的事，就陆军而言，我们已经把家底都掏空了。

……………………………………………………………………

参谋长指示出席的各部门负责人考虑会议中提出的所有问题。[1]

根据斯特朗将军给国会委员会的备忘录，他是这样推论的：

在考虑到我们自己的安全时，我认为最紧迫的威胁是，可能导致巴拿马运河关闭的袭击或严重的破坏活动。破坏计划的证据是存在的：……在进行袭击时，鉴于我们舰队的很大一部分驻扎在珍珠港，不能排除对夏威夷的一次佯动袭击。因此，1940年6月17日，我建议让陆军部和海军部采取警戒状态。与法国即将崩溃、英国的陷落并非不可能时，轴心国表现出的能力和美国软弱无力的鲜活事实相比，那些直接体现了我的决定的文件还不能完全表达出危险所在。[2]

在6月26日提醒檀香山陆军司令赫伦中将的一封信的草稿中，马歇尔说出了自己的想法。（但这封信并未寄出。）

---

[1] 原注：*Hearings*, Part 15, p. 1930*f*.

[2] 原注：*Hearings*, Part 15, p. 1908*f*.

我亲爱的赫伦：

无疑，您对我17日发去的警戒指示会有想法。简单地说，从许多来源汇总而来的信息让我们得出结论，即日本与苏联之间达成了调和他们在远东地区分歧的协议，这也为日本创造了时机，他们可以在美国舰队驶离夏威夷后，对瓦胡岛发动一次跨太平洋的袭击。

可以预计，这样的一次袭击会迫使美国将舰队撤回夏威夷，因此这也符合德国和意大利的利益。

我不敢说这样的信息和结论是否正确。但即使它们是正确的，鉴于您已经采取了预防措施，震慑了任何公开的行动，我们就无法得知它们究竟是怎样了。[1]

斯特朗认定，舰队的大部分都会驻扎在夏威夷。而另一方面，由于马歇尔知道斯塔克准备在第二天向总统提出建议，因此他认定舰队将会立刻驶离瓦胡岛，并且预计日本将袭击海军和陆军在瓦胡岛上的设施。显然，马歇尔的理由与1940年警戒的动机更为接近。对马歇尔而言，舰队是一个威慑；而对于斯特朗而言，舰队就是一个靶子。但是，接受舰队是一个活靶子这个概念，更多的是在珍珠港事件之后，而斯特朗的备忘录也是在事件发生之后、基于回忆才完成的。

总结一下，1940年6月17日时，什么看起来是可用信号时，我们得到以下结果。

欧洲：法国正在崩溃。德国可能获得法国舰队。英国可能陷落。（海军情报局说是这样；联合计划委员会说是这样；罗斯福说可能这样。）接着我们可能不得不将舰队移向大西洋。这意味着要从夏威夷抽调走威慑力量。日本将畅通无阻地南进。

南美：有关纳粹在巴西和乌拉圭活动的危险信号持续增加。如果英国

[1] 原注：*Hearings*, Part 15, p. 1597.

陷落，南美和加勒比地区可能发生政变。6月14日，美国驻伦敦海军武官说，一旦英国陷落，纳粹会让南美形势岌岌可危，因此强调“确保巴拿马运河的安全”至关重要。这一警报，得到早前5月份时获得的威胁破坏运河信息的印证。

远东：5月底，德国给予日本在荷属东印度群岛的全权委托。6月头两周，中国重庆遭到大规模轰炸，威胁到美国人身财产安全。日本否认应承担责任，没有理会赫尔的抗议。6月10日，日本和苏联签署边界协定。日本、苏联、德国和意大利可能走到一起。有传言说，如果法国沦陷，日本就会对印度支那图谋不轨。格鲁电报显示出，日本可能对荷属东印度群岛发动秘密袭击及一旦法国陷落则开展进攻印度支那的准备工作，强调了意图与苏联和解以瓜分中国，倾向于进攻荷属东印度群岛，不畏惧与美国公开决裂的日本军国主义派别的实力。

这一图景中包括许多公开信息，是第1章中列出的12月7日袭击信号清单中省略掉的某种情报。在那份清单中，人们普遍知晓的战争紧张气氛日渐增加的信号被想当然地理解，而清单本身的重点是来自高度秘密来源的新印证信息。这些来源中绝大多数在1940年发出警戒时还不可用。在着力审视了对远东、南美、欧洲产生影响的政治动向的公开信息后，才能确定德国之后将做什么，将会形成何种针对美国利益的新纳粹阵营。最终促成6月17日警戒命令的这些信号，从整体上看，似乎是针对美国盟友的侵略威胁。这些信号没有哪一个单独，或是哪几个汇集在一起，能够形成有关巴拿马运河的破坏将发生在某月某日某一天，或者是对夏威夷即将实施的跨太平洋袭击的清晰预示。然而，可用信息确实精确描绘出一种即将爆炸的气氛，足以让警戒成为一个合理的预防措施。

在6月的这个时候，绝大多数人都倾向于认为轴心国拥有巨大的能力，甚至连对夏威夷展开袭击这样最为大胆和最为困难的举动都被认为是可能的。而一年之后，就又认为这对日本人而言是极度昂贵和极为不可能的赌博了。此外，在如此紧张的氛围下，仍然会有人相信破坏运河计划的报告；但 1941 年 12 月 6 日时，从檀香山打往日本的可疑电话却被搁置到一边，被认为是已经十分精细的日本间谍系统搜集信息的另一个行动细节而已。

1940 年 6 月 17 日陆军部发给赫伦中将的警戒命令非常清楚。它是这么说的：

立刻警告所有防御机构尽最大可能应对可能的跨太平洋袭击，同时不制造公众恐慌，引发报纸或外国特工的过分好奇。提出实施机动的前提条件。在有进一步命令前维持警戒状态。与参谋长直接开展的秘密通联指令将随后尽快布置。收到回复。[1]

赫伦只有一种警戒状态，即全面警戒，他立刻实施了。他于 6 月 17 日回复了马歇尔，陆军部在第二天收到了这份回复：

所有防空观察（值守哨）和分队已配备弹药就位，得到对限制区域上空的外国飞机及在防御所有关键设施时开火的命令。当地产生了一些对弹药配置调拨的好奇情绪，但并没有引发过度担忧。已经实施海军近岸和近海空中巡逻。[2]

6 月 20 日，赫伦得到逐渐修改警戒状态的命令。7 月 16 日，基于实际目的，除去针对破坏的紧急待战预防措施和处于训练的空中巡逻措施外，警戒被终止。对这次历时 5 周的警戒，马歇尔对持续警戒状态中士兵士气、装备保养产生的影响表示出持续关注。赫伦一直在宽慰马歇尔，前者在 9 月 6 日就此发表的最后陈述是：

我绝对真诚和真实的意见是：正在实施的“警戒”并没有磨光棱角，

[1] 原注：*Hearings*, Part 15, p. 1594.

[2] 原注：*Hearings*, Part 15, p. 1600.

或是耗尽士气……

舰队待在这里，并且经常性地在保密时间段驶往保密目的地，这极大地缓解了形势。就现在的情况而言，我感到您完全没有必要担忧这个地方。[1]

赫伦中将从未被告知那些导致警戒实施的对外政策预测。鉴于他已经有了一个清楚的命令，所以知不知道也没多大关系。马歇尔上将曾计划要告知赫伦简要情况，但在斯特朗少将的建议下，马歇尔并未寄出这封信。斯特朗少将感到，警戒的背景情况显然是来源于媒体报道，发出这样的讯息会危及我们的安全。他这样给马歇尔写道：

我倾向于认为，正如报纸上所反映的那样，过去10天里事情的发展已经给了两人（巴拿马的范·沃尔希斯［Van Voorhis］将军和赫伦将军）他们需要的所有背景情况。

另一个要考虑到的是，航空邮件可能会导致……您用密码（6月17日加密的警戒命令）提及的事情可能会让代码处于危险中。

当然，如果您认为应当写信给他，我建议使用挂号信进行联系……[2]

假如由华盛顿来承担在战场实施警戒的所有职责，假如华盛顿的命令清晰且只有一种解释，那这种不让下属军官接触到信息和在使用密码发送讯息时极度谨慎的政策，就是明智的。但在1941年12月，这样的条件一个也不具备。

根据赫伦后来的证词，他在1940年从未从陆军部收到任何有关国际形势的信息。他曾在1939年收到，告知他德国已向波兰进军的讯息。当被问道：“你是否认为，对你而言，必须对太平洋地区、远东正在发生的事情形成一个相对直接的图景，这样才能够完成你的任务？”他的回答

[1] 原注：*Hearings*, Part 15, p. 1600.
[2] 原注：*Hearings*, Part 15, p. 1597.

是："我感到，那将会有很大的帮助，但很不幸，我陷入了摸黑前进的境地。我认为，陆军部要比我知道的多得多，但我同样认为，他们知道的不会是非常关键的信息，他们也不会告诉我什么。"[1]

赫伦欣然对警戒命令做出了反应。我们并不清楚，这样的命令对他而言是不是应对国际形势"显然"必须采取的措施。此时，檀香山的报纸肯定无法像华盛顿和纽约的媒体那样，提供有关国际情景的精确而详细的指南。正如赫伦的证词所说："我没有证据。我只有陆军部的命令。"当被问道"你不知道这是不是基于即将到来的威胁？"，他的回答是"不"。[2] 人们很容易相信一种谬论，即认为从战场上看国际情景，与从华盛顿看是一样的。但这样的观点其实与事实相去十万八千里。1941 年 12 月，在华盛顿官员们看来明显到让人后来感到痛心的一场危机，[3] 在檀香山看来，却只是和这一年中其他许多严峻的形势结果一样而已。

当华盛顿的陆军当局警告他们在巴拿马和夏威夷的总部时，海军却采取另外一种行动。斯塔克海军上将命令理查森海军上将带领舰队驶出珍珠港，向运河方向航行了两天时间。理查森还要做出安排，以便泄露出自己舰队的动向，目的是检验在这种情况下运河地区可能发生破坏活动的假设。命令是在 1940 年 6 月 19 日发出的，[4] 内容是：

可靠来源持续报告，任何主要舰队实施的朝向大西洋方向的动向，都会引发在运河地区的广泛破坏活动。那里的陆军已被告知并已实施警戒状态。我希望你们在 6 月 24 日或此前后，在事先不做宣布的情况下，让舰队中一部分主要力量出海，并安排将可能的目的地是运河的消息泄露

[1] 原注：*Hearing*, Part 27, p. 127.

[2] 原注：*Hearing*, Part 27, p. 127.

[3] 原注：如此明显，以至于斯塔克由于担心产生"狼来了"的效应，而在一些信息上对金梅尔有所保留。

[4] 原注：该电文并未标注日期，但从电文在缩微胶卷上的位置，以及从按时间序列排定的序列号中包含的数字来看，电文应当是在 1940 年 6 月 19 日发出的。（*Hearing*, Part 3, p. 1409.）

出去，而此消息不会被当局否认，以此来进行测试。向运河方向航行两天后，返回夏威夷各港。根据你们的考虑来保持无线电静默。预计你们返回时将命令你们到华盛顿与会。

在提交给国会委员会的该电文复件上，有以下手写文字："6 月 20 日交马歇尔上将阅。他向运河发出警报讯息。舰队可能前往大西洋……"[1] 斯塔克海军上将没有就夏威夷遭受袭击这一可能性，在 6 月 17 日或 6 月份剩余时间内警告夏威夷的海军军官们。他作证说："就海军而言，我那时并没有感到有什么特别重要。这也是我为什么没有就此向理查森海军上将发出任何信息的原因，而且……我认为，我在很大程度上将这件事视作是陆军的事。"[2] 之前，斯塔克也解释说，"那是陆军部发出的电文，我并不能回忆起它依据的是什么具体信息，显然我们没有感到不安，我们当时并不是希望战争，我们也没能找到任何东西说明将有战争。"[3] 他确实回忆起 6 月 19 日发给理查森的命令："我记得非常清楚，告诉乔带领舰队出航，要安排泄露……我也记得将时间延长到两天……但在我看来，这件事与警戒同时发生只是一个巧合。"[4]

此时，美国海军的观点受到自己与日本海军之间不同寻常的亲密关系的影响。日本海军军官中有许多都曾在美国学校受训，并且和美国海军军官是私人朋友。尽管事实上，日本和美国的作战计划部门都假定对方为在远东地区理论上的对手，两支海军之间关系还是如此友好，以至于日本海军在国内被批判为亲美派。直到 1941 年 7 月美国实施贸易禁运之前，日本海军一直在持续反抗日本陆军提出的与美国开战的压力。日本陆军与美国陆军之间显然并没有这样的关系。

一旦袭击真的发生，在是否有必要警告夏威夷的问题上，华盛顿出现

[1] 原注：*Hearing*, Part 3, p. 1409.
[2] 原注：*Hearing*, Part 5, p. 2453.
[3] 原注：*Hearing*, Part 5, p. 2378.
[4] 原注：*Hearing*, Part 5, p. 2453.

这种分歧会在战场上产生严重的后果。接到警戒命令后，赫伦中将立刻通知了第 14 海区司令官布洛赫海军少将，并要求以白天的空中巡逻形式进行合作。布洛赫后来回忆了他们之间的讨论：

大约是在 1940 年夏天，具体时间我记不清楚了，赫伦中将……到了我办公室，告诉我说他刚刚从陆军参谋长那里接到一封有关海外袭击迫在眉睫的电文，并且说将立刻采取全面警戒。他告诉我说他刚刚收到电文，这简直是晴天霹雳，他对此毫不知情，但他已经采取了警戒并且来拜访我，想知道我是否也收到相似的电文。我告诉他没有，我对此毫不知情。接着他说他对此感到十分困惑，他不知道袭击是什么样的，也不知道会怎样发生，内容是什么，但他想听听我的意见。我说："嗯，我还不是舰队在位的最高长官……现在有上级长官、安德鲁斯海军中将在，我想最好你能够把电文给他看一下。"我们登上了旗舰，告诉了安德鲁斯海军中将这件事情。在碰面之后，安德鲁斯将军决定我们将实施早晨和黄昏的侦察巡逻，接着就发出了巡逻的命令。舰队司令官是理查森海军上将，但他目前不在位。安德鲁斯给他发了一封电报告知情况。理查森海军上将飞过来，由于他从未听过警报这件事，他发了一封电报给作战部长，但就我的回忆，他从未收到过回复。这次警戒持续了两三周时间。当陆军实施警戒时，收到的是关于海外袭击的警报，但他们不知道这是一次演习或演练……海军对此什么都不知道。自然，我会认为司令官从华盛顿这里知道了信息，但到目前为止，就我所知，我们并没有从这里得到消息。[1]

笔者之所以全文重述这件事，目的是让人们感觉一下在传递一个危险信号时所花费的时间。赫伦和布洛赫的讨论、他们与安德鲁斯之间的讨论、下达空中巡逻的命令、发给理查森的电文，所有这一切的步骤都需要时间，而且花费的时间要超过一旦海军也需要被警告所需的时间。直到

---

[1] 原注：*Hearing*, Part 36, p. 367.

6 月 18 日安德鲁斯才与理查森联系上，并解释了实施空中巡逻的原因等，请求同意。理查森在那天晚些时候用无线电回复了布洛赫："希望了解夏威夷陆军指挥官提出的增加空中巡逻的请求，是陆军演习的一部分，还是基于陆军部的信息。"[1]6 月 19 日，理查森收到布洛赫的回复："陆军指挥官的请求是基于陆军部的指令。他对于这是不是一次演习毫不知情。"[2] 此后，布洛赫于 6 月 20 日写了一封信给理查森，描述了赫伦收到的电文，并且继续阐述：

> 我不知道这样的情形要持续多久，也不知道有多么严重；过去两天，我一直忙着为舰队陆战队和他们的防空炮张罗弹药。我昨天找了他们，因为有必要让他们把弹药放在炮附近的防水布下，不过这样做似乎也不安全，因为他们就部署在海军船坞的中心地带。[3]

理查森最后是在 6 月 12 日飞回珍珠港。6 月 22 日他就发电给斯塔克询问信息。斯塔克显然是在同一天回复："陆军部关于实施警戒作为预防措施的指令，事先与海军和国务院进行了协商。要求你继续实施行动。"[4]

安德鲁斯和布洛赫都不记得这封电报。理查森只记得自己之后很久才在华盛顿同马歇尔和斯塔克谈过警戒的事，后两者都认为那就是一次陆军的演习，是模拟战争警报，目的是要考验一下高效的反应。后来理查森给国会委员会写道：

> 这封电报我是在 6 月 22 日（周六）檀香山当地时间下午 5 点之后收到的，当时我的脑海中全是有关周一一早舰队主要部分将要秘密出动的事情，而且由于回复给我留下了警报真实性的疑问，所以，我没有记清楚收

[1] 原注：*Hearing*, Part 14, p. 950.
[2] 原注：*Hearing*, Part 14, p. 950.
[3] 原注：*Hearing*, Part 14, p. 951.
[4] 原注：*Hearing*, Part 3, p. 1055.

到回复的事。[1]

6月22日，理查森也写了一封信给斯塔克，告诉后者自己已经飞到珍珠港“弄清情况”。他先描述了陆军采取的主要措施，并汇报说“海军将远距空中巡逻从180英里增加到300英里，将巡逻覆盖面从180度增加到360度，同时还建立了30英里的内区巡逻。”他接下来描述了自己的困境：

陆军的“警戒”和采取的行动让我有些担忧，但通过向我通报涉及以上形势的陆军情报，可以让海军接触到并进行评估，还是感到不错。当然，鉴于舰队正从拉海纳和珍珠港出发进行单舰或编组行动，也没有进行更严峻形势下要求的全面侦察和搜寻行动，任何此类情况都会使形势更加紧张并干扰训练。

鉴于类似的情形可能再次出现，我认为，最好的解决办法就是确保在任何可能的情况下，只要涉及联合行动——哪怕是演练，都应当联合通报陆军和海军的指挥官们，应当告诉我警告是真的还是以训练为目的的模拟警告。[2]

如果海军军官们对于从华盛顿海军部那里无法获得信息而感到困惑，其实感到困惑的还不只是他们。赫伦中将似乎在知道海军并没有警戒后也感到十分困惑。6月21日下午，他最终还是给陆军部发了电报：

在解读了你们的电报后，思考了有关海军部并未就警戒事项通知本地海军的事情。海军依据现行的本地联合协议，正在转换进行近岸空中巡逻。除非是从你处接到新的建议，否则将不会改变陆军空中和防

[1] 原注：*Hearing*, Part 3, p. 1056.

[2] 原注：*Hearing*, Part 14, p. 948.

空警戒状况。[1]

赫伦在6月22日收到华盛顿的回复：

考虑到目前对海军而不仅仅是夏威夷当地海军部队的指示尚未明确。依照指示的调整计划继续实施警戒……[2]

很久之后，当在陆军珍珠港委员会作证时，赫伦解释了他是如何把陆军的命令当作真正发生的警报来采取行动的，但却在一两天之后才明白过来这肯定是一次演练："当海军并没有得到像我们这样的命令时，自然就得出这是一次演练而非基于国际形势的结论。"[3]

换言之，华盛顿没有协调陆军和海军的警戒命令，不仅意味着要在通知战场方面花费更多的时间（可能会是非常宝贵的时间），而且意味着陆军警戒命令的关键意义受到质疑。当安德鲁斯海军中将与赫伦中将在就实施一项空中巡逻而开展合作时，就因为这是一项陆军命令，他和布洛赫都不认为有必要让他们的舰船进入全面警戒。此外，海军方面也没有任何人通报赫伦有关舰队收到要在6月24日出发前往运河的命令。如果赫伦和布洛赫能够把两个命令放在一起，相信他们能够考虑夏威夷是否会被袭击，以及如果袭击的目标是要摧毁舰队的主要力量，那么为何还要在这个特定的时间里泄露舰队的位置和目的地呢。[4] 显然，这对敌方的袭击者而

[1] 原注：*Hearing*, Part 15, p. 1595.

[2] 原注：*Hearing*, Part 15, p. 1595.

[3] 原注：*Hearing*, Part 27, p. 127.

[4] 原注：在巴拿马运河地区，陆军和海军的确不一致。当范·沃尔希斯将军给海军海区司令官发去执行6月17日警戒的指令后，他收到以下内容的信息：

1. 第15海区并非巴拿马运河指挥部下属，因此来自指挥部的命令对海区无效，内附的命令退回。

2. 如果确有需要向第15海区司令官通联重要信息，请拨打电话2-2661或2-2662。（Watson, *Chief of Staff: Prewar Plans and Preparations*, p. 461.）

言，是再好不过的乌龙了。但是，军种之间这种不经常性的、勉强为之的通联却让任何这样的比对或是进一步思索都不可能实现。

当然，无论是对马歇尔还是对斯塔克，幸运的是日本人还没有考虑对太平洋舰队发动袭击。马歇尔想到的情景是日本对瓦胡岛上的陆军和海军设施发动袭击，目的是要将舰队拽回到太平洋，这样德国和意大利就可以在大西洋任意妄为。斯塔克想到的是巴拿马运河可能遭到破坏，但太平洋地区并不存在危险。日本人关注的是印度支那。但战场指挥官们并非知道所有这些假设。而由于缺乏文件档案，斯塔克究竟是如何推论的，还是一个谜。

第二节　1941年7月25日的警戒

大约一年多一点时间之后，1941 年 7 月 25 日，陆海军联合发布的电文让夏威夷群岛上的陆海军均进入警戒状态。有关这一特殊紧张时期的外交和历史背景情况已被阐述过多次。第一个主要事件是日本对维希政府的最后通牒，要求使用法属印度支那的海空基地，此后日本于 7 月 21 日占领了这些基地。第二个主要事件是美国政府于 7 月 26 日宣布对日本实施石油和棉花的出口贸易禁运，作为对日本采取前述行动的报复。就在一个月前，纳粹德国已入侵苏联，而盟国中产生了对日本和轴心国之间建立稳固联盟的极大忧虑。在许多决策者看来，日本之所以进入印度支那，是德国人为了获取日本全力以赴的合作而成功压迫维希政府的结果。远东地区的紧张局势似乎和大西洋及欧洲地区再次危险地联系在一起。

白宫、国务院、陆军和海军情报机构、陆军参谋长和海军作战部长们借助自己在华盛顿的有利位置，可以看到这一危机发展的极度全面和准确的信息。日本精心策划的侵略计划的各个步骤都十分清楚。这些都在发给日本不同领事馆的“魔术”电文中预先进行了非常详尽的阐述，华盛顿的情报机构能够截获并预先解密这些讯息，留下了反应时间。不清楚的是美国将会采取什么态度和行动，是预防性的，还是报复性的，还是两者皆有呢？在对日本实施贸易禁运方面，存在巨大的观点冲突；7月26日之后，冲突还在继续，并反映在《贸易禁运法案》的弹性措辞中。就美国实施贸易禁运时日本人将会如何行动，存在两种截然不同的估计：一种认为日本人将会被威慑，停止侵略；另一种则认为日本人将会报复并立即发动对美国领地的袭击。华盛顿的军事首脑之间已经相当一致，因此他们向夏威夷指挥官们发出了联合电文，目的是让后者对禁运的决定事先有所了解。换言之，军方害怕**美国政府**此举将会招致某种形式的报复行动。从下达警戒命令的信号这一点来看，要注意到，是美国政府做出的官方行为引出了1941年7月的讯息，这一点很重要。1940年6月，警戒的动因是对于**潜在敌人某些动向**的警报和普遍的疑虑。而当时间靠近1941年时，日本和美国动向的互动关系日趋复杂，到最后已经很难将刺激和反应区分开来了。

尽管华盛顿对危机了若指掌，但却很难说夏威夷当地的指挥官们知道多少或者他们对7月份收到信息的反应如何。檀香山记录中的档案非常少。当然，就如同接下来的12月份一样，陆军方面要比海军做得更少。在两个军种的指挥部中，危机仅仅是在“平安无事”的湖面引起一丝涟漪而已，只留下模糊的记忆。比如，布洛赫海军少将这样回忆：

> 1941年，可能是7月或8月，形势有些紧张，我回忆不起来我们怎样收到信息，是通过司令官的信件还是通过电台。不管怎样，金梅尔上将就此举行了一次会议，我建议沿着贾卢伊特（Jaluit）环礁中线区域进行侦察飞行。我想这个区域大概有15到20度。我们每天早晨派出飞机飞行500英里。他采纳了建议，派出飞机巡逻了几天，但接着就没再继续了。[1]

[1] 原注：*Hearing*, Part 36, p. 408.

肖特中将的参谋长菲利普·海耶斯（Philip Hayes）少将记得在 1941 年 7 月某个时刻实施了全面警戒：

……国务院提前 6 小时通知我们，他们准备冻结日本人的资产，他［肖特中将］采取了三级警戒，[1] 所有部队在位。命令发出，没有任何困惑，我记得他让部队进行机动，目的是……表现出这［不是］一次警戒……而他们只是出去进行训练，他们在外面待了几天；接着，他取消了机动。[2]

当海耶斯在陆军珍珠港委员会作证时，有人曾努力要去找到有关这次警戒的记录，但拉塞尔（Russell）将军作证说他没有在陆军部找到有关这一问题的记录。而是否查询过夏威夷的档案，也没有显示。不管怎样，我们有最终的国会听证会记录，其中有 1941 年 7 月从陆军部和海军部发往夏威夷当地指挥官的讯息。

一、给夏威夷陆军的信号

7 月 8 日，以下讯息被发给赫伦中将的继任者肖特中将：

副官长信息中心（AGMC）第 92417 号，信息如下。从多个来源的信息得出推论，日本政府已就其未来政策做出决定，并得到日本所有主要政治和军事派别支持。该政策目前还需警惕观察，一旦西伯利亚守备部队的力量削减且德国在苏联欧洲地区取得决定性胜利的前景明晰，这一政策就可能涉及对苏联海上领地的侵略行动。意见是：尽管不能排除针对英国和荷兰领地的入侵，但日本目前的南进活动将局限在攫取和利用印度支那的海陆空基地。与苏联的中立条约可能会被背弃。他们已命令在美国大西洋

[1] 原注：参见肖特中将警戒流程的附录。

[2] 原注：*Hearing*, Part 27, p. 138.

港口的所有日本舰船在8月1日前去往巴拿马运河以西。已暂停从日本出发的日本船运，正在征召额外的商船。[1]

这份讯息是用海军密码发送的，因此先送到金梅尔处。根据肖特的证词，这份讯息让他留下深刻记忆，因为它包含“非常明确的预测”。它是“陆军部给我的唯一一次预测……而在7月8日之后陆军发来的讯息没有说明任何东西”。[2] 肖特脑海中的预测就是日本可能入侵苏联。这是华盛顿倾向的假设，也是总统及其许多顾问直到珍珠港袭击那一周时倾向的假设。肖特没有收到任何改变7月8日讯息观点的通知，因此，尽管这一假设并非日本东南方向的唯一替代方案，但他在12月时仍然认定该假设是没有错的。

没有任何有关肖特回复7月8日或是他于7月25日收到讯息的记录。7月25日的讯息也是通过海军密码发送，并首先送到金梅尔处。这份讯息标注了“加急”，要立刻处理并送达：

本电文由海军作战部长和陆军参谋长联合发出。收到者将复件送达夏威夷指挥官、菲律宾指挥官、加勒比防御司令部指挥官和伦敦的钱尼（Chaney）将军。

现通知你们，美国将于7月26日格林尼治中心时间14点对日本实施经济制裁。制裁将全面禁止日美之间贸易，只对特定物资保留许可证制度。预计将会为某些石油制品、棉花和其他物资颁发出口许可证，可能为生丝颁发进口许可证。日本在美国的资产和资金将被冻结，除非得到授权颁发的许可证，才可解冻。此时**不会**［重复一次］不会冻结在美国港口的日本商船。悬挂美国国旗的商船目前不会被命令驶离或禁止进入日本控制的港口。海军作战部长和陆军参谋长并没有预计日本将即刻动用军事手段采取敌对行动，但通知你们此信息方便你们可采取适当的预防措施，以防

[1] 原注：*Hearing*, Part 14, p. 1326.
[2] 原注：*Hearing*, Part 7, p. 3180.

可能的后果。美国陆军尽早动员菲律宾陆军进入战备现役状态。

除直接的陆军和海军下属人员外，本电文应保密。海军特别观察员通报英国海军参谋长（CNS），但要警告他防止泄露。发往地是太平洋舰队司令官、大西洋舰队司令官、亚洲舰队司令官、第 15 海区司令官、伦敦海军特别观察员。[1]

鉴于记录缺失，就我们目前所知，肖特的 G–2 没有就 7 月份的危机向他提供进一步的信息。华盛顿 G–2 发送给各战场 G–2 的是所谓的“静态信息”（static information）。[2] 这种信息是包含了世界各国“数据和信息特征但鲜有评估材料的”军事情报摘要。[3] 这些摘要包含政治经济部分，还有涉及作战、民用航空、军事航空的部分，是“长篇大论”。它们每年都要更新，发送出已搜集材料的活页，而且“只要信息本质上已不仅仅是信息，就会变成陆军部的指令或建议，该信息……就会通过指挥渠道转发出去”。[4] 肖特的 G–2 对于华盛顿 G–2 为参谋长准备的“形势预测”一无所知。这些预测包括导致这次经济制裁立场的印度支那危机，但夏威夷当地的 G–2 却得依靠自己，从年度公布的各个外国军队的规模、地点的信息中自行挑选出即将形成军事威胁的信息来。

在 1941 年 5 月的头 12 天，肖特将军实施了模拟全面警戒的机动行动。他在 1941 年 5 月 29 日的一封信中这样向马歇尔报告：

整个机动过程分为三个阶段。第一阶段包括空中行动，发放一天的弹药用量，为野战工事提供工兵补给，发放工兵用具。在空中行动阶段，我们的轰炸机在海军指挥下，与海军巡逻中队一同合作，对 250 英里外的海

[1] 原注：*Hearing*, Part 14, p. 1327.

[2] 原注：有关情报工作任务中的“静态”而非“动态”信息的讨论，详见本书第 5 章内容。

[3] 原注：*Hearings*, Part 2, p. 783.

[4] 原注：*Hearings*, Part 2, p. 782.

上航母进行了定位和轰炸。航母的行动完全没有设定，因此海军巡逻机负责定位，通知我们的轰炸机后，由轰炸机实施攻击。当由海军飞机和我们的轰炸机扮演的敌军轰炸机前来袭击地面防御设施时，驱逐机实施了攻击。在收到这一阶段的警报后，我们的轰炸机被派往外围岛屿，驱逐机被分散。在此阶段，海军进行了完全充分的合作，我相信，此次我们对陆军航空兵、海军航空兵和防空部队之间的协作，得到了比以往演习更多的经验。

之前从未实际发放弹药和实施工兵补给，在完成发放的过程中，我们对时间和运输工作积累了大量的数据资料。[1]

从这里，我们得到了陆军和海军在演练积极主动合作的印象，而这也是从肖特的政策中得来的印象。[2] 金梅尔在 1941 年 6 月 4 日发给斯塔克的备忘录中，也报告了有关空中演练的情况：

夏威夷陆军和海军两个航空队之间的联络令人满意，两军种统一实施了空袭警戒每周演练。演练暴露了许多弱点，但情况正在稳步好转，感觉要比数月之前有了极大改观。除非是能够提供相关装备和了解如何使用的人员，否则情况还不会令人满意。[3]

在华盛顿得到的印象再一次显示出某种诱导作用。肖特曾写信给马歇尔说：“之前从未实际发放弹药和实施工兵补给，在完成发放的过程中，我们对时间和运输工作积累了大量的数据资料。”我们今天并没有这些数据资料，但在墨菲先生质询肖特中将时，似乎在整个 12 天内，并没有发放实弹也没有进行实弹射击。[4] 弹药箱确实提供了相应的炮位，但这些箱

[1] 原注：*Hearings*, Part 15, p. 1622.

[2] 原注：*Hearings*, Part 7, p. 3074*f.* 鲁德（G. A. Rood）将军将珍珠港事件之前的所有演练归纳为“锡兵演习”（1958 年 7 月 19 日的访谈）。鲁德在袭击发生时指挥的是“圣路易斯”号（*St. Louis*）巡洋舰，在袭击过程中，他成功地使军舰驶离珍珠港。

[3] 原注：*Hearings*, Part 16, p. 2173.

[4] 原注：*Hearings*, Part 7, p. 3087.

子从未被打开。实际上，12 月 7 日之前，肖特从未实施过任何一次打开弹药箱的演练或警戒。在袭击后，他这种过于关注自己补给状况的“清楚”状态，受到陆军珍珠港委员会的严厉指责。然而，在这样的“全面警戒”下，他在 7 月份应对敌人袭击的准备，比后来在 12 月份仅仅应对破坏的警戒要好。

肖特中将在 7 月 25 日或 7 月 26 日早间得到的可用信号，归纳如下：

1. 美国将在格林尼治时间 7 月 26 日下午 2 点对日本实施经济制裁：预计并无“即刻的敌对行动”，而是建议“适当的预防措施”。

2. 美国将尽早让菲律宾陆军进入战备现役状态。

3. 一旦德国在苏联欧洲地区赢得决定性胜利，日本将进攻苏联的海上领地。

4. 日本已经攫取并将要利用印度支那的海陆空基地。（占领这些基地是在 7 月 21 日，因此推定肖特已从公开的或海军的信息来源获知。）

5. 日本人也许会南进对付英国人和荷兰人。

6. 日本已命令所有在美国大西洋港口的日本商船，8 月 1 日前去往巴拿马运河以西。暂停从日本驶离的日本船运。

我们无从得知肖特中将决定实施全面警戒的原因。也许行动背后的原因之一是，他掌握了美国政府针对日本的两项不友好举措[1]的信号：一是贸易禁运，二是菲律宾陆军的动员（于 7 月 26 日实施）。

二、给夏威夷海军的信号

尽管肖特中将有足够的可用信息来实施全面警戒，但其实夏威夷海军

[1] 原注：作战计划部一直坚持认为，菲律宾的动员可能会激起日本采取行动。参考 1941 年 7 月 12 日联合委员会会议记录，引自 Watson, *Chief of Staff: Prewar Plans and Preparations*, p. 495。

有更多的可用信息。无论是金梅尔海军上将，还是布洛赫海军少将，抑或是海军情报部门的任何人，都没有提及要将自己的信息传送给陆军，或是与后者协商关于7月25日实施的警戒。鉴于在1941年11月份和12月份，两个军种之间并无多少联系沟通，因此可以合理地假定7月份时也几乎没有联络，而只有海军才拥有来自华盛顿的“魔术”讯息的便利条件。

夏威夷海军除得到更多信息外，也更早地收到信息。7月8日发给陆军的有关未来日本政策的讯息，早在7月3日时就发给了金梅尔海军上将。[1] 海军的电文起草者用的语气要比陆军的强烈得多。这是海军电文讯息的特点，而正是这个特点，在对11月27日最后的警戒电文讯息做出反应中发挥了重要作用。海军的电文中对日本政策的“推论”用的是“确切的”，阐述的是“将涉及**未来近期**的战争”，而“中立条约**将会**被背弃”（陆军用的是“**可能会**被背弃”），以及“尽管袭击可能会延迟到苏联欧洲地区的崩溃之后，但大约是在7月底，**将会**采取针对苏联人海上领地的主要军事行动”。[2] 发给金梅尔的电文包含“确保最高机密，通报主要陆军指挥官”的命令，但肖特并不记得曾在7月8日陆军电文到达之前收过这个信息。鉴于华盛顿陆军也拥有该条海军电文讯息所依据的“魔术”信息，人们不禁会琢磨，既然陆军打算单独发送电文讯息，为什么要推迟五天才发送。

7月3日发给金梅尔的电文之后几分钟，又有了第二条电文：

已经收到确切信息证实在7月16日至22日间，日本政府已经下令，北大西洋和加勒比地区11艘日本舰船中的7艘，通过巴拿马运河前往太平洋地区。按照行程安排，剩余舰船中有3艘将会在同一时间段前往太平洋。剩余的最后1艘船，根据行程安排，也将于7月22日离开原来所在地域。简单地说，所有日本商船将于7月22日前离开加勒比和北大西洋地区。在日本商界，风传日本将在7月20日进攻苏联的小道消息。从通

[1] 原注：*Hearings*, Part 14, p. 1396.

[2] 译注：原书用的是斜体字（为作者强调之意），此处用的是加粗字。

常并不可靠的来源得知，日本将于两周内背弃与苏联的中立条约并发动进攻。目前日本在“满洲”的陆军力量和部署仍属于防御性，日本舰队目前的分布也显示正常，既可以北进，也可以南进。在7月20日至8月1日间日本人将采取确切的行动，这一点已在前面提及的事实中显示出来。[1]

电文在日本人7月21日采取确切行动这一点上是正确的，但行动是在印度支那，而有关针对苏联行动的预测则是错误的。尽管电文部分错误，但当我们再次回顾发给夏威夷陆军和海军、被认为是最后警戒的电文讯息中的措辞时，我们应当记住这份电讯中的细节和肯定态度。

7月7日，有两组基于翻译“魔术”的讯息[2]发送给金梅尔。这些对7月3日海军的电文而言，是重要的证据：

1941年7月7日

签发：海军作战部

发往：亚洲舰队司令官

抄送：太平洋舰队司令官

7月1日从东京发往华盛顿第329号：

日本指令8艘在美国东岸的船只[3]尽快完成货物装载，在7月16日至22日间经科隆水道（Colon Pass）通过运河进入太平洋，顺序是：16日，“东海丸”（Tokai）；17日，“天城丸”（Amagisan）；18日，“淡路丸”（Awajisan）；19日，“兔山丸”（Tosan）；20日，“清澄丸”（Kiyosume）；21日，“雾岛丸”（Kirishima）；22日，“诺福克”号（Norfolk）和“飞鸟丸”（Asuka）。

7月2日从东京发往柏林第585号（部分是发给里宾特洛普照会的英文文本）：

[1] 原注：*Hearings*, Part 14, p. 1397.

[2] 原注：*Hearings*, Part 14, p. 1397*f*.

[3] 原注：日本定期往返的商船。（译注：在原文中，用的是日文的“丸”［Maru］字。）

“就苏联方面，日本正在准备应对各种可能后果，目的是与德国一同积极与共产主义分子作战，摧毁东西伯利亚的共产主义体系。同时，日本不可能也不会放松在南面限制英国和美国的努力。新的印度支那基地将强化这种限制措施，对轴心国胜利发挥关键作用。”

7 月 2 日从柏林发往东京第 825 号：

大岛[1]将前述通知呈送给里宾特洛普并告诉他：“松冈[2]将很快提交一份决定。如果德国人能够让我们知道他们将与苏联人作战，我们就能很快做好准备。我们计划解决南太平洋（South Seas）问题和‘中国事件’，因此目前尚不能立刻做出决定，但日本不会在德国与苏联作战时保持中立。”

第二组讯息是基于 6 月中旬破译的电文译文。

1941 年 7 月 7 日
签发：海军作战部
发往：亚洲舰队司令官
抄送：太平洋舰队司令官

6 月 16 日从东京发往柏林和维希第 519 号：

松冈请求里宾特洛普协助向法国要求以下海军基地：“西贡和金兰湾”；以下法属印度支那南部的空军基地：“西贡、边河（Bienhoa）、金边（Phnompenh）、孔旁（Kompontrach）、芽庄（Nhatrang）、朔庄（Soctrang）、都兰（Touraine）、暹粒（Simreap）”。如果可能，日本将尽快获取以上基地，并在必要时使用武力，目的就是要扩展和加强这些基地。主要原因就是防止英国占领。

6 月 21 日从柏林发往东京第 739 号：

里宾特洛普不太愿意实施。

[1] 译注：即时任日本驻德国大使大岛浩。
[2] 译注：即时任日本外相松冈洋右。

6月22日分别从东京发往柏林和维希的第549号和第246号：

松冈将直接与法国人谈判。重申尽快获得基地的决心。

6月28日从东京发往维希第258号：

从本日起法属印度支那受到日本帝国制裁。

6月30日从东京发往维希第252号：

日本认为迫使法国接收对上述基地的要求至关重要。

此后于7月15、17、19和20日发给金梅尔的电文，精确详尽地列举出日本夺取印度支那基地的计划和随后实施的所有步骤。7月15日，金梅尔被告知：

日本将以相互确保防御的名义提出接管［7月7日电文］描述的法属印度支那南部的海空基地……同时，日本将在可能情况下，通过与法国之间的和平协议，试图在该地区驻扎陆海航空兵部队。如果法国人反对，日本已决定将使用武力。日本并不打算进一步南下或是骚扰殖民地政府……在可能的情况下，东京希望避免与英国，尤其是与美国的摩擦，但仍然存在危险。[1]

在7月17日发给金梅尔的电文中，有日本对维希提出于7月20日答复的最后通牒中的6个条件。这份电文中引用的"魔术"讯息，早在7月12日时已由东京发给维希：

日本将向法属印度支那南部派出必要陆海航空兵部队。法国人移交下列海空基地……远征部队可以机动并自由行动。法国在登陆点撤离了部队以避免可能的冲突。维希授权法属印度支那军方在登陆之前或之后与日本人商定细节。殖民地每年要向日本缴纳2300万比索作为占领费用。

[1] 原注：*Hearings*, Part 14, p. 1398.

这份电文包含7月14日从东京发往维希的另一份“魔术”讯息：“陆军计划在7月20日左右继续前进”。还包括一份7月16日从东京发往河内和西贡的讯息：“如果遇到反对，或是英国或美国介入，日本意图用武力实施计划。留在西贡以装载所有日本人的‘完寿丸’号（Kanju）将于7月24日拂晓出发。焚毁密码。所有位于北部地区的日本人撤走或进入河内。”[1]

还有一条7月14日广州—东京线路上截获的“魔术”电文，在5天后也发给金梅尔，描述了身处广州的日本军事官员们的信息。电文中用愤怒的措辞谴责英美对日本“自然扩张”的干涉，并提供了以下细节内容：

……即刻的目标是尝试通过和平方式占领法属印度支那，但如有抵抗则镇压之，并建立军事管制。第二，我们的目标是在国际形势适宜时，发动快速攻击。实施占领后，我们下一步就是向荷属印度群岛发出最后通牒。在控制新加坡的过程中，海军将发挥主要作用。陆军只需动用1个师团占领新加坡，动用2个师团占领荷属印度群岛。拥有在广州、南威岛、帕劳、泰国宋卡、葡萄牙帝汶和印度支那的航空兵，以及在托管地、海南和印度支那的潜艇舰队，我们将粉碎英美军事力量及其反对我们的图谋能力。第三，占领部队将被重组为第25军的4个师团和包括南中国部队在内的第30军，将配备飞机、坦克和榴弹炮等，交付特别任务……

发送该讯息给金梅尔的海军作战办公室在后面附了一条评论说：“上述电文不是一条指令，而像是表达出广州方面日本军队的想法和观点。”[2]

当天，另一份由第16海区作战情报部门发来的电文，让金梅尔得知了东京发送给所有领事馆的讯息内容，即“尽管内阁更迭，但当然不会偏离《三国同盟条约》（Tripartite Pact）构成日本国家政策基石这一原

[1] 原注：*Hearings*, Part 14, p. 1398.

[2] 原注：*Hearings*, Part 14, p. 1399.

则，新的内阁会在所有其他方面继续之前内阁的政策”。[1] 内阁更迭指的是 7 月 16 日日本内阁的小幅调整，松冈被罢免外相职务，改由丰田贞次郎（Teijiro Toyoda）海军大将接任。罗斯福政府的批评者们将这一举动解释为日本对美国公共舆论的让步，因为松冈是极度支持推荐轴心国和反对美国抵制日本扩张的。而近卫亲王在他的《回忆录》中哀叹，正如他所预计，这次内阁更迭并不会有利于日美谈判。华盛顿从刚才引用的电文得知，这次更迭调整只涉及皮毛。丰田在私下里向德国大使保证：“作为前任松冈外相的继任者，我会继续实施他的外交政策，进一步加强业已紧密的日本、德国和意大利之间的团结，在共同精神指引下向前进。”[2]

在 7 月 25 日有关贸易禁运决策的讯息之前，最后一个送达夏威夷海军的电文，是 7 月 20 日由第 16 海区发给金梅尔和第 14 海区的。该电文提供了一天前从东京发往维希的“魔术”信息：“陆军已经做好所有准备。无论要求是否被接受，已经决定要在 24 日进军。进军的命令将于日本时间 7 月 23 日下达。本电文剩余部分包含要求被接受后给大使用于交换的官方文件。还有通知东京关于法国回复的指示，等等。”[3] 这份电文被标记“平急”送给金梅尔，标记为“加急”送给海军作战办公室。一封电文被送达的速度，是发送者给予这份电文重要性的第一个大致标记。显然，第 16 海区认为印度支那对于金梅尔可能采取的行动而言，并没有任何非常直接的影响。然而，在 7 月，金梅尔收到从第 16 海区直接发来的而非华盛顿转发而来的复件信息，这非常重要。第 16 海区的指挥机构中包含甲米地的“魔术”截获和破译站。在 8 月份时，金梅尔并未得到通知，因为安全原因，他将不能再从甲米地或是华盛顿接收到信息。正如我们已经看到的，他对于来源的特殊性——“魔术”，或者具体地说，“紫色”这类的

---

[1] 原注：*Hearings*, Part 14, p. 1399.

[2] 原注：“Tokyo War Crime Documents,” No. 4052 F, quoted in Langer and Gleason, *The Undecalred War, 1940-1941*, p. 640. 这是 1941 年 7 月 22 日《纽约时报》上刊登的一篇报道。

[3] 原注：*Hearings*, Part 14, p. 1399.

截收和破译——同样不知情。但在7月份，他应当没有什么可抱怨的。他得到了大量信息。

除了“魔术”之外，金梅尔在夏威夷的通信分析部门掌握了大量有关日本舰队各单位位置的信息。在7月份时，正如后来在1941年11月份和12月份时一样，由于日本舰船不再用我们通信单位能够截获的方式相互通联，日本舰队中很大一部分“消失”了。于是，莱顿认定这些舰船是在本土水域。他是正确的。但7月份的事情与11月份和12月份并不相同，首先是呼号信号并没改变，同时还有莱顿有关无线电静默的解释作为印证。比如在7月8日，东京的记者尾藤·塔利舒斯（Otto Tolischus）在《纽约时报》一篇名为“天皇询问日本之路”的文章中报道说，日本舰队主力大摇大摆地开进横滨港，就停泊在所有外国领事馆和商业部门的正前方，“没有任何要保密的意图”。他还对船员大规模请假上岸进行了评论。我们不知道莱顿是否得到这份目击印证信息，但能够肯定的是，美国领事人员将会得到并传递出信息。

金梅尔可用的最后一份有关印度支那危机的信息，就是7月25日陆海军联合发布的通报美国实施贸易禁运的电文。没有任何有关金梅尔对此，或是之前在7月份对收到讯息进行回复的记录，华盛顿也没有要求他回复。在7月3日的一封信中——金梅尔是在6天之后收到这封信，斯塔克用一段重要附言影射了7月3日的其中一份电文：“当你要对之前收到的电文进行判断时，在我们看来，似乎德国已经说服日本人在下个月进攻苏联。谁也说不清楚，只有时间能说明一切。”[1] 信件关注《美国—荷兰—英国报告》，本身很简短，[2] 但这个附言肯定会让金梅尔更加关注即将到来的苏日冲突。

确实，金梅尔在7月25日之前收到的信息之间存在不一致。一方面，

---

[1] 原注：*Hearings*, Part 16, p. 2171.

[2] 原注：这是一份由美国、英国和荷兰的陆军和海军代表于1941年4月在新加坡举行的参谋部门对话的报告。会议的目的是就战争情况下在远东地区联合行动而草拟计划。

东京的言论预示出要竭力避免与美国之间的摩擦；另一方面，有一些言论则支持轴心国政策，要竭力入侵印度支那，并且继续向南扩张。其中并无预示直接进攻美国领地的信号，但也有众多有关粉碎英美对日本占领印度支那的抵抗和有必要冒险的评论。从来源的可靠性看，所有的信号都高度可靠，基本处于同一水平。就可用信息而言，金梅尔的关注点对美国盟友而言似乎也是恰当的。他担忧的是，一旦日本直接进攻英国人、荷兰人和苏联人，美国将会采取什么行动。同时，与斯塔克海军上将一样，他最感兴趣的就是琢磨苏日冲突的前景。遗憾的是，由于从他和斯塔克的通信中挑选出来作为证据的信件中，并不包括 6 月 4 日至 7 月 26 日之间的信件，我们也就无法知道在 7 月的头三周，他当时的反应究竟如何。

7 月 24 日，斯塔克海军上将给金梅尔转发了一封来自亚洲舰队司令官哈特海军上将写来的信，后者自然要比金梅尔更加关注日本最近的动向。金梅尔直到 7 月 29 日才收到，因此这封信也不能算作是在实施警戒时金梅尔可用信息的一部分。但是，这封信本身却从根本上显示出斯塔克在 7 月份时的想法，以及他那些我们无法得知、写给金梅尔的信件中应当讲述的事情。这封 7 月 24 日的信件，是关于斯塔克刚刚与日本大使野村之间的一次对话。其中部分是这样的：

我们进行了直接的对话。我喜欢他，正如你所知，他在我们海军中有不少朋友。最后，野村不厌其烦地诉说了他的国家对于印度支那大米和矿产的需求。我的猜想是，拥有在印度支那的基地之后，他们会暂时停下来，巩固自己的地位，等着看世界对他们最近所采取动作的反应。毫无疑问，他们将利用印度支那的基地，从那里对滇缅公路实施先期行动。当然，也存在他们对婆罗洲发动进攻的可能性。我怀疑，除非是我们对他们实施石油禁运，否则这一点将在不远的将来发生。[1]

[1] 原注：*Hearings*, Part 16, p. 2173.

在这之前很久，斯塔克就已表明自己对贸易禁运的态度。在信中，他再次重申：

有关贸易禁运的问题已经提出很多次了，我一直都尽可能地表示出强烈的反对。我进一步的想法是，在欧洲大陆上的战争（德国和苏联之间）没有肯定结果之前，日本人不会对滨海边疆区（Maritime provinces）采取任何动作。如果苏联人被打得很惨，我想他们非常可能会进军西伯利亚。同时，日本人将会继续愉快地前进，而到哪里才结束，我不知道。[1]

与此同时，金梅尔也在 7 月 26 日写了一封信给斯塔克。[2] 他并没有在信中评论印度支那的局势，信中也没有显示出他已经收到 7 月 25 日的电文。显然，他对美日冲突的话题并不紧张，但却对一旦英国、荷兰或是苏联和日本首先纠缠在一起时，美国应当做什么非常担忧。重要的一点是，他强调自己需要知道美国的态度及可能的动向。尽管从安全角度考虑，有必要限制战场指挥官了解自己政府的意图，这些需要也非常真实必要。

金梅尔 7 月 26 日的信件，部分内容是这样的：

亲爱的贝蒂：

当副部长将来访的消息宣布后，我的参谋们准备了一系列福莱斯特（Forrestal）先生[3] 及其团队可能有兴趣讨论的话题。由于并不清楚福莱斯特先生来访的目的，以及他是否已得知有关我们作战计划和问题的总体情况，我决定，最好是将这些情况写一封信给你，相信这样有利于更快地开展行动。以下是我一直考虑的主要问题。

一是让司令官了解到海军部政策、决定、政策改变以及应对国际形势

[1] 原注：*Hearings*, Part 16, p. 2173.

[2] 原注：斯塔克于 8 月 2 日收到这封信，他回信的日期是 8 月 19 日。

[3] 译注：应当是时任美国海军部副部长的詹姆斯·福莱斯特（James Forrestal）。

转变决定的重要性。

1. 至今，我们尚未收到有关美国对苏联参战态度的信息，特别是合作的程度如何（如果有合作的话），如果我们积极参与战争，美国和苏联在太平洋合作的程度如何。目前的计划并没有把苏联包括进来，也没有拟制协调行动、联合使用基地、联合通联体系等等。新的形势让我们面临新的可能性，应当全面深入探究，全面利用相互支持的机会。相关问题是：

（1）如果日本进攻滨海边疆区，英国是否会向日本宣战？

（2）如果（1）的答案是肯定的，我们是否会如同荷属东印度群岛或新加坡遭袭时提供暂时支持那样，积极予以支持？

（3）如果（2）的答案是肯定的，是否计划准备好联合行动、相互支持等等？

（4）如果（1）的答案是否定的，英国的态度将会如何？我们的态度呢？

（5）如果英国对日本宣战，而我们没有，对日本的船运、在太平洋水域的巡逻、袭击商船的态度如何等等？

2. 基于敌对状态的发展，苏联的形势似乎给我们提供了一个在远东，特别是关岛和菲律宾强化防御的机遇。显然，不论作战进程如何，日本的注意力都会部分地从中国和南进冒险中被牵扯：（1）因进攻苏联人而让其部队被牵扯；（2）有必要防备苏联人对其发动袭击而被牵扯。可以想象，德国人在东部战线取得的胜利越大，苏联人就会越被挤向亚洲，也会增加对日本在该地区"新秩序"的威胁。在我看来，我们应当加快推进关岛建设，加速援助支持菲律宾。苏联和轴心国的战争会给我们更多的时间。[1]

困扰金梅尔的这些问题，当然也是困扰华盛顿计划人员问题的一部

[1] 原注：*Hearings*, Part 16, p. 2239. 当斯塔克在安纳波利斯还是一个军校下级生时，同班同学用独立战争时期的英雄约翰·斯塔克（John Stark）将军妻子的名字来称呼他。每次碰见高年级学生时，他都要大声说："打败他们，不然贝蒂·斯塔克今晚就要成为寡妇了。"

分，而答案没那么容易回答。对于金梅尔及其他许多人而言，日本对苏联发动袭击，或者反过来苏联对日本发动袭击，可以为太平洋地区的战争准备提供更多时间。这样的情景，苏联不希望看到，那些期望轴心国在苏联欧洲地区战败的人也不希望看到，但却对太平洋地区的美国指挥官很有吸引力。然而此时，并没有足够的证据说明日本将会进攻苏联，也不足以打消掉在夏威夷进行警戒的需要。毫无疑问，金梅尔也受到斯塔克反对对日本实施贸易禁运的影响，以及日本认为自己受到严重压力观点的影响。因此，与布洛赫磋商后，金梅尔发出了警示。事实上，金梅尔与肖特中将虽然得到的信号一样，但却比后者拥有更多的文件和证据。比如，他从莱顿那里得到日本舰队的位置，从海军情报局得到日本商船从大西洋撤出的消息，从海军作战部长那里得到日本对维希最后通牒的消息，他知道日本将要占领印度支那基地的具体位置和名称，知道日本商界流传的有关日本即将对苏联人发动进攻的小道消息，知道斯塔克海军上将在信中所述有关此种进攻的直觉，还有日本人表示出来的抵抗英美干涉的决心。

以下列举出金梅尔海军上将获得的可用信号：

7 月份，日本舰队的主力“消失”，相信是在本土水域为了应对英美对日本攫取印度支那基地的行动而采取的掩护行动。（来源：第 14 和第 16 海区的海军无线电通信分析。）

7 月 3 日，日本将要背弃与苏联之间的中立条约，并将在 7 月 20 日至 8 月 1 日间进攻苏联。日本在东南亚的行动将局限于攫取和利用印度支那的基地。此外，也不能排除日本进攻英国和荷兰所属地区的可能。日本舰队有能力向北或向南移动。所有日本商船得到在 7 月 22 日前撤离加勒比和北大西洋地区的命令。（来源：两份来自海军作战部长的电文。）

7 月 7 日，东京在 6 月 16 日要求德国帮助向维希政府施加压力，以便于获得印度支那的基地。基地被列出。里宾特洛普不情愿。6 月 28 日，日本帝国为了获得印度支那而实施了制裁。6 月 30 日，东京宣布将在与维希政府通过外交途径解决无望时动用武力。7 月 2 日东京发往柏林：东京说正准备动用部队与德国联合，在东西伯利亚与共产主义作战，但并未放松在东南亚限制美国和英国的努力。（来源：来自海军作战部长引述“魔术”的电文。）

7月9日，日本可能会在月内进攻苏联。（来源：斯塔克海军上将的信件。）

7月15日，日本重申动用武力获取印度支那基地的决心。（来源：海军作战部长引述“魔术”。）

7月17日，对维希政府最后通牒的条款。日本陆军将于7月20日进军印度支那。（来源：海军作战部长引述“魔术”。）

7月19日，日本驻广州军方说，下一个目标就是荷属印度群岛和新加坡：“将粉碎英美军事力量及其反对我们图谋的支持能力。”（来源：海军作战部长。评估：不是指令，而只是日本军方的意见。）

7月20日，无论维希是否接受日本的要求，日本陆军将于24日进军。（来源：第16海区引述“魔术”。）

7月25日，美国将于7月26日实施石油和棉花贸易禁运：预计不会“即刻采取敌对行动”，但建议“适当的预防措施”。美国陆军尽早动员菲律宾陆军进入战备现役状态。（来源：陆海军联合指令。）

在预示需要实施警戒的最重要信号方面，金梅尔与肖特中将掌握的情况一样。这些信号就是，美国回应日本侵略印度支那所采取的报复行动：《贸易禁运法案》和动员菲律宾陆军。金梅尔唯一报告的措施是，在几天里将侦察巡逻的距离增加到500英里，覆盖15至20度区域。

显然，檀香山的陆军和海军都没有向华盛顿报告自己采取警戒的行动。他们的警戒行动都只维持了几天。在陆军方面，被肖特称为“应对破坏的半警戒”行动在7月25日之后还一直在延续，“因为当地社团在那时极度紧张；它［禁运］影响到他们的钱袋子，关闭了日本人开办的商业”。[1] 金

[1] 原注：*Hearings*, Part 7, p. 3130.

梅尔海军上将认为，自己的舰队已为整个 1941 年踏上了战时轨道。

三、关于危机的看法

就华盛顿海军作战部长和陆军参谋长两个办公室而言，檀香山对 7 月 25 日电文采取的行动显然并没有多少影响。起草海军电文的特纳（R. K. Turner）海军少将并没有期望金梅尔海军上将采取任何行动，原因是虽然特纳预计日本会对美国的动作采取敌对反应，但并未预计这会在最近的未来发生。当马歇尔上将 1945 年回忆 1941 年政治经济局势时，他的记忆自然已经模糊了，他作证说，1941 年 11 月 28 日之前唯一的一次警戒就是 1940 年 6 月的那次。“我并不认为它们是警戒，”他在提及 7 月和 10 月的电讯时说，“它们只是有关事态发展和关键局势的信息。究竟警戒行动具体是哪一天，我无法作证。”[1]

马歇尔在作为证人作证时总体上比较沉默，这也许可以部分地解释他如此模糊表态的原因。但也可以将原因归结于为陆军对经济、外交事务及其对对外政策的影响不感兴趣的惯例。这些都是国务院和白宫的领域。比如，被问道 1941 年关于贸易禁运对美日关系的影响有何感想时，马歇尔说他无法对 7 月 25 日联合电文的措辞进行评论。[2] 他确实曾评论说，在这一时期，“我们的想法……我是说我，还有斯塔克，就是和国务院或其他部门一起，在我们权力范围内、在本国内做好一切，努力延迟这件事情的发生，直到最后一刻。原因在于我们尚未准备好，以及我们还在涉足世界其他地区”。[3] 马歇尔与海军同步发出联合电文时，也许是为了呼应海军认为局势紧急的看法，也许就是为了两个军种之间的步调一致。不管事实如何，并未留下他反对《贸易禁运法案》的记录。赫伯特·菲斯在他的著作《通往珍珠港之路》中总结，马歇尔“认为冻结行

[1] 原注：*Hearings*, Part 3, p. 1298.
[2] 原注：*Hearings*, Part 3, p. 1079.
[3] 原注：*Hearings*, Part 32, p. 560.

为不属于他的管辖领域，也不认为会引发关系破裂”。[1]1941 年时，记录显示陆军多次请求延缓关系破裂。但陆军的主要关注点是在提供给夏威夷当地防御的物资上，在于如何才能最好地在各个指挥部之间分配有限的资源，在于如何才能最好地让国会了解他们在增加数量、质量和加快运送速度方面的巨大需求。

在马克·沃森撰写的反映二战期间作战计划部思想的官方记录中，也显露了同样的关注点。沃森关于 1941 年 7 月危机和夏天时远东地区的记录，只涉及增加在菲律宾防御能力的问题。他详细研究了究竟是什么触及美国在菲律宾的利益；他并不认同我们所描述的日本新威胁是原因之一；他没有提及贸易禁运的问题；最后他总结说：

> 人们会产生合理的疑惑，美国在菲律宾突然爆发的行动不是针对新威胁，更是源于突然间意识到新研发的 B–17 重型轰炸机。美国最终拥有一件可以让菲律宾真正地、有效地，并且能够首次武装起来应对威胁的武器。[2]

如果这是典型的、一直延续到 1950 年的陆军思维，当沃森的书出版且所有记录都可使用时，似乎 1941 年在陆军的对外政策预测中，武器的技术和物资的可用性也比其他方面重要得多。从 7 月份开始，与夏威夷群岛的防御相比，菲律宾的防御工作得到更多的紧急关注，因此相关军官们自然也记得更加清楚。此时，檀香山比美国其他驻外防地得到更多的装备，并被普遍认为是坚不可摧的。

与陆军反对强硬推行制裁相反，海军采取了强硬而清晰的立场。在国会质询会议上，海军证人们对这个问题从没保持沉默。比如，特纳海军少将反对贸易禁运的证词是：

---

[1] 原注：Feis, *The Road to Pearl Harbor,* p. 240.

[2] 原注：Watson, *Chief of Staff: Prewar Plans and Preparations*, p. 440.

我相信它必然引发美日之间的战争。

……………………………………………………………………

我认为它导致从7月中旬起第三次近卫内阁逐渐倒台，我认为它导致日本成立了军国主义内阁。我相信近卫内阁正竭力避免与美国发生战争，却没有竭力避免与英国和荷兰发生战争，但它挖了近卫内阁的墙角。[1]

斯塔克海军上将也留下关于贸易禁运问题的、记录很长的声明。罗斯福总统做出对日贸易禁运决策前，咨询过斯塔克海军上将，后者要求特纳海军少将对此进行研究。特纳于7月19日完成研究，并在斯塔克同意后，将其以附函形式提交给总统。他的主要结论是：

贸易禁运可能会导致日本先期对马来亚和荷属东印度群岛发动袭击，可能还会让美国先期卷入太平洋地区的战争中。如果美国可以接受在太平洋作战，那么应当采取行动，在可行的情况下，逐渐引导并推迟战争爆发，直至日本投身于西伯利亚的战争中。也有可能是，日本已决定不先期对英国和荷兰发动袭击，但已决定要占领印度支那并强化在那里的地位，同时还要在西伯利亚对苏联发动袭击。如果事实确实如此，似乎美国就有可能加入大西洋地区的战争，而日本在此时也暂时不会干预，甚至是采取针对英国的行动。[2]

特纳建议“此时不对日本实行贸易禁运”。

陆军和海军在政策上的冲突，自然也导致他们对同样的可用信号形成不同的预测。当然，也许“冲突”这个词用得重了一些。更精确地说，海军有政策，陆军则漠不关心。这样的差异解释了为什么陆军在7月8日电文中的语气要冷静一些，或许也可以解释为什么陆军推迟5天才将电文发往夏威夷。它也部分地解释了陆军情报部门和作战计划部对于信号的解读。

[1] 原注：*Hearings*, Part 4, p. 1945.

[2] 原注：*Hearings*, Part 5, p. 2384.

四、G–2 如何解读信号

现在，我们要把作战计划部和 G–2 联系起来，因为他们的评估非常相似。陆军作战计划部是与参谋长靠得最近的机构，也最能影响后者的判断，1941 年它已经在指导和协调陆军部中不同的职能部门方面发挥了领率作用。[1] 听证会上并没有公开任何作战计划部有关 7 月份危机的战略预测，但我们知道该部门与 G–2 是交换信息的。该部门时任负责人杰罗（L. T. Gerow）将军协助起草了 7 月 25 日的联合电文，也负责向战场下达所有作战命令。他作证时说，他依靠 G–2 来获得“所有敌人情报的评估”。[2] 遗憾的是，没有任何人询问他有关 1941 年 7 月和 10 月讯息的事情。但我们拥有这一时期 G–2 战略预测的选集。

这些预测看来绝大多数经过情报部负责人谢尔曼 · 迈尔斯的签署，它们与前述引用的“魔术”电文内容非常相近，其中所阐述的假设也与我们已提及的相同：日本向北而非南进的可能性推论，日本对与美国公开冲突态度的推论。以下列举的是呈送给国会听证会作为证据的 G–2 备忘录中的主要假设和预测。

7 月 7 日，**来自给参谋长的有关东西伯利亚形势的备忘录**：“日本人不太可能对东西伯利亚陆上部队采取侵略行动……［因为］不愿意将目前的南进改为北进。这……并不妨碍日本将通过外蒙古向上乌金斯克（Verkhneudinsk）方向施压，并封锁日本海（Sea of Japan）、鄂霍次克海（Sea of Okhotsk）、白令海（Bering Sea）入口。”[3]

7 月 11 日，**来自给负责作战计划部事务的参谋长助理的备忘录**：“海军方面和商业利益方将会竭力避免与美国之间的冲突——尽管后者还在参

[1] 原注：作战计划部是 G–5，其他的部门包括 G–1 人事、G–2 情报、G–3 动员和训练、G–4 后勤，这些机构主要处理的都是战场之外的后方相关问题。

[2] 原注：*Hearings*, Part 3, p. 1039.

[3] 原注：*Hearings.*, Part 14, p. 1335.

与欧战……

“……通过从中国逐渐撤军，日本将可能继续集中陆上兵力，并可能部署在东南亚或是针对苏联。日本帝国希望与轴心国的胜利捆绑在一起，她屈服于德国强大的、要求立刻进攻苏联的压力；但是，相信她将会避免仓促行动，并将继续实施一方面避免与苏联开战，另一方面避免与美国和英国开战的政策。如果出于被迫，或是在对苏行动或是向西南方行动之间做出选择，她将会受到德国对苏联胜利的影响……和美国行动，尤其是美国海军力量部署的影响，还关系到通过符拉迪沃斯托克向苏联运送后勤补给的尝试。如果她选择的是南进，行动也许会包括在通过泰国和印度支那进攻英国马来亚的同时，遏制香港地区和菲律宾。”[1]

7月17日，**来自给参谋长的有关日本进入法属印度支那（这份备忘录给出日本对维希最后通牒的细节以及日本内阁于7月16日辞职的声明）的备忘录**：“有一件事情似乎很明显……维希将获得一丝喘息机会，向印度支那派出远征部队的行动可能会延迟，甚至取消。”[2]

7月17日，**来自给参谋长的有关额外动员日本人力的备忘录**：“本部门的意见是，如果实施侵略行动，第一个将会是进入印度支那，从而将该地区从实力正稳步提升的亲英亲美戴高乐派手中夺取过来。日本加强在‘伪满洲国’力量的同时，将等待苏德战争的结果。一旦德国粉碎苏联欧洲地区，苏联西伯利亚驻军的力量和士气将衰退，日本将可能进军以攫取长期以来渴求的西伯利亚滨海边疆区。”[3]

7月18日，**来自给参谋长的有关日本新内阁的备忘录**：“可以认为，新内阁有强烈的民族主义，同时相较于让一名陆军军官来担任外相，这样的内阁可能更加温和与保守，但显然会增加日本南进的节奏……丰田海军大将刚刚完成工商相任期，他对于日本对外贸易和国内经济的糟糕情况完

---

[1] 原注：*Hearings*, Part 14, p. 1337*f*.

[2] 原注：*Hearings*, Part 14, p. 1342.

[3] 原注：*Hearings*, Part 14, p. 1342.

全有数。”[1]

7 月 25 日，**来自给参谋长的有关对日制裁的备忘录**（包括用铅笔写的附言，“写在收到贸易禁运决定的信息之前”）：“一些时候以来，我们政府的政策一直建立在通过切实的贸易禁运和出口管制来限制日本——且这两条举措都不会严厉到迫使日本继续对马来西亚和荷属印度群岛采取进一步侵略行动——的期望上……日本现在已经突破了这些温和的限制……并且已经开始新的侵略行动，对包括菲律宾群岛在内的西南太平洋所有地区的安全造成了威胁……继续对日本实施有效制裁的最后一条原因已被打破……

……………………………………………………………………………………

“本部门认为，今天我们对日实施的有效经济制裁将不会迫使日本采取事先并未计划的侵略举措步骤，而当有利机会出现时，日本也不会仓促对我们宣战。从我们一方来看，这样的行动没有必要也不应当将我们的注意力从主要作战领域转移开。相反，在采取这样的政策时，从我们国家防御的角度出发，我们应当有能力为英国和我们自己保留这些补给资源——这些资源一旦放在日本人手中，要比我们浪费掉更可怕。”[2]

如果我们关注这些备忘录的日期，并把它们同揭示出相关信息的“魔术”和公开新闻来源的日期进行比较，就会看到在时间方面 G–2 的预测几乎与公开新闻来源一致，只是在内容上包含的更少。比如，没有哪个给《纽约时报》写报道的人会直接跳到——日本内阁 7 月 16 日的更迭意味着维希政府有了一丝喘息这样的结论上来。

快速浏览一下 1941 年 7 月《纽约时报》上有关远东的主要文章，就能验证这一印象。比如，一份 7 月 4 日发自上海的讯息说：“日本可能与德国达成一项协定……正准备于两周内向南进犯法属印度支那，或许泰国。”日本希望在得到海陆基地并可以从那里进攻荷属东印度群岛之前，

[1] 原注：*Hearings*, Part 14, p. 1343.

[2] 原注：*Hearings*, Part 14, p. 1344*f.*

避免与美国和英国的冲突。同一天来自东京的报道宣布日本舰船正从大西洋地区撤出，并且已经取消两艘运往美国的铬矿的船运计划。7 月 1 日至 7 月 17 日的电讯，则就日本内阁将对苏德战争采取何种政策进行了推论。尾藤・塔利舒斯于 7 月 11 日报道，近卫宣称日本必须走自己的道路，依赖自己的力量。塔利舒斯继续写道，日本媒体对苏德战争保持了严格的中立，但却对美国和英国帮助重庆予以了攻击。一份 7 月 14 的电讯列举了包括对发往英国和美国的电报电话讯息审查的新战时规定。持续限制通信联络会对情报工作产生重要的影响，但这一点在可用到的 G–2 或海军情报局有关 7 月份的文档中却未提只字片言。

7 月 15 日，有关日本的新闻前移出现在头版，用了一条美联社电讯，标题是"**日本在南方的进攻临近，印度支那和泰国被视为目标，神户港禁止外国人登船 10 天**"。日本驻上海陆军和海军方面看来正在散播日本意图进攻苏联西伯利亚的报道，且"要么是在莫斯科陷落的那天"，要么是 8 月 15 日。然而，外国军事人员确信，这只是日本对苏联的心理战，是为了掩盖日本真实意图而释放的烟幕。他们说印度支那将是下一个目标，但一旦苏联欧洲地区陷落，日本也许会冒险进攻西伯利亚。

7 月 16 日，道格拉斯・罗伯逊（Douglas Robertson）从上海报道说，日本内阁拟发动在远东的战争。松冈外相倾向于向南推进；重光葵（Shigemitsu）则推动向西伯利亚发动攻击。同一天的另一条消息列举出东京向法属印度支那总督让・德考斯（Jean Decoux）提出的要求。7 月 17 日的《时报》[3] 刊登了日本内阁辞职的消息，还有一支部队从中国转移并可能预示着进军西伯利亚的警告。7 月 18 日和 19 日的电讯，关注的是日本新内阁及丰田继任外相。华盛顿哈雷特・阿本德（Hallett Abend）撰写的一个专栏认为，内阁调整解放了日本与苏联、轴心国之间的关系，让日本可以毫无阻碍地寻求自身的利益。然而，7 月 22 日有报道说，丰田已向轴心国大使保证三国同盟仍然稳固。有关印度支那新闻的重点仍然是边

[3] 译注：原书是 *Times*，前后篇中作者均说这些都是来自《纽约时报》的消息，应该为简写形式。

境附近的部队集结、日本战舰驶向南方，以及印度支那的英国人和法国人对日本的羞辱——这可以让日本找到占领的理由——等等。

7 月 23 日，华盛顿特区约翰 · 克赖德（John H. Crider）写的一篇头版文章，标题就是宣布“**美国计划对日实施经济限制以应对任何对印度支那的入侵**”。美国将冻结日本资产，禁止向日本出口石油制品，停止日本采购黄金。第二天，出现的新闻是维希已向日本提出法属印度支那南部基地的要求屈服，美国将中止与日对话。7 月 25 日，有报道说罗斯福已暗示要实施石油贸易禁运，而萨姆纳 · 威尔斯（Sumner Welles）[1] 谴责了日本的“侵略”。一份来自西贡的电讯报道说，日本战舰已经抵达印度支那。总统私下向志愿者参与委员会（Volunteer Participation Committee）成员解释了他至今未对日实施制裁的原因。7 月 26 日的事件占据了头版头条：“**美国和英国冻结日本资产**”。塔利舒斯从东京发来评论说，日本对美国的立场感到难过。一条不起眼的消息说：“夏威夷处于警戒状态。7 月 25 日，檀香山美国陆军命令宣布进行预防性训练。对此命令是由于与日俱增的美日紧张关系的报道，陆军官员拒绝发表评论。”7 月 27 日的头条则宣称：“**鉴于日本冻结美英资金，罗斯福让菲律宾部队加入美国陆军**”。

前述内容只是 7 月 1 日至 7 月 27 日之间《纽约时报》所报道远东新闻极度压缩后的摘要，但已足够说明 G–2 的预测应当是“魔术”之外、基于公开可用的材料。在 G–2 预测选集中第一次提及印度支那是在 7 月 11 日，但说得非常含糊：“如果她选择的是南进，行动也许会包括在通过泰国和印度支那进攻英国马来亚的同时，遏制香港地区和菲律宾。”[2] 在这一日期前，像 G–2 远东组那样能接触到“魔术”的人都知道，日本已做出对印度支那的具体计划。G–2 在 7 月 17 日的备忘录中提及，参谋长已在 7 月 15 日被告知日本送交维希政府的最后通牒。《纽约时报》7 月 17 日关于日本内阁辞职的报道，正是 G–2 在 7 月 18 日备忘录的主题。《纽约时报》7 月 23 日关于制裁的报道，也出现在 G–2 于 7 月 25 提

[1] 译注：时任副国务卿。

[2] 原注：这是对 1941 年 5 月 24 日所做出判断的逐字复述。（*Hearings*, Part 21, p. 4759.）

交的备忘录中。

G–2 分析人员在首次提及日本内阁辞职时，曾总结说“向印度支那派出远征部队的行动可能会延迟，甚至取消”。第二天（7 月 18 日），当得知新内阁组成时，他们相信“会加快日本南进的节奏”。这是他们为数不多的短期预测中的两个阐述，但不幸的是，这也是两个相互矛盾的预测。7 月 7 日 G–2 的备忘录，与 7 月 8 日发给檀香山陆军的电文有明显分歧。它说：“日本人不太可能对东西伯利亚陆上部队采取侵略行动……”这又是另一个相对较为确定且正确的预测。然而，它却与当时陆军和海军作战计划人员的想法完全相悖，并且很快就消失了，取而代之的是 7 月 17 日备忘录中出现的更为普遍的观点：“一旦德国粉碎苏联欧洲地区，苏联西伯利亚驻军的力量和士气将衰退，日本将可能进军以攫取长期以来渴求的西伯利亚滨海边疆区。”假设备忘录的撰写者能够接触到并且理解“魔术”电文和发给战场的电文，可能就不会做出这样两个相互矛盾的预测。如果他们确实可以接触到这些电文，我们唯一可能做出的结论就是：相较于优秀的新闻机构，G–2 得到的信息更少、装备更差，以至于不能更好地预测形势，而且也更为谨慎。

G–2 的预测主要包括一系列谨慎做出的替代选项，并且在预测之前用了“可能”或“似乎”这样的词语。G–2 负责人迈尔斯准将拒绝就北进还是南进的问题，对证据进行权衡。但与海军不同的是，他却对贸易禁运持明确支持的态度。我们可以假定，在这个特殊情况下，尤其是在他如此晚地记录下自己的赞同意见（即 7 月 25 日，就在贸易禁运实施之前）的情况下，他是在反映而非指导作战计划部的观点。实际上，《纽约时报》标题已经告诉他，表达出赞同意见无疑是安全的。正如我们曾看到的，即将实施《贸易禁运法案》的消息是在 7 月 22 日泄露给媒体的，并在第二天见报。G–2，或许还有陆军部关于实施制裁不会增加美日之间战争风险的立场，可以部分地解释，为什么华盛顿陆军官员们的记忆中忘却了贸易禁运和 7 月 25 日的警戒。

五、更多的华盛顿信号

然而，如果公平地评价 G–2，我们必须记住，就连日本内阁也在南进还是北进的问题上有分歧，美国政府在贸易禁运问题上也有分歧。史汀生部长、摩根索（Morgenthau）部长、伊克斯（Harold Ickes）部长[1]经常积极建议总统采取石油出口的贸易禁运。但显然总统一直在抗拒，因为他认同海军的观点，即这一法案可能会是压迫日本进攻苏联或荷属东印度群岛的最后一根稻草。正如他在 1941 年 7 月 1 日写给伊克斯时所说的：

我认为你会有兴趣知道，日本人自己正在进行一场真正的长期和要论出胜负的争斗，过去一周以来，他们一直试图决定到底要跳向哪条道路，是进攻苏联，是进攻南太平洋（这样就将他们的命运和德国绑在一起），还是保持中立并对我们更加友好。没有人知道会做出什么决策，但如你所知，对我们而言，控制大西洋对于确保在太平洋的和平至关重要。我就是没有足够的海军可以调用，而每当太平洋发生小插曲时，就意味着在大西洋的舰船更少了一点。[2]

到 7 月 8 日，翻译并分发了一份被截获的、7 月 2 日发往柏林的“魔术”讯息。讯息描述了日本内阁遵守《三国同盟条约》、继续推进向南扩张计划和为对美英最后作战进行准备等决定。看到这份信息后，罗斯福和赫尔显然改变了他们原先认为贸易禁运是挑衅的看法，转而认为是一种威慑手段。7 月 21 日，罗斯福仍在继续威胁要用全面贸易禁运来试图让日本人屈服。这种看法，与政府的犹豫不决一起，解释了《贸易禁运法案》中措辞松散的原因，因此用罗斯福的语言，就是“政策……可能在任何一

---

[1] 译注：三人分别时任陆军部长、财政部长和内政部长。

[2] 原注：*F. D. R.: His Personla Letters: 1928-1945*, ed. Elliott Roosevelt and Joseph P. Lash, Vol II, p. 1174. Hereafter cited as *Letters*.

天改变，之后我们将拒绝颁发任何的、所有的许可证”。[1] 在一份 7 月 26 日发给伦敦哈里·霍普金斯（Harry Hopkins）[2] 的电报中，罗斯福表达了对英美冻结日本资产行动结果的满意：

我听闻他们的政府非常沮丧，尚未形成确切的未来政策。用极大的自信告诉他［丘吉尔］我已向野村建议，由英国、荷兰、中国、日本和我们一起让印度支那保持中立，成为某种形式的瑞士。日本可以得到大米和肥料，但前提是完全从印度支那撤出武装部队。目前我还没有得到回复。当日本人回复时，可能并不会令我满意，但我们至少做出了避免日本向南太平洋扩张的再次努力。[3]

G–2 和海军情报局都知道 7 月 2 日的“魔术”讯息（7 月 8 日翻译），但讯息并没有转发给金梅尔。G–2 似乎并没有立刻使用。我们无从知道海军情报局是怎么处理它的，因为此段时间作为证据提交听证会的唯一战略预测，就是 1941 年 7 月 2 日的一份备忘录，由海军情报局远东组组长迈科克伦海军中校撰写的、题为“日本先期侵略行动的可能性”。这份备忘录给出 7 月 3 日发给金梅尔的第二份海军电文中的主要内容：

（一）第 3 海区司令官报告说，一个亲近日本工业利益集团的可靠线人曾说，这些集团期望日本在 7 月 20 日发动入侵苏联的行动。鉴于以往在纽约的日本工商团体**没有**证明自己能对日本政府的行为进行可靠预测，因此不应太过信任此汇报。然而，以下因素似乎预示着让美国可能不快的某些行动正在策划之中，它们是：

1. 自约 6 月 25 日以来，再没有预定前往美国东岸沿海和港湾港口的

[1] 原注：1941 年 7 月 24 日内阁会议记录，引自 Langer and Gleason, *The Undeclared War, 1940-1941*, p. 649。

[2] 译注：时任罗斯福的顾问和特别助理。

[3] 原注：*Letters*, Vol II, p. 1189*f.*

商船驶离日本，如果这一趋势延续下去，大约两周后，大西洋将没有日本商船。

2. 轴心国国家同时承认日本支持的汪精卫伪政府，原因可能是日本承诺要对非轴心国国家采取侵略行动。

3. 今天日本政府就苏德战争发表政策决定的声明，考虑到任何政策或是有关此类政策的评论均已被延迟刊出，这预示着该政策可能会不同于以往公开表示的南进政策。

4. 多年来，日本一直觊觎苏联西伯利亚的阿穆尔州，这既是出于安全考虑，也因为该地区所拥有的自然资源。

（二）从目前日本武装力量的倾向来看，似乎可以排除对苏联发动任何突然袭击的可能性。从他们的倾向和部署情况来看，如果已计划任何的突然入侵行动，那么也会是针对南中国沿岸方向进行的进一步小规模行动，或者目标是攫取新的、法属印度支那的基地。不管如何，海军力量将会在非常短的时间内重新调整方向。形势如此，说明尽管目前认为日本不太可能采取针对苏联的行动，但也不应完全排除这种可能性。[4]

有一点很值得注意，即海军情报局对所得到的日本商人信息的评估是“并非……非常可靠”，但这样的评估却在发给檀香山的、报告日本将在 7 月 20 日进攻苏联的电文中被省略掉了。

其他通过国务院得到的对 G–2 和海军情报局可用的信息，证实了日本将要军事控制印度支那和暹罗，以便威胁滇缅公路、新加坡和荷属东印度群岛的报告，这包括：1941 年 7 月 4 日驻伦敦怀南特（Winant）大使发来的电报；7 月 5 日由赫尔的远东顾问马克斯维尔 · 汉密尔顿（Maxwell Hamilton）发给他的备忘录；日期为 7 月 10 日的一份国务院有关远东地区事态发展的总结；7 月 8 日一份由蒋介石发给总统的讯息。讯息如下的：

---

[4] 原注：*Hearings*, Part 15, p. 1852.

从来自日本的最为可靠来源了解到，德国、意大利和日本已于7月6日达成并签署一项秘密协议，一方面承认了日本的利益范围，另一方面日本将致力于南进和进犯西伯利亚。请立刻将此消息通报总统。[1]

另一份同一天发自蒋介石交通部长的电报，报告了有关日本决定“在处理西伯利亚问题之前，先南进进犯新加坡和荷属东印度群岛”的“确切信息”。[2] 这位部长还转发了7月4日发自柏林的一封电报，电报报告说：

尽管三个轴心国伙伴已就各自的利益范围和职责达成理解，但还未能就行动的节奏达成一致。德国和意大利期望日本立即南进，而松冈鉴于当时的基本局势，不会同意。我现在得知，由于苏联和德国的冲突爆发，已经达成完全协议，要求日本针对符拉迪沃斯托克展开先期行动，同时巩固日本在印度支那和泰国的基地，准备南进对付英国和荷兰。[3]

在7月份，格鲁大使及其下属也就日本内阁内部的分歧、有关轴心国可能的行动路线、日本媒体的报道、即将进行的入侵印度支那行动的小道消息等，向国务院发出了讯息。格鲁敦促让美国私下告知日本政府，一旦日本进攻印度支那，美国将强制实施制裁。这样一来，贸易禁运就可以作为事件发生之前的一个谈判点，而不是在**既成事实**之后作为惩罚手段。格鲁并不在接收“魔术”信息的名单上。实际上，华盛顿给他的信息如此分散，以至于格鲁在7月10日的电报中抱怨说，自己不得不找到英国大使以了解正在华盛顿进行的国务院与日本大使对话的进展情况。[4] 这意味着，尽管格鲁本人是解读日本政治活动的专家，并且他发给华盛顿的电文

[1] 原注：*Hearings.*, Part 19, p. 3496.
[2] 原注：*Hearings.*, Part 19, p. 3497.
[3] 原注：*Hearings.*, Part 19, p. 3498.
[4] 原注：Langer and Gleason, *The Undeclared War, 1940-1941*, p. 637.

中都是确切有用的信息，但这些信息在首都却无法得到确切可用的印证。这样一个无法接触到信息的实例，再一次引发了在这个层级上进行保密究竟有没有价值的问题，同样，也引发了对华盛顿究竟希望一个大使通过私下的外交对话达成什么结果的猜测。

除“魔术”外，华盛顿有来自众多来源的印证信号：水平极高的公众新闻媒体、驻东京的大使馆、蒋介石政府、国务院的远东事务专家、海军的通信分析部门。（来自 G–2 的信息不能给这一清单增加什么新内容，而海军情报局的信息解读也过于分散。）这些信号没有清晰地指明日本即将在亚洲向南或是向北采取行动。同时，不像是 1940 年 6 月时的信号，这些信号没有哪个指示了对美国的直接袭击。针对英国或美国“抵抗”日本在印度支那的扩张，存在着日本威胁使用武力的模糊危险。正如在 1940 年，没人能够保险地预测出，无论日本是北进还是南进，美国的政策除了道义上的反对之外，究竟会是什么。

有关可能实施贸易禁运的小道消息在传播，并且在之前数月已被经常性地讨论，这足以让格鲁大使敦促美国政府私下向日本政府摊开底牌、阐明自己的意图，足以让斯塔克海军上将预测与日本的战争将确切无疑了，也足以让伊克斯部长威胁说除非实施贸易禁运否则自己就辞职。在经过数月辩论后，这一决策出现的时机对于我们政府中的许多人，以及日本人而言，都是突然性的。贸易禁运可能会被解读为英美的“抵抗”，而华盛顿决定即使冒险也要这么做。华盛顿军方将其解读为挑衅而非威慑行动，并在联合电文中清楚地表达出来。能够得出的清晰结论是，7 月 25 日警戒的主要信号是华盛顿采取的行动，而非日本的南进。

到目前为止，可以十分清楚地看到，华盛顿的军事官员们——无论是情报部门的还是作战部门的，以及国务院和白宫的官员们，都比海外司令部收到了更多的信号。事实上，他们受到有关日本下一个侵略举动相互冲突的讯息，对与野村的对话和日本官员公开表态相互分歧的解读的“轰炸”。他们还被卷入有关什么会而什么不会有效威慑日本的政策讨论的风暴中。在这样大量纷繁复杂描绘日本和美国在最近的未来将要采取的主要动向信息中，战场司令部得到的只是筛选后的信息。幸运的是，有了“魔术”这样一个确切的指引，战场上收到的绝大多数信息都是正确的——除有关进犯西伯利亚这一重要预测之外。不论华盛顿是否有意让他们进入警戒状态，这些讯息的措辞方式也让两个军种都实施了警戒状态。

如果说从对这次警戒的研究中能够得到什么清楚的结论，那就是应当设立一个对来自特别或倾向性来源的大量冲突信号进行评估的中心。假设华盛顿将所有可用信号都转述给海外司令部，就会制造无尽的困惑。还有一点很清楚，评估中心必须配备受过训的、国际新闻的解读者，这是因为特殊的秘密信息来源不仅没必要，而且对预测事物的发展轨迹也不充足。政治预测真正的不确定性，来源于所涉及国际利益的巨大复杂性。因此，一个优秀新闻记者拥有的知识，要远比接触到少数几份绝密电报管用得多。鉴于政府只有在危机最后时刻才会实施全面的新闻审查，因此一名记者通常能掌握多种多样的、能够显示出秘密的公开证据。

寄希望于战场指挥官拥有优秀记者那样的解读能力显然是不现实的。前者的焦点自然在于他在战场上面临的问题。然而，寄希望于 G–2 和海军情报局拥有这种能力，似乎是怎么要求都不过分。

第三节　1941年10月16日的警戒

自 7 月至 10 月，美日关系变得更加糟糕。在日本人看来，美国实施的石油贸易禁运对于关系恶化起到关键作用。当野村大使和赫尔国务卿之间的谈判在用礼貌的官话进行时，在经济层面上，日本的军事训练和地区扩张计划却开始感受到刺痛。日本人提出解除石油和生铁禁运的许多建议，如在拉丁美洲付款，或是用黄金作为交换。但是国务院、财政部和司法部那些处理这些请求的官员们却躲开这个议题。他们是按照赫尔“尽可能地拖延直接答复”[1] 的指示行事。因此，没有解除任何石油或生铁禁运，到 10 月 1 日时，美国报纸上刊载的都是愤愤不平的日本媒体谴责美国“温和的言辞与敌对的行为”这种两面派的新闻。

同样公开报道的，还有温和的近卫政府正在承受要么从美国得到妥协结果要么就辞职的压力。事实上，日本军方让近卫亲王在 10 月 15 日前与美国达成**和解**，以便让日本可以解决“中国问题”，并继续推进其“大东亚共荣圈”（Greater East Asia Co-Prosperity Sphere）的计划。日本愿意为放松贸易禁运而做出的妥协，如同美国在面对日本进一步侵略时可以做出的默许一样有限，而且还没那么灵活。尽管如此，在如此晚的时间里，近卫还是极度重视两国领导人之间的会议，也有证据表明罗斯福和国务院认真考虑过近卫的建议。尽管近卫疯狂地与野村沟通，格鲁大使也提出了建议，但会议却没有安排成功，而近卫内阁也于 10 月 15 日倒台。

这是“魔术”电报没有准确预先揭示出的一个最后期限，虽然预想过近卫的辞职，但却没想到事情发生得如此快。当近卫辞职的消息传到华盛顿后，罗斯福取消了定期内阁会议，10 月 16 日整个下午，他都在与赫尔国务卿、史汀生部长、诺克斯部长[2]、马歇尔上将、斯塔克海军上将及哈里·霍普金斯开会。会议结束后，斯塔克给大西洋、太平洋和亚洲舰队发出了一份电文。电文是在 10 月 16 日晚上用最保密的海军密码发出的。在檀香山，金梅尔海军上将首先收到电文，随后立即转给肖特中将。

一、给夏威夷陆军的信号

肖特中将收到的电文如下：

---

[1] 原注：Morgenthau Diaries, manuscript, Vol. 447, pp. 128*ff*, quoted in Langer and Gleason, *The Undeclared War, 1940-1941*, p. 709.

[2] 译注：时任海军部长弗兰克·诺克斯。

签发：海军作战部长

发往：大西洋舰队司令官、太平洋舰队司令官、亚洲舰队司令官（收到回复）

1622Ø3

日本内阁的辞职造成严峻的形势。如果新内阁成立，它可能会具有强烈的民族主义并反美。如果近卫内阁留任，结果也将会是，它将按照新的、其中并不包括与美国和解的授权规定行动。无论何种情况，日本与美国之间的敌对状态都将存在极大可能。鉴于日本认定美国和英国应为日本当前的绝望形势负责，因此存在日本袭击美英的可能性。鉴于上述可能性，你们应当采取适宜的预防措施，但预防性部署不应泄露战略意图，也不应挑衅日本。后两个接收单位通知相应的陆军和海区方面。收到回复。[1]

并没有肖特中将发给陆军部有关这份电报的记录。然而，在海军质询法庭（Naval Court of Inquiry）作证时，他说自己对收到这份讯息的印象是，“苏联与日本之间有强烈爆发战争的可能性……就我关心的而言，这降低了美国与日本间马上爆发战争的可能性，因为他们显然认为最有可能是在苏联与日本之间爆发”。[2] 换言之，这一讯息印证了 7 月 8 日电文中做出的核心预测，那也是被肖特描述为“陆军部给我的唯一一次预测”。[3]

在 10 月份这份电文中，从“极大可能”到“可能”的可能性排序，给指挥官提出了难题，究竟什么样的预防措施既能应对一个不太可能，但同时又有一定概率的敌对形势呢。在华盛顿，都是在对“可能”“极大可能”“有可能”这些词语的使用进行精心权衡之后，才选定前两个用在 10 月 16 日的电文中。电文到达檀香山的肖特中将手中时，正是夏威夷总部对当地人数众多的日本人，及有必要采取预防措施应对破坏和颠覆而感到担忧之时。在这种氛围下，日本对苏联或太平洋的英国领地发动进攻的威

[1] 原注：*Hearings*, Part 14, p. 1402.

[2] 原注：*Hearings*, Part 32, p. 191.

[3] 原注：*Hearings*, Part 7, p.3180.

胁，也许会强化应对破坏的预防措施的必要性。而只有对美国或是其领地发动直接进攻的可能性，才会触发全面警戒。然而，在日本最有可能袭击的美国目标清单上，并没有珍珠港的名字。对于肖特将军而言，苏联与日本之间的战争具有“极大可能”，这一特点排除了在未来近期日本袭击英国或美国的可能性，而他的关注点也就继续集中在当地破坏活动上了。他不记得针对 10 月 16 日电文采取过的具体行动了。他在证词中说：“就在冻结日本资产的时候……我们已经加强了所有警卫来防备破坏和……颠覆活动，我们也从未取消当中的绝大部分；当我得到讯息时，我想我们是完全正确的……我也许就是有点过于小心谨慎了。”[1] 就正式出版的记录显示而言，肖特中将没有向陆军部汇报过自己在 7 月和 10 月所采取的防备破坏和颠覆活动的措施。

10 月 20 日，肖特中将收到另一封发给美国陆军远东司令官和西部防御指挥部（Western Defense Command）司令官的电文：

> 通报你以下陆军部关于日本形势的预测。美国和日本关系依然紧张，但日本外交政策**不会**［重复一次］不会立刻出现突然改变。[2]

其中并没有显示出要求肖特中将将这条信息转达给金梅尔海军上将。就肖特而言，这确切地证实了他的想法，即 10 月 16 日电文并没有要求陆军采取除已实施的警戒措施之外的任何其他措施。

除这两份电文外，肖特中将还从比克奈尔中校领导的夏威夷 G–2 联系办公室获得两份 G–2 关于日本形势的预测。10 月 17 日的第一份电文，是在知道日本新内阁成立的消息之前就写好了。它将形势描述为“极度严峻”和“不确定”，并预测“日本在未来近期将会在远东新的地区采取军事行动”。[3] 日本未来的动向按照概率进行了降序排列：

[1] 原注：*Hearings*, Part 32, p.191.
[2] 原注：*Hearings*, Part 14, p.1389.
[3] 原注：*Hearings*, Part 18, p.3196.

1. 从东面进攻苏联。

2. 向法属印度支那和泰国施压，以获得其在陆海空基地及经济合作保证方面的妥协。

3. 对英国在远东地区领地发动进攻。

4. 防御美国为支持英国而采取的进攻。

5. 在能够最大保证其战术、战略和经济优势的节点上，对美国、英国、中国和荷兰同时发动进攻。[1]

比克奈尔列出日本进攻苏联的 5 个原因：一是为了防备对日本本土的空中袭击，将战线尽可能西推；二是在日本与德国之间建立一个缓冲国；三是从西伯利亚获得资源；四是消灭共产主义；五是在不冒美国或英国军事干预的风险下继续实施侵略。比克奈尔强调，对印度支那或泰国施压，可能“先于、后于或是同时于对苏联的进攻”。[2] 至于对英国人的进攻，他相信：

如果面对英国对其计划的军事对抗，日本将毫无疑问进攻英国人；鉴于英美之间并无公开的对日联合军事行动的协议，以及美国公众尚未完全准备好要支持此类行动，日本在进攻英国人的同时，将不会对美国领地发动进攻。但显然日本人知道，一旦对英国人发动此类进攻，他们确定将不得不在相对短的时间之后就与美国作战。[3]

根据比克奈尔的看法，如果日本认为与美国开战将是对苏联采取行动的不可避免的后果，就不能完全排除日本同时对美国—英国—中国—荷兰发动进攻的可能性。如果确实如此，日本将会在最适宜的时候发动进攻。

比克奈尔 10 月 17 日的预测，最引人注目的就是，他清晰地阐明日本

[1] 原注：*Hearings*, Part 18, p.3197.

[2] 原注：*Hearings*, Part 18, p.3198.

[3] 原注：*Hearings*, Part 18, p.3198.

人将不会对美国领地发动直接进攻。因为日本人既然知道在进攻英国人后将不得不与美国作战，又必然会开始对英国的敌对行动，因而也就丧失对美国发动突然袭击的优势了。尽管在 1941 年时，先发制人的优势不如如今这样大，但比克奈尔对日本人发动突袭的优势做出如此低的预测评价，仍令人吃惊。

比克奈尔在 10 月 25 日撰写的另一份备忘录中指出，日本内阁之所以倒台，原因在于同美国的谈判失败，以及新内阁已经显示出要同轴心国国家紧密合作的意图。比克奈尔相信，这样的声明“毫无疑问将日本置于与美国和其他民主国家敌对的阵营中；让所有有关和平意图的严正声明都变成了垃圾……也迫使美国不得不进入一个持续警惕的状态”。[1] 今天我们很难说，这些词语是否反映出比克奈尔个人的警觉和愤怒，或者只是当时美国对日外交政策的照本宣科，并因此充满一种更加普遍的情绪化因素。比克奈尔的结论显示出，他因为 10 月 17 日警报造成的紧张情绪至少有所缓解："有一点似乎是合乎逻辑的，在 11 月下半月之前，在任何方向上，都不会有重要动向，即便是重大事变，也不会在春天之前"。[2] 他引述了数份证据来支持自己的结论。美国政府已经采取两项措施来避免战争。一项是海军下达了让美国舰船避免前往包括上海在内的北太平洋地区的亚洲港口；另一项是把阿尔汉格尔斯克（Archangel）而非符拉迪沃斯托克作为向苏联提供战争后勤补给的港口。同时，日本的三个动向也预示他们有推迟行动的想法。一是东条英机（Hideki Tojo）首相已经表达出继续谈判的兴趣；二是野村声称自己将返回日本与新内阁进行磋商；三是三艘日本舰船来到美国港口，将滞留的日本人和美国人分别运送回国。

遗憾的是，这两份比克奈尔撰写的预测是记录中有檀香山 G–2 的唯一情报产品。鉴于比克奈尔在 10 月 25 日备忘录中引用的证据都是公开信息，它们显示出比克奈尔至少认真阅读了报纸。比如，海军重新规划美国舰船航线的电文是在媒体上刊发的，只有通过媒体，檀香山的陆军才能得

[1] 原注：*Hearings*, Part 18, p. 3202.

[2] 原注：*Hearings*, Part 18, p. 3202.

到这条消息。

比克奈尔最令人吃惊的两个观点是：首先，日本将不会直接进攻美国；其次，美国为了援助英国人，将会按照自己的节奏开战。这两个观点此时也能在美国见到。它们改变了华盛顿和檀香山对临战最后信号的感知：对美国危险的征兆被解读成日本延缓进攻，或是即将在另外的地点展开进攻的信号。华盛顿并没有纠正比克奈尔的推理，原因是既定政策要求华盛顿 G–2 不能与任何一处战场的 G–2 就此方面的议题进行通联。[1] 因此，华盛顿 G–2 无法纠正比克奈尔可能做出的任何错误解读，更不用说去了解他究竟是如何解读的。在这种情况下，由于总部机构的推理与比克奈尔的几乎一致，很难说他们会去纠正些什么。（更糟糕的是，肖特中将没有受到影响，因为他与自己的情报军官们很少联系，对于预测也只会暂时思考一下而已。）

比克奈尔的预测紧贴海军作战部长 10 月 16 日和陆军部 10 月 20 日所发电文中的线索。比克奈尔 10 月 17 日备忘录中关于"在未来近期"的时间和后果的描述，反映了海军作战部长 10 月 16 日发来电文中的紧迫感。而一周之后，他就把进攻的时间从"未来近期"改成 11 月底或是来年春天，这也是要与 10 月 20 日电文的宽慰口气保持一致的结果。尽管他在 10 月 25 日的预测中警告说，日本的政策正在迫使美国"进入一个持续警惕的状态"，但在收到 10 月 20 日电文后，夏威夷总部并没有表现出任何此种警惕的迹象。

10 月 20 日的讯息，是由陆军作战计划部门负责人杰罗将军于 18 日在华盛顿起草的，并在马歇尔同意后发往各战场。杰罗附给马歇尔的备忘录简要地阐述说："我们的 G–2 并不认同海军描述的形势。作战计划部同意 G–2。海军的倾向性意见也许应做出调整，并需要实施特别的警戒。而对于陆军则无必要。" [2] 华盛顿海军与陆军之间的分歧，在夏威夷总部也产生了影响——但不是在当时，而是在之后。肖特记得海军 10 月 16 日电文

[1] 原注：有关华盛顿 G–2 的全面讨论，参见本书第 5 章内容。

[2] 原注：*Hearings*, Part 14, p. 1389.

中的警告措辞和陆军 10 月 20 日电文中的克制语气。因此，当 11 月 27 日他读到发给海军的讯息上说“这是战争警报”时，并没有留下深刻印象，“这不过就是之前他们[海军作战部长]说过的日本人将可能袭击的事”。[1]后来肖特就此作证时，国会联合委员会（Joint Congressional Committee）的助理法律总顾问考夫曼气愤地问道：“将军，你的意思是说，在有了这类信息后，你不采取全面警戒是说得过去的？”肖特回答说：“我非常肯定地认为，是的。陆军部从没向我征询或是告诉我任何直接的信息，这足以说得过去。”[2]考夫曼又问道：“你之前是否经历过，看到一条发给战地指挥官的讯息使用了‘这是战争警报’的词语？”肖特回答：

> 不，没有。但我知道，海军的讯息在用词上总是习惯性地比陆军的要更具侵略性。10 月 16 日我们得到讯息，他们说日本将会发动袭击。10 月 20 日，我从陆军部得到一条讯息，说他们预计不会有袭击。我的［11 月 27 日］信息没有说到战争警报，而他［金梅尔］的提到了。我想海军的讯息在措辞上倾向于更加主动，可能你会说更让人警惕。[3]

肖特中将对我们前面已经看到的 7 月和 10 月电文中所使用语言的评价是正确的。他也受到电文内容的影响。当他在 11 月收到最后警戒讯息时，他的脑海中想到的还是苏日冲突，而且他一直相信日本侵略的目标首先是苏联，接着是东南亚，或者可能是同时进攻这两个地区。由于他没有从陆军部收到任何相反信息，他认定 7 月和 10 月电文中的假设仍然有效。这是他自然会做出的假定。而在华盛顿方面，由于掌握了更为全面的情况，才会在 11 月 27 日最后警报讯息中清晰显示出美日之间战争迫在眉睫的危险。也只有在事件之后，这些讯息才会被解读为要做好应对来自外部的、袭击珍珠港之准备的警报。袭击之前，在檀香山，陆军的警报讯息似

[1] 原注：*Hearings*, Part 7, p. 2983.

[2] 原注：*Hearings*, Part 7, p. 2977.

[3] 原注：*Hearings*, Part 7, p. 2983.

乎只是要启动针对破坏和在需要时做好支持英国人的警戒状态。

对于战地指挥官，警报是在特定的当地环境下被解读的，这一点再怎么强调都不过分。11 月 24 日和 27 日的讯息，留下太多内容需要战地指挥官去解读和思考，但却没有考虑到之前的讯息在战场当地是如何被解读这一点的影响。考虑到华盛顿和海外司令部之间的距离、极少的通联，以及战场当地与国家利益之间的差异，要衡量这一影响几乎是不可能的。当然，当实施警戒的因素远超战场当地问题的范畴时，由华盛顿来决定警戒的时间和级别，远比由当地指挥官来决定更加合适。任何指令都自然要受制于战场当地的条件限制，但当华盛顿启动警戒行动时，就应当在下达具体的警戒等级、确保命令按照要求的方式落实方面承担起全部责任。

二、给夏威夷海军的信号

在 10 月份，金梅尔海军上将得到的信息再次超过了肖特中将。对于这次危机，金梅尔并不拥有转述“魔术”电文的便利，他和他的情报官都不知道，这一来源现在已不再向战场开放。但是，他还是拥有一些从海军作战部长办公室发来的电文，可以了解到美日之间日趋紧张的关系。其中一份发送给所有商船的电文，是在 10 月 16 日转发给他的：“存在日本针对美国船运采取敌对行动的可能性”。所有在西太平洋地区的舰船都被命令进入友好港口。[1] 这一信息也出现在媒体上，因此肖特中将和比克奈尔中校都可以知道。

---

[1] 原注：“存在日本针对美国船运采取敌对行动的可能性。位于太平洋的美国商船按以下方式采取行动：在中国水域、中国海或荷属印度群岛水域的舰船，立刻驶向马尼拉、新加坡或澳大利亚北部港口。在北太平洋向西行驶的舰船，除驶往符拉迪沃斯托克的以外，驶往檀香山；靠近菲律宾的则前往菲律宾。拟驶往符拉迪沃斯托克的，出发航行。如果是驶向檀香山的，继续航行。在北太平洋向东行驶的舰船，继续航行。在南太平洋的舰船继续航行。在南美洲近海，或是在位于美国和南美西海岸之间的舰船，继续航行。在东太平洋沿海地区的舰船，继续航行。避免正常的贸易航线。”（*Hearings*, Part 14, p. 1402.）

一份 10 月 17 日发给亚洲舰队、抄送给金梅尔的电文，重新划定了所有来往远东的跨太平洋船运，从位于澳大利亚和新几内亚之间的托雷斯海峡（Torres Straits）之间穿行的航线，要求他们避开日本托管地。[1]这些航运线路避开了瓦胡岛北部和西北部方向的水道，这也是日本特遣舰队能够在不被美国舰船发现的情况下，靠近珍珠港的原因之一。金梅尔同一天收到的另一份电文命令他“采取一切切实的预防措施，保证威克岛和中途岛上机场的安全”。[2]这两个岛屿是派往增援菲律宾的远程轰炸机在进行跨太平洋机动时的重要跳板。金梅尔于 11 月 10 日发布了预先命令以落实此指令。他的计划是派遣 12 架陆战队战斗机前往威克岛，18 架前往中途岛，并准备好用于容纳 PBY 巡逻机的设施。他将“预防措施”理解为针对袭击，而非针对破坏的措施。最后，10 月 23 日金梅尔收到通知，所有增援菲律宾的运输行动都只能通过船队编队，或在海军护航情况下才能进行。[3]

除这些电文外，金梅尔海军上将还从斯塔克海军上将那里收到许多来信。斯塔克仍极少透露他的信息，并且经常表现出困惑或是漠视。而实际

---

[1] 原注：“立即生效。所有来往于第 46 号作战计划规定的远东地区、上海、印度、东印度地区的，悬挂美国国旗，穿行托雷斯海峡的跨太平洋航行舰船，继续向南，利用荷兰和澳大利亚巡逻的区域，避开日本托管地。与澳大利亚海军部门联系以安排托雷斯海峡导航事宜。”（*Hearings*, Part 14, p. 1403.）

[2] 原注：“鉴于使用陆军远程轰炸机对于持续强化菲律宾力量的关键重要性，要求你采取一切切实的预防措施，保证威克岛和中途岛上机场的安全。”（*Hearings*, Part 14, p. 1403.）

[3] 原注：“在发布新命令之前，在檀香山和马尼拉之间来往的所有陆军和海军跨太平洋运兵船、武器弹药船和其他装载重要军事物资的舰船，应当在往返途中均有武装护卫。上述情况包括的舰船在批准的航线上将会放慢速度，让它们在没有护航的情况下通过托雷斯海峡的航行时间尽量延长。为确保太平洋舰队满足最低护卫要求，应当安排相应计划，以便这些舰船在护卫下航行。当太平洋舰队司令官和亚洲舰队司令官之间达成切实可行的安排时，亚洲舰队司令官应当接手护航任务。在我 162258 号电文中规定的航线上，此时尚不能为其他跨太平洋的、悬挂美国国旗的舰船提供普遍的护航。

“当商船货物是运往关岛时，正常的航行路线是得到批准的。运往关岛的货物应当动用并装载至最少数量的舰船以便让港口……”（*Hearings*, Part 14, p. 1403.）

上，他有很多东西可以提供。比如，他在7月31日写了一封信给“宾夕法尼亚”号（*Pennsylvania*）的舰长查尔斯·库克海军上校，后者把信又转发给金梅尔：

你曾问到的一些事情，金梅尔最近问到的一些事情，这些我将尽可能快地回答的事情，就是我也一直努力想从华盛顿得到答案的那些事情。就这些问题，你们从媒体得知的信息和我一样多。[1]

虽然信件的开头让人不抱什么希望，但斯塔克接着给出海军对日本想法的总结：

你也许从我们发出的电文和我写的信中能够知道，我们已感觉到滨海边疆区现在无疑是日本的目标。特纳认为日本将在8月份北上。他也许是对的。他总是对的。我曾认为，虽然日本最终会进入西伯利亚，但在印度支那—泰国形势有利于日本之前，在苏联与德国的冲突有些许明晰之前，日本将会延缓采取行动。同时，日本还会关注“中国事件”。当然，贸易禁运或是准贸易禁运也许会引发某些既往有过的沮丧情绪，并且有必要对形势重新预测。[2]

斯塔克海军上将显然相信，金梅尔在檀香山从媒体获得的信息，与在华盛顿特区获得的信息一样好。比如，当“基尔尼”号（*Kearny*）被鱼雷击中后，斯塔克在10月17日写信给金梅尔说，自己还在等待关于伤亡数量和其他细节的新闻，并且说，“一旦可以，我就会向媒体透露所有事情，所以你也几乎与我知道得一样快”。认为檀香山国际新闻机构[3]拥有同样

[1] 原注：*Hearings*, Part 16, p. 2175.

[2] 原注：*Hearings*, Part 16, p. 2176.

[3] 原注：美国东岸的报纸，即使有航空版，也要5至7天后才能送达。（译注：航空版是为方便航空寄送而采用的内容较少或重量较轻纸张印刷的报刊版本。）

速度和效率观点的，还有海军作战计划部门负责人特纳海军少将，这导致他与金梅尔在海军质询法庭上产生了激烈交锋。[1] 特纳宣称，如果金梅尔带着情报意识去阅读檀香山的报纸，足以对 12 月 7 日的袭击做好充分的准备。

实际上，斯塔克海军上将的观点经常与媒体报道相左。比如，在一封 9 月 22 日写给亚洲舰队司令官哈特海军上将的信中，他这样说：

现在媒体表现出来的是远东形势显然已经平静下来。对评论者和专栏作家在此方面的乐观诠释，人们不会不留下深刻印象。就我自己而言，我感到虚无的希望正在升起。表面上看来，日本人正在做出**一些**努力，要达成令人满意的解决方案，但我不能忽视这种可能性，即他们只是正在等待时机，等待欧洲的形势更加明朗。如果苏联陷落，日本不会轻易地从轴心国联盟中被拖走。她会毫不犹豫地抓住任何提升自己在西伯利亚地位的机会。如果苏联能够撑得住（现在看来很难），我感到与日本之间达成某种协议的可能性会更大。[2]

在华盛顿，海军的中心关注点仍是日本即将对西伯利亚发动战役。

在从哈特那里收到此封信的复件同时，金梅尔还收到斯塔克在 9 月 23 日对自己提出的太平洋地区开火命令有关问题的回复。斯塔克在信中留下一则令人沮丧的附言，显示出距离与日本之间爆发战争已没有多少时间了。但同时，斯塔克又要求金梅尔海军上将极度谨慎，避免采取任何可能挑起事端的行动：

目前时间内，总统只就大西洋地区和东南太平洋地域下达过开火命令。

太平洋地区的形势总体上有别于大西洋地区。太平洋中袭击商船的行

[1] 原注：*Hearings*, Part 32, p. 612.

[2] 原注：*Hearings*, Part 16, p. 2210.

动目前还不是普遍性的，也不是非常有效。太平洋上商用船只悬挂的大都是美国国旗或巴拿马国旗。在北美和南美大陆附近水域之外采取消灭商船袭击者的任何举措，都可能会产生不利的后果，而长期来看，也不利于美国。只要我们让太平洋地区的形势保持现状时间越长，就越有利于所有相关问题。

……………………………………………………………………………………

……我们尚无确切的，有关日本潜艇已在靠近夏威夷群岛、阿拉斯加或我们太平洋海岸区域活动的信息。他们最近可能到达过威克岛附近。目前的命令是，除非被怀疑的潜艇出现在防御海区范围内，否则不对其实施轰炸，这很适宜。**如果有日本潜艇确实在美国领土内或者接近美国领土的确信无疑的证据，我重复，确信无疑的证据，我们下一步就应当是针对这样的潜艇发出强烈警报，并发出采取敌对行动的威胁。**[1] 随时报告。[2]

也许，斯塔克关于维持太平洋地区现状，强调需要"确信无疑"的证据，以及要求发出警报或敌对行动的威胁而非采取敌对行动，对于金梅尔理解珍珠港袭击之前的最后信号发挥了重要作用。这封信接着重复了陆军关于增援菲律宾，以及太平洋地区英国、荷兰力量得到增强的乐观情绪，并总结说这些措施"将让日本在采取行动前三思"。[3]

然而，斯塔克 9 月 23 日信件的附言还是再次出现悲观的语句：

附言：在等待与赫尔先生谈话期间——他也告诉我说要保密，我没有发出这封信。**我可以总结说，与日本人的对话实际上已经走进了死胡同。**除非日本与中国达成某些协议——目前看来也是遥不可及，否则的话，我认为我们在远东地区不会达成协定与和平。他们无法现在达成某种形式的

[1] 原注：作者加粗。
[2] 原注：*Hearings*, Part 16, p. 2212.
[3] 原注：*Hearings*, Part 16, p. 2212.

理解，**是**——或者**不是**——一件好事，我说不好[1]。[2]

这实际上与陆军的最后警戒讯息十分接近，后者是这样的：

对日谈判看来将要终止，日本政府返回谈判桌并提出继续谈判只存在微弱可能。日本未来行动不可预计……[3]

在 9 月 29 日，斯塔克又加上第二则附言：

附言：野村将军今天早上来见我。我们谈了约一小时。通常他都是在开始感到无计可施时才来；现在也没有多少余地了。我曾帮助他，但这次能否帮助，我不知道。没有结果的对话不可能永远持续下去……[4]

尽管斯塔克的个人意见对金梅尔的影响要小于斯塔克办公室的指令，但很难看出金梅尔能够避免受到这些信件中持续不断、令人沮丧预测的影响。它们看起来就和最后警报的讯息是一样的。

金梅尔立刻对 10 月 16 日海军作战部长的电文做出了反应。在 10 月 22 日给斯塔克的信件中，金梅尔概述了已经采取的措施。（这些措施不包括从夏威夷群岛起飞的、额外增加的空中侦察。）

亲爱的贝蒂：

接到您在日本内阁更迭之后的电文，我们采取了以下安排：

继续在中途岛实施两艘潜艇的巡逻。

向中途岛派出 12 架巡逻机。

---

[1] 原注：斯塔克本人加粗。

[2] 原注：*Hearings*, Part 16, p. 2213.

[3] 原注：*Hearings*, Part 14, p. 1328.

[4] 原注：*Hearings*, Part 16, p. 2213*f*.

向威克岛派出了两艘潜艇。它们将于10月23日抵达。

向约翰斯顿群岛和威克岛派出“卡斯托”号（CASTOR）和两艘驱逐舰，以及增加的陆战队队员、弹药和补给品。

“柯蒂斯”号（CURTISS）及汽油、润滑油、炸弹于10月21日抵达威克岛。

准备从中途岛派遣6架巡逻机前往威克岛，同时从珍珠港派遣六架前往中途岛作为替换。

向巴尔米拉增派陆战队。

让正在带领舰船做状况巡检的派耶海军中将，于10月20日后担负12小时战备值班。

有6艘可在短时间内前往日本的潜艇做好了准备。

在珍珠港以外的作战地域已实施另外的安全措施。

将原定前往普吉特湾（Puget Sound）做彻底大修的“西弗吉尼亚”号（WEST VIRGINIA）的启航时间定在约11月17日后，并在那时再做最后决定。

我建议，在调整最小的情况下，继续在太平洋沿岸实施状况巡检，直至情况进一步明确。有关向马尼拉派遣潜艇的电文将于今天呈报给你。[1]

斯塔克得知此信是在11月7日，而他获取信件的消息到达檀香山是在11月14日。自10月16日电文发出已过了近一个月，离金梅尔宣布采取措施也已有三周。[2] 斯塔克赞同金梅尔已经采取的所有措施。他写道：“你就日本内阁最近的更迭做出的部署是可以的。重要的问题是，下一步怎么办？！”[3] 如果做出的部署不“可以”，尽管海军作战部长一般总是尊重地区指挥官的独立判断，大概金梅尔也会立即通过无线电得到消息。

[1] 原注：*Hearings*, Part 16, p. 2249.

[2] 原注：在1941年，檀香山的远程邮件服务限制在每周一班飞机，一封信从写完至收到大约要经过5至7天不等的时间。

[3] 原注：*Hearings*, Part 16, p. 2219.

在收到斯塔克继 10 月 16 日之后，在 10 月 17 日发出的、背景信息更详细的信件之前，金梅尔在 10 月 22 日发出了一封信。到 10 月 18 日，因为一封 16 日发自东京的“魔术”电文译文显示，东条意欲继续与美国谈判，华盛顿海军圈内因为日本内阁倒台而引发的警报多少得到了缓解。但即使是在收到这一信息之前，斯塔克也没有像自己作战计划部门人员那样警惕。17 日，根据他的要求，他收到海军驻国务院联络官舒尔曼（R. E. Schuirmann）海军上校的一份形势预测。舒尔曼相信，新内阁不会比前任内阁“更好和更坏”，而且无论继任内阁的组成如何改变，都应当监视日本的军方动向。斯塔克在给金梅尔的信中附上这份预测，并备注说它“比我自己记下来的更好地概括了我的想法”。[1]

舒尔曼的预测部分是：

我相信，我们倾向于过度预测日本内阁变化的重要性，把它作为日本政治理念或行动将发生重大改变的信号。

一个不争的事实是，日本政治已被军方控制了数年……

……………………………………………………………………………………

对于前任近卫内阁，最需要说的是，它也许限制了军方中的极端主义分子，但它并不反对日本通过武力扩张的计划。在未来的数月，一旦对日本军方进一步行动有利的机会来临，这些机会一定会被抓住。

目前，极端主义分子的影响力随着对苏战争进程而上下波动……

……………………………………………………………………………………

目前的报告是，即将组成的新内阁不会比刚刚倒台的内阁更好和更坏。日本也许会进攻苏联，也许会南进，但分析到最后，这些行动都将取决于军方如何把握机会，以及他们能够得到什么，而不是什么内阁在台上。[2]

---

[1] 原注：*Hearings*, Part 16, p. 2215.

[2] 原注：*Hearings*, Part 16, p. 2215*f.*

舒尔曼持有的观点是，美国人喜欢称为“强硬”、与“行动而非语言”这样的政策方针相关的。他所说的正反映出国务院中最强大一派的想法，即向中国提供支援，支持取消所有贸易，显示对日“坚定”态度。[1] 相反，斯塔克则担忧，由于我们现在持续在对日贸易禁运上增压，将会产生不好的后果。而要说到信号，显然他认为，日本内阁更迭并不十分关键。正如他 10 月 17 日信中所说：

亲爱的金梅尔：

过去 24 小时，这里突然出现许多事情，但从我们的电文中你应该知道我们做了什么。

我个人并不相信日本人会针对我们，我发给你的讯息中仅仅说是“可能性”；事实上，我对交给我的讯息做了很多考量。也许我错了，但我希望没有错。不管怎样，在白宫长时间会议之后，我们应当感到警惕，至少在有什么事显示出趋势之前，应当保持警惕。

如果我没记错，几周前，在与野村进行长时间会谈之后，我写了一封信给你或哈特，预测日本内阁的倒台，并给出我能想到的内幕。

你也能回忆起更早的一封信，当时作战计划部门预测说日本将在 8 月份进攻苏联，我说我的判断是，除非苏联的形势显示出明确的趋势，否则他们不会向那个方向行动。我想，整个事情是一起发挥作用的。

至于商船船运，现在似乎是我们控制这件事并确定他们走什么航线的适宜时机。换言之，让国会山、媒体和所有的吹毛求疵者批评吧，一旦真的需要这么做时，事情就会顺利了。

我们应当继续竭力维护太平洋现状。这样能够维持多久，我不知道，但总统和赫尔先生正在努力。

当然，“中国事件”是主要障碍，个人看来，如果不深入涉及“中国事件”导致的所有结果、顾全面子、日本陆军的态度、民众态度、海军的

[1] 原注：参见本书第 4 章内容。

态度等方面，我看不出会有什么解决方案。我想，我们在五分钟内就能同野村达成协议，但日本陆军是主要障碍。此外，中国也认为他们会挺过来，打败日本，因此完全赞成继续如此而不是有所退让。真是悄无声息的好计划……

……………………………………………………………………………………

现在，如果不去纠结"内部的"和"外部的"，我不认为你应当停止对美国沿岸正常的访问。涉及的舰船本身就构成遏制的特遣力量。我们把这支力量交予你，我正要告诉你我的反应……

……………………………………………………………………………………

我知道，你和哈特海军上将对于陆军增加在菲律宾的空中力量都感到高兴。威克岛在这方面是一个关键节点。如果威克岛不能运转，陆军空中增援就要停止。我希望我们能够保证这些岛上基地的完整，并尽可能加快推进完成基地的建设。你知晓我关于此事所有的情况，也知道正在进行的关于替代航线的研究。[1]

这封信第二段中的"我个人并不相信日本人会针对我们……"这句话，在听证会上被多次引用来作为金梅尔未能对 11 月 27 日讯息做出反馈的可能解释。但是，从文字中能够清楚地看到，斯塔克的评论只是针对 10 月 16 日的形势。我们之前曾看到斯塔克的话，而他关于美日关系的语气更加悲观，这种语气之后还会出现。在 11 月 7 日批准金梅尔舰队部署的信件中，他再一次用了不祥的语气：

太平洋的事情似乎正在稳步朝着危机发展。只是无人知晓究竟何时爆发。我对此的主要反应，之前已写信告诉你，形势持续"变得更糟、更糟"！差不多一个月就可以见分晓。两个互相不能妥协的政策不可能永远持续下去，在一方不能忍受这样的安排时更是如此。形势

[1] 原注：*Hearings*, Part 16, p. 2214*f*.

看起来不好。[1]

并没有海军无线电通信分析、海军情报局、英国情报部门向金梅尔提供信息的记录。就我们今天所知，金梅尔的信号主要来源于海军作战部长的电文、斯塔克海军上将的信件，还有檀香山的媒体。

下面的清单，总结和对比了金梅尔海军上将与肖特中将在 1941 年 8 月 8 日至 10 月 25 日之间的可用信号：[2]

	金梅尔海军上将	肖特中将
8月8日	斯塔克写信说，他相信苏联将会是日本确切的目标。	
8月8日和10月4日	斯塔克提到，特纳有关日本即将进攻西伯利亚的预测。但斯塔克相信，日本将会首先解决东南亚局势，并等待欧洲局势稳定。	
10月4日	斯塔克解释说，开火命令并不适用于金梅尔的太平洋地区。有对进入防御海区的潜艇进行轰炸的命令。如果获得有关日本潜艇进入或靠近美国领土的证据，下一步美国就威胁要采取行动。美国的政策是在太平洋地区保持现状。	
	斯塔克相信，武装菲律宾和英国在太平洋的增援，将让日本在行动前三思。	

[1] 原注：*Hearings*, Part 16, p. 2220.

[2] 原注：有关斯塔克海军上将信件的日期，显示的是信件抵达檀香山而不是写下的日期。

（接上页）

	金梅尔海军上将	肖特中将
10月16日	海军作战部长给金梅尔的电文：近卫内阁辞职造成“严峻形势”，因为新内阁可能反美。	金梅尔给肖特转来海军作战部长电文：内容相同。
	日本和苏联之间的战争具有“高度可能性”。	相同。
	日本对美国和英国发动袭击是“一种可能性”。	相同。
	命令太平洋舰队采取包括“战备部署”的预防措施。**不能**泄露战略意图。**不应**采取“挑衅性”措施。	相同。
10月17日	海军作战部长电文警告，日本可能对美国商船船运采取敌对行动。所有在西太平洋地区的舰船被命令进入友好港口。	夏威夷G–2预测说日本形势“极度关键”。而在“未来近期”，日本将进攻苏联，逼迫法属印度支那做出新的让步，袭击英国在远东的领地，但不会对美国领地发动袭击。
	海军作战部长电文警告金梅尔要“采取切实预防措施”，保证威克岛和中途岛上机场的安全（它们是跨太平洋朝向菲律宾航线的跳板）。	
	海军作战部长电文命令，所有悬挂美国国旗、来往远东的跨太平洋航行舰船重新规划航线，通过托雷斯海峡，并远离日本托管地。	
10月20日		陆军部发给肖特中将的电文解释说，美日关系紧张，但日本近期外交政策不会突然改变。

（接上页）

	金梅尔海军上将	肖特中将
10月23日	海军作战部长电文命令，所有向菲律宾增援的运输行动都必须在船队编队或在武装护送下进行。	
	斯塔克发来的信件澄清了10月16日的电文。斯塔克相信，日本对美国的袭击只是一种可能性："我个人相信日本人不会针对我们。"	
	海军驻国务院联络官舒尔曼预测说，日本将进攻苏联，或者可能南进，但这些都将由军方扩张而不是具体的内阁组成来决定。	
10月25日		夏威夷G–2预测说，日本新内阁亲轴心国、亲军国主义。下一步主要行动将会推迟至11月下半月或来年春天，原因在于以下信号：一是东条首相已表达出继续谈判的兴趣；二是三艘日本舰船将继续到美国港口转运日本人回国；三是野村声称自己将返回日本同新内阁进行磋商；四是海军部已命令美国商船避开亚洲港口；五是美国政府将放弃把符拉迪沃斯托克作为运送战争补给到苏联的港口。

斯塔克海军上将信件所提供的背景信息，很难被筛选提炼为缩略的信号形式，原因在于它们已对太多复杂和细微的证据进行了权衡，其中还有太多坦白陈述的、难以消除不确定性的话语。总体上，斯塔克支持日本在稳固自己在东南亚的地位之后最终会进攻滨海边疆区的假设，他小心谨慎地采取一切可能的方式，在不会有"挑衅性"措施的情况下维

持太平洋地区现状。然而，信件中的建议是不能与以海军作战部长名义发出的电文相比的。就其中的信号而言，电文中阐明的信号要重要得多。10 月 16 日电文中预测日本内阁更迭是“严峻的”状况，而日本袭击美国和英国有“可能性”，这些代表的是一种一致意见，是不能被金梅尔 10 月 23 日收到的信件中“我个人并不相信日本人会针对我们……”的阐述所取代或消除掉的。10 月 16 日电文也可能因为强调日本进攻苏联的“更大的可能性”，以及要求采取战备部署的指令所淡化。因为这些战备部署要求金梅尔让自己的舰船准备好前往马绍尔群岛，而不是以最佳部署方式来应对一次袭击。

因此，比起肖特中将，金梅尔海军上将掌握的信号也让形势看起来更加严峻。肖特中将收到的两封电文，让他相信苏日战争将于未来近期爆发，让他觉得有必要针对珍珠港的破坏行动继续保持警觉。他唯一与陆军部之间的直接通联，实际上还让他的警觉性有所缓解。金梅尔 10 月份从海军作战部长处收到的电文，强调了日本人对西伯利亚的野心，但也指出其他更多的东西。它们指出美国商船在太平洋地区，以及美国对菲律宾有限增援所面临的危险。金梅尔海军上将显然将这些危险理解为，应对在威克岛、中途岛、约翰斯顿群岛，可能还有夏威夷群岛附近水域潜艇袭击的威胁，他也因此增加了那里巡逻机和潜艇的数量。他让 6 艘潜艇做了短时间内即可前往日本的准备，这也是一旦日本人袭击某一盟友或是美国在太平洋的某块领地时，我们太平洋地区作战计划中要实施的一部分行动。即使是在金梅尔收到斯塔克关于 10 月 16 日电文的、让人有所宽慰的解释之后，他仍然知道美国采取的、避免任何突发冲突的直接信号。这些信号反过来也意味着美国确实害怕在太平洋爆发事件，但并不是指像珍珠港袭击这样的事件，而是指可以给日本一个与美国开战理由的小事件。

请注意，到目前为止，所提到的引发 10 月份警戒的信号中不包括日本人焚烧密码的信号。根据金梅尔、肖特及其数位下属的证词，他们在 1941 年确实不时地收到在檀香山焚烧密码的讯息。第一次收到时，他们有所警觉，但之后，他们就放在了一边。在 12 月份第一周时，当报纸报道日本领事馆焚烧文件的新闻时，他们也没有做出反应。如果能够知道他们早期收到焚烧密码信号的具体时间，就能有很大帮助。如果他们是在7月份或是10月份前几周收到的，那么在指挥官的脑海中，在其他危险信号的大背景中，日本人在檀香山焚烧密码作为一个短期危险信号的重要性就应该削弱了，因为毕竟没有任何事情发生。遗憾的是，除个人证词外，尚未有关于这个问题的公开记录。而且，除非是G–2和海军情报局公开他们在1941年的档案，否则就没有办法对证词或是信号进行评估。

至于日本人在世界其他各地焚烧密码的事情，我们曾看到，从东京发往河内和西贡的一份被截获“魔术”电文中包括“焚烧密码”的指令。金梅尔曾收到一份这封讯息的复件。这一指令只针对河内和西贡，但金梅尔由此可能想到，如果英国人、荷兰人或是美国人针对日本在其他地方的侵略展开报复，就必然会在焚烧密码的这些地方获得所有的使馆和领馆文件，因此日本人就会想到要去销毁密码。至少在听证会上，在解释自己对12月份“魔术”要求销毁主要日本使馆中所有密码并只保留一套的指令是如何反应时，他就用了这样的推理。正如我们在第1章中所看到的，海军官员在作证时指出，那时东京下达销毁密码的命令，意味着日本有对接到这些命令的国家实施进攻的意图。对金梅尔而言，销毁命令只是日本人保护密码的措施。而没有收到销毁密码信息的肖特中将，则肯定地认为，如果他事先知道，就会警惕地看待这一信号，并实施全面警戒。当然，两位指挥官的推理都是在事后做出的。

三、华盛顿的景象

（一）陆军

在反映陆军想法的背景方面，10月16日的危机比实施其他两次警戒时要多。一份由杰罗将军在10月8日发给史汀生部长、题为“菲律宾群岛的战略概念”的通联讯息，后来由马歇尔将军在10月18日转发给麦克阿瑟将军，马歇尔还标注说它代表的是“当前陆军部对此问题的想法”。[1] 它指出，日本在西伯利亚滨海边疆区、中国、马来亚的野心因为以下原因而推迟了：一是未曾被预计到的、苏联对德国的长期抵抗；二是中国对日本的抵抗；三是经济贸易禁运；四是日本对启动一场新战争的后果并不确定。它指出，让日本保持不好战状态十分重要，这样可以让盟国集中资源来对付德国；它同时指出，为达成这一目标，建议继续采取现有的威慑措施，增加日本人可以清楚看到并因而可以清晰发挥威慑的强大空中进攻力量。它还建议，应当着重为菲律宾加强进攻性空中力量，并在远东与其他反轴心国国家保持一致。

报告以一段高度乐观的话总结道：

对日本兵力及其能力的思考，让我们得出结论，美国现有的，或者是在未来将派遣前往菲律宾群岛的空中和地面部队，已经改变亚洲地区的整个图景。陆军部所采取的行动，对日本最终决策具有决定性作用，并随之对战争的整体进程有关键影响。[2]

这种关于我们贸易禁运和进攻性力量威慑效果的乐观情绪，自然影响到 G–2 及其对局势的理解。一方面，它让 G–2 建议对日本开启谈判的试探，或企图回应以“强硬”政策。另一方面，它又让日本针对美国的敌对意图信号被掩盖在乐观的迷雾之中。海军倾向于警觉看待的事情，G–2 却待之以默然，或是对太平洋地区的和平报以期望。

G–2 是用以下方式来表达出“强硬”政策的：

……本部门相信，对日强硬的外交，包括持续增加的军事和经济压力

[1] 原注：War Plans Division file number 3251-3260, quoted in Watson, *Chief of Staff: Prewar Plans and Preparations*, p. 445.

[2] 原注：War Plans Division file number 3251-3260, quoted in Watson, *Chief of Staff: Prewar Plans and Preparations*, p. 445.

的运用，让我们有了赢得时间的最好机会，有了阻止太平洋地区敌对状态扩散的最佳可能性，有了最终瓦解《三国同盟条约》的最佳可能性。确实需要美国实施强力的“权力外交”。[1]

这样的构想首先出现在，8月16日一篇送给陆军参谋长、题为“远东形势发展”的备忘录中。这样的想法来源于，日本将“致力于一切可能的措施来避免美国参战”[2]的令人宽慰的想法，而任何放松美国压力的行为都会被视为绥靖。正如我们所看到的，檀香山G–2有同样的想法，而在整个10月份，华盛顿G–2也都是这样的想法。比如，华盛顿G–2负责人迈尔斯准将在有关9月3日至12月1日情况的“世界局势短期预测”中，再次确认：“在日本犹豫不决的旋涡中，有一件事情非常清楚，即日本人并不想让美国参战……”[3]

对我们自己会免受日本侵略的自信，部分受到日本正准备在苏联欧洲部分崩溃时对西伯利亚实施全面进攻想法的支持。而日本鼓动召开领导人会议的做法则被视为是进攻西伯利亚准备的掩护，正是出于这一点，在G–2提交给参谋长的9月23日和10月2日备忘录中，先后重申了强硬外交的做法。此外，备忘录中还加上了这句话：“仅仅通过该政府的行动而不是话语，美国就能并且也应当做出判断。”[4]

由海耶斯·克罗内尔（Hayes A. Kroner）上校签署的10月2日备忘录这样阐述：

本部门的观点是，此时无论是领导人会议还是做出经济上的让步，对美国而言，都不会形成任何实质意义上的优势。除非在会议前，能够从日本得到确切的、退出轴心国的承诺。美国当前的目标就是尽一切可能削弱

[1] 原注：*Hearings*, Part 14, p. 1347.

[2] 原注：*Hearings*, Part 14, p. 1346.

[3] 原注：*Hearings*, Part 14, p. 1353.

[4] 原注：*Hearings*, Part 14, p. 1357.

希特勒。日本不对西伯利亚进攻的保证，将会让苏联在心理上和军事上得以解放，从而更坚定地对抗希特勒。基于此想法，召开这样一次会议，一个确切前提条件就是日本从轴心国全面退出，并且要在充分证据证明其严肃性的前提下，保证不对苏联的西伯利亚发动进攻。[1]

接下来的一段是这样开头的："鉴于日本政府现在非常不可能达到这样的条件，我们面前的道路已经非常清楚了。"[2] 接着，就是立刻建议要继续采取强力的"权力外交"。

在这样的氛围下，10 月份内阁更迭造成恐慌气氛要比 7 月 16 日那次小得多，并且显然没有引发对日本下一步行动的可能方向和时间的再次预测。一份 10 月 16 日 G–2 关于近卫内阁倒台的备忘录说，这是"丰田外相无法保证美国政府缓解对日本经济压力的逻辑结果"[3]，也是"民族主义施压要结束日美和平谈判"[4] 的结果。换言之，G–2 十分清楚，日本内阁的倒台与美国的经济法案直接相关，但它并没有把美国的威胁角色与可能引发对美国的危险这两者之间联系起来。关注点仍然是西伯利亚：

非常有可能……随着陆军而非海军掌握影响力，趋势将有利于轴心国。陆军派很快将利用苏联在欧洲失败而造成的西伯利亚陆军力量削弱这一机会。[5]

显然，G–2 认为并不值得提及日本海军情报课课长平出秀雄（Hideo Hiraide）海军大佐在 10 月 16 日发布的新闻稿。平出大佐公开攻击美国海军的扩张，并且说针对美国，"帝国海军渴望行动"。斯塔克海军上将、萨

[1] 原注：*Hearings*, Part 14, p. 1358.
[2] 原注：*Hearings*, Part 14, p. 1358.
[3] 原注：*Hearings*, Part 14, p. 1359.
[4] 原注：*Hearings*, Part 14, p. 1359.
[5] 原注：*Hearings*, Part 14, p. 1359.

姆纳·威尔斯、史汀生部长都注意到这个新闻稿。史汀生在自己的日记中评论道："日本海军正开始变得几乎与日本陆军一样激进，如此我们面临一个敏感的、采取何种外交防卫策略的问题，以便能够确保日本是犯错的一方，是日本首先采取恶意的举动、公开的举动！"[1]

得知东条将军在 10 月 17 日被选为首相后，G–2 评价道："预期由东条将军选择的内阁都将倾向于轴心国，但也会反对外国并且具有高度的民族主义"。[2] 到 10 月 18 日，G–2 与作战计划部联合起草了给肖特和麦克阿瑟的电文，向他们保证这样的内阁组成并不对美国构成特别的危险。10 月 21 日，G–2 再一次关注苏日之间关系的发展情况。它提交了一份关东军（Kwantung Army）与西伯利亚陆军的相对实力报告，指出：

> 一旦关东军感到自己对西伯利亚陆军拥有超过 2 比 1 的作战力量优势时，无论东京政府的政策和意图如何，它都极有可能发动进攻。而当比例达到 3 比 1 甚至更高时，可能就会变为肯定。[3]

报告总结说：

> ……很大程度上符合我们的利益……采取任何可能步骤，保持现在苏联人与关东军在作战实力上相等。[4]

换言之，10 月 G–2 的注意力主要集中于日苏冲突。此外，它之所以形成这样的建议和预测，决定性因素是自己的先入之见和之前提及的乐观情绪背景，而不是具体信息及其人员了解到的现实分析。也许 9 月 11 日收到美联社从东京发来的电文，称裕仁天皇在那天直接控制了日本陆军司

[1] 原注：Quoted in Langer and Gleason, *The Undecalred War, 1940-1941*, p. 730.
[2] 原注：*Hearings*, Part 14, p. 1360.
[3] 原注：*Hearings*, Part 14, p. 1361.
[4] 原注：*Hearings*, Part 14, p. 1361.

令部的指挥权，并采取行动以确保与近卫首相的政府在陆军事务上形成紧密协作关系时，这样的乐观情绪达到顶点。迈尔斯不仅就此新闻稿向马歇尔上将呈交了备忘录，还将原始文件提交给沃森将军，后者亲自递交给总统。迈尔斯小心地提及："尽管如此早地对此新闻进行适宜评估，还不实际，但确定的趋势似乎已经显现，这是脱离轴心国并与美国和英国达成更好关系的趋势。这样新的体系被解读为强化平民政府、检查军国主义对帝国政策控制和就未来事态发展构成一个可能让军国主义者失望的障碍的努力。"[1] 最后一句话则浓缩了所有那时的愿望思维："日本有可能找出摆脱其历史上最大危机之一的路径，并寻求重新调整其政策向反轴心国方向发展的方法。"[2]

相对于在动态事项评估中表现出的希望与自信，在有关日本政治和经济形势方面，G–2 预测的内容则要显现出某种缜密思考和不受感情左右的推理。比如，在有关 9 月 3 日至 12 月 1 日情况的"世界局势短期预测"中，对贸易禁运效果的看法是非常严肃的：

鉴于美国、英国和荷属东印度群岛对日本实施贸易禁运的限制与日俱增，日本的经济形势在缓慢但确定地恶化。日本一直缺乏战争物资、足够的外汇和足够的对外贸易；贸易禁运则加剧了这些领域的短缺形势。在 1941 年 12 月 1 日前，短缺情况严重，但还不太可能变得危险。

……………………………………………………………………………………

贸易的中止大幅减少了日本的原材料，而这些原材料对于日本的根本福祉和成功发动战争的能力至关重要。对于日本的经济繁荣而言，没有哪个国家能够像美国那样重要，美国不仅是原材料的来源地，也是日本出口的市场。[3]

---

[1] 原注：*Hearings*, Part 14, p. 1354.

[2] 原注：*Hearings*, Part 14, p. 1354.

[3] 原注：*Hearings*, Part 14, p. 1353.

根据掌握的信息，斯塔克海军上将推论认为，一旦日本不能通过正常贸易渠道获得物资，就会通过武力出击方式来获取。G–2 从同样的数据资料也推论出“共荣圈……即将崩溃”，而且“日本发现自己位于很不利的谈判位置”。[1]

关于日本的、由 G–2 天真表达出的这种乐观情绪浪潮横扫了整个最高政策圈。10 月 15 日，罗斯福总统写信给丘吉尔：“日本的形势非常糟糕，我想他们将被动向北，不管怎样，在远东地区我和你有两个月时间缓口气。”[2] 丘吉尔本人也相信，除非确定苏联将被打败，否则日本不会针对太平洋地区的大国，而除非大英帝国被打败，否则日本也倾向于不去进攻美国。[3] 显然，当罗斯福就美国可以延迟与日本之间的战争做出评价时，也对丘吉尔的看法产生了巨大的影响。伦敦的英国情报部门发给华盛顿陆军部的信息，也证实了丘吉尔的观点。在 10 月危机时，伦敦情报部门发给陆军部的电报如下：

据信，除非可能进入泰国，由于存在与美国、英国交恶的危险，尤其是美国采取的坚定立场，日本将不会南进。

新内阁的目标之一是，让之前相互之间有分歧的陆军和海军达成协议，以便支持未来的计划。这个目标显然是为了开启战端。新首相完全亲德。据信，只要苏联显示出即将崩溃的迹象，日本人就将向符拉迪沃斯托克和滨海边疆区进军……新内阁发表的言论应被视为是掩盖其真实意图。据信，尽管会有部队调往其他战场，但苏联人在西伯利亚的实力依然比日本强大，日本人无疑会攫取滨海边疆区和符拉迪沃斯托克。[4]

[1] 原注：*Hearings*, Part 14, p. 1353.

[2] 原注：*Letters*, Vol. II. P. 1223.

[3] 原注：7 月霍普金斯出席伦敦参谋会议的报告，参见 Sherwood, *Roosevelt and Hopkins: An Intimated History*, p. 316。（参考丘吉尔 10 月 1 日电报 *The Grand Alliance*, p. 590。）

[4] 原注：*Hearings*, Part 16, p. 2140.

美国驻日本大使馆发回情况所描绘的图景，进一步强化了日本向北进发的看法，并能够缓解因日本新内阁的政策调整而带来的担忧。尽管之前曾对内阁更迭做出绝望的预测，但格鲁大使强烈希望能够继续谈判，并积极寻找向好发展的迹象。根据他的信息，是天皇本人坚持与美国继续谈判的政策，也是天皇坚持要求东条继续这一政策。[1] 在一份 10 月 20 日发给陆军部的电报中，我们驻东京的陆军武官阐述了格鲁的希望：

鉴于新内阁的组成显示出在本质上仍是保守的，因此，至少前任内阁的辞职不被视为是日本未来马上就将剧烈改变的迹象……东条将军首先是一个十足的日本人，在他思想中显示出民族的野心和福祉，据信他拥有广阔的视野，这似乎是说他不会采取极端激烈的行动。[2]

10 月 21 日，史汀生部长在给总统的一封信中，用更加热切的话语表达出陆军的希望：

……在西南太平洋地区突然间出现最为关键的战略机遇。在过去 6 个月，我们过去 20 年时间里的战略可能性都已被世界上发生的事务完全颠覆。由于之前并未对该地区的事务施加影响，我们突然发现自己已有可能拥有巨大的、有效的力量。实际上，我们尚未意识到我们在这方面的机会。我们正在加紧将飞机和其他准备工作从美国的基地运往菲律宾，而在美国的这个基地中还没有西南太平洋战场即刻必需的最小规模的力量。这是我们去年对英国人一直拖延的后果。只有美国，才拥有必需的飞机、人员、装备和训练。**尽管如果日本人不正确地看待这样的威慑行动，这样的行动也就并不完美，但这样的行动所产生的革命性结果，却有可能阻止日本的南进和保证新加坡的安全。**[3] 然而，正如您所知，最后能否成功，还

[1] 原注：*Foreign Relations of the United States: Japan, 1931-1941*, Vol. II, pp. 697-699.

[2] 原注：引自 Sherwood, *Roosevelt and Hopkins: An Intimate History*, p. 419。

[3] 原注：作者加粗。

要仰仗上帝的意志，我们无法判断日本即刻会如何爆发。如果我们在美国拥有必需的后备力量，我们目前就不会感到不确定。

与西南太平洋地区机会同时出现的，是在西北太平洋地区的机会。符拉迪沃斯托克是通向苏联的三个通道之一。阿尔汉格尔斯克通道可能随时会关闭。波斯湾通道在通行能力方面可以忽略不计。阿拉斯加与西伯利亚和堪察加半岛（Kamchatka Peninsula）在地理上的接近，以及我们相信这些地方所拥有的设施（尽管到目前为止我们还没有机会去测试它们），给了我们一个机会，可以将补充给前述我所描述过的南方战线轰炸机调去另作他用。这个地域可能作为美国在北方方向施加钳形影响和力量的基地，不仅可以抵御日本的侵略，还可以让苏联保留在欧洲地区的防御力量。用德国人正在从北大西洋的挪威至法国部署相似的方式，通过让南方战线的轰炸机飞越日本、停留在符拉迪沃斯托克来确保安全，可以让轰炸机形成环形部署，从而极大地增加安全性，这样的行动将与南方战线的行动相互衔接、相互补充。北方和南方两个战线这样整体行动的力量，是难以估计的。通过这样的行动实现对西太平洋的控制，必然对日本产生巨大的警告，也必然让苏联产生巨大的信心。它甚至也能让日本从轴心国中退出。[1]

除了这些来自美国政策决定者、使馆观察人员、陆军情报官、陆军计划人员的预测之外，另一个作为了解日本意图的指南就是10月18日截获并破译的“魔术”：

……无论新内阁的组成如何，与美国之间的谈判将沿着既定路线继续下去。在这方面将不会产生变化。[2]

“魔术”继续提到类似这样的、令人宽慰的讯息，比如，对野村提出

[1] 原注：*Hearings*, Part 20, p. 4443.

[2] 原注：*Hearings*, Part 12, p. 76.

辞职的回复：

……这些谈判的结果……对于帝国政府将追寻哪一条道路有巨大的影响……在此方面，我们依赖于阁下您的报告给我们提供信息。

鉴于以上原因，我们的希望是，您能继续牺牲个人的期望，继续担任此职务。[1]

这些截获的讯息似乎预示着对美国的敌对行动不会立刻开始。

（二）海军

如上所述，海军对美国贸易禁运政策的预测中指明了非常严峻的后果：日本即使不对美国发动直接袭击，也将先期与英国开战。斯塔克海军上将多少受到陆军在菲律宾问题上乐观情绪以及英国向太平洋地区派出增援的影响。他个人对于近卫内阁的倒台并没有非常悲观。但他高度赞同自己的作战计划官特纳海军少将，在画掉一些更令人警觉的词语后，他批准发出 10 月 16 日的电文。而显然，特纳海军少将是有所警觉的。

根据特纳后来的证词，他说：

那时［10 月 16 日］确信，如果日本在远东进攻英国……美国将立刻加入对日战争。在 1941 年前的数年时间里，日本人显然已决定将会把英国赶出远东地区。我相信，日本人中某一部分力量一定非常急于想让美国置身于战争之外，让美国不要帮助英国，但在 1940 年和 1941 年，美国已做出许多针对日本的举动。整个政治局势，还有日本对菲律宾的兴趣都让我确信，战争已经不远了，而战争是针对美国和英国的。[2]

国会联合委员会第一任总顾问米切尔（Mitchell）先生询问道："你写

[1] 原注：*Hearings*, Part 12, p. 82.

[2] 原注：*Hearings*, Part 32, p. 604.

的那份［10 月 16 日］电文是不是你那时的判断……你说的即将在短时间内导致战争的条件？”特纳回答：

不，先生；不是短时间内。那是相对的。新内阁要组建。这需要时间，他们也要发表声明，获得天皇的批准，发布命令来部署其军队、装载舰船。所以在那时，涉及美国、英国和荷兰时，我相信至少在一个月之内不会有战争发生的可能性。

但说到苏联人，情况就有所不同了，因为他们离苏联人近。他们在“满洲”已经驻扎了一支军队，但是否展开了部署，我们并不知道。他们在本土水域有海军的绝大部分力量，所以针对苏联的行动可能在更早的时间开始。[1]

正如斯塔克写信给金梅尔时所说的那样，特纳早在 8 月份就预测过日本将进攻苏联。在 10 月 16 日电文中，斯塔克劝说他将预测从“概率”改为“可能性”。可能是在 10 月份时，特纳预计日本和苏联之间的战争将在几天或几周内而非一个月后爆发。在他的脑海中，还有他尚未详细告知金梅尔的一些预防措施和舰队部署情况，但这些金梅尔实际上在 10 月 22 日都已实施过。正如特纳作证时所说，战备部署是：

……预计包括派遣潜艇沿着大约 180 度经线向西航行……就在马绍尔群岛东部，将舰队或是部分舰队，部署在外海，相当多的时间在夏威夷西面，总体上对中途岛和威克岛形成支撑，对巴尔米拉和约翰斯顿提供掩护，预计他们从之前的部署形成这样一种态势，我们可以对任何来犯的袭击进行警报，以便他们能够对任何前来的日本部队采取措施。[2]

尽管特纳在听证会上将这些部署定义为侦察措施，但日美战争一旦爆

[1] 原注：*Hearings*, Part 4, p. 1945*f*.

[2] 原注：*Hearings*, Part 32, p. 606.

发，这些措施都是攻击马绍尔群岛的作战计划措施。数月以来，金梅尔已得知这一计划的要求。

在提到 10 月 16 日电文中有关日本的“绝望形势”时，特纳想到的是，“通过我们的行动造成这样一个事实，即不仅是日本与美国的贸易，而且是与英国领地和荷兰的贸易被中止……在相对短的时期内，她自己的巨大［石油］储备……会耗尽”。[1] 简言之，日本的经济形势是令人绝望的。特纳对 10 月 16 日电文中要求采取这样的、不构成挑衅性行动的预防措施的指令负有全责。1945 年回顾时，他解释说：

> 我想，国务院和海军部就我们应当尽量争取时间来做好战争的物资准备方面是一致的……现在……一直在与日本对话，且对话表面上看来是不导致战争的一种可能解决方案，而政府也期望我们那时不要与日本开战。因此，我们不希望自己的舰队巡航至马绍尔群岛，采取一种威慑的态度。我们不希望他们将夏威夷所有不忠诚的人都拘捕起来，我们不希望他们向日本岛屿附近派出潜艇。有这样一种企图，即尽可能长时间地保持和平，确保即使是战争爆发，也是日本而非美国发动了战争。[2]

海军情报局并没被要求去预测敌人的意图或是去评估情报资料。然而，它所拥有的信息似乎也支持了特纳的假设。海军情报局 10 月 16 日有关日本内阁更迭的备忘录，强调日本重新确定与轴心国之间的协作，并指出日本有“地位和能力去进攻西伯利亚”。它还谨慎地建议，鉴于日本陆军清楚地表现出要控制新政府，“预计会有对美国利益有害的主动举动”。[3] 里面清楚阐述了日本经济的限制，并将其归结于美国的贸易禁运政策。它还指出，日本必须要能进入海外市场，或者通过苏联打通到欧洲的陆上供给线。

[1] 原注：*Hearings*, Part 4, p. 1945.

[2] 原注：*Hearings*, Part 32, p. 606.

[3] 原注：*Hearings*, Part 15, p. 1845.

一场西伯利亚战役的合理假设再次成为海军关注的中心。在这份备忘录中，并没有 G–2 那种乐观情绪，也许是因为海军情报分析人员不被允许表达任何显示出评估成分的态度。不管如何，海军部的信息和预测要比陆军部的清醒得多。是海军部在这个特殊的事件中警告了檀香山，也是海军发给金梅尔的系列电文预示出在威克岛和中途岛等如此近距离的地方遭受袭击的危险，以及可能对美国商船船运袭击的危险，并要求金梅尔采取进攻马绍尔群岛的战备部署。

（三）媒体

除独特优势的信息之外，在这个时期，华盛顿的政策制定者还拥有有关报道日本新闻的优秀媒体的便利条件。在 10 月份的头两周，《纽约时报》上有关日本国内政治的主要文章指出东京即将发生的内阁危机。比如，10 月 1 日，哈雷特 · 阿本德从马尼拉报道说预计内阁会再次更迭，并再次出现像松冈这样的极端分子。10 月 7 日，尾藤 · 塔利舒斯说极端民族主义分子正在向政府施压，要求放松贸易禁运。他们宣称，日本正在“窒息”。过去两个月来，她没有获得“一滴汽油或是一片生铁”，而美国和英国却正在太平洋地区稳步变得强大。

10 月 16 日，头版上出现的是塔利舒斯关于日本海军情报课课长平出秀雄的演讲。平出警告说，日本和美国之间的关系“现在正接近于分道扬镳”。他之所以发出这样的警告预测，是基于美国可能将护航体系扩展到从冰岛至英国列岛一线，以及寻求西伯利亚的基地来援助苏联的小道消息。平出之后的演讲内容是：

> 美国感到，自己在当前这样的形势中并不安全，正在大规模扩张海军。但目前，美国尚无能力同时在大西洋和太平洋实施海军行动。帝国海军已做好最坏的打算，并完成所有必需的准备工作。实际上，一旦需要，帝国海军将立刻行动。

《纽约时报》也引用了日本报纸《朝日新闻》的评论，评论认为平出的声明十分重要，因为它是就美日关系“首次澄清海军确切的态度”。日本同盟通讯社（Domei News Agency）在得到“消息灵通人士”授权后宣布，美国的两面派做法不可容忍：美国在与日本进行外交谈判的同时，却对日本摆出敌对的姿态。

《纽约时报》上关于相同问题的主要标题有：“美国研究远东紧张局势。莫斯科一旦陷落，华盛顿对东方的担忧”。在第5版上，哈雷特·阿本德撰写了一个有趣的话题，即日本刚刚开通从帕劳到葡属帝汶的商业航线。这条航线不能用贸易增长进行解释，而452英里之外的澳大利亚达尔文也陷入“恐慌”。阿本德评论道：

> 正当远东地区所有的眼光都集中在北方，预期能够看到日本对西伯利亚采取军事行动……日本突然宣布此举，并借此在葡属群岛或帝汶岛东端获得了立足点。

10月17日，近卫内阁倒台的新闻占据了头版。报纸猜想，在东条将军担任首相的情况下，新内阁应当是亲纳粹的。塔利舒斯引用《日本时报与广告报》的说法，将当前危机归因于美国人。该报纸抱怨说，美国向中国人提供武器、技术支持和军事顾问来与日本作战：“日本绝不会干涉美国势力范围或生活地区，而美国却跳过了大洋，对远东事务横加干涉。”《纽约时报》还就此问题报道了罗斯福与自己军事助手们的会议，但并没有报道会议上达成的任何决定。另外一栏则报道了随后海军部给亚洲地区的美国商船进入港口接收“指令”的命令。

第二天，据说东条已确定接任首相。塔利舒斯报道说，新内阁中大部分人员会是陆军，但谈判并不会中止，而且可能还会从中得益，因为美国现在是直接同日本陆军进行谈判。然而，新政府的外交政策将保持不变，即解决“中国事件”，继续推进“大东亚共荣圈”计划。汉森·鲍德温（Hanson Baldwin）对内阁更迭的评论是：“日本是否北上西伯利亚或是南下泰国或其他地方，这是另外一个问题；现在清楚的是，近卫内阁的下台……是任何行动之前的必要前奏。”中国外交部长预计，日本下一步行动是进攻苏联。哈雷特·阿本德也认为，入侵西伯利亚是来年春天向南远征的前奏。他相信，对美国不会采取积极措施来反对日本，日本抱有信心。来自中国上海和新加坡的新闻报道则继续突出日本对西伯利亚的动向。

当10月19日新首相声明说自己的政府不会改变政策，而他意图“与友好国家之间提升亲善关系”之后，有关日本的新闻就从头版消失了。塔利舒斯在10月21日和22日报道说，东条正在谈论“世界秩序”和其他“含混的套话”。同时，在日本，所有新闻解读都似乎已认可日本的政策是“不可改变的”，认可尽管日本迫切期望华盛顿的谈判取得成功，但首先华盛顿应当改变态度。

10月22日，一篇专栏用了这样的题目：“菲律宾军队处于警戒状态”。报道说：“在危机期间，武装部队保持双倍的警戒，美国亚洲舰队绝大部分力量集中在马尼拉湾，飞机经常巡逻，陆军进入战备状况。”但是，“一些消息来源相信，目前的紧张局势正在缓解……让美国舰船入港停泊的美国海军命令已有所放松，以至于有两艘船已获准离开马尼拉……”

10月23日，主要标题涉及的是重新规划航线，通过阿尔汉格尔斯克而不是符拉迪沃斯托克向苏联提供援助。《纽约时报》认为，之所以这样做，原因在于美国政府迫切希望避免与东京之间发生偶发事件。白宫则于次日气愤地加以否认。根据塔利舒斯24日的报道，这篇新闻在东京倒是大受欢迎。然而，东京的媒体再次控诉美国正在寻求西伯利亚的基地以对付日本，塔利舒斯则将东京实施的一次灯火管制解读为全面战争准备的又一步骤。

简言之，如同其他许多信息来源一样，媒体强调的是日本进攻西伯利亚的假设。它正好反映出官方对日本内阁更迭的警觉，以及东条宣布继续谈判的意图后紧张气氛的突然缓解。此外，它还报道了日本媒体一直对美国和英国的敌对态度，并将这种敌对状态直接与美国对日本经济的束缚、寻求西伯利亚基地以对付日本等联系起来。

10 月份的事件非常有趣，主要原因是华盛顿陆军和海军的预测，以及他们发往檀香山的电文之间，明显相互矛盾，还有就是因为这样的相互矛盾而对夏威夷方面解读最后的 11 月份警戒讯息产生了影响。这些事件也非常清晰地阐明，对我们在菲律宾实力的乐观情绪等基本态度，是能够改变对危险信号的感知能力的。正如海军对美国实施对日贸易禁运中固有的危险感到警惕一样，正如海军对我们在菲律宾的准备工作的威慑效果感到疑虑一样，海军也对日本内阁更迭的危险有同样程度的警觉。

第四节　小结

在本章所描述的三次警戒行动中，1940 年 6 月的第一次警戒是由法国陷落和法西斯对南美可能入侵导致的普遍警觉气氛所引发的。在这样的氛围中，珍珠港遇袭的危险只能在碎片信息中看到，而这些信息在一年之后，也只会让搜集机构最漫不经心地扫视一下而已。

1941 年 7 月的第二次警戒是由美国针对日本采取的两项措施，即强制实施贸易禁运和让菲律宾陆军进入战备现役状态而引发的——此外，还有对日本或许会报复的担忧。没有理由预计，日本袭击甚至是破坏珍珠港，是日本在印度支那攫取基地行动的一部分。日本人至多可能会袭击英国人。但美国军事领导人预期，日本人对美国贸易禁运的反应会是不友好的，甚至会导致采取积极的敌对行动。

1941 年 10 月的第三次警戒是由日本事件引发的，即温和的近卫内阁的倒台并由军国主义的东条内阁所取代。通过梳理，发现温和派的倒台与近卫无法软化美国的贸易禁运政策明显相关；此信号确切地说并不能解读为一个日本事件，更精确地说，是发生在日本但却直接与美国行动相关的事件。从这一事件中，美国军官们预计在太平洋地区，和平的概率大幅降低。

到第三次警戒时，用来描述我们与日本之间关系的刺激和反应因素间的差异已经越发难以分辨。1941 年 7 月，很容易看出，日本在印度支那的行动是我们实施贸易禁运决定的最后刺激因素。但自那时起，外交照会和受到抗议事件形成的谜团越来越大、越来越多。贸易禁运造成的影响是多重的，而且不断增加，但它产生的压力却不那么容易计算出来。最后，为了对某个危险信号进行解读——比如日本某个特定的军事或外交动向，就必须要知道美国最近的动作，而且必须要在几小时内知道。最后时刻，与各个战场之间的通联问题，变成最关键的问题。

在这些早期警戒中，通联是混乱的核心。对这三次警戒而言，在华盛顿得到的信息都要比在战场得到的信息更加完整。美国东岸的媒体报道也要比檀香山的更加广泛、更加可靠。但即使是在华盛顿，军种之间通常也在以下方面存在分歧：一是把什么样的信息发送到战场；二是如何阐述这样的信息；三是面对什么样的形势需要发出警戒命令；四是应当精确指示实施什么类型的警戒。有时，分歧是明显的；而有时，政策太过模糊，难以明确反驳。海军作战办公室给檀香山发去的信息和评估要比陆军方面的多，并且总是使用一种陆军可能认为有些杞人忧天的语言来阐述讯息。陆军的讯息则没有那么经常，并且措辞谨慎。然而，两个军种都使用了一种措辞，让讯息在很大程度上由战场的指挥官来思考，判断应当如何解读讯息中的意图，以及最终应当采取什么样的行动。同样一条讯息，有时被一个军种用作警戒命令，而对另一个军种则不是。

除了 1940 年 6 月 17 日的警戒命令外，这些讯息没有哪一个使用了“警戒”这个词。它们实际上用的是“某些事情正在慢慢形成”，或者“在一个月内可能发生某些事情”，或者是“对在任何方向上可能出现的突然动作做好准备”。描述可能发生事件时的词语有“可能”“几乎不可能”或“极度可能”，或者说它们“不能完全被排除”或者说“不可预计”，这些都不能非常明确地指导决策。比如，陆军 1941 年 11 月 27 日的警报说到，日本未来的行动是不可预计的，这对于肖特中将或金梅尔海军上将进一步了解情况或做出判断毫无用处。面对夏威夷当地形势的压力，在收到华盛顿的最后讯息时，肖特中将看到的是破坏的危险，而金梅尔海军上将看到的，却是日本对盟国甚至是对靠近夏威夷群岛的美国某处领地袭击的危险。

1941 年时，华盛顿与战场之间的通联尚不完善，战场当地的解读并不会被审查。也没有收讫或后续行动的标准流程。华盛顿的绝大多数高官对于什么样的信息必须要被发送到战场，只有最模糊不清的观念，同时，鉴于是出于良好的意图，因此所有人的假定——正如今天我们同样做的——所有关键和重要的信息都被迅速地发送出去。比如，特纳海军少将就不知道，金梅尔在珍珠港并没有自己的“魔术”破译部门。而且与斯塔克海军上将及其他海军领导人一样，他也相信，檀香山两个军种收到的绝密信息是一模一样的，相信肖特和金梅尔在收到任何信息之后都会立刻相互交换，相信檀香山有好的媒体报道，相信所有的关键军官都用良好的判断力来阅读每天的报纸。正如我们所看到的，上述想法没有一个是合理的。

当华盛顿基于只有自身知道的信号引发警报时，却把实施何种类型的警戒交由当地指挥官决定，这样的流程似乎很成问题。自然，我们的安全措施决定了战场不能接触到某些类型的信息，特别是我们未来要实施并想要瞒过敌人动向的关键信息，或是向敌人泄露了我们能够接触到他们秘密——从而危及了这样的获取能力——的信息。此外，除安全因素外，人们的常识也要求有筛选的处理过程，即只发送由华盛顿情报机构认定相关和准确的信息。但正是由于存在这样的信息限制，重要的一点就是不能让当地指挥官自由地解读**华盛顿的意图**。如果华盛顿掌握了全面情况，似乎华盛顿也应当承担确定警戒的日期和等级，以及跟踪检查命令是否得以贯彻落实的全部责任。另一方面，当地具体的紧张局势和当地更大范围威胁的信号应当直接引发当地的警戒。

在本章所涉及的数月中，与海军相比，华盛顿和夏威夷的陆军对于对外政策都更不感兴趣，了解得也更少；因此，有时与海军方面相比，陆军的判断，尤其是情报部门的判断就不那么扎实。G–2 的预计有保险的全面复述——如“日本进入泰国的行动将先于或后于或与进入印度支那的行动同时进行”，也有第二天或第二周可能就被证明错了的精确短期预计——如预测 7 月 16 日日本内阁更迭会缓解对维希和法属印度支那的压力。而因为预测敌人企图并非海军情报局的职责之一，因此它就没有机会显示出好的或是坏的判断。

在 1941 年时，密码分析是唯一显著有效的情报部门。从“魔术”而来的破译和翻译的讯息，为预测日本动向提供了关键的数据资料。然而，尽管华盛顿的高级情报军官们能够接触到这样的材料，但它们的使用总体上是滞后于最高级别作战指挥官们的运用。正如我们在之前所指出的，要很好地使用秘密信号，接收者必须首先能够观察和分析公开信息。实际上，当我们比较有关敌人企图的绝密情报评估和当时媒体的预测时，会对更不占据来源优势的后者判断的合理性感到吃惊。很容易得出结论：对国际事务领域的广博知识和了解，以及对事务公开发展的严密观察，是做出这样预测的最有用因素。

“魔术”在特性上不是万能的；对“魔术”进行解读，需要敏锐的感觉和政治敏锐性。但即使是用这样现实主义的眼光来看待“魔术”，也不能否定它的关键重要性。我们现在就将涉及它的本质和使用问题。

第3章
"魔术"

对外行人而言，到目前为止，在珍珠港事件之前，情报工作中最为人所知和最让人着迷的，就在于掌握了被称为"魔术"的日本代码和密码基础上开展的侦测活动。[1] 在如此长一段时间内，掌握这一绝密来源的军官们揭示出的最后时刻信号是史无前例的。能够阅读这样的密码，让美国人对敌人而言，拥有了巨大的、之后不太可能再有的优势。美国军事和政府领导人拥有每天看到日本政府及其在华盛顿、柏林、罗马、伯尔尼、安卡拉与其他世界各地主要日本使馆之间秘密通信的特权。他们看到日本在檀香山、巴拿马、菲律宾和美洲其他主要港口武官们的报告。他们提前获知日本正在策划的外交动向，以及日本特工们正在搜集的有关美国防御战备情况的信息。然而，即使拥有这样的优势，即使还有其他来源的信息，如英国情报部门[2]、空中侦察、海军无线电通信分析、雷达、美国驻日本大

[1] 原注：在本章中，代码和密码系统并没有加以区别，部分原因是我们的主要兴趣在于讯息中的内容，部分原因是在各种珍珠港事件听证会中都没有证词来区分。因为安全保密的原因，日本人在秘密通联中实际使用的掩饰手段，要么被刻意模糊了，要么就没有公开。虽然"紫色"是一个密码系统，但外行人还是称其为"紫色代码"。

[2] 原注：迈科克伦海军上将曾指出，英国对远东地区政治和海军事务的了解，"在1941年时令人惊奇的不足，并且与我们有巨大差距"。（1956年9月的访谈。）

使馆等，也不足以阻止美国遭到突袭。

1941 年时，“魔术”说了些什么？说了多少？它能够告诉美国政府中的哪些人？这些是我们想要回答的问题。为此目的，我们应当首先把“魔术”看作一个独立的信号来源，并且只考察原始材料。之后我们将再考察一下，决定了 1941 年使用“魔术”时的先入之见，以及它是如何融入华盛顿整体信号图景中的。

第一节 陆军和海军“魔术”

陆军和海军都有处理破译日本截获讯息的专门单位，但他们之间所做的并不重复，也没有证据显示两者之间存在竞争。在海军部里，处理“魔术”的单位被称为通信安全部门。1941 年时，该部门拥有约 300 名人员，在萨福德海军中校的监管之下开展工作。他负责美国海军的所有密码和代码，还为海军实施秘密外语通联截收和破译工作。为了后一个目的，海军在华盛顿的班布里奇岛（Bainbridge Island）、佛罗里达的丘比特（Jupiter）、缅因州的冬港（Winter Harbor）、马里兰州的切尔滕纳姆（Cheltenham）、菲律宾的甲米地，以及美国和太平洋地区的其他数个地方建立了截收站。所有截收讯息都从这些站点送至萨福德的部门进行处理。

在海军情报部门中，另一个与萨福德海军中校紧密合作的特别单位是克拉默海军少校的翻译部门，该部门在日本外交截收信息被破译后，就着手进行翻译工作。克拉默手下有一名军官、两名文书军士、六名译员。[1]有三名译员仍然在训练，因此还不足以承担更为重要的、柏林和华盛顿通联线路上所获取材料的翻译工作。克拉默本人是熟练的日语专家，但他的

[1] 原注：*Hearings*, Part 9, p. 4168.

主要时间都花在监督和分发截收讯息上。他亲手把翻译材料交给海军被批准名单上的接收者。

萨福德的通信安全部门隶属于海军通信局（Navy Communications Division）。通信局就像是海军中的西联公司（Western Union）。到1941年底时，该局每天平均处理的讯息达到4000条。[1] 从1939年8月至1942年2月，该局局长是利·诺伊斯（Leigh Noyes）海军少将。正式地说，他的部门与作战计划部、海军情报局平起平坐，诺伊斯在作证时说，自己与作战计划部的特纳海军少将以及海军情报局的威尔金森（T. S. Wilkinson）海军上校紧密合作展开工作。比如，海军情报局决定哪些“魔术”讯息足够重要，需要让我们的政策制定者和军事领导人看。诺伊斯则不参与这一部分的工作。海军情报局的克拉默海军少校会进行第一轮选择，再与自己的上级、情报局远东组的迈科克伦海军中校一起重新审视一遍。然后迈科克伦会获得威尔金森的正式批准。鉴于威尔金森宣称自己对外交语言毫无了解，我们因此可以假定克拉默和迈科克伦对做出选择拥有完全的决定权。如所有证词的证据显示，他们的判断得到高度肯定。[2]

在陆军中，截收外国加密讯息的任务是由特别部门“信号情报处”（Signal Intelligence Service, SIS）中的信号部队完成的。奥蒂斯·萨特勒（Otis K. Sadtler）上校是信号部队军事分部负责人，同时也主管信号情报处、所有的通信部门、陆军图像工作、信号学校。“总体上，”他说，“我的作用也属于作战职能，只是……我们主要关注的是通过不同截获手段获得的、吸引我们注意力的数据资料，我们并不关注那些讯息内容的评估或是分析。”[3] 评估是G–2远东情报组组长鲁夫斯·布拉顿上校的任务，他从“魔术”中进行挑选和分发。在我们感兴趣的这段时间内，雷

[1] 原注：*Hearings*, Part 23, p. 915. 1941年时任海军通信局局长助理的约瑟夫·雷德曼（Joseph R. Redman）海军少将估计，其办公室处理的“魔术”讯息获取件在11月份达到平均每天26份之多。

[2] 原注：*Hearings*, Par 10, p. 4750.

[3] 原注：*Hearings*, Par 29, p. 2428.

克斯·明克勒（Rex W. Minckler）中校领导着信号情报处。主要的密码破译员威廉·弗里德曼上校负责破译被称为“紫色”的最高级别日本外交密码。1940 年 8 月，在进行 18 至 20 个月的研究之后，他首次完整地破译出全文。[1]

陆军在美国和领地上有 7 个截收站用来获取加密的外交材料。[2] 所有这些站点的截获信息都被转发给信号情报处进行处理。

要破译最高级别的“魔术”和“紫色”，首先都要找到密钥，而这需要依靠获取一定数量使用该密钥的通联信号，然后才能解密。“紫色”机器非常精密复杂，必须通过大量的手工劳动、经过长时间才能制成。在 1941 年，总共只有 4 台机器。在华盛顿，陆军和海军各有 1 台；1 台被送去菲律宾的甲米地，并由第 16 海区的舰队情报官们操作；而第 4 台送到英国，用以交换破译德国代码和密码所需的密钥和机器。拟定发往珍珠港的第 5 台机器仍在制造之中。在这些机器的帮助下，有时美国官员们可能比日本人自己更快地从东京获得信息。萨福德海军中校在作证时说，在绝大多数情况下，虽然通常都需要一段时间才能找到密钥，但“只有极少数的‘紫色’密钥我们无法解决，大概是 2% 或 3%”。[3] 陆军和海军的密码破译部门努力合作以解开这些密钥。

在国会调查中一个反复被问及的问题，涉及处理特定加密截获讯息所需的时间。一些讯息在截获当天就能够形成流利的译文，另一些则要到一个月后才能形成流利的译文。在公开的记录中，用时最长的，是一份从檀香山发往东京的截获讯息，一共用了 59 天才处理完。

处理“魔术”时，最花费时间的，是截获讯息从无线电站点到达华盛顿的这段时间。转送这些截获讯息最常用的方式是航空邮件，但有时只有火车或是船运可用。比如，从檀香山通过远程空运——在天气良好

[1] 原注：*Hearings*, Par 36, p. 312.

[2] 原注：这些站点位于纽约港的汉科克堡（Ft. Hancock）、加利福尼亚的旧金山、得克萨斯州的圣安东尼奥、巴拿马、檀香山、马尼拉和弗吉尼亚州的胡特堡（Ft. Hunt）。

[3] 原注：*Hearings*, Part 36, p. 319.

时前往美国本土的班次大约是一周一次——发出的截获讯息。当天气恶劣时，空运班机要延误数天之久，就要通过船运方式送达截获讯息。这需要两周甚至更长的时间。1941 年，一些截收站开始安装电传打字机，但到 1941 年 12 月 7 日时，只有陆军的旧金山和海军的班布里奇岛 2 个站点拥有这一设备。有时也会使用陆军或海军的无线电设施，但根据弗里德曼的证词，“我们没有足够的无线电线路和设施来转送通过无线电截获的所有材料”。[1]

另一个主要瓶颈是将日语翻译成英语。正如我们前面提到的，克拉默的海军部门中有 6 名译员，但只有 3 人有足够的经验可以独立工作。他们都是从民事服务机构（Civil Service）抽调来的民事文职人员，尽管他们持续加班工作，但要拿加班报酬却不合法。还没有陆军部门中译员数量的记录，但似乎不太可能超过 6 个。从可用证据看，他们中的一些显然是文职人员，因为布拉顿抱怨说相关法律严格限制了在华盛顿工作的陆军人员。[2] 陆军绝大多数训练有素的日语专家与部队一起在战场工作。

12 月 7 日时，整个信号情报处在华盛顿有 44 名军官和 180 名士兵及文职人员，还有在监听站工作的 150 人。[3] 与之相比，到战争结束时，信号情报处仅在华盛顿一地就有 666 名军官，总计 10000 人。海军在华盛顿的通信安全部门则达到 6000 人。

由于缺乏译员，陆军和海军对翻译日语材料的任务进行了分工。一开始，海军承担奇数日期时所有发自东京的讯息，陆军则承担偶数日期发自东京的讯息。陆海军分别从各自军种的截收站获取讯息，在确定讯息发出的原始日期后——这也需要一些前期的破译工作，他们再决定留下或是发给另一个军种。后来，随着工作压力与日俱增，陆军只承担偶数日期到达自己机构的讯息，海军则只承担奇数日期到达的讯息。在紧急情况下，就连这样的分工运作系统都崩溃了，在两边的部门里，人员都会被用上。

[1] 原注：*Hearings*, Part 36, p. 311.

[2] 原注：*Hearings*, Part 9, p.4563. 这些法律要求 1 名军官每 6 年就必须在部队工作 2 年。

[3] 原注：*Hearings*, Part 3, p. 1146.

自然，日本人使用不止一种密码来发送外交讯息，而无论是陆军还是海军的密码破译部门，都没有足够的人手来立刻处理自己应当承担的那部分截获讯息；一般总是会有积压的未破译和未翻译的材料。因此，每个部门都建立了一套尽可能与日本人使用密码的等级顺序相一致的破译优先顺序。所有通过“紫色”获得的截获讯息将被首先处理；其次是 J–19 和其他 J 系列（如 J–17K6，J–18K8，J–22）；然后是 PA–K2；最后是 LA。似乎密码分析员认定，PA–K2 相对容易被破解，一般需要 12 小时至 5 天不等的时间，但也要取决于通信量。弗里德曼形容这种密码是“加密密码的一种好形式”，是“运用对密码进行密钥替换的一种高级别密码”。[1]J–19 要更难一些，萨福德预计，他们未能解开 10%—15% 的密钥。密码分析员们也试图破解主要的日本陆军和海军密码，但根据他们的证词，1941 年 12 月 7 日之前并未成功。在珍珠港事件前一周，驻美国或盟国的大使馆和领事馆内的日本人收到指令，要求销毁除“紫色”外的所有密码；因此，J–19 和 PA–K2 的通信量非常少，而要在这段时间内找到密钥就变得极度困难。

陆军信号情报处和海军通信安全部门的人员承受着巨大的工作压力。他们知道，材料拖的时间太长就会变得没有多少价值，因此时间在破译秘密材料的工作中非常宝贵。此外，这两个部门都人手不足，以至于克拉默海军少校通常不得不一天工作 16 小时，而且一边要完成自己专门的翻译和评估任务，一边还要充当传递员的角色。所有讯息在初步翻译之后，如果被认为没有多少政治或军事价值，就会被放在一边或是放弃，这样才能腾出充足的时间来顺利翻译出那些重要的截获讯息。因此，评估工作和翻译工作同样重要。对破解密码的人而言，压力当然也同样巨大。弗里德曼上校长时间持续研究日本密码之后，他在 1940 年 12 月时甚至出现了精神崩溃。珍珠港袭击发生时，他没在从事研究日本材料的工作。

[1] 原注：*Hearings*, Part 36, p. 310.

第二节 安全

我们能够读到“魔术”讯息这件事，是严格保守的秘密。只有一小部分政府官员才有特权看到这些通联讯息。根据1941年1月23日G–2和海军情报局签订的协议，在华盛顿是这样限制分发范围的：在陆军部里分发给陆军部长、参谋长、军事情报局局长；在海军部里分发给海军部长、海军作战部长、作战计划部部长、海军情报局局长。其他的接收者是国务卿和总统的军事助手，后者把材料呈交给总统。在这些截获讯息被翻译成流利的英语后，会选出需要分发的讯息并汇总成册；这些汇总册被放在上锁的文件包内，由专人送交给接收者，而每个接收者都有一把自己文件包的钥匙。陆军负责每天（或者根据需要增加次数）分发送达陆军部和国务院的文件包；海军则负责分发送达海军部和白宫的文件包。[1] 克拉默是海军的分发人；布拉顿上校是陆军的分发人，他的助手杜森贝里中校偶尔负责分发。在1941年很长一段时间里，克拉默还列出一张翻译要点的清单。这样就列出了所有讯息的大意，读者也就能快速对文件包内的所有内容形成一个印象。克拉默还用加星号的方法来引起对某些讯息的注意：一颗星表示的是一条有兴趣的讯息，两颗则表示重要的或是紧急的讯息。但由于工作压力太大，1941年秋天时，他不得已放弃了标注要点清单的做法，改为在感到必要或是接收者有问题时进行口头评估汇报。布拉顿上校之前也给自己分发的文件包列出要点或是做出评估，但在1941年8月5日，马歇尔上将发出命令，要求他只提供原始材料。[2] 于是，他用打红勾的方

[1] 原注：克拉默海军少校的证词，*Hearings*, Part 33, pp. 850*ff*。诺伊斯海军少将认为，陆军和海军其实各只有一个这样的文件包。最初，是由陆军和海军交替送达白宫和国务院。1941年5月之后，由于总统的助手弄错了文件包，G–2拒绝承担送达白宫的任务。（*Hearings*, Part 11, p. 5475*f.*）

[2] 原注：*Hearings*, Part 9, p. 4584.

式标注重要讯息。

我们为何要保护“魔术”的秘密？理由很充分。它对美国的价值就在于，日本人不知道自己的讯息正被美国人阅读，并且还继续使用这一渠道来传递关键信息。马歇尔在战争中写给托马斯·杜威（Thomas E. Dewey）州长的一封信里如此解释：

……我们有关希特勒在欧洲企图的信息，主要基础都来源于大岛勋爵从柏林发出的、报告他与希特勒及其他官员会见的讯息……这些讯息仍然存放在与珍珠港事件相关的文档中。

……珊瑚海战役就是基于破译的讯息，这样我们的少数舰船才能在正确的时间出现在正确的地方。此外，我们能够把有限的兵力集中起来，去迎击他们向中途岛实施的海上机动，否则我们可能会在大概3000英里之外的什么地方……

太平洋地区的作战行动，很大程度上受到我们所获取的日本人部署的指引，我们知道他们在不同驻防点的兵力，他们可以持续的口粮和其他库存物资，而且最重要的是，我们能看到他们舰队的动向和他们护航舰队的动向。他们认为是我们的潜艇让他们时不时遭受了重大损失，实际上，这在很大程度上归结于我们知道他们的航行日期和护航舰队路线，能够通知我们的潜艇在适宜的地方列阵等待。

……………………………………………………………………

再举一个说明形势敏感微妙的例子，一些多诺万[1]的人在没有告诉我们的情况下，秘密搜查了日本驻葡萄牙大使馆的办公室。然后，世界各地日本陆军武官们的密码都更换了。虽然这是一年前的事情，但我们至今都无法破译新的密码，也因此失去了这一无价的信息来源——特别是在欧洲局势方面。[2]

[1] 译注：时任美国战略情报局局长。

[2] 原注：*Hearings*, Part 3, p. 1129.

由于存在众多风险，必须极其谨慎，不让日本人知道我们能够阅读“魔术”，而一个最简单的办法就是限制分发范围。在保住秘密这方面，华盛顿也确实得到过警告。1941 年 4 月份和 5 月份时，截收站曾发现，一系列的讯息显示日本人已经怀疑美国人能够读懂他们的密码。[1] 4 月份时，柏林和东京之间的数份通联讯息指出，美国密码分析员可能破译了两套辅助密码和 PA–K2，而德国人肯定早已破解了这些密码。5 月 3 日，一名德国特工打电话给日本驻柏林大使大岛，告诉他说，在美国的德国谍报局（German Intelligence Agency）有可靠信息显示，美国政府正在阅读野村大使发给东京的讯息。两天之后，松冈外相发电报给野村说：

根据一个相当可靠的信息来源，似乎可以肯定美国政府正在阅读你的加密讯息。

请告诉我你是否对上述消息怀疑［海军于 1941 年 5 月 5 日翻译］。[2]

野村在同一天回复：

在我们这方面，所有代码和密码，当然还有其他文件的保管者采取了最为严密的预防措施。

对于此事，我并无察觉，但会进行调查，请在具体细节确定后电报给我［海军于 1941 年 5 月 6 日翻译］。[3]

在此之后，还有一系列恳切要求在使用密码时采取更为谨慎的预防措施的电报。5 月 20 日，野村发电报说：

---

[1] 原注：*Hearings*, Part 4, pp. 1860-1863, and Part 5, p. 2069*f*.

[2] 原注：*Hearings*, Part 4, p. 1861.

[3] 原注：*Hearings*, Part 4, p. 1862.

尽管我不知道是哪些，但我已经发现美国正在阅读我们的一部分密码。

至于我是如何得到这一情报的，我将通过信使或另一种安全的方式告知你［陆军于 1941 年 5 月 21 日翻译］。[1]

这些通联讯息都是通过“紫色”完成的；因此可以认为，日本人感到“紫色”系统还是安全的。之后也无记录显示，野村又发出了相应电报来指明他究竟怀疑哪些密码被破解。当然，在听证会上，这一背景都被用来说明是在此日期之后不向战场发送基于“魔术”信息的主要原因，或者用来证明不向战场发送“魔术”信息的总体政策的原因。

针对为何和何时“魔术”被限制只发送给华盛顿的极少数接收者的问题，各种证词非常混乱和相互矛盾。在政策层面上的许多人都否认政策出现过变化；相反，他们宣称，出于保守秘密的必要性，不向战场发送“魔术”的政策始终如一。比如，迈尔斯准将就持这一立场，此外他宣称自己从来不知道日本人已经怀疑我们破解了他们的密码这件事。[2]也只有在弗格森参议员的强烈坚持下，才最终在听证会上出示了上述引用的讯息，但迈尔斯并不记得这些讯息。海军通信局的诺伊斯海军少将也作证说政策并没有变化过。但 G–2 的布拉顿上校却记得，迈尔斯准将在 1941 年 8 月时给自己下达过命令，要求限制在华盛顿分发“魔术”的范围。

要从这些相互矛盾的阐述间找出真相，相当困难。如果这些 4 月份、5 月份的电报确实构成之后限制“魔术”分发范围的依据，我们应当在 5 月份或最迟在 6 月份就能看到出现的变化。（陆军和海军对于这些材料的翻译非常及时。绝大多数讯息是在截获的 24 小时内就翻译出来，一些是在截获当天就翻译出来。）然而，7 月份时，海军给金梅尔海军上将发送了许多“魔术”材料，许多材料实际上都给出东京的序

[1] 原注：*Hearings*, Part 4, p. 1863.

[2] 原注：*Hearings*, Part 3, p. 1369.

号并提到“紫色”来源，而从东京已经开始怀疑的角度来看，这两种做法似乎都是不谨慎的。

同样，在 1941 年 7 月警戒之后，直到 12 月第一周之前，海军作战部长办公室和第 16 海区都没有给金梅尔发送过任何“魔术”材料，而且再次发送时，材料也比之前缩略了许多。信息量的差异反映出海军的政策变化——尽管后一次变化的时间仍然不为人所知。

实际上，将“魔术”限制在华盛顿范围内这一政策的理由是充分的，即担忧向各战场传输的过程中会被日本人截获。而认为华盛顿是最主要评估中心的想法，以及任何破解和发送任何数量的信息都会给通信设施造成额外负担的事实也是理由。

然而，“魔术”受到如此严密的保护，也有其缺点。这意味着没有人能够坐下来，用一段时间进行分析、检查趋势、做出数量上的预测和对比。这些分散分发的复件一旦被送回到翻译部门，就立刻被销毁，每个军种只保留一份主文本。当绝大多数阅读者快速扫描讯息时，呈送军官就站在一旁等着回收复件。比如，陆军作战计划部的杰罗将军没有试图去评估，而只是“作为大概情况来了解”。[1] 马歇尔上将作证时说：“如果我承担了阅读所有‘魔术’的职责，我看事实上就无法在其他方面履行我陆军参谋长的……尽管‘魔术’很充分，但让我充分地阅读‘魔术’却是非常困难的。”[2] 杰罗和马歇尔从未讨论过“魔术”，因为他们都知道对方看过。

因此，对 1941 年时使用这一高度绝密材料的做法，只能提出主观的看法。“魔术”的读者们对外交动向有了逐步的、日渐加深的了解。而只有海军情报局和 G–2 中远东办公室的某些专家，才能对这一类型指标的影响范围和重要性做出适宜的判断，但遗憾的是，他们的判断在自己部门之外却无法产生大的影响。

小心谨慎保护“魔术”的另一个后果是，让它作为一种秘密武器这一

---

[1] 原注：*Hearings*, Part 4, p. 1601.

[2] 原注：*Hearings*, Part 3, p. 1515.

特性的小道消息肆虐：它是什么、能干什么，谁能得到，处理它的机构的规模多大，等等。各军种中不了解情况的人认为，我们既能读懂日本人的外交密码，又能读懂海军和陆军密码。那些能了解一些情况的人知道，我们仅仅能够读懂日本的外交密码，但他们同时也认为，在华盛顿和在各战场的陆军和海军都共享了这一成果。

事实是：陆军确实在马尼拉实施了截收行动，但截获讯息被转送到甲米地的海军和华盛顿进行处理。在菲律宾，唯一的“紫色”破译机器位于甲米地，并且完全由海军操作。那里的海军军官决定了将他们读到讯息中的哪些送给菲律宾的哈特海军上将和麦克阿瑟上将，哪些送给金梅尔海军上将。此外，他们把所有讯息的原始材料都发送给华盛顿海军部门。

在珍珠港，陆军和海军都没有能解读外交通联讯号的设施，陆军确实可以并且实施了“紫色”、J–19 及其他外交密码讯息的截收，但却将这些讯息原封不动地发送给华盛顿的信号情报处进行处理。罗彻福特的海军通信分析部门并不承担截收外交信号的任务，而且确实没有这样做。

对于在听证会上作为证据呈交的任何“魔术”翻译材料，麦克阿瑟上将都记不起来。[1] 但是，他可能是从哈特海军上将的嘴里得知了这些信息。在 1941 年上半年时，金梅尔海军上将曾经从华盛顿和甲米地收到“魔术”材料，但在 7 月危机之后，向他的指挥部发送这一材料的政策就

[1] 原注：参见威洛比（C. A. Willoughby）少将 1945 年 5 月 8 日在宣誓作证书中对海军垄断“魔术”的抗议：“尽管安全的考虑值得称赞（尽管每个现代国家都知道正在从事密码分析），但海军一直将所有的事情掩盖起来，排斥其他的机构，将整个事严格集中起来。比如，在今天，同样的体系仍然在流行：就西南太平洋地区而言，密码分析是在墨尔本进行的，然后通过第 7 舰队的海军情报局局长转发；墨尔本站直接听命于华盛顿，不承担任何当地的任务，只转发他们选出的东西，并在他们认为合适的时候转发。选择出现错误或不完全的可能性，如同在 1941 年时一样明显。海军给出的唯一解释是，该领域主要涉及的是海军的截获讯息，但这其中也包括许多陆军通联讯号和其他偶尔出现的讯号。在我看来，这样汇集的信号，海军并不总能明白并正确地翻译出来。

“要解决这个令人恼火而又危险问题的办法，就是在最高层建立一个完全联合的、相互衔接的截收和密码分析部门，部门内相互之间可以自由地交换讯息和翻译材料。”

取消了。金梅尔确实收到的只是"信息"而非"行动"指令，也没有传递给肖特中将。[1]

关于"魔术"，在华盛顿流行的消息是：在海军内部，一些主要官员相信，珍珠港的金梅尔海军上将一直在阅读"魔术"。诺伊斯海军少将及其通信安全部门的关键人员知道，这并不是真的。然而，海军作战部长斯塔克海军上将作证时说："我有两三次问道，当某些电文送来并翻译出来后，金梅尔能否读到这些电文……我被告知说他可以。"他又说，"这对我发出什么讯息并没有造成任何影响。"[2]

斯塔克说，自己关于海军在珍珠港有一个密码分析部门的信息，来源于自己的作战计划部部长特纳海军少将。特纳详细解释说：

有三次，我想三次都是在斯塔克海军上将的要求下，我询问诺伊斯海军少将，想知道金梅尔海军上将和哈特海军上将是否收到我们在此收到的解密信息。我并不知道我指的是外交截获讯息。

每一次，诺伊斯海军少将都向我保证，鉴于这些电文已被哈特和金梅尔截获，他们也和我们拥有同样的信息。

现在，在海军质询法庭上作证时，诺伊斯海军少将宣称，他知道金梅尔和哈特并不掌握我们用来解密外交讯息的特定密码，他还在证词中说他不明白自己怎么会给过我这样的信息。

此时，我能得出的唯一结论是，我没有向诺伊斯海军少将清楚地表明问题，他错误地理解了我试图要表达的意思。[3]

如果在同一个军种、同一个城市中，作战计划部门和通信部门的主管之间，在有关"魔术"的沟通联络上都如此困难，而如果华盛顿和各战场

[1] 原注：莱顿海军上将宣称金梅尔从华盛顿得到直接命令，**不可**将命令之外的信息传递出去，他把其称为书面授权规定（RIP3）。

[2] 原注：*Hearings*, Part 5, p. 2175.

[3] 原注：*Hearings*, Part 4, p. 1975*f*.

之间在有关“魔术”的沟通联络上也出现类似的复杂情况，我们就无须惊奇了。

混乱的源头可能在于“截获”这个词的使用上。对于诺伊斯海军少将，还有通信部门的其他专家而言，一份“截获”讯息意指无线电站挑选出的、加密形式的——在解密和翻译之前就是一堆无意义的字母——日本讯息。在外行人看来，显然在斯塔克和特纳看来，“截获”这个词应当不是指加密讯息，而是解密和翻译过的最终产品，或者在密码分析术语中是“明确的”。（外行人有时也会同时使用这个词的两种意思。）比如，如果特纳问诺伊斯：“檀香山得到了这些截获讯息吗？”诺伊斯海军少将可能会回答“是的”，因为檀香山陆军无线电站正在选取加密的日本外交讯息。另一方面，它从未见过这些讯息“明确的”样子。

在陆军内部，出现了同样的理解错误。在 1945 年 8 月 28 日最初给克劳森上校的宣誓作证书中，马歇尔上将描述的是“日本无线电外交讯息的截获讯息”，并接着说道：“至于说及之前提到的截获讯息，我的理解是，在 1941 年 12 月 7 日之前的时间段里，夏威夷总部的司令官知道这些并且从自己麾下的设施中接收到这样的一些信息”。[1]

马歇尔上将谈到的应当是原始的截获讯息，即加密讯息。但他在国会调查时改变了证词。他说，他所说的截获讯息并不是“魔术”讯息，而是有关日本舰船在海上位置的讯息，也就是罗彻福特海军通信分析部门得到的截获讯息。当然，这些信息都是加密的，从未被破译。但它们确实是被截获的日本海军讯息，**不是**外交讯息；因此，他所谈到的截获讯息是完全不同的密码讯息。

根据马歇尔将军的说法，外交讯息材料是由信号部队发送给陆军 G–2 的，此后材料的流转完全在 G–2 指导下进行。马歇尔将军记得，自己从未发出要向夏威夷提供或不提供这些讯息的指示。[2] 然而，正如迈尔斯准将的证词所说，“参谋长制定了一项基本政策，就是这些讯息和这些讯息

[1] 原注：*Hearings*, Part 35, p. 104.

[2] 原注：*Hearings*, Part 3, p. 1201*f*.

存在的事实，及我们能够破解这些讯息的能力，都只限于最少数量的人员知道；不能在华盛顿以外发布”。[1] 有一点很清楚，迈尔斯、马歇尔，以及陆军作战计划部门的杰罗都知道，除非偶尔在指令正文中以释义的形式出现，陆军没有向战场发送任何“魔术”讯息。然而，对于他们认为檀香山的海军是否拥有何种密码分析设施这一点，事实并不清楚。马歇尔提供给克劳森的宣誓作证书中暗示，他相信檀香山的海军正在接收包括加密的和解密的所有信息，但只将一部分发送给肖特中将。而且，如果斯塔克和特纳都认为金梅尔拥有信息，非常有可能马歇尔也是这样想的。他与斯塔克和特纳的通信联络，要比与诺伊斯之间频繁得多。

迈尔斯给克劳森的宣誓作证书中的表述十分肯定：

……我相信，在 1941 年 12 月 7 日之前的这段时间，海军在夏威夷，连同舰队一起，正在截收、破译、解密和翻译包括日本外交和领事讯息在内的材料。因此，我从海军那里得到了这些，但我不记得是谁告诉我的。[2]

在陆军情报部门方面，从 1941 年 8 月至 12 月 7 日担任 G–2 主任参谋的摩西 · 佩蒂格鲁（Moses Pettigrew）中校以第三人称作证时说，他相信：

夏威夷总部拥有和他在华盛顿一样的信息；他之所以得出这样的结论，是通过……海军人员的说法，但想不起究竟是谁，但他认为就信息而言，夏威夷知晓华盛顿知道的一切；在夏威夷，罗彻福特海军少校手下的密码分析部门监视和分析这些截获讯息，并且破解和翻译出密码。华盛顿也一样。而为了节约时间，该部门使用可用的人员，并通过相互交换截获

[1] 原注：*Hearings*, Part 2, p. 791.

[2] 原注：*Hearings*, Part 35, p. 102.

讯息的翻译材料来相互印证。[1]

陆军远东情报组布拉顿上校的助手克莱德·杜森贝里中校，负责将“魔术”呈送给华盛顿接收者们，他相信，罗彻福特海军少校能够通过直接在檀香山截获或是从华盛顿海军部那里接收等方式，在檀香山接触到“魔术”讯息。“我明白，”他说，“海军在夏威夷有四五百人在从事监视、破译、翻译日本外交密码的工作。”[2]

陆军人员认为，檀香山海军拥有华盛顿所拥有的所有专门信息，这是一件事情；而陆军人员更进一步推测认为，檀香山海军情报部门会把所有的东西都传给陆军情报部门，或是海军官员会把所有东西都传给陆军高级官员，那又是另外一件事情了。这样的乐观看法似乎是当时流行的，在华盛顿的高层陆军官员中更是如此。比如，马歇尔相信，罗彻福特的分析结果会直接交给夏威夷的 G–2，而任何用海军密码发送的、对陆军具有重要意义的讯息都会自动地送达给肖特中将。原因就在于，陆军从未使用自己的密码向战场发送任何讯息，而是倾向于使用两个军种都认为“最安全”的海军密码。迈尔斯准将也在数次作证时说：“我们有理由相信，或者说认为我们有理由相信，用海军密码发送的讯息最后总是由海军交给陆军中的对等人员。”[3] 在他看来，“在 7 月份之前，海军发送的信息，就是会被送达给夏威夷陆军方面的信息”。[4] 他也不认为需要在 1941 年 7 月份之后通知夏威夷的陆军，不会再发送这样的信息了：“海军已经把我们从‘魔术’所收到相关信息的关键部分交给他们，但我不记得他们了解到来源，因此也就没有理由告诉他们，我们无法继续使用这个特定的来源。”[5]

迈尔斯有一封撰写日期为 1941 年 9 月 6 日、但在 9 月 17 日收讫的

[1] 原注：*Hearings*, Part 35, p. 23*f*.
[2] 原注：*Hearings*, Part 35, p. 25.
[3] 原注：*Hearings*, Part 2, p. 811.
[4] 原注：*Hearings*, Part 2, p. 812.
[5] 原注：*Hearings*, Part 2, p. 812.

信，似乎可以支持他的看法。这封由夏威夷 G–2 负责人菲尔德中校发出的信件，要求迈尔斯中止发送情报摘要，因为他们已从当地海军情报局得到这些。这封信强调说："本司令部的军事情报局与海军情报局、联邦调查局之间的合作和接触是最为全面的，所有这些数据资料，当从各自的华盛顿机构发出电文时，大家都能同时得到。"[1] 简言之，根据迈尔斯的说法，"在陆军和海军之间，有着长期的完全交换信息的协议或政策（不仅是在夏威夷，也在其他我们共同开展行动的地方）"。[2]

另一方面，G–2 中一些职位较低的军官则持更加现实的看法。比如，杜森贝里中校就对金梅尔的情报官、莱顿海军少校和夏威夷 G–2 负责人菲尔德少校之间的关系持怀疑态度。杜森贝里中校和布拉顿少校在 12 月 5 日草拟了给夏威夷 G–2 的讯息：

就来自东京的天气广播，立刻通过第 14 海区联系罗彻福特海军少校。[签署人] 迈尔斯

如果军种间的联络是自动的，那就没有特殊的原因需要发送这份迈尔斯同意和签字的电报。如第 1 章所言，从华盛顿发送给海军的东西，除非做出明确的指令，否则没有一样会送达陆军。

总的来说，热切地保护"魔术"造成了以下结果：首要一点是，极少有人能有特权看到"魔术"。那些看到的人只能在手上暂时保留一会，而短暂的阅读自然会限制他们进行分析和推断。他们有关其他人谁会看到这些信息的假定，总体上也是错误的。而当给战场发送警报讯息的过程中，或是在与华盛顿的其他政策制定者联系的过程中，能够阅读到"魔术"的

---

[1] 原注：*Hearings*, Part 2, p. 846.

[2] 原注：*Hearings*, Part 2, p.986. 在涉及海军情报和海军方面时，根据迈科克伦海军上将、迈尔斯准将和菲尔德上校的说法，只在夏威夷当地的 G–2 和第 14 海区情报官之间有协议，而莱顿或罗彻福特都不涉及其中。如果事实如此，对国会委员会而言，这之间的差异就不明显，对迈尔斯准将来说可能也不明显。

人在评判究竟什么是多余的或是不需要的信息时，这样的假定却又是至关重要的。总体上看，那些看过“魔术”的人，有关谁会看到这些讯息和其中包含多少信息的假定都是错的。而所有这些错误的假定，最后都在乐观情绪的支撑下爆发了。

第三节　外交讯息

金梅尔海军上将和肖特中将最常抱怨的事情之一就是，无论是“魔术”的原始材料，或是被释义的材料，抑或是带有评估的材料，他们都无法用到。[1] 从他们力争接触“魔术”文档以做好防御准备时所碰到的极度困难情况来看，显然华盛顿的官员们不愿意公开此项事务。华盛顿的不情愿，不是源于要对战场保密此信息的政策——尽管这一点无疑是充分的，而是源于他们没有适宜地进行评估。在珍珠港事件爆发后看来，“魔术”似乎也包含一些日本要直接袭击美国的明显线索，而华盛顿未能对这一袭击做出预测，这一点很容易会被视为是完全愚蠢的、彻底忽视的，或是要掩盖关键信息的阴谋。然而，在袭击发生之前，“魔术”中的线索却一点也不明显。

在第 1 章中，我们已经列举出基于最后关键几天里送达檀香山的“魔术”中的一些信号。这些信号包括：

11 月 28 日，给罗彻福特要求监视“风语”密码的命令。

12 月 1 日，有关日本在泰国引诱英国入侵的“魔术”电文。

12 月 3 日，两份源于“魔术”、有关日本主要使馆销毁密码机和秘密

[1] 原注：Kimmel, *Admiral Kimmel's Story, passim,* and General Short's testimony in *Hearings*, Part 5, *passim*.

文件的电文。

金梅尔海军上将和肖特中将都曾坚持说，除此外，在“魔术”中还有数种信号，而如果他们之前收到这些信号，就会极大地影响到他们对形势的预测和之后的警戒行动。他们首先提到一系列的“最后时刻讯息”。这是由东京发给日本驻华盛顿大使馆的6份讯息。其中，第一份是在1941年11月5日截获并翻译出来的，最后一份是在1941年11月24日截获和翻译的。[1] 在没有其他讯息干扰的情况下，这些讯息汇集起来，显示出形势日渐紧张。然而，它们却从未在1941年12月7日之前被任何接收者作为一组讯息来看待。11月5日的完整讯息如下：

#736

（极度机密）

鉴于各种不同的形势，有绝对必要让所有签署此协议［在敌对状态之前日本最后的外交提案，即《甲案》和《乙案》］的安排在本月25日之前完成。我意识到这是一个困难的命令，但在目前形势之下，这是一个必然的命令。请完全理解这一点，并挽救美日关系陷入混乱状况。我请求你，用极大决心和最大努力来完成。

本信息只严格限于您知道。[2]

另一份在11月11日截获并在12日翻译出来的讯息，强调了速度的必要性，并重复说11月25日是“绝对不可更改”的最后期限：

从对话的进展来看，似乎美国尚未完全意识到形势极度严峻。在目前形势下，我在第736号讯息中所列出的日期是绝对不可更改的。这是一个

[1] 原注：实际上，还有其他两份最后时刻的参考电文，一份是在11月19日，另一份是在11月25日，参见后文（第210—211页）列举的强调要快速得到回复的讯息清单。

[2] 原注：*Hearings*, Part 12, p. 100.

确定的最后期限，因此，在此期限之前达成解决方案至关重要。根据计划，议会在 15 号之后进入会期（工作将开始 [从第二天？]）。政府必须对将要发生的事情有清楚的认识，并在议会会议上呈报情况。因此，你能看到形势已近临界点，时间确实已所剩无几。

我对你正在付出的巨大努力表示由衷钦佩，但鉴于上述形势，请务必加倍努力。在同国务卿和其他人谈话时，把国内的观点立场告诉他们。尽你所能在最短时间内清楚地掌握美国的态度。同时，尽你所能让他们尽快批准我们的最终提案。

就他们是否会接受《甲案》，我们期待听到你的意见。[1]

在 11 月 15 日截获并翻译出来的讯息中，东京再次提及最后期限：

有一点确实如此，即美国会试图说既然我们没有特别提及对话的状态已经改变，他们会认为对话仍处于预备阶段。

不管情况如何，我在第 736 号讯息中所列出的日期是绝对不可更改的这一事实未变。因此，请让美国明白这一点，以确保在上述日期之前，让签订协议变成可能。[2]

接着，针对华盛顿野村大使提出的，日本应当耐心再等待一至两个月的恳求，东京在 11 月 16 日发出以下回复：

我已读过你的第 1090 号讯息，你应该会知道，我对你持续推动的努力十分感激，但我们帝国的命运在这几天系于一线，所以请你比以往更加努力地战斗。

当然，至于你在讯息最后一段中所说的，我已进行最为充分的考虑，但我只能提醒你，关注我第 725 号讯息中所列出的基本政策。请你试着领

[1] 原注：*Hearings*, Part 12, p. 116*f*.

[2] 原注：*Hearings*, Part 12, p. 130.

悟其中的意思。你的意见是我们应当等待，看看战争能够带来什么样的机会，保持耐心。然而，我要十分抱歉地说，形势已经让这些变得不可能。我在第 736 号讯息中为这些谈判的解决设定了最后期限，这一期限不会改变。请试着明白这点。你明白剩下的时间短暂；因此，不要让美国误导我们，继续拖延谈判。迫使他们在我们的提案基础上形成解决方案，尽你最大可能来促成立刻的解决方案［翻译于 11 月 17 日］。[1]

11 月 19 日，身处华盛顿参与谈判的大使们再次恳求给予更多时间。他们报告说，已经确认 11 月 25 日是绝对不可改变的日期，正迫使美国人在 10 天之内做出某种明确答复。但他们也要求，不要在此时宣布他们正在“让舰船，以及所产生的不祥预示，在 25 日或 26 日左右离开”。（这里的舰船指的是，用于从美国和巴拿马撤离日本国民的舰船。）他们感到，这样的行动与早日达成解决的意图并不一致。[2] 在 11 月 22 日的回复中（在同一天截获并翻译），东京将最后期限延长了 4 天：

给两位大使［野村和来栖］：

要我们考虑改变我第 736 号讯息中设定的最后期限，极度困难。虽然我知道你们正在努力，但你们应当知道上述这点。坚持我们既定的政策，尽你们最大的努力。竭尽全力，力争形成我们期望的解决方案。至于我们为何想把解决日美关系的日期定在 25 日，有些原因超出你们能够猜测的范围，但如果你们能够在未来三四天内完成与美国人的对话，如果能够在 29 日前签署协议（我直接写出 29 日这个日期），如果双方能够交换中肯的照会，如果我们能够与美国和荷兰之间达成理解，简言之，如果所有这些能够完成，我们决定在此日期之前继续等待。这次我们是真格的，而这个最后期限绝对不能更改。在此日期之后，事情自然就会发生。请仔细考

[1] 原注：*Hearings*, Part 12, p. 137*f*.

[2] 原注：*Hearings*, Part 12, p. 159.

虑，并比以前更加努力工作。目前，本信息仅提供给你们两位大使。[1]

在 11 月 24 日有关最后期限的最后一封讯息中，东京提醒两位大使，11 月 22 日讯息中设定的这一时间期限指的是东京时间。

在我们了解这些讯息字面上的意义之前，我们必须要提出一个问题：在美日关系另一次危机时期，是否出现过这样的现象？在任何东京和华盛顿之间早先进行的秘密的、加密的通联中，是否出现过如此坚持要快速和具体地为结束一次谈判而设定一个最后期限？这一系列讯息是否构成一个独特的信号？

我们唯一能够去寻找答案的地方，就是已经公开的 1941 年 7 月至 11 月之间的截获讯息。这些讯息并不完整，但它们作为对美日关系具有重要意义的、选择出来的截获讯息，具有印证价值。在这些讯息中，在有关《贸易禁运法案》的流言被美国媒体证实之前，并没有让人警觉的迹象。在这之后，这一警报完全是由日本驻华盛顿大使发出的：他们担心美国而非日本将突然采取某些突然性的手段。因为美国采取的突然的报复动作，对于日本人而言将会是突然袭击。大使们发出的讯息中，某些用语读来似曾相识：

8 月 7 日，华盛顿至东京：美日关系现在已达到极度严峻的地步……[2]

8 月 16 日，华盛顿至东京：正如之前连续向你汇报的，日美关系如今已达到一个任何时候任何事情都可能发生的地步，而只要日本做出下一个动作，关系还可能突然变得更糟……[3]

当实施贸易禁运时，美国已中止与日本人之间的对话，大使们的关注

[1] 原注：*Hearings*, Part 12, p. 165.

[2] 原注：*Hearings*, Part 12, p. 13.

[3] 原注：*Hearings*, Part 12, p. 17.

点自然就集中在重新展开接触上。接着，在 8 月 26 日，截获了来自东京的一封电文，其中内容类似于 11 月晚些时候的讯息：

现在我们的内部形势，还有国际形势已经紧张到极点，我们已经达到将最后的希望寄托于首相和总统之间会面的地步了。[1]

然而，本质上看，指示和态度都是可调和的。比如，在 9 月 3 日，东京的电报说：

……我们用最快的速度，希望在 9 月月中做好会见的所有安排，并尽快落实发布一个简单的声明。（如果 9 月月中不合适，更早的日期我们也同意。）[2]

在同一天，日本媒体不知如何获知了近卫首相和总统即将会面的新闻，而这样的消息泄露，显然产生了不幸的后果。9 月 4 日，东京报告说由于消息泄露，“需要尽可能紧急地延迟会面”。我们应当记得，10 月 15 日是军方给近卫内阁定下的要与美国达成某种协议的日期。然而，从东京发来讯息的语气依然克制。东京确实发出了建议，说不要让美国得到任何有关日本发现贸易禁运确实有毁坏性的暗示。但大使们报告说，当日本无法获得石油补给时，美国却通过符拉迪沃斯托克向苏联提供补给，这激怒了日本公众舆论，而美国完全可以通过另外一条路线运送补给给苏联。最后，在 10 月 13 日，发自东京的电报变得越来越频繁且更加坚持：

国内局势快速变化，危机即将来临，如果要对日美关系做任何调整，两位领导人的会面变得绝对至关重要。我现在无法详细解释，但请记住

[1] 原注：*Hearings*, Part 12, p. 20.

[2] 原注：*Hearings*, Part 12, p. 25.

这一事实。[1]

还有一条为了东京外务省美国课课长与驻华盛顿若彬（Wakasugi）大臣通电话而设立代码的讯息，时间是东京时间 10 月 14 日中午。代码包括 6 个术语，涵盖以下情况：

美国的态度是理性的。
美国的态度是不理性的。
谈判的总体前瞻。
四项原则。
他们会坚持吗？
有什么办法可以解决？[2]

在之后稍晚 13 日发出的另一条讯息重复：

情况已经不允许有丝毫延迟。因此请就若彬与威尔斯之间会面的粗略框架和整体基调立刻提交一份报告，并随后发送一份电文详述细节。[3]

在这些近卫内阁倒台前夕的讯息中，也有确定的、要求加快速度的语言，如不能“丝毫延迟”“立刻”“危机即将来临”，还有用来描述美日关系的“紧张”“极度严峻”等词语。此外，这些词语都是来自东京而非华盛顿，因此它们和 11 月份最后期限的讯息之间有着某种关系。但请注意，里面所有提到的具体日期只是 9 月月中，“或者更早的日期”。这一日期除模糊地表述过之外，再没有被提到。而在最后期限的讯息中，共有 8 处提到 11 月 25 日和之后延期的 11 月 29 日。就数量方面（我们已经重新拟制

[1] 原注：*Hearings*, Part 12, p. 64.
[2] 原注：*Hearings*, Part 12, p. 65.
[3] 原注：*Hearings*, Part 12, p. 66.

所有 10 月份时提到的快速要求)，从 11 月 2 日之后，不同的表述“加快”的方式和这些表述的使用频率，比 7 月至 10 月危机间的任何时刻都要高。

比如，在 11 月 2 日，东京电告华盛顿：

自从新内阁组建后，政府一直在与帝国总部举行会议。我们一直谨慎地考虑提升日本与美国之间关系的一项基本政策，但我们预计会在 5 日早上的会议中达成最终决定，并将立即让你知道结果。**这将会是我们政府提升外交关系的最后努力**。形势非常严峻。一旦我们重启谈判，形势紧急，需要我们立刻形成决定。目前仅让你知晓。一旦我们再次开启谈判，我们相信你将会用最为谨慎的方式处理所有事务。[1]

在日期为 11 月 4 日并在同日被我们译出的这份三段话的电报中，用了更为紧迫的方式重复“我们政府的最后努力”等措辞。这份电报标号为第 725 号，是大体描绘了做出最后期限命令的基本政策的讯息之一。它这样开始：

日本与美国的关系已经到达边缘，我们的人民对于调整的可能性正在失去信心……

第二段则详细阐述：

帝国内外的形势已经如此紧张，以至于任何拖延都已不再可能。然而，出于我们真诚维护太平洋地区日本帝国与美国之间关系的愿望，经过慎重考量，我们已经决定要再赌一赌能否继续和解，但**这是我们的最后努力**。无论是在名义上还是精神上，这样对我们提案的反提案都将是**最后的一次**。我希望你知道这一点。如果我们并没有通过它来快速达成

[1] 原注：*Hearings*, Part 12, p. 90. 作者加粗。

一致，我很遗憾地说，**对话必定将会破裂**。然后，**我们两国之间的关系将处于混沌的边缘**。我的意思是，即将举行的讨论是成功还是失败，将会对日本帝国的命运产生巨大的影响。事实上，我们将我们祖国的命运押在**这把骰子上**。[1]

电报接下来的一个部分则强调谈判已经拖延了多久，指出日本人的耐心和真诚，还有美国政府的固执和不肯妥协，并继续说道：

……我们的克制，我可以告诉你，并非源于懦弱，并且我们长期的忍让必定有结束的时候。一旦涉及我们的生存和荣誉等问题时，一旦到了我们必须要不计成本地保卫它们时，就不会忍让了。如果美国采取忽视或回避我们这一立场的态度，开启对话就毫无用处。这一次，我们将要显示出我们友谊的限度；这一次，**我们要做最后一次可能的协商**，而我希望我们能够与美国和平地解决所有问题。[2]

电报的最后一部分说，一旦会议结束，日本大使就应当知晓，并立即去找罗斯福和赫尔，并且“告诉他们，我们的态度多么坚定，还要力争让他们能够尽快明白”。电报强调说，应当严格遵守指示，强调所列出的政策代表政府和军方高层的确切意见，并采用“不得进行个人的解读”作为结尾。

对于这份电报的意思，不存在任何疑问。它说明日本政府正在尽最后努力要与美国达成协议，说明快速达成协议的关键性，说明如果这一努力失败，两国关系就将破裂。虽然用美国人的说话标准衡量，电报的表述方式——“这把骰子”“混沌的边缘”——有些奇怪，却也说明日本人感到非常急迫。

从 11 月 2 日至 11 月 26 日，东京发来的几乎每一份讯息都重申了速

[1] 原注：*Hearings*, Part 12, p. 92*f*. 作者加粗。

[2] 原注：*Hearings*, Part 12, p. 93. 作者加粗。

度的必要性和这是最后一次机会的事实。以下简要清单没有对照讯息的具体文本，也不包括最后期限系列讯息的任何部分。但唯一相同的是，这些讯息都来自东京。笔者在需要的语句上进行了加粗标记：

11月2日，我［对驻日本美国大使］说，我很遗憾日美关系最近一直**持续恶化**。如果这一情况继续下去，我害怕将会产生**不幸的**结果。六个月来，谈判一直在拖延，我们的人民愈发**不耐烦**。因此，我希望能够**快速**达成解决方案。[1]

11月2日，我再次看见他［英国大使］（昨天？），并努力地告知他，形势正变得**越来越明晰且不会允许有任何拖延**。[2]

11月4日，我真诚地希望并祈祷你能**快速**形成谅解［转送《甲案》］。[3]

11月4日，鉴于形势不允许拖延，有必要推出替代计划。因此，之所以我们有第二方案，是**为避免某些事情发生而做出最后一次努力**［转送《乙案》］。[4]

11月4日，鉴于当前谈判的**严峻形势**……来栖大使已出发——搭乘7日的远程航班来协助你。[5]

11月5日，**在尽可能早的时刻**。在当前情况下，**速度是一个绝对关键的因素**。[6]

11月5日，正如我前一讯息中所述，这是帝国政府采取的**最后步骤**。时间已变得**极度有限**，形势**非常严峻**。**绝对不能**允许**任何拖延**。请记住这一点并尽最大努力。我希望不断重复这一点。[7]

---

[1] 原注：东京发往华盛顿。（*Hearings*, Part 12, p. 90.）

[2] 原注：*Hearings*, Part 12, p. 91.

[3] 原注：*Hearings*, Part 12, p. 96.

[4] 原注：*Hearings*, Part 12, p. 96*f*.

[5] 原注：*Hearings*, Part 12, p. 97.

[6] 原注：*Hearings*, Part 12, p. 98.

[7] 原注：*Hearings*, Part 12, p. 99.

11月6日，现在我们已处于这些谈判的**最后回合**……[1]

11月11日，帝国政府在起草**最后提案**时已经做出最大的让步，我已经［向英国大使］做出解释……我们的国内政治形势不允许**继续拖延**……绝对不可能继续拖延……［我建议他的国家］开展合作以**尽早**达成协议。

……我指出形势的**严峻**。大使专注地听取了我的话语，这也显示出他首次意识到形势是多么严峻……他自己将尽最大努力来**尽快**达成解决方案。

……有迹象显示美国政府认为谈判仍处于预备阶段……

尽管事实上，就我们而言，这是**最后**阶段，但美国采取这种慵懒的、无所谓的态度是极度令人遗憾的。[2]

11月13日，从这些对话的语气来看，美国显然仍然认定对话还是预备性的。我们于12日再次恳请美国大使要努力并看到形势**严峻**。而你也能尽你所能……[3]

11月15日，请了解到推动《乙案》的原因在于我们认为它是解决问题的**一条捷径**……我们认为它能**加速**流程。我们不希望有任何进一步让事情复杂化和拖延的机会。[4]

11月15日，阐述我们的决心……与他开展合作，不遗余力地引导谈判向着**早日**达成解决努力。[5]

……鉴于危机**快速临近**的事实，即使考虑到**时间因素这一点**，也不应该允许出现任何新的难题。这样的结果会导致无法战胜危机。

……尽你所能让美国意识到现在确实处于**至关重要的**形势之下。[6]

11月19日，如果我们要就这些特定问题中的每一个都进行讨论，我们应当放弃在**短时间**内达成解决问题可能性的希望。（参见我第736号电文［最后期限讯息］）。鉴于事情已进展到此，我们认为，从长远的政治发

[1] 原注：*Hearings*, Part 12, p. 101.
[2] 原注：*Hearings*, Part 12, p. 118*f*.
[3] 原注：*Hearings*, Part 12, p. 123.
[4] 原注：*Hearings*, Part 12, p. 129.
[5] 原注：*Hearings*, Part 12, p. 130*f*.
[6] 原注：*Hearings*, Part 12, p. 131.

展角度来看，唯一可以形成全面解决方案的办法是，就一些绝对关键的问题达成协议，从而阻止事情进一步恶化，并首先避免战争爆发的危险。

……将部队从法属印度支那南部转移到北部，这是我们**为了加速达成协议**能够冒险做出的一个重要让步……为挽救局势，并在罗斯福总统**立刻**同意（应当在一周之内）的前提下，准备好让两国签署协议。[1]

11 月 19 日，第二条……是我们**为了加速达成协议**能够冒险做出的一个重要让步。[2]

11 月 24 日，鉴于极度严峻的形势，在日本，我们目前仅仅最恳切地期望达成**快速的**解决方案。[3]

11 月 25 日，由于**时间限制**已近，请让他们（延迟？）一段时间。[4]

11 月 25 日，军方建议我们在 25 日要得到美国的答复。[5]

11 月 26 日，鉴于**时间已经很短**，本月内**只剩下没几天**，我希望你**立刻**再次联系美国当局。[6]

11 月 26 日，形势目前已经**愈发紧张**，而电报所需**时间太长**。[接下来是有关电话代码的指示。][7]

用这种方式集中列举出来，可以看到，对快速完成的坚持和重复似乎已经到了让人**难以忍受**的地步。结合最后期限的系列讯息来看，这样的重复表示出极度的紧迫感。再与“魔术”中其他可用线索结合起来，它们就预示着即将发生非常大的事件。但我们必须牢记，在整整一个月之内，没有哪个决策者像我们现在正在做的这样，看一看这些讯息。

决策者同样没有时间或机会去单独阅读东京的讯息，看一看从日本驻

[1] 原注：*Hearings*, Part 12, p. 156.

[2] 原注：*Hearings*, Part 12, p. 157.

[3] 原注：*Hearings*, Part 12, p. 172.

[4] 原注：东京发往南京。（*Hearings*, Part 12, p. 173.）

[5] 原注：河内发往东京。（*Hearings*, Part 12, p. 174.）

[6] 原注：东京发往华盛顿。（*Hearings*, Part 12, p. 176.）

[7] 原注：*Hearings*, Part 12, p. 178.

华盛顿大使馆发出的讯息中语气是如何变化的。对于一名“魔术”的译员而言，从野村和来栖处发出的这些关于希望和恳切努力的表述主要还是“噪声”。两位大使本人也是在黑暗中摸索努力，但他们确实抱着真切的信心在进行谈判。他们把赫尔脸上的同情表情，或是赫尔关于美国可作为中日冲突调停者的非正式建议当成能抓住的最后稻草。他们在讯息中流露出来的恳切、耐心和乐观的语气，与东京急切敦促中流露出来的、具有胁迫意味的紧迫感截然不同。

到目前为止，还没有必要提及谈判的具体内容，仍有其他的、不需要付诸外交或军事判断的检验来考量“魔术”的方式。如果当时有任何一个人思考过，相关语言的重复就可能会被视为信号图景中的关键部分。比如，在我们搜集汇总的有关快速完成谈判的方式时，我们会问：日本外务省在 12 月 7 日之前发给华盛顿的被截获讯息中，有多少次提到“除非……谈判将破裂”？在 11 月 25 日之后有多少次提到“谈判破裂”？它准备好“战争一旦爆发”或是更精确的“与英国和美国的战争一旦爆发”而做出多少次应急准备？这样的用语是否曾与“谈判一旦破裂”互换使用？在这些应急准备中，是否有一些准备工作似乎更清楚地预示着战争准备而非其他？是否存在这些准备是为了日本发动对美国的袭击，或是为了应对美国对日本进攻的任何线索？

根据已公开截获讯息的统计，我们只能形成一个大致的答案。比如，萨特勒在作证时说，华盛顿在 12 月 6 日之前截获 16 份“Haruna”的讯息。[1] 而“Haruna”是发给东京的、表明大使馆已经销毁了密码的代码。但在国会听证会上提供的截获讯息中，并没有集中复制并出示这些有关“Haruna”的讯息。[2] 当然，在华盛顿，销毁密码的命令一直被视为极度关键的时间预警信号。很有可能在其他类型的讯息方面还存在空白，一方面的原因可能是我们永远不可能截获所有从东京发出的“魔术”讯息，另一

[1] 原注：*Hearings*, Part 10, p. 4630.

[2] 原注：《听证会》中包括一份信号部队的备忘录，显示出在 12 月 7 日之前，这些讯息中只有 9 份被截获。（*Hearings,* Part 5, p. 2077.）

方面也有可能是相关的截获讯息都是重复性的，没必要把它们纳入听证会证据中。不管怎样，应当记住，在珍珠港事件之前，华盛顿无人有时间做出哪怕是大致的统计。

东京表达出担忧或威胁要让谈判破裂的讯息一共有 9 份：

11 月 2 日，东京至华盛顿：美国的态度完全是在空谈，如果这一情况持续下去，达成解决方案的机会微乎其微……如果谈判显示出即将失败，只能说会产生令人惋惜的形势［翻译于 11 月 3 日］。[1]

11 月 4 日，东京至华盛顿：如果通过它［《甲案》和《乙案》］我们无法快速达成一致，我很遗憾地说对话将肯定破裂［翻译于 11 月 4 日］。[2]

11 月 11 日，东京至华盛顿，报告与英国大使之间的对话：在起草最终提案时，帝国政府已经做出最大程度的让步……如果很不幸地出现美国拒绝接受这些条款的情况，那就没有继续谈判的必要［翻译于 11 月 12 日］。[3]

11 月 14 日，东京至中国香港：尽管帝国政府希望日美谈判获得巨大成果，但未来也不容乐观。而一旦谈判破裂，帝国就会发现自己身处巨大危机构成的国际局势中［翻译于 11 月 26 日］。[4]

11 月 19 日，东京至华盛顿，指示大使呈交《乙案》：如果无法确保美国同意此案，谈判就不得不破裂；因此，在谨记以上情况下，尽你最大的努力［翻译于 11 月 20 日］。[5]

11 月 20 日，东京至安卡拉：鉴于之前谈判的趋势，谈判能否达成解决方案存在极大的疑问……形势已不允许我们再做出让步，未来形势不容

[1] 原注：*Hearings*, Part 12, p. 91.

[2] 原注：*Hearings*, Part 12, p. 92.

[3] 原注：*Hearings*, Part 12, p. 118.

[4] 原注：*Hearings*, Part 12, p. 126.

[5] 原注：*Hearings*, Part 12, p. 155.

乐观。一旦谈判破裂，我们预期日本将面临极度严峻的形势［传达至瑞士、土耳其、莫斯科、法国、西班牙、葡萄牙、瑞典、芬兰、南非、罗马尼亚、保加利亚和匈牙利］［翻译于 11 月 28 日］。[1]

11 月 26 日，华盛顿与东京的电话对话：来栖说："我已经全力以赴，但他们拒绝让步……我认为你已经预计到这一结果。"山本五十六回答："是的，我已经预计到了，但希望你能尽所有努力直到最后一刻，期望可以达成某些结果。"［翻译于 11 月 26 日］[2]

11 月 28 日，东京至河内：尽管形势可能到了最坏的程度，但帝国政府认为，法属印度支那政府立场并无可能要做出改变［翻译于 12 月 1 日］。[3]

11 月 29 日，柏林至东京，汇报里宾特洛普说：我们得到日美谈判已无希望成功完成的报告，因为美国采取了强硬的立场。

如果事实的确如此，并且日本已经决定要与英国和美国作战，我坚信这不仅符合德国和日本的联合利益，而且会给日本带来有益的结果。［然后日本大使回复说，他"并不知道日本的具体意图"。］［翻译于 12 月 1 日］[4]

在两份讯息中，东京阐明与美国的谈判即将破裂，在一份讯息中东京告知柏林对话"现在将要破裂"：

11 月 28 日，东京至华盛顿：我将于两三日内发给你有关帝国政府对美国提案看法的报告，其中提到，谈判**事实上即将破裂**［翻译于 11 月 28 日］。[5]

11 月 30 日，东京至柏林：最近数日的谈判中显示出……十分清楚，帝国政府同美国**将不会继续谈判**［翻译于 12 月 1 日］。[6]

[1] 原注：*Hearings*, Part 12, p. 160.
[2] 原注：*Hearings*, Part 12, p. 179*f*.
[3] 原注：*Hearings*, Part 12, p. 196.
[4] 原注：*Hearings*, Part 12, p. 200.
[5] 原注：*Hearings*, Part 12, p. 195. 作者加粗。
[6] 原注：*Hearings*, Part 12, p. 205. 作者加粗。

11 月 30 日，东京至柏林：4 月以来开始的东京和华盛顿的对话……**现在将要破裂**［翻译于 12 月 1 日］。[1]

金梅尔和肖特提到另外一组信号，其中显示出日本在最后期限日之后对谈判表里不一的态度。他们拿来作为证据的第一份讯息是 11 月 28 日的第 844 号讯息：

你们两位大使已经做出超人的努力，但尽管如此，美国却一意孤行，提出这样羞辱性的提案。这是无法预计，也是极度令人遗憾的。帝国政府无论如何不能接受将这样的提案作为谈判的基础。因此，我将于两三日内发给你有关帝国政府对美国提案看法的报告，其中提到，谈判**事实上即将破裂**。这是不可避免的。**当然，我不希望你们表现出谈判将破裂的印象。就告诉他们说，你们正在等待指示**，而且尽管你们并不清楚自己政府的态度，但在你们自己看来，帝国政府为了太平洋地区的和平，一直都在提出合理的要求并做出巨大的牺牲。还要说，我们一直表现出长期忍耐和妥协让步的态度，但另一方面，美国却一直不肯退让，从而无法让日本确保谈判继续进行……[2]

还有几份之前的电文也显示出日本在小心谨慎地掩盖某份计划，但金梅尔海军上将和肖特中将都没有在防御时认真对待。11 月 5 日，一份汇报御前会议（Imperial Council）批准《甲案》和《乙案》的讯息说：

我们希望避免让他们形成存在时间限制或本提案［在东京的“魔术”讯息中，《甲案》和《乙案》一直被认为是最后通牒］被视为最后通牒的印象。通过友好的方式，向他们显示出我们非常迫切要让他们接受我们

---

[1] 原注：*Hearings*, Part 12, p. 204. 作者加粗。

[2] 原注：*Hearings*, Part 12, p. 195. 作者加粗。

的提案。[1]

野村在回复中阐明，两份重要的日本报纸已经刊载了 11 月 15 日是谈判结束最后期限的通知：

存在美国看穿我们情况的危险。如果我们真的已经决定要采取最后行动，其中之一的明智策略就是坚持不变。[2]

11 月 6 日，东京解释来栖大使使命的电报中说：

我希望他……首先与你沟通……有关日本现在的确切形势，鉴于我们已处于谈判的最后一轮，我真切希望他可以协助你解决这个令人迷惘的困局，通过合作形成最后的解决方案，并且尽快形成。为给出一个合适的理由，我们将告诉公众他是来调节目前两国之间令人不快的关系的。[3]

金梅尔和肖特也提到 11 月 29 日截获的电文，其中指示大使们“口头上做出再一次努力”，但结尾时提醒说：“请小心注意，这并不意味着任何诸如谈判破裂的事情”。[4] 他们还提到另一份在 12 月 1 日截获的、东京提醒 11 月 29 日的最后期限已被突破的电文：

形势继续向愈发严峻的方向发展。然而，为避免美国过度疑虑，我们一直建议媒体和其他方面，尽管日本和美国之间存在巨大的差距，但谈判将继续。（以上仅告诉你知晓。）[5]

---

[1] 原注：*Hearings*, Part 12, p. 99.

[2] 原注：*Hearings*, Part 12, p. 101.

[3] 原注：*Hearings*, Part 12, p. 101.

[4] 原注：*Hearings*, Part 12, p. 199.

[5] 原注：*Hearings*, Part 12, p. 208.

11 月 27 日，身处东京的山本和华盛顿的来栖通过加密电话通了话，来栖得到继续谈判的指示。据报告，他说："天哪！我的神！"接着他讪笑道，"好吧，我会尽力而为。"之后又说，"但我手上什么也没有，他们倒是想继续谈判。另外，我们还要面对现在的危机，陆军等得不耐烦了。你是知道的。"[1]

11 月 30 日，两人再次通话，来栖抱怨首相 11 月 30 日的演讲在美国造成了恶劣影响。（就是首相承诺要在东亚"倾尽全力"，"肃清"英国和美国的影响。[2]）来栖再次被告知要继续谈判，他回答说：

之前你对他们非常急迫，不是吗；但现在你又希望他们灵活变通。我们会需要你的帮助。首相和外相都必须要改变他们讲话的口气！！！你明白吗？请所有人都要考虑更多……

……………………………………………………………………………………

实际上，我们这儿真正面对的问题是南边所发生事情的影响［媒体上报道的日本军队进一步进入印度支那南部］。你明白，不是吗？[3]

因为上述系列的电文和通话，对于是否只能在珍珠港事件爆发后才推测出日本将谈判作为欺骗手段这一点，存在着争议。鉴于证据已经显示出，日本大使们自己都不知道日本政府的真实意图，这就很能说明问题。此外，在日本，除军方外，只有极少数人知道袭击珍珠港的计划，因此也可以说，不仅是大使们，甚至是发出这些讯息的外相本人也蒙在鼓里[4]，并且可能对最后时刻达成奇迹还给予极大期望。珍珠港特遣舰队得到的命令是，一旦美日谈判达成任何有利的结果，就在 D 日前 24 小时内返航。

[1] 原注：*Hearings*, Part 12, p. 191.

[2] 原注：Langer and Gleason, *The Undeclared War, 1940-1941*, p. 909. 参见本书第 4 章第 285 页对所引用语句更为具体的译文。

[3] 原注：*Hearings*, Part 12, p. 207.

[4] 原注：Grew, *Ten years in Japan*, p. 498. 格鲁相信，"天皇陛下的外相对于日本军队［针对美国］发动战争，之前并不知情"。

此外，鉴于外交谈判本身一直是一种左右摇摆的事务，中间穿插着各种进退取舍，很难说（也许任何时候也不值得去判断）其中哪些是真诚的，哪些是欺诈的，哪些是真实的，哪些是虚张声势。

然而，任何负责评估敌人破译材料的人都应当始终牢记一个问题，即东京究竟在多大程度上信任自己的代表。（美国就不让格鲁大使完全知情。当然，就美国的情况而言，更多的是因为忽略，而不是出于有意识的政策。）除非始终牢记信任这个问题，以及我们决策者知道的其他危险信号，否则，在这些电文中并没有充分的欺骗证据，并引发我们产生疑问。在表现出急迫心情方面，东京还是信任两位大使的；但东京并没有说明急迫心情的具体原因，同时还要求大使们在不向美国透露存在一个最后期限的前提下力争尽快达成解决方案。正如译员标注的，当来栖在 11 月 27 的通话中被告知，在日本和美国之间“一场危机确实将马上到来”时，他确实非常惊讶。在此之前，他显然对推迟或避免危机存有希望。此后，他只是完成了谈判的动议，并向东京抱怨说东京没有给自己任何可提供给美国的东西，而且由于日本公开南进，整件事看来似乎就是荒唐的。他害怕美国会对日本的动作采取大胆的报复行动。正如两位大使最后向东京表示的，这些担忧和希望也模糊了东京的政策底线。但我们应当牢记，美国情报界要比日本大使们拥有更多有关东京意图的证据。仅在“魔术”中，就有发往诸如柏林、伯尔尼、安卡拉、曼谷等其他日本大使馆的讯息，而这些驻美国大使馆都没有。美国应当更加不轻易相信来栖和野村才对。

从 11 月 14 日起，东京准备好“一旦战争爆发”“出现巨大危机”或是“国际关系出现突然变化”时的数个应急方案。这些措辞有时是单独使用，有时是和“一旦谈判破裂”或“如果谈判无法成功”等措辞一并使用。当然，在 11 月 26 日之后，后两种措辞就再未出现。从东京发往香港的第一份此类讯息，大致描绘出“一旦谈判崩盘”时帝国对中国的外交政策，并以“我们将彻底摧毁英国和美国在中国的力量”这句话开篇。[1]

[1] 原注：*Hearings*, Part 12, p. 126.

东京和曼谷之间的一系列电文，大致描绘出日本一旦进攻缅甸和马来亚时对泰国的政策，并概述了挑动英国进攻泰国的阴谋。（有关这一阴谋的提醒已发给在檀香山的金梅尔海军上将的舰队情报官。）另一系列新京[1]和东京之间的电文报告“一旦与英国和美国之间爆发战争”时，如何对待在“伪满洲国”英美公民的具体措施和政策，并宣称日本的政策是让“伪满洲国”积极参与战争。东京和华盛顿之间数份电文则涉及日本官员和公司雇员返回日本的事情。同时，东京还要求大使馆“秘密”建议领事们：“一是要帮助我们滞留下来的国民相互扶持，维护共同利益；二是要立刻销毁日本公司和商会中拥有的机密文件等”，并承诺之后将发来一份缩减工作人员的计划。[2]

然而，到目前为止，最频繁发出和最详细的系列指示，涉及的是销毁现有密码和替换新应急密码的问题。11月15日，一个海军站点截获了这些指令中的第一个，该指令用三段话给出“一旦出现紧急情况”就销毁密码机的命令和方法。[3] 11月19日，两份设定风语密码的讯息被截获。[4]这一密码是在“一旦出现紧急状况（断绝我们之间外交关系的危险）时”才使用的，因为此时通常的国际通联手段被切断了。这一密码只有三个术语，分别表示美日关系、苏日关系、英日关系。在这两份讯息中，这些用于密码的术语并不完全相同，但如果其中任何一个用规定方式进行广播，接收者从一条讯息中就能意识到广播是一个警报，而在另一条讯息中他能得知要销毁“所有密码文件，等等”。由于东京发出所有这些讯息时使用的是J–19密码，所以这些讯息直到11月26日和28日才有人着手处理。

11月26日，东京给华盛顿发了一条28位的电话代码，并解释说“目前形势已愈发紧张，而电报所需时间太长。因此，你们应当把有关谈判报告的内容缩减到最少，间或打电话给外务省美国课的山本课长并向他

---

[1] 译注：今中国长春。

[2] 原注：*Hearings*, Part 12, p. 153.

[3] 原注：*Hearings*, Part 12, p. 137.

[4] 原注：我们已经在本书第1章第60—61页、第3章第230页显示出这些讯息的内容。

汇报”。[1]

11 月 27 日，东京发出被称为“隐语密码”（hidden word code）的另一个密码。这份于 12 月 2 日被翻译出的讯息开头说：“鉴于国际关系日趋紧张，将启用以下使用隐语或误导用语电报（INGO DENPO）的紧急电文系统。”[2] 该密码有 54 个术语，在每句话的结尾使用英语的“STOP”而非日语词汇作为标志。这些术语中包含以下：

EDOGUTI：准备撤离。
HATAKEYAMA：日本与……的关系已经断绝。
HATTORI：日本与……的关系与预期的不一致。[3]
HIZIKATA：日本和……的军事力量发生冲突。
HOSINO：日本和……正进入全面战争状态。
KODAMA：日本。
KOYANAGI：英国。
KUBOTA：苏联。
MINAMI：美国。

此时，有关销毁现有密码的一个完整系列的讯息开始出现。[4] 从 11 月 30 日起，东京和马尼拉、伦敦、哈瓦那、华盛顿之间进行了通联，并向全世界所有的日本大使馆传达命令。首先是伦敦、中国香港、新加坡和马尼拉得到销毁其密码机器的命令；巴达维亚的机器则要送回到日本。给华盛顿日本使馆的第一个详细指示是，12 月 2 日发出烧毁所有电报密码的讯息，除了：

[1] 原注：*Hearings*, Part 12, p. 178.

[2] 原注：*Hearings*, Part 12, p. 186*f*.

[3] 原注：珍珠港事件之后发现，正确的译文应当是“处于灾难的边缘”。

[4] 原注：东京序列号 809、2436、2444、2443、867、2445、2447、2461、92、881、367 和 897，以此顺序复制，参见 *Hearings*, Part 12, pp. 208*ff*。

……那些与机器一同使用的密码，及一份每个 O（Oite）密码和缩略密码（L）的复件。（烧毁你们保管的其他各种密码。）

立刻停止使用单一密码机器并完全销毁。

当你们完成上述工作后，用“haruna”回复。

在你们认为最合适的时间，用你们认为最合适的方式，处理好来往讯息的所有档案，以及其他密码文件。

焚烧掉机要官方小坂（Kosaka）带给你们的所有密码［翻译于 12 月 3 日，校正于 12 月 4 日］……[1]

相似讯息也发往哈瓦那、渥太华、温哥华、巴拿马、洛杉矶、檀香山、西雅图和波特兰。讯息还加上了提醒：

尤其要小心，不要引起外面人的怀疑。秘密文件也应当同样处理。

以上是应对紧急状况的准备，只需你知晓。保持冷静。[2]

截获的其他发自东京的讯息要求，接收者要将“隐意”（hidden meaning）密码和与无线电广播结合使用的密码保留到最后一刻。12 月 4 日发给华盛顿并在当天被译出的一条特殊指示要求，在焚烧小坂带去的密码之前，要教会所有的电报工作人员；如果密钥系统尚未烧毁，则保留到最后一刻，然后由合适的信使通过飞机带到墨西哥。[3]

12 月 2 日，日本驻里约热内卢大使馆发送了一条详尽的替代密码给圣地亚哥，并转发到萨尔瓦多、利马、圣保罗、墨西哥城、华盛顿、巴拿马、加拉加斯和波哥大。与其他密码不同，这一密码使用的术语主要是城市、矿物和船运规则的名称。与整个信号图景相关的其他密码指示，都是在 12 月 7 日之后才翻译出来。

[1] 原注：*Hearings*, Part 12, p. 215.

[2] 原注：*Hearings*, Part 12, p. 215.

[3] 原注：*Hearings*, Part 12, p. 231.

从 11 月 30 日起，还截获 30 条通报东京已完成销毁密码工作的讯息。在国会听证会公布集第一卷（Exhibit No.1）中收录的这些讯息，绝大多数都是在 12 月 7 日之后才翻译出来的。其中一份 12 月 5 日发自华盛顿、12 月 6 日翻译出的讯息通报东京说，除保留了他们需要的一套密码之外，已销毁其他密码，而保留的原因就“在于美日谈判仍在继续”。[1]（这是日本驻华盛顿大使馆宣称，大使们在最后一刻仍努力继续谈判的好例子；能够轻易看出来他们的坚持可能会缓解美国对日本意图的疑虑。）东京在 12 月 6 日回复说应当保留一台机器。

还有几份涉及人员转移的讯息，似乎也预示出战争准备工作。一份 12 月 4 日由柏林发往东京的讯息说：“一旦需要我们在伦敦大使馆的人员开展撤离工作，我希望能够让松井（Matsui）秘书和……其他三名高级官员……以及另两名官员……留下来。”[2] 东京在 12 月 5 日指示华盛顿要让寺崎（Terasaki）和大使馆的其他一些人“在未来数日内”乘飞机离开。[3] 正如克拉默在负责分发的材料中用铅笔标注的那样，寺崎是日本负责西半球谍报工作的头目，并正在前往南美。来栖于同一日回复说：

> 鉴于目前日美谈判的现状，我认为你已完全意识到情报工作布局的重要性。鉴于突然替换寺崎十分困难，我非常希望他……能够在我们非常肯定谈判终结之前留下来。我私人向你恳求就此做出努力。[4]

（注意，来栖此处再次表现出作为谈判者的真诚。）

还有其他数份发往华盛顿之外其他地方使馆的讯息，也谈到东京的企图。最详细和最关键的就是，在宣布谈判终结后一份发给柏林（11 月 30 日）的讯息，其中这样阐述：

---

[1] 原注：*Hearings*, Part 12, p. 236.

[2] 原注：*Hearings*, Part 12, p. 234.

[3] 原注：*Hearings*, Part 12, p. 234.

[4] 原注：*Hearings*, Part 9, p. 4202.

自4月份以来，从上一任内阁时期就开始的东京和华盛顿之间的对话……现在将要破裂……鉴于这一点，我们的帝国面临着严峻的形势，必须坚定地行动。因此，希望阁下您能够立刻会见希特勒总理和里宾特洛普外长，并秘密地向他们汇总通报这一事件的发展。告诉他们，最近英国和美国这两个国家都采取了挑衅的态度。告诉他们正计划调动军事力量进入东亚的不同地点，而我们必然将通过调动部队来进行反击。秘密地告诉他们，目前在盎格鲁—撒克逊国家与日本之间存在由武装冲突而突然引发战争的极度危险，并提到这场战争的爆发时间可能比任何人预想的都要早。

当你告诉他们这些情况时，如果德国人和意大利人问及我们对待苏联的态度问题，就说我们已在去年7月份的声明中澄清了我们对待苏联人的态度。告诉他们我们目前向南的动作并不意味着会放松对苏联的压力，而一旦苏联与英国、美国联手，反对我们，我们已经做好准备，全力以赴来对待苏联；但就目前而言，压向南面对我们有利，我们倾向于暂时不向北做出任何直接的动作。

这一讯息在战略视角上非常重要，因此，必须在任何情况下保持绝对保密［翻译于12月1日］……[1]

另一份揭示东京企图的较早讯息，是11月25日发给驻南京日本海军方面的加密通知：

我们现在身处非常严峻的谈判形势中，尚未达成协议。鉴于时间限制已近，请让他们（延迟？）一段时间［海军翻译于11月27日］。[2]

11月25日由河内发往东京并于11月26日翻译出的讯息，这样开头：

军方建议我们应当在25日从美国得到答复。如果确实如此，毫无疑

[1] 原注：*Hearings*, Part 12, p. 204.

[2] 原注：*Hearings*, Part 12, p. 173.

问，内阁将要就战争与和平问题，在未来一两天内做出决定……

而如果……谈判不能成功结束，鉴于事实上作战的所有准备工作均已完成，我们的军队将能够在日内出发。[1]

尽管日本驻河内方面已经做好准备，但也提出要得到谈判结果信息的要求，并抱怨说："我们感到，作为外务省的机构，我们却被孤零零地留在图景之外。"[2]

克拉默海军上校[3]出示了从柏林—东京通信线路上截获的其他讯息，进一步证明了东京的企图，但也让人们对该条线路上存在大量相关信息，却没有在国会调查中整理汇总作为外交截获讯息的公布材料产生了疑问。比如，克拉默全文引用了12月3日截获并于12月6日翻译、呈报的一份讯息，其中详细叙述了里宾特洛普和日本驻柏林大使之间的一次对话。在对话中，大使竭力想要从希特勒那里争取到某种承诺，但不幸的是，直到12月5日，他才见到希特勒。里宾特洛普说："正如我之前告诉你的，在元首批准之前，我们不能够做出官方答复……"日本大使对整个对话的评价是：

我告诉他，形势要比想象的更加严峻，因此我们急于尽快得到正式答复。从我之前与里宾特洛普打交道的经历来看，我很有信心地表示，如果你认为不会有反对意见时，是不会被误解的。已经就身在大本营的里宾特洛普和此处的直接电话联系做出了安排。但他说，只要可能，他就会返回这里并联系我。[4]

总结一下目前仅从"魔术"得到的信号，以及之前提及已送达夏威夷

[1] 原注：*Hearings*, Part 12, p. 174.

[2] 原注：*Hearings*, Part 12, p. 175.

[3] 译注：原书中此处说是"海军上校"，应为克拉默出席听证会和提交证据时的军衔，而非在珍珠港事件之前的海军少校军衔。

[4] 原注：*Hearings*, Part 9, p. 4200.

的信号，我们得到以下内容：

11 月 4 日至 29 日，8 份讯息表达了对谈判能否成功的怀疑。

11 月 5 日，宣布 11 月 25 日是谈判成功的最后期限日。

11 月 5 日至 25 日，7 次重复了最后期限日。

11 月 14 日，一旦与英国和美国爆发战争时，日本对中国政策的概述。

11 月 14 日至 29 日，一旦与英国爆发战争时，日本对泰国政策的概述。

11 月 14 日之后，“一旦出现紧急情况或战争时”的许多准备工作。

11 月 15 日至 12 月 4 日，要求销毁主要大使馆内密码的命令，但不包括罗马和柏林。

11 月 18 日，日本国民开始从美国返回。

11 月 26 日至 12 月 2 日，新的应急密码送达华盛顿特区。

11 月 26 日至 12 月 6 日，发往日本各大使馆（尤其是柏林）的讯息显示出，与盎格鲁—撒克逊国家之间突然爆发战争的预期。

11 月 28 日，日本针对在“伪满洲国”关押美国和英国公民的政策。

11 月 28 日之后，有两条消息宣布谈判将要破裂（一条消息传到柏林，另一条传到华盛顿）。又一条消息宣布了真正的破裂。

11 月 30 日至 12 月 6 日，至少有 9 份关于主要日本大使馆完成销毁密码的通报。

12 月 5 日至 6 日，谍报人员从华盛顿向南美，以及从伦敦向柏林大使馆的调动。

12 月 6 日，日本驻华盛顿大使馆销毁所有密码机器，只保留一台。

应当注意到，这样的信号从未在 7 月份或 10 月份的危机中出现。10 月份时，我们曾收到一些需要加快速度的表述，还有一份简单的电话代码。无论在数量上，还是在种类上，11 月份和 12 月份出现的信号都是全新的。今天看来，就我们现在知道日本将要发动袭击的角度来看，这些信号似乎非常清晰明确；因此回顾起来，当时没有做出这样的解读，是不可思议的。存在许多貌似合理的替代假设都可以解释这一系列的信号，但要让人们牢记这一点，却是非常困难的。回顾珍珠港事件的材料时，绝大多数带有偏见的认识都忘记了这些替代解释。

这些信号没有一个清晰地预示了日本袭击美国的企图。美国也让自己的公民返回本土，也在销毁东南亚使馆中的密码，也显示出对谈判结果的悲观态度，也公开宣称不会再对亚洲的侵略行动做出忍让。日本正在准备与英国和美国的一场全面战争，这一点足够清楚；但她是要首先对两个国家中的一个发动直接袭击，还是正在准备抵御来自英国或美国的突然行动，却一点都不清楚。比如，发往柏林的电文看来似乎预示着：日本正为自己进一步南进行动而招致美国的反击做着准备。而最后期限也可能仅仅是适用于南进行动。但是，即便“魔术”信号不明确，至少它们也足以作为决策的基础。它们非常清晰地显示出一定程度的紧张局势，即两方中任何一方出现的突然事件，都可能导致一场全面战争。

第四节　谍报讯息

除了从日本驻华盛顿大使馆发出的外交讯息外，在东京与夏威夷、巴拿马运河、菲律宾、东南亚、荷属东印度群岛、西岸（旧金山、西雅图、圣地亚哥、温哥华等）之间还有一系列的谍报讯息。这些从东京发出的讯息通常并没有使用“紫色”密码，而是用更加简单的 J–19 或 PA–K2 密码；因此，它们一般都是排在“紫色”之后处理的。当然，一旦翻译工作进展得比较顺畅，这些讯息也会包括在克拉默和布拉顿呈送的文件夹中。在国会调查中，数份檀香山与东京之间的讯息被挑拣出来作为重要的信号——如果之前注意到它们就好了，金梅尔海军上将和肖特中将也提到它们，认为它们是自己没有接触到的关键信号。

最经常被提到的讯息，是1941年9月24日被截获、10月9日由陆军翻译出来的讯息，其中提出在檀香山的日本特工将珍珠港水域划分为5个区块的要求：

区块A：福特岛和海军兵工厂之间的水域；

区块B：临近本岛南部和福特岛西部的水域……

区块C：东海湾；

区块D：中部海湾；

区块E：西海湾及通过海湾的各航道。

讯息接着说：

关于军舰及航空母舰，希望首先报告停泊在港的（这些并不是那么重要）、系停于码头和浮标的、在船坞中的。（简要标明舰船种类和级别。如果可能，当两艘及以上数量舰船停靠同一码头时，望你能注明。）[1]

克拉默海军少将在呈送该讯息时，加注说明它非常有趣，还附上要点："东京指示要就珍珠港内舰船提交专门报告，并把水域分为5个区块，目的是显示出确切位置"。海军呈送文件的复件盖上呈交亚洲舰队司令官审阅的章，但却没提到太平洋舰队司令官。克拉默在作证时说，任何送达亚洲舰队司令官的讯息会被自动转发给太平洋舰队司令官知晓。[2] 然而，就这一具体电文来看，显然并没有遵循流程。

在珍珠港事件之后，这条讯息被认为是"轰炸图示"（bomb-plot）讯

[1] 原注：*Hearings*, Part 12, p. 261.

[2] 原注：尽管克拉默认为是这样，但莱顿海军上将说事实并非如此。Cf. *Hearings*, Part 9, pp. 4193*ff*.

息。另一条在 12 月 7 日之前被翻译出的关键讯息，是 11 月 15 日截获、12 月 3 日翻译出来的，由东京发往檀香山的电文：

鉴于日本与美国的关系达到最为严峻的程度，不定期汇报“舰船在港报告”，但应保持每周两次。虽然你肯定能意识到，但仍请万分小心保密。[1]

接着，11 月 20 日东京发来请求，“希望广泛调查夏威夷军事地域附近的舰队［无法读出］基地情况”。[2] 这份讯息于 12 月 4 日译出。第二天，从另一份于 11 月 29 日截获的讯息中看到，它指示特工“我们一直从你那里收到有关舰船动向的报告，但未来希望也能报告没有动向时的情况”。[3]

在收到这条讯息时，9 月 24 日的讯息被理解为目的是减少谍报通联的时长，并获得日本海军感兴趣情况的细节。根据迈科克伦海军中校的说法，领事馆的报告通常都比日本海军希望的更长篇大论，因此经常会有要求缩短通联量的请求。[4] 威尔金森海军上校将这份讯息解读为，“他们情报工作细致严密的证据”。[5] 此外，他进一步指出，停泊位置的计划远不止仅能显示出轰炸图示，它在指示出美国舰队准备出动的设施方面也具有同样的价值。克拉默海军少校试图回忆起他与“魔术”接收者之间的对话：“我不相信，在涉及日本外交机构汇报舰船动向方面，曾有任何一个人将其解读为与其他材料之间存在差异。”[6] 相反，他认为，这条讯息被认为是“日本外交机构试图简化通联的一种努力”。[7] 斯塔克海军上将不记得曾见到这份讯息。“我只能说，”他在作证时说，“这份讯息经过我们之手，经过对防御珍珠港十分感兴趣的陆军之手，但我不记得有任何人指出

[1] 原注：*Hearings*, Part 12, p. 262.
[2] 原注：*Hearings*, Part 12, p. 263.
[3] 原注：*Hearings*, Part 12, p. 263.
[4] 原注：*Hearings*, Part 8, p. 3405.
[5] 原注：*Hearings*, Part 4, p. 1748.
[6] 原注：*Hearings*, Part 9, p. 4177.
[7] 原注：*Hearings*, Part 9, p. 4177.

过这一点。那时有海量的材料到来。我们知道，日本人对于细节方面的胃口，在所有方面几乎都是填不饱的。这份电文可能作为他们对细节巨大关注的另一个例子，被放在一旁了。”[1]

在那时这样解读，是可以理解的。挑选出来的东京与檀香山之间通联的截获讯息，只是对美国、菲律宾和巴拿马运河其他重要港口类似信息的大量请求中的一小部分。如果说 9 月 24 日的讯息确实是一个轰炸图示，显然应当有足够的信息正发回东京，以便让日本人准备对马尼拉、运河地区、西雅图、圣地亚哥等发动袭击。事实上，日本人确实搜集了庞大数量但却无法立即使用的细节信息。但是，威尔金森关于日本人获取此信息的目的在于，确定太平洋舰队能够多快出动阻止或是报复日本在东南亚侵略行动的论点，似乎足以当作通报金梅尔海军上将此讯息的理由。让金梅尔确切地知道敌人紧密跟踪自己舰队实力和动向的信息是非常重要的。要是分析这样的信息，华盛顿也许还会想到敌人正在找寻相同数据资料的其他港口、城市和设施了。

然而，在华盛顿没有哪个阅读这些谍报讯息的人有时间把它们汇总起来，并且能够确定东京的请求是否正在用一种至关重要的方式改换可能的目标地域。他们的感知局限在只看到东京正在搜集庞大规模的、美国在全世界舰船和港口的有用和无用信息上。事实上，东京对马尼拉和珍珠港发出的请求在 11 月份和 12 月份第一周内都增加了，并且比之前更加具体。

第五节 “东风雨”

在我们转入 12 月 6 日和 7 日最后时刻信号之前，首先让我们看一下有关风语密码的播报。如第 1 章所述，要从可用证据上确定是否有人收到

[1] 原注：*Hearings*, Part 5, p. 2174*f*.

风语密码的真正播报，是不可能的；而且无论怎样，对于需要完成的信号图景总体框架而言，这样做也并不是关键环节。美国情报部门截获了两份设置风语密码的讯息，但没有一份的措辞可以将解读这一密码合理地理解为东京做出战争决策的预先声明。一份由海军翻译出来的讯息是这样的：

关于在紧急情况下广播特别消息事项：

在紧急情况下（断绝外交关系的危险）和国际通信断开的情况下，以下警报将会加在每天的日语短波新闻广播中。

（1）在日美关系危急情况下：东风雨。

（2）日苏关系危急：北风云。

（3）日英关系危急：西风晴。

该信号将会作为天气预报在中间和结尾各播送两次。听到后，请销毁所有密码文件。这是完全机密的安排。

作为紧急情报发送。[1]

另一份讯息的措辞如下：

当我们的外交关系变得危急时，我们将会在情报广播的开始和结尾加上以下文字：

（1）如果是日美关系，“东”。

（2）日苏关系，“北”。

（3）日英关系（包括泰国、马来亚和荷属东印度群岛），“西”。

以上文字将在开始和结尾各重复五次。

传递给里约热内卢、布宜诺斯艾利斯、墨西哥城、旧金山。[2]

---

[1] 原注：*Hearings*, Part 12, p. 154. 原书中，引用了在《听证会》中真实记录的日语表述语句。

[2] 原注：*Hearings*, Part 12, p. 155.

这些讯息如此公开，在那时值得对美国破译出来的日语词汇之外的东西进行深入研究。我们并没有这些日语在从东京陆军省（War Ministry）发出时的复件。它们很有可能是在1945年8月14日天皇诏书之前就被销毁了。美国截获讯息的破译文本如下：

第2353号通报。官庁符号扱い。国際事業の逼迫の結果、何時最悪の事態に至るかも計られざるところ。かかる場合、我が方と相手国との通信は直ちに停止せらるべきをもって。我が方の外交関係危険に瀕する場合には、吾が海外放送の各地向けにニュースの中間及び最後において天気予報として。一、日米関係の場合には「東の風雨」。二、日蘇関係の場合には「北の風曇り」。三、日英関係の場合は「タイを進駐、マレー、インドネシアなどの地域を含む」「西の風晴れ」。二度ずつ繰り返し放送せしめることとせるをもって、右により暗号書類等適当処分ありたし。なお、右は現に極秘扱いとせられたし。

第2354号通报。極秘。我が方の外交関係危険に瀕せんとする場合には、一般情報放送の冒頭及び末尾に：一、日米関係逼迫の場合には「東」。二、日蘇関係の場合には「北」。三、日英関係の場合には「西」「タイを進駐、マレー、インドネシアなどの地域を含む」。なるご五度挿入すべきにつき御了知ありたし。[1], [2]

对于日语专家[3]而言，显然其中有些内容在传送过程中出现了断章取义的情况。从日本的讯息发出者到美国那些阅读截获讯息翻译本文的决策者手中，每一个衔接环节确实都有信息损耗。由于日语表达方式本身包含着极大的含糊性，因此，即使是没被误读的日文原件，也可能会形成数

[1] 原注：*Hearings*, Part 18, p. 3307*f.*

[2] 译注：此两段日文译本对应的中文翻译，可参见本书第60—61页和第230页。

[3] 原注：南加州大学的保罗·兰格（Paul Langer）教授向我提供了这些破译文本的全新翻译，同时还有对这些文本结构和意义的评论。我把这些都用在我的书中。

种不同的解读。比如，可被翻译成“严峻的危机”或“严峻的形势”的“hippaku”一词，预示着谈判破裂，甚至可能是战争的可能性。有些译者可能会把“wagahoo no gaikoo kankei kiken”（在两份讯息中都出现）这一短语认为是“一旦发生战争”的意思，而其原本的意思是“在我们对外关系面临危机时”。但是，对日语不确定的参照，会让谁应当对战争或危险的公开行为负责成为问题。“tai shinchuu”一词（原文是指“进军泰国”或“入侵泰国”）在今天也会挑战我们的想象，因为鉴于没有其他国家正计划入侵泰国，它们似乎把日本放在入侵者的角色中。

另一方面，密码中关键词语是“东”“北”和“西”。而“雨”“云”“晴”在原文中有对立的意思，在密码中它们代表的都是危险，只是用来假装成天气警报。然而，令人感兴趣的是，恶劣天气是与美国联系在一起的。用方向来指代麻烦，原因一定在于东京所处的地理位置：从北面来的风来自苏联，从西面来的风来自英国，从美国西岸来的风当然是位于日本的东面。当对播报做出这样的解读时，并不必然意味着日本预计到其中某一个国家采取了行动，并为了保护日本密码的安全而要求销毁密码，但却一定是与日本采取的销毁密码行动在时间上是相吻合的。

日语专家罗伯特·布托认为，在他检查过、被选用的风语讯息中出现的错误并不至于对讯息基本内容造成损害，而仔细查看“魔术”的译文，也可能会给解决剩余谜题带来线索。[1] 在发送、截获、破译、翻译的每个步骤中可能存在错误和信息损耗的问题，却能够映射出警报的某些演变过程。并不只有天气密码才反映出日本天气的反复无常。

我们的决策者依靠那些呈送给他们的译文，而现在我们的分析将局限于这些呈送译文中的信号。在常规商业渠道被切断后[2]，第一个风语讯息就提供了销毁密码的信号，而这一过程本身至关重要。它的重要性与其他早先列举出的销毁密码的指令相当。12 月 1 日之后，任何一条播报此密码的截获讯息，应当会印证 12 月 1 日发出的、要求主要日本大使馆销毁

[1] 原注：Robert J. C. Butow, *Tojo and the Coming of the War*, p. 335.

[2] 译注：这里指的应当是实施贸易禁运之后。

其密码的命令。在预计日本何时何地发动袭击方面，这样的讯息并不是一个新信号，也没有包含新信息。每个讯息最多能预期与上述某个国家之间关系破裂，或者甚至是爆发战争。但这样的结果只是日本预期的结果，而非由日本发动的行动。

这些讯息被译出后，引起陆军和海军部门的特别关注。海军给其“魔术”接收者分发了一系列卡片，阐明这些使用规则：

东风雨：日美

北风云：日苏

西风晴：日英

这样就可以让监控电传的值班军官在不需要走正常分发渠道的情况下，直接用电话汇报信息，而这绝对是创新的流程。在陆军方面，布拉顿上校、杜森贝里中校和迈尔斯准将也有相似的卡片。[1] 陆军和海军都让一些站点24小时监控日本常规的新闻和情报广播。结果，正常的电传信号打印纸消耗量从每周的3或4英尺[2] 增加到每天200英尺长。

自然，当时有大量的天气广播，但直到12月8日，才出现完全符合密码的广播——至少记录中在这之前没有。然而，萨福德坚信，在12月4日或5日收到有效的密语播报，广播说：“日英、日美，但不是日苏”。根据萨福德的证词，克拉默给他看了电传打印纸，并说：“就是它了”。萨福德打电话把信息通报给诺伊斯，后者给“魔术”接收者们打了电话。

克拉默坚信，他在1941年已看到有效的密语播报，尽管他一开始记得其中是说“日英、日美”，并且没有提到苏联。后来他更改了证词，将讯息进一步缩小到只提及“日英”。但后来，他又作证说，由于麦克阿瑟审问日本俘虏时，日本人说从未发送风语密码播报，因此他也不再坚信是否真的存在有效播报。（正如弗格森参议员指出的，在这些审讯中，日本

[1] 原注：*Hearings*, Part 10, p. 4624.

[2] 编注：1英尺约为0.3米。

人同样先是否定曾设置风语密码；因此这些被质询者的说法都没有多少价值。）总体而言，克拉默频繁更改证词的做法令人难以理解；而 1945 年 9 月，当克拉默在斯塔克海军上将家中午餐时，他又报告说自己的记忆“重新恢复”了。人们不禁要对此心生怀疑。萨福德尽管面对巨大的压力，却始终坚持最初的说法。然而，他所认为的播报是作为战争信号发送给日本海军和伦敦大使馆——他们早已销毁了自己的密码机器——的说法，却似乎并没有坚实的基础。

所有“魔术”接收者都应当收到过一份密语播报的复件或通报，但只有斯塔克的海军作战部长助理英格索尔（R. E. Ingersoll）海军少将、特纳海军少将和诺伊斯海军少将记得见过它。英格索尔和特纳只略微留意了一下，因为之前他们已经看到日本销毁密码的命令。那时，他们这样的反应是合理的，其他接收者也会有同样的反应。诺伊斯作证时说，他那时就认定这份播报不是有效的密语播报。他这样的反应很不寻常。因为通常诺伊斯会允许萨福德和克拉默对有关解密的材料拥有最终决定权。克拉默得到他的完全信任，去筛选和分发重要的“魔术”讯息。如果克拉默 1941 年时相信收到过一份有效的密语播报，并且直到 1945 年时仍然坚持这一点，那这就是密语播报有效的非常好的证据。诺伊斯不会希望去承担决定撤销克拉默决定的责任。

电传的原件和可能有的所有复件现在均已消失，海军和陆军分发的卡片也是这样。对于那些希望相信是一小撮美国阴谋者挑起日本发动袭击，并且知道袭击何时何地发生，还销毁了他们知情证据的人而言，前述电传和卡片的消失可以意味很多事情。文件的缺失、宣誓证词的多次更改，以及考虑到风语密码从一开始的专门处理，这些都渲染了存在政治密谋的气氛。[1] 然而，所有阴谋论的理由都假定，风语密码可以显示东京已决定要

---

[1] 原注：关于消失的文件，正常的流程是，立刻销毁一条虚假播报的所有电传材料。因此，如果不是出于诺耶斯海军少将并不经常做出这种判断这一事实，文件不再存在这一事实必然能够支持诺伊斯认为播报本身就是虚假的这一论点。一条有效的密语播报通常并不会归类在“魔术”文件中，因为后者不是用普通的方式来进行分发

袭击美国。事实并非如此。一份有效的密语播报，不可能告诉华盛顿在12月4日已知事情之外的情况。

第六节 最后时刻的“魔术”

有4个最后时刻的“魔术”信号。这些讯息分别被称为引航讯息、14部分讯息、1点讯息或是呈送时间讯息，还有最后的销毁密码讯息。在国会听证会上，包括信号情报处和海军通信局的技术人员，陆军和海军情报部门、陆军和海军作战部门、国务院，总统顾问，甚至是总统在内的所有人，都认为这些讯息是关键的警告信号。就连国会调查人员都是基于这一假定开始调查；因此，他们质询的一个关键部分就是，确定特权名单上的接收者们看到这些讯息的具体时间，以及他们最后形成了什么决定——如果有的话。正是出于这个目的，确定翻译的日期，并不如确定分发给相关决策者的时间那样重要。一些标注12月6日翻译的截获讯息，直到12月7日才被呈送。12月6日，处理过程中出现一次半小时的延迟，意味着会出现在12月6日夜间送达，还是在12月7日早10点左右送达的差别。

到此时，历史学家却碰上一些关键的障碍。12月6日夜间，谁看到什么样的“魔术”讯息，以及谁给了谁什么讯息，都是非常棘手的问题。堆得像山一样的证词中充满了矛盾。1945年秋天的记录，几乎肯定与之前呈送给调查机构的记录相互冲突。1945年，文件要么被拒绝提供，要

的。鉴于在1945年时，涉及风语密码的、有关“东京的虚假天气广播”这一问题的证词十分混乱，可以很容易想象到，电传是被错误毁掉了。“东京的虚假天气广播”可能意味着以下两种情况：（1）一份有效密码的有效密语播报本身就是虚假的天气广播；（2）一份有效密码的虚假播报本身就是一条真正的天气广播。一条有效的密语播报之所以被销毁，可能是因为它被认为是“虚假的”，而且这个“虚假的”指的是上述两种情况中的后一种。

么已经消失；记忆要么“重新恢复”，要么就完全作废。因此，在某些情况下，证人对于持续提出的质询问题的主要反应，就是做出迟钝而克制的回答：“我不记得了”。即使是那些想要通过调查来积累政治资本的参议员们也厌倦了，对此事撒手不管。

可以追踪一条讯息从截获到呈送全过程的一个线索，自然就是归档系统。但是，人们发现有人在搞鬼。在某些情况下，档案号的数字是“随意涂鸦”的，根本无法辨认，同时也没有其他的复件。（对国会委员会做出的解释是，有人做研究时感到无聊。对这个 1945 年在政治上具有爆炸意义的问题感到无聊！）虽然一些数字丢失了，但考虑到每天截获讯息中只有三分之一被判定为影响巨大而呈送，就不那么令人震惊了。但是，对历史学家而言，感到混沌的主要原因在于，这些提交给国会听证会的截获讯息的排列顺序，因为这一顺序显然与陆军或海军的归档系统毫无关系。

可以猜想到，归档系统类似于：截收站在原始讯息上标注了东京序列号，归档的东京时间，截收的华盛顿时间。当讯息到达海军处理部门时，会盖上时间戳和一个 20–G 归档号[1]，并且按照接收日期的时间顺序归档。随原始讯息归档到 20–G 档案中的，是工作簿和一份完整翻译文本的复件。翻译文本的复件则会根据译员收到的顺序，得到一个“日本外交”（JD）号[2]，并随后被归入一个单独的“日本外交”档案中。“日本外交”档案只有翻译文本，同时也包括从陆军部门发送过来的翻译文本。海军档案中的陆军讯息会在信号情报处编号，另外再被分配一个“日本外交”号，并依据它们从陆军那里送达海军时接收的日期——通常与完成翻译是在同一天——按顺序归档。因此，20–G 档案中和“日本外交”档案中讯息的顺序完全不同。在陆军档案中，陆军的信号情报处编号也使用不同的顺序。呈交给国会听证会的公布集第一卷中的选集则使用第四种顺序，可能是因为选集汇编了陆军和海军的档案。在这份公布集中，典型的前后排序的文档是：在 12 月 3 日截获的“日本外交”1:7053 号之后紧接着的文

[1] 原注：20–G 是指定给海军通信安全部门使用的数字。

[2] 原注：JD 指的是“日本外交”（Japanese Diplomatic）。

档，就是同样在12月3日截获的“日本外交”1:7848号讯息。但如果从翻译的时间来看，这两者之间可能间隔了约800份其他讯息。

如果原始档案留存，这样的排序也不会有问题。但在公布集第一卷中，“日本外交”号经常被省略掉了，而在某些情况下，这一数字在确定具体呈送日期方面具有决定性作用。通信安全部门证人的证词没有一份能够填补这方面的空白。

由于缺失了这些文档，没有办法准确地叙述，我们在此只能呈现这些讯息本身。在之后的章节中，结合其他来源的证据，我们将跟踪这些讯息在华盛顿分发和接收的主要环节步骤。

4份讯息中的第一份被称作引航讯息（东京第901号），其中宣布日本政府正在对美国11月26日提案予以答复：

> 这份独立讯息的长度非常长。我将用14个部分发送，我相信你将于明天接到。当然，我也不确定。形势相当微妙，当你收到时，我希望你能暂时保守秘密。
>
> 考虑到呈送本备忘录给美国的时间，我将向你发出独立的讯息。然而，我希望同时你能将其精心组织，形成文稿，做好一收到指示就立刻呈送给美国人的所有准备工作。[1]

这就是日本大使们一直在等待的答复；11月28日时，他们已经得到警告，对美国提案的这一答复说明“谈判事实上即将破裂”。[2] 日本人显然认为，他们的回答及回答的时间相当重要；而我们着实未能预见到这个讯息长达14个部分。阐明14部分讯息要送达的引航讯息，是在12月6日早晨7点20分由海军截获的，并在同一日中午由陆军翻译部门接收。信号情报处和海军通信安全部门警告所有站点，要接收即将发送的14部分讯息，还有一份关系到呈送时间的通知。

[1] 原注：*Hearings*, Part 12, p. 238*f*.

[2] 原注：*Hearings*, Part 12, p. 195.

尽管做出这样的安排，但当14部分讯息（东京第902号）开始发送并被截收时，它实际上就是一篇长篇大论，内容是日本对自己认真努力在亚洲争取和平以及美国和英国设置障碍的观点。这样的观点在之前用同样的方式已重复多遍了。14部分讯息本身包含一些新信息。它是日本宣布正式终止谈判的声明，最后这样阐述：

因此，日本政府调整日美关系，通过与美国政府合作来保护和提升太平洋地区和平的真诚希望最后落空。

日本政府在此很遗憾地通知美国政府，鉴于其态度，只能认定无法通过进一步谈判来达成协议。[1]

海军在班布里奇岛（在普吉特湾，西雅图对面）的站点从12月6日早晨就开始截收这份长讯息；前面13个部分依次在早晨全部截收完毕，并通过电传打字机在中午和下午早些时候转发给华盛顿特区。[2] 然而，班布里奇海军截收站直到华盛顿时间12月7日凌晨3点才截收到第14部分。所有这些部分都是由海军解码的，由于讯息都是用英语发出的，因此不用翻译。

而标注为东京第907号的1点讯息说得很简洁：

希望大使在你们那里当地时间12月7日下午1点，将我们对美国的答复呈送给美国政府（如果可能，呈送国务卿）。[3]

这份讯息是由海军班布里奇截收站在华盛顿时间12月7日凌晨4点

[1] 原注：*Hearings*, Part 12, p. 245.

[2] 原注：第1至4部分是在华盛顿时间12月6日上午11点49分收到的。第9和10部分是在上午11点49分和下午14点51分之间某个时间收到的，第5至8部分和第11至13部分则是在华盛顿时间下午14点51分收到的。（*Hearings*, Part 33, p. 764.）

[3] 原注：*Hearings*, Part 12, p. 248.

30 分截获，并发送给陆军信号情报处进行翻译。最后的销毁密码讯息（东京第 910 号）如下：

在解密了我第 902 号的 14 部分，以及第 907、908、909 号讯息后，请立刻销毁剩余的加密机器和所有的机器密码。对机密文档也采取相似办法。[1]

东京第 908 和 909 号讯息是发送给大使们的，感谢他们付出的努力；还有商务参赞及其下属，表扬他们代表日本做出的努力并祝他们身体健康。东京第 910 号讯息是在 12 月 7 日凌晨 5 点由海军截获并由海军解密，然而发送给陆军进行翻译。

现在要回忆起 11 月 28 日时，东京已宣布要在“几天之内”发出承认谈判破裂的、不利的答复，这像是一种预先的引航讯息。因此能预期接收到后来的引航讯息和 14 部分讯息通知；而在华盛顿，任何人想要得到一个有利的答复，都是不可能的——可能除了野村和来栖。东京答复中的第 13 部分，实际上甚至使用了 11 月 30 日发给日本驻柏林大使馆有关谈判终结的通知中一部分同样的词句。这份通知提到“一个侮辱性的条款”，规定“一旦美国在任何时候参与欧战，日本帝国却不能给予德国和意大利支援”。东京宣称，仅这一条款“就让美国的提案无法成为谈判的基础”。[2]

既然可以预料到照会的内容，这一信号的时间就应当是在周六上午通过无线电开始发送的时间，而不是马歇尔和斯塔克阅读第 14 部分的时间——周日早晨约 9 点 30 分。仅从“魔术”就能够预见到谈判的破裂。结合其他诸如日本舰队及其武力动向的信号，“魔术”应当几乎能够确认谈判破裂及其时间。如果我们完全相信信号，至少我们应当如此预期。

[1] 原注：*Hearings*, Part 12, p. 249.

[2] 原注：14 部分讯息的第 13 部分这样说：“因此，经全面衡量，日本政府很遗憾并不能接受提案作为谈判的基础。”（*Hearings*, Part 12, p. 244.）

极不可能出现的情况是，日本会发送模棱两可的最后信号——无论是以密码或其他形式；一旦发出，将被截获；而一旦截获，就应该及时译出，以实施针对性的行动。行动的时间应当比最后信号还在传递过程中的时间更早。

还有一个珍珠港的例子，是由日本人用隐语密码发出的最后警告信号，海军是在12月7日早晨截获并译出，然后放在克拉默周日早晨第二次送交斯塔克的档案包中。它有可能在周日早晨，陆军第一次送交“魔术”讯息时就呈给了马歇尔。讯息说：“日本和英国的关系并没有如预期的那样。”[1] 这条信息并不新，而且事实上也是婉转的轻描淡写。遗憾的是，其中所说的与日文原件没有关系。弗里德曼上校作证时说，在珍珠港事件几天之后，他重新审查了这份截获讯息，译文引起了他的疑问，因为“任何傻瓜都会意识到，12月7日大局已定时，东京不会发送一条讯息说‘日本和英国的关系并没有如预期的那样’”。[2] 他发现其中有两处错误。首先，海军对密码的原始译文太过温和，原文应当是“处于灾难的边缘”。其次，在那天早上的工作重压下，意指“美国”的密码被译员忽略掉了。讯息应当是：“日本和英国、美国的关系处于灾难的边缘。”[3] 在日语中，这样的表述已经足够严厉了。正如克拉默作证时一再所说的，日本人的习惯让他们在描述绝望的形势时仍倾向于礼貌和克制。但是，这样的警报却被忽视了；而对于它被忽视掉，我们也不应感到惊奇。

涉及所有这些最后时刻讯息时，确定决策者在周六或周日早晨接收到它们的确切时间，其实并不如确定**他们是如何在这一时间之前处理可用证据**来得重要。如果在他们看来，谈判破裂应当等同于宣示日本企图发动对美战争，那么证据早已存在了。唯一可能的例外是1点的呈送讯息，其中即使没有提到地点，但我们现在可以看到发动袭击的时间。对于许多高层官员而言，该讯息的重要性非常明显——但也只是在事后。尽管这些最后

[1] 原注：*Hearings*, Part 12, p. 251.
[2] 原注：*Hearings*, Part 36, p. 308.
[3] 原注：*Hearings*, Part 36, p. 308.

时刻信号的重要意义得到普遍认同，但它们都没有在袭击之前发挥重要的作用。从其中暗示的行动来看，没有人真的相信，日本坚定地宣布外交关系破裂会立刻意味着对美国发动直接袭击。在“魔术”中，没有任何东西清晰而又确定地表达出日本的这一企图。而即使是有，对于珍珠港是否被包含在日本袭击计划之中，也存有疑问。

当然，我们必须对即将到来事件的信号——之前的和之后的信号——系统地进行区分。在事件之后，当我们知道信号和事件之间的确切联系之后，那些我们认为当时不可能被忽略掉的事物之间的联系，现在看来非常明显。我们忘记了，当信号出现在数以千计的竞争性指标中，事情看起来究竟会是什么样子；信号本身不仅与某一灾难性事件相吻合，而且与许多其他可能的后果相吻合。

我们唯一可以预计到的，就是每个人典型的、敏锐的事后之见，影响到仍在盛行的、究竟谁应当为珍珠港灾难负责的争论。这些争论的一个典型特征就是，每一位指挥官都强调，自己所接收到信号的模糊性和自己**没有**接收到信号的清晰的精确性。每一位指挥官都从自己的利益出发，强调情报的模糊性，以及华盛顿发送给自己的战争警报的模糊摇摆特点。每个警报信号都显示出与之前的警告是多么相似，并只能期望当地指挥官们去做他们无法完成的事情。每个指挥官都相信，只要自己能够有像风语密码及密语播报讯息中那种清晰的袭击指标，就能够准备好应对袭击。

但是，只有在阐明风语密码仅仅清晰地指出所提到的国家间关系紧张，以及销毁密码的必要性上，华盛顿才是正确的。而在让各战场清楚地了解到警报这方面，华盛顿却错了。由于华盛顿并没有清楚地预测到珍珠港袭击，因此这些警报并不清晰；即便夏威夷当地指挥官们能够得到拼图谜题的线索，他们是否能得到进一步的启示，其实也是打问号的。

问题是，拼图从未完整过。当地指挥官们后来强调的模棱两可、充满不确定性的信号，都是他们在事件之前看到的信号。而那些似乎明显突出并明确意味着即将到来的灾难的信号，都是在事件之后且剔除其他可能的含义之后才被得知的信号。

所有的决定，都是在面对不确定性时做出的；甚至是那些仅仅需要理解自然现象而做出的决定，也是如此。而要在解读其他人意图，特别是敌人意图的基础上做出决定，尤为困难。这些意图非常复杂、左右摇摆，还会在信号显出意图到实施行动这一段时间内仍然出现变化。有时，信号会被刻意模糊，或是伪造出来进行误导——比如虚张声势时。至少在解读自然现象时，我们还有阿尔伯特·爱因斯坦那句名言指导："上帝不可捉摸，但并无恶意"。同样的话是无法用在敌人身上的。

尽管存在刻意的和偶然造成的模糊性，情报还是能够在减少军事决策的不确定性方面做出许多工作。"魔术"尽管没有显示出全部，但也显示出了许多。它没有说"对珍珠港发动空袭"，但却支持这一假设，即日本人在 11 月 30 日那周周末或邻近日期，在东南亚发动涉及英国人和荷兰人——如果没有美国人的话——的敌对行动。有一点很重要且应当指出，即珍珠港空袭是日本人战争计划中唯一让华盛顿措手不及的部分。华盛顿对于日本人首先挑选珍珠港，然后选择空袭而非实施破坏大为吃惊。从 11 月 26 日起，我们一些决策者一直认为，日本对外围岛屿和菲律宾发动袭击是众多貌似合理假设中的一个。但也没有人肯定。所有的信号都是模糊的。也许从珍珠港事件中能够学到的一个重要教训是，情报要始终处理摇摆不定的信号。证据始终只能显示出一部分，而从信号中的数据资料进行推论总是冒险的。

第 4 章
国内的信号和噪声

“魔术”是听到日本秘密通联最为重要的手段，也因此是侦测日本企图的关键指南之一。但是，美国决策者们手上还有许多其他的指南。那些发送到檀香山的、我们在第 1 章中讨论过的信号，源于广泛的、不同的来源，显示的是在华盛顿可用信息的浓缩精选。

现在，让我们审视一下袭击之前三周内华盛顿的更加广阔背景。我们首先简要回顾一下“魔术”记录下来的外交策略——最后时刻的声东击西和拖延手段，并尝试筛选出导致给所有远东地区陆军和海军指挥部发送警报电文的主要信号。在跟踪 1941 年 11 月时如何挑选发送到檀香山信号的过程中，至少有一点清晰地显示出来：让军方来选择而不是把所有的信息都发送给各战场，这是一个合理的政策，也许是唯一务实的政策。确实，华盛顿的机构整合起来拥有比各战场更大量的信息资源，但同时，他们也有更大量的相互冲突信号。在有关键声音的同时，也有同样多的噪声存在。

将信号从噪声中分离出来，是一项细致而又困难的任务，是一项各地战场指挥官无论如何也不会给自己增加的职责。此外，在华盛顿，用于接收和通联这一巨大数量信号的机制，肯定要比在檀香山复杂得多。我们已经看到在“魔术”这一绝密来源方面发生的事情，以及即使是在非常短暂而简单的通联过程中进行翻译解读所存在的许多障碍。当信息不得不在一段更长、更为曲折、保护更少的途径上传递时，想象力就会在大量的阻碍面前摇摆不定。在争论是否合理、跨处室和跨部门的备忘录往来、关于形势相互对立的预测、关于冒险有多大价值的相互矛盾看法等喧闹中，有时关键问题反而被遗弃了。那些渗透层层障碍到达“需要知晓者”手中的大量信息片段，不仅仅是奇迹，也证明还有更大数量的、一开始被发出但从未到达他们手中的大量其他信息片段。因为在华盛顿，还没有哪一个人或机构能够同时拥有所有可用信号。

华盛顿的信号图景有一个尤为复杂的特征：不仅有来源于外国的信号在这里被搜集和解读，而且华盛顿本身就是一个重要的信号发出者。美国政府机构的动向，是敌人针对美国开展情报工作的主要内容，因此这些机构的动向自然构成了美国整体信号图景中的一个重要部分。但与敌人相比，有时让美国人定义或预测美国自己动向的意义或动机，甚至更难。

遗憾的是，1941 年政府中甚至是身处华盛顿的绝大多数人，对于日本的对美政策以及日本在东南亚重要动向的了解，通常要比美国对日政策以及美国在太平洋地区活动的了解更加及时，也更加清晰。换言之，他们知道当时关键信号图景中那一半（日本那一半）中的一些。之所以这样忽略美国的政策，其中一个解释是，想当然地对本国立场自信并认为这一立场很明显。但是，有一个更好的解释，即那时（现在也是）很难把美国的远东政策归纳为清晰简明的几句话。如果要大致形成这方面政策的阐述，就必须去问一下罗斯福总统每个助手的想法，总统自己的想法，公众舆论中孤立主义一派能够施加多大程度的影响，中国院外集团能够施加多大程度的影响等，然后才能在这些相互冲突的利益大杂烩中厘清可能的大概方向。在找寻这一方向的过程中，罗斯福总统为人熟知的、接连同意对立方面意见而平衡相互冲突压力的办法，又会增加新的难度。[1]

[1] 原注：富兰克林·罗斯福图书馆馆长赫尔曼·卡恩（Herman Kahn）指出，罗斯福的技巧是“让对立双方都相信他同意自己一方”的说法更加准确。

基于本书的目的，我们勾画出珍珠港袭击之前数周内的利益冲突角逐。从现存的国务院、陆军部、海军部文档，以及公开出版的日记和回忆录中，就能够勾画出我们政府的假设和希望、决定和犹豫不决。但历史留给我们许多谜题。很难发现，警告各战场的决定究竟是何时和如何做出的，也很难准确地在起草警报讯息时说清楚，究竟预计袭击针对的目标是什么和袭击的方式是什么。

至于在珍珠港事件前最后几周内，我们的政府要注意到最重要的一件事，就是几乎每个人都完全被吸引到大西洋和欧洲战场去了。[1] 罗斯福总统对欧洲局势感兴趣程度如此之深，以至于把远东事务几乎完全丢给了国务卿赫尔。对欧洲而非远东感兴趣也同样适用于公众，这一点可以从当时的媒体、新闻短片和民意调查中得到印证。

要正确看待远东地区的危机，我们必须时刻牢记对欧洲前线和西半球事务的兴趣高于一切这一点。否则，自然会把缺乏关注解读为刻意回避或是阴谋论式的沉默，而一个真实的、威慑侵略的企图看起来也会像是在诱导袭击。今日历史学家在描绘日本危机的发展趋势和强度方面显得十分轻松，这确实有些误导作用。当然，在 1941 年秋，日本的侵略是一个持续的威胁，要求我们必须在外交上小心关注，以防其在两条战线上作战；但与德国的战争机器相比，日本的威胁似乎要更加遥远，也更加可控。

比如，在华盛顿，包括总统在内的众多决策者习惯于将美国的太平洋舰队视为威慑而非目标。这样的看法，不仅增加了那些忙于推动增援菲律宾的人的期望值，也让关注于大西洋战役的做法变得合理。而且，把美国人的心理以己度人地应用在日本政府身上，也是当时的普遍态度之一。格鲁大使看到这一趋势，并想要从遥远的东京尽力对抗这种趋势。在他其中一份最后报告（11 月 3 日）中，他严厉地警告赫尔国务卿，反对“任何可能认为以日本的实力，与美国发生冲突就是一头撞上来自杀的错误概念。国家的理智会反对这样的事情发生，但日本的理智是不能用我们自己

---

[1] 原注：详细记录参见 Conn and Fairchild, *The Framework of Hemisphere Defense*。

的逻辑标准来衡量的”。[1] 然而，事件发生之后，格鲁的警告才在华盛顿产生了影响。

在珍珠港事件前一个月，华盛顿的陆军部和海军部清楚地表达出确切立场。在各自作战计划部的坚定支持下，斯塔克海军上将和马歇尔上将呼吁，请求争取更多时间、更多人员和更多的装备。他们呈交给总统的备忘录都指出，国务院应当在对日本表示“强硬姿态”方面保持低调。

在高层，国务院通过赫尔国务卿本人展现出相当确定的形象。赫尔个人主导了与日本大使们之间的谈判。到 11 月时，赫尔感到的只有厌倦。政府圈中的私下评价一再用这样的形容词来描述他。用他自己的话来说，他已经兜了“相同的圈子，一圈又一圈”，时间如此之长，以至于他对与日本达成和平解决，或是对日本军事侵略强制实施某种限制已经不再抱有希望。他只能用自己剩下的精力，为美国军方力争更多时间。这意味着，他要在严厉对待与耐心对待日本代表之间寻找平衡，要小心翼翼地，不能太严厉以至于让关系破裂，也不能太温和以至于冒犯了中国、英国或是荷兰。但到此时为止，双方能够做出的最小和最大让步已经限定死了，而施展外交策略的可能性也时常受到限制。即使存在这些限制，赫尔仍坚持努力维持太平洋地区的和平，并说服总统坚定这一目标：因为总统还有其他的顾问，比如时不时谴责国务院绥靖做派的伊克斯和史汀生。即使是在自己的部门，赫尔也要平衡亲中和亲日两派。12 月 1 日，他公开宣称自己已经厌倦了政府中每个人都告诉自己应该如何运转国务院，他对自己的助手小阿道夫·伯利说：“他们都带着刀子和斧子来找我”[2]。

这种遭受诋毁式或劝诱式且相互冲突的意见建议围攻的感觉，也同样适用于最后几周内总统的思想状况。不管如何，这样的思想状况（加上他对欧洲事务的沉浸）可以更好地解释为什么他个人对远东形势反应的记录会缺失。阅读环绕在总统身边的人的回忆录，你会发现其中都有对总统脑袋中究竟在想什么这个谜题的关注。那个微笑或是眉毛上扬，或是忧郁的

[1] 原注：*Hearings*, Part 14, p. 1056.

[2] 原注：Berle, “Diaries.”

眼神究竟意味着什么？这些顾问中有一些人抱怨说，他们无法从总统那里直接得到答案，但绝大多数顾问都耐心观察和等待，好似总统有很多主意，而只有上帝知道什么时候这些主意会蹦出来一样。比如，以伊克斯在 11 月 21 日（周五）的日记为例：

总统对我说，他希望自己知道日本是否正在玩弄伎俩。他不确定日本是不是笑里藏刀。我回答说毫无疑问，根据德国的进展情况，日本早晚会来卡我们的喉咙；至于我，如果我知道自己会被袭击，我宁愿选择自己进攻的时间和场合。我问总统，他对德国人一旦战胜苏联人，日本就会进攻西伯利亚是否存有疑问。他说没有。我感到，一旦与日本开战，我们将很快处于这样一种状况，即我们海军的一大部分，以及英国海军和荷属东印度群岛海军的一大部分，都可以抽调到大西洋地区。总统感到，日本会自己涉足进来，而日本的国土太远了，不会被袭击。在我看来，似乎总统还没有形成愿意强硬对待日本的思想状态。[1]

伊克斯的这番评价，描述出施加在罗斯福身上的、很多重要而又相互冲突的观点之一（即能够且应当尽快处置日本，以腾出美国的资源投入到大西洋战争中），还有对罗斯福变化发展的思想状况的急切观察。正如对是否继续把舰队驻扎在珍珠港存在争论一样，总统也不知道向哪条路迈进，所以他停止不动。这就是拉锯和等待，华盛顿高层圈子并不真正期望这样的拉锯能持续很长时间，并可使日本推迟在太平洋地区对英国人、荷兰人或甚至是美国人打上一拳。但是，在忙碌的 11 月 25 日、26 日和 27 日三天中，确实做出了决定。自那之后，直至 12 月 7 日，总统及其顾问就等着拳头落下来。

[1] 原注：Ickes, *The Lowering Clouds*, p. 649*f*.

第一节　外交拉锯：11月20日至26日

11 月 20 日，日本大使们呈交了一份《暂时妥协案》(*modus vivendi*)，在“魔术”中指的是《乙案》或乙计划。日本人在“魔术”中将其作为与美国讨价还价的最后可能尝试。当《乙案》呈交时，摩根索也向国务院提交了一份计划：由哈里·德克斯特·怀特（Harry Dexter White）起草、也被视作《暂时妥协案》。这份计划历经多次讨论，并结合日本提案起草而成。有关这些草案和讨论的详细情况已被收录在兰格和格里森撰写的《未宣之战，1940—1941》(*The Undeclared War, 1940-1941*）一书（27 章）中。而基于本书的目的，仅比较日本的《乙案》与提交给国务院并拟送英国、荷兰和中国代表同意的《暂时妥协案》，就足够了。

日本的《乙案》提出：

1. 日美两国政府保证，除日本军队目前已驻扎的法属印度支那部分外，不对东南亚和南太平洋地区的任何地方实施武装推进。

2. 日本政府保证，一旦日本与中国之间恢复和平，或者在太平洋地区建立公正的和平，日本将从现在驻扎的法属印度支那撤军。

同时，日本政府宣布，一旦就当前的安排做出结论并在之后体现于最后协议中，准备将其部队从现在驻扎的法属印度支那南部到上述地区的北部之间撤出。

3. 日本政府和美国应当就确保获得两国在荷属东印度群岛所需的这些物资和商品方面开展合作。

4. 日本政府和美国政府相互保证，将商业关系恢复到冻结资产之前的主要状态。

美国政府应当向日本提供其所需数量的石油。

5. 美国政府保证，不对日本与中国之间恢复普遍和平的努力采取具有偏向性的措施和行动。[1]

这些提议较有原则性，但可被视为形成预备协议的基础。国务院官员们正在讨论与他们自己的草案相联系的两点：一是撤销冻结命令，二是在中国和日本谈判期间暂停对中国的援助。在接待两位日本大使时，对日本提出的、在美国暂缓对中国援助的同时，日本却继续留在《三国同盟条约》中的提议，赫尔国务卿大发雷霆。从赫尔对《乙案》的极度谴责能够看出，这样的提案在国务院是不会被讨论的。赫尔感兴趣的是，为陆军和海军争取时间；而作为争取时间的手段，本应当说一些看好《乙案》的话语；但赫尔后来将这一提案描述为“性质荒谬，没有哪个负责任的美国官员想过要接受这样的提案”。[2]

罗斯福总统向丘吉尔通报《乙案》时的反应要缓和得多。11 月 24 日，他向丘吉尔概述了美国提出的为期三个月《暂时妥协案》的反提案，并评价说：“对我而言，这似乎对日本人是一个公平的提议，但接受或是拒绝，其实要取决于日本的国内政治。我并不抱有太大希望，我们都要为真正的麻烦，而且可能很快到来的麻烦做好准备。”[3]

美国《暂时妥协案》最终文本是这样的：

1. 美国政府和日本政府，出于对太平洋地区和平的热切期盼，确认他们国家政策的目的是要在太平洋地区实现持久与广泛的和平，并在这一地区没有领土觊觎。他们相互保证，除非受到攻击，不会采用武力或是威胁使用武力的手段，从他们现有的军事设施出发，跨过太平洋地区的任何国际界限，来实现推进。

2. 日本政府保证，立刻将目前驻扎在法属印度支那南部的武装力量撤

[1] 原注：*Foreign Relations of the United States: Japan, 1931-1941*, Vol. II, p. 755*f*.

[2] 原注：Hull, *The Memoirs of Cordell Hull*, Vol. II, p. 1070.

[3] 原注：*Letters*, Vol. II, p. 1246.

离，不再在当地实施包括建造军事设施在内的进一步军事活动，并将日本在法属印度支那北部的军事力量控制在1941年7月26日时的规模，即在任何情况下都不应超过25000人，而且不包括轮换人员在内。

3. 美国政府保证，立刻取消7月26日针对美国境内日本资产实施的冻结限制令，同时日本政府应同意取消对日本境内美国资产的冻结措施。每个国家的出口只受到各自国家出于国家防御目的而实施的出口限制措施的制约。

4. 美国政府保证，立刻与英国和荷兰政府接触，在与日本互惠的基础上，推动上述两国政府采取前述3段中提及的类似措施。

5. 美国政府不会对中国政府与日本政府寻求和平解决相互之间分歧而开始的对话表示反对，美国政府也不会对这样的讨论进行期间的停火表示反对。涉及上述讨论，美国政府的基本利益在于，这些讨论建立在构成日本政府和美国政府之间目前对话的核心精神的基本原则之上，并且将会拓展。

如果日本政府与中国政府开始上述讨论，如果中国和日本需要，美国政府同意在菲律宾群岛开展这样的讨论。

6. 应当理解，这样的《暂时妥协案》只具有暂时性质，除非通过共同协议重申，否则其有效期不应超过3个月。[1]

在这一文本后附有另一份文件，即《十点照会》(Ten Point Note)，列举了美国的10条立场。要求日本从中国和印度支那撤军并承认蒋介石政府的第3条和第4条，以及要求日本从《三国同盟条约》中退出的第9条，让该文件成为美国表述得最为激进和强硬的条款。然而，由于它是被提出来作为解决日美分歧的长期讨论的基础，并且在接受《暂时妥协案》后才实施，因此它的严肃性有些许软化。《十点照会》的文本如下：

[1] 原注：*Hearings*, Part 14, pp. 1113-1115.

1. 美国政府和日本政府将致力于达成在大英帝国、中国、日本、荷兰、苏联、泰国和美国之间的多边互不侵犯条约。

2. 两国政府将致力于在美国、英国、中国、日本、荷兰和泰国政府之间达成一项协议，各国政府都宣誓尊重法属印度支那领土完整，且一旦出现对印度支那领土完整的威胁，各国政府都宣誓，本着采取被视为必要且可用于应对所讨论问题的措施的角度，立刻进行商讨。这样的协议应当确保，每一方政府都不会在与印度支那的贸易或经济关系中寻求或接受歧视性的待遇，且会动用自己的影响力为每一方得到与法属印度支那在贸易和商业方面的同等待遇。

3. 日本政府将从中国和印度支那撤出所有的陆军、海军、空军和警察力量。

4. 美国政府和日本政府不会在军事上、政治上、经济上支持除首都暂时位于重庆的中华民国国民政府之外的、任何在中国的其他政府或政权。

5. 两国政府都将放弃在中国的所有治外法权，包括在国际公共租界和租借地内的或所涉及的权利和利益，以及 1901 年《辛丑条约》(Boxer Protocol) 中的权利。

两国政府将致力于让英国和其他政府同意，放弃包括在国际公共租界、租借地内的以及 1901 年《辛丑条约》中的权利。

6. 美国政府和日本政府将开启在美国和日本之间达成一项贸易协议的谈判，其基础是两国相互给予最惠国待遇并减少贸易壁垒，包括美国保证将把生丝置于自由贸易清单内。

7. 美国政府和日本政府将分别解除对美国境内的日本资金和日本境内的美国资金的冻结限制。

8. 两国政府将达成稳定美元—日元汇率的计划，并以此为目的确定分配资金，即一半由日本提供，一半由美国提供。

9. 两国政府均同意，任何与第三国或第三方集团达成的协议，都不应当与本协议的基本目的、在整个太平洋地区建立与保持和平相冲突。

10. 两国政府将运用他们的影响力，推动其他政府坚持或实际运用本协议中确立的基本政治和经济原则。[1]

11 月 21 日，赫尔国务卿向斯塔克海军上将和杰罗将军（马歇尔上将不在城中）展示了美国《暂时妥协案》[2] 的一份预备文本。后两者同意“从军方角度来看，文件总体上令人满意”。[3] 杰罗用发出书面评价的方式强调自己的认可意见：

> 接受这些条款，将会确保我们目前的主要目标之一，即避免与日本之间的战争。即使是在太平洋地区的暂时和平，也能够让我们完善在菲律宾的防御准备，同时确保我们可以继续向英国人提供物资支援，而这两点都非常重要。
>
> 上面提到的意见，不应被视为建议严格遵从拟议协议的所有条件。作战计划部希望强调，我们与日本之间达成暂时妥协，对于我们在欧洲战争中努力获取成功极为重要。[4]

接着，赫尔在 11 月 22 日与英国大使、中国大使、澳大利亚部长和荷兰部长进行了磋商，给他们看了《乙案》以及前述美国《暂时妥协案》的预备文本。得到的第一反应无疑是赞同：“除了略感困惑的中国大使……在场的每位先生似乎都非常高兴，当任何有关中国的问题出现时，没有与中国大使自己的想法相吻合时，他总是这样。”[5] 然而，他并没有显示出“真正的担忧，鉴于我们在《暂时妥协案》中提出为了阻止摧毁滇缅公路，将要阻止日本对中国的进攻”。美国的替代方案，被所有人认为要比“对

---

[1] 原注：*Foreign Relations of the United States: Japan, 1931-1941*, Vol. II, p. 769*f.*

[2] 原注：这一预备文本与摩根索—怀特的原始方案更加接近，也比此处引用的《暂时妥协案》更加有利于日本，但其中也包含一些之后被纳入《十点照会》中的美国要求。

[3] 原注：*Hearings*, Part 14, p. 1103.

[4] 原注：*Hearings*, Part 14, p. 1106.

[5] 原注：*Hearings*, Part 14, p. 1123.

于日本提案的、一对一的具体答复”更为可取。[1] 赫尔在会议结束时总结说：“日本接受我们答复的可能性不到三分之一。”[2]

根据兰格和格里森的说法，[3]11 月 22 日收到翻译后的、将最后期限推迟到 29 日，且宣称在此日期后“事情自然会发生”的“魔术”截获讯息，实际上对于之后美国确定在远东的政策有着巨大的影响。就是因为考虑到这一点，斯塔克海军上将才于 11 月 24 日发出第一份战场警报。但很难理解的是，为什么推迟最后期限反而会比其他指标引发对于宿命更加悲观的情绪。整个 11 月份，“魔术”都不停地在赫尔国务卿耳边回响，这是他最后的一次机会。他之所以在此时表现得如此沮丧、暴躁，似乎更应该归结于数月以来如履薄冰的谈判，以及日本真实军事进展的消息。国务卿似乎也对中国所持的立场印象深刻，因此对于他放任相关批评十分敏感。在 11 月 24 日与中国、英国、荷兰代表举行的第二次会谈中，他遭到一连串此类批评。

在这次会议中，中国大使先是对日本在印度支那驻扎超过 5000 人表示反对。国务卿则是：

再次声明马歇尔将军在几分钟之前刚说过的话……他的观点是 25000 人的部队不会造成危险，同时，尽管本国政府并不承认日本有权利在印度支那驻扎一兵一卒，但主要是鉴于陆军和海军的领导经常对他强调，时间对于他们是最为重要的问题，及做好更为充分的准备，以有效应对日本开战后在太平洋地区面临的形势，因此我们正在竭力达成这一暂时性的协议。[4]

在对话过程中，有一点变得越发清楚，那就是除荷兰之外，没有哪位

---

[1] 原注：*Hearings*, Part 14, p. 1123.

[2] 原注：*Hearings*, Part 14, p. 1123.

[3] 原注：*The Undeclared War, 1940-1941*, p. 884.

[4] 原注：*Hearings*, Part 14, p. 1143*f*.

代表从自己国家的政府那里得到关于《暂时妥协案》的任何指示。赫尔清楚地表明了自己的失望之情，并且愤愤地评价说："对这一地区的防御，他们每个政府都要比我国更加感兴趣，但同时他们又希望，当日本宣战时，由我国做好准备实施军事行动，并牵头来防御整个地区。"[1] 他在会议结束时说自己并不确定，他把美国的提案送交日本大使时说，"并不知道他们这些政府的任何观点和态度"。[2]

11 月 25 日（周二），即第二天一早，赫尔与陆军部长史汀生和海军部长诺克斯会面。尽管对英国和中国代表十分恼火，赫尔还是继续推进《暂时妥协案》的工作。他向史汀生和诺克斯出示了最近的草案。史汀生感到"它已经完全保障了我们所有的利益"，但也认为日本不可能接受。因为我们在要求他们"立刻撤离，立刻停止所有准备或是威胁行动，不对她的邻国采取任何侵略行动，等等"。同时作为回报，"我们却只准备给予他们仅够满足其平民所需量的自由贸易"。[3]

11 月 25 日赫尔、史汀生和诺克斯的会面，是周二回顾国际形势的例会之一。但这一个周二最后却变成异常忙碌的一天。中午时，这三人又和马歇尔上将、斯塔克海军上将、总统召开了战争委员会（War Council）周会。从史汀生的日记，我们得以管窥这次讨论。总统"全面提及对日关系"以及"我们可能（最快）在下周一被袭击，因为日本人在没有预警就发动袭击方面是臭名昭著的"。接着就是一段颇受争议的核心内容：

问题在于我们如何调动他们，让他们处于打第一枪，但又不对我们自己造成太大危险的位置。这是一个困难的提议。赫尔提出他总体上宽泛的主张，建议保证海洋自由，解决日本与希特勒联盟及正在实施的侵略世界的政策。其他人则提出，日本可能采取的向南远征行动，将会对我们在菲律宾的利益形成包围，并且切断我们进口马来西亚橡胶这一关键的供应。

[1] 原注：*Hearings*, Part 14, p. 1145.

[2] 原注：*Hearings*, Part 14, p. 1146.

[3] 原注：Stimson diary, in *Hearings*, Part 11, p. 5433.

我向总统指出，他已经采取最后通牒的第一步，通知日本在这个夏天后撤，一旦日本越过边境进入泰国，就侵犯了我们的安全；也正因为如此，他只能（向日本）指出，如果日本一意孤行，将是对我们已经发出警报的挑衅。所以，赫尔将要着手准备这件事。[1]

史汀生的日记清楚地指出，他相信战争不可避免，而且我们不愿意打第一枪。它也清楚地暗示出，史汀生希望不管发生什么事，只要结果“不会对我们自己造成太大危险”。此时，美国和日本这两边都在采取措施，想在历史上留下自己一方是清白的记录，争取世界舆论。然而，前述这一段引用的史汀生日记中第一句话的措辞，后来被陆军转化为警报：“如果敌对行动**不可**［重复一次］不可避免，美国希望日本打响第一枪。”两句话的实质尽管一样，但后者因为指示我们的指挥官让日本首先发动攻击，因此削弱了警告，而这样的警报一直饱受批评。同时，史汀生因为自己挑衅性的意图而受到批评。正是史汀生代表罗斯福要求对陆军的警报进行修改，包含日本应当承担打第一枪责任的语句。相对于日记中的话语，警报确实暗含着对战争能否打响的些许疑问。

这样的争论中包含的政治观点之争，除非涉及史汀生和罗斯福对日本企图的预测，否则并非本研究的范畴。我们感兴趣的是，我们的决策者究竟知道多少。而罗斯福政府的恶意批判者们，不仅把这段话作为让美国卷入战争的阴谋论的证据，而且作为史汀生事先已知道袭击的证据。他们将史汀生坦承**期望**事件会发生，与他**知道**珍珠港袭击两者混淆起来。但是，当要发生全面袭击时，为何又希望并阴谋策划一次“打响第一枪”的事件呢？与浏览一系列指标去找寻线索的人相比，史汀生和罗斯福并不拥有超自然的知识。当代情报专家们也难以从最后数小时的历史中发现任何令人宽慰的东西。太平洋地区发生战争的海量指标和许多可能发生事件的危险，已经让政府难以看到具体的方面。没有具体指向珍珠港，

[1] 原注：Stimson diary, in *Hearings*, Part 11, p. 5433.

也能够理解。

根据阅读过史汀生日记全文的兰格和格里森所说，11 月 25 日战争委员会形成的一致意见是，日本的进攻将会发生在暹罗、马来亚或是荷属东印度群岛而非菲律宾。这一点和所有公开材料是一致的。因此随后而来的问题就是，在这样的形势下如何让美国干涉变得合理，如何向国会展现出情况。[1] 战争委员会成员相信，日本也像他们一样意识到，对美国盟国的进攻比对美国领地的直接进攻更加羞辱美国。

在战争委员会会议之后，赫尔回到国务院，想从英国政府那里得到对《暂时妥协案》的反馈。哈利法克斯勋爵礼貌地用常用的英国式语气说，应当由华盛顿做出最后决定，但建议美国政府提高要求、降低回馈，并且说美国的要求应当不仅是让日本陆军，而且要让日本的海空力量全部撤出印度支那，禁止对中国或其他任何地区进一步的军事推进。

同时，中国方面对《暂时妥协案》表达出激烈的反对。蒋介石向自己的政治顾问欧文·拉铁摩尔（Owen Lattimore）清楚表明了自己的强烈反对，并指示中国大使胡适表达同样的反对意见，还向丘吉尔发出一份抗议讯息，甚至通过他自己的内弟直接向史汀生和诺克斯部长倾诉。"中国国民对美国的信任，"他诉说道，"会因为日本逃过军事失败、获得外交胜利，而受到削弱。"[2] 胡适在 11 月 25 日晚拜见赫尔，报告了最高统帅的反对意见，赫尔再次耐心解释了一遍暂时妥协的原因，说明美国需要时间，并且提醒胡适说，"最近，中国战区最高统帅和蒋夫人的长篇电报几乎是用淹没了华盛顿的强烈措辞告诉我们，日本通过印度支那进攻滇缅公路的威胁极其危险"。[3] 他继续说，《暂时妥协案》考虑到这一威胁，但蒋介石无视这一事实，还指出对日本放松某些商品限制所带来的危险。赫尔继续说：

---

[1] 原注：*The Undeclared War, 1940-1941*, p. 887.

[2] 原注：*Hearings*, Part 20, p. 4473.

[3] 原注：*Hearings*, Part 14, p. 1168.

> 他还忽视了另一个事实，即我们的提案将会缓解身处印度支那的日本对整个南太平洋地区的威胁，这其中包括新加坡、荷属东印度群岛、澳大利亚、美国、菲律宾，以及橡胶和锡的贸易航线。所有这些对威胁的缓解……将会持续 90 天。我们一位海军领导最近告诉我，在这一阶段，我们让日本拥有总体上是初级加工石油制品的数量会非常有限，在可以接受的程度上不会增加日本陆军和海军的战备实力。当然，我说我们可以取消这一提案，但必须认识到，如果日本向南推进，而我们不能把舰队派到临近印度支那和进入日本水域，那我们就不应该被指责。[1]

尽管在面对胡适时采取强硬而又斥责的语气，但赫尔却对英国和中国的反对感到震惊。他再一次与自己的同僚们协商，大约是在 25 日夜间或 26 日一早，他决定放弃《暂时妥协案》，并得到罗斯福的同意。显然，他之所以突然做出这个决定，是源于罗斯福收到丘吉尔对信息的反应——将《暂时妥协案》称为让蒋介石"难以下咽"的讯息，以及 G–2 有关日本部队动向的消息。赫尔因"魔术"消息和被公开媒体谴责为"绥靖"而造成的悲观情绪，被丘吉尔的讯息和 G–2 的报告进一步加剧。

G–2 的消息是目击了日本运输船位于台湾岛沿海。（这实际上是小泽［Ozawa］海军中将袭击马来亚半岛的远征部队。）11 月 25 日战争委员会会议之后，史汀生一返回办公室就收到这条消息。他的日记中说："5 个师团从山东和山西南下到达上海，在那里登船——大概 30、40 或是 50 艘船，并在台湾岛以南被看到。我立刻给赫尔打电话、告诉他这一情况，并把 G–2 讯息的复件呈送给他和总统。"[2]

这一消息来自英国情报部门。讯息于 11 月 21 日用电报发给伦敦，从那里再发给华盛顿 G–2。11 月 25 日一大早，G–2 又从海军情报局获得同样的信息。海军情报局的来源是 21 日来自上海的报告。英国驻马尼拉的代表给檀香山发送了同样的信息，并且是在大约 12 月 3 日由英国驻檀香

[1] 原注：*Hearings*, Part 14, p. 1169.

[2] 原注：*Hearings*, Part 11, p. 5433*f*.

山的代表送达珍珠港的陆军 G–2。华盛顿 G–2 对这一信息的评价是，它是“正常”的动向，也就是说并没有超越日本已宣布将要采取的行动。[1]英国人的评价则显示出巨大的担忧，并且包含英国预计日本将“先期”卷入与英国和美国战争的预测。赫尔从史汀生的电话里得到通知。显然，总统并没有收到 G–2 报告的复件，因为在 11 月 26 日早晨，史汀生在电话中询问总统：

是否收到自己前一天晚上发给他的，有关日本人已从上海出发，向印度支那远征的文件。他当时就火了——跳到空中，并且说他还没有见到，而这件事将会改变整个局势，因为这是日本人没有信誉的证据，他们一方面在就完全停火进行谈判，要完全撤军……另一方面却发动对印度支那的远征。我告诉他说，这是通过 G–2 和海军秘密机构送给我的，我立刻找到一份前一天晚上送去文件的复件，并让特别信使立刻给他送过去。[2]

这些运兵船在台湾岛沿海的位置，显然对罗斯福总统预测日本的企图和做出同意赫尔放弃《暂时妥协案》的决策具有决定性作用。虽然中国的反对似乎对赫尔产生的影响更大，但显然，这一情况也部分地影响到赫尔的决定。11 月 26 日早晨，史汀生与总统通话之前打电话给国务卿，并且知道赫尔“已经几乎决定要把……提议……递交给日本人，但也只是想结束整件事情，告诉他们不会再有其他任何提议了。中国人已经表示反对这一提议……因为提案允许在这 3 个月的停火期内给日本少量用于民事用途的石油”。[3]

史汀生、赫尔，尤其是罗斯福总统警惕地注视着运兵船的动向。当 G–2 将这一情况理解为“正常动向”时，这些决策者的反应却大相径庭。有趣的是，这一有关日本的决定性信号用了 5 天时间（日本的动向是从

[1] 原注：*Hearings*, Part 20, p. 4476.

[2] 原注：*Hearings*, Part 11, p. 5434.

[3] 原注：*Hearings*, Part 11, p. 5434.

11 月 17 日就开始，报告是从 11 月 21 日至 11 月 26 日早晨）才送到主要决策者手中。它本应是决定性的，但它之所以能发挥决定作用，却似乎包含运气成分。决策者们早已沉不住气了，几天里他们已箭在弦上。而只有在这样的背景下，只有与来自中国和英国的压力汇集起来，G–2 的消息才具有决定性作用。

赫尔和史汀生有关“结束整件事情”的通话发生在 11 月 26 日早晨 10 点。在此之前，赫尔已和罗斯福召开有关日美谈判的会议。他之所以决定放弃《暂时妥协案》，并在此之后决定用《十点照会》来代替，一定是得到总统的同意。在赫尔于 11 月 26 日下午将《十点照会》递交给日本大使之前，罗斯福显然表示同意这两个决定。

《十点照会》和《暂时妥协案》都来源于《摩根索—怀特提案》，但不同于《暂时妥协案》提出暂时解决方案，《十点照会》将美国能提出的最大限度要求作为讨论永久协议的基础。[1] 在提交给日本人的文本中，它的开头就是“尝试性的且没有承诺”，标题则是“美日协议的提议基础框架”。美国的要求包括日本从中国和印度支那全面撤离，并放弃南京政权。照会的语气和内容总体上相当激烈，以至于日本人立刻就认定这是一份最后通牒。同时，很难理解为何赫尔国务卿在停火问题上花费如此多的心思和时间之后，会提出这样一份措辞最为激烈的美国要求版本，作为对日本《乙案》的回复。在这之前，就《暂时妥协案》中的内容——其中一些要求被列入《十点照会》——征求陆军部和海军部的意见，但并没有把《十点照会》作为一份单独文件去征求他们的意见。

绝大多数有关这一时期的历史研究都认为，我们提出的《十点照会》是终结谈判和为日本战争计划开了绿灯的决定性行动。但在那时，这一点对于我们许多政府领导人而言并不清晰，因为他们要么不知晓其内容，要么已经厌倦了持续不断对危险信号做出反应，要么就是受到赫尔国务卿一直表现出重开对话希望的过分影响。对一些人而言，照会本身就是一种留

[1] 原注：参见本书第 251 页。

存在历史记录中、说明美国不是“绥靖者”的方式；对少数人而言，它甚至是我们立场的一个“极端重要的声明”[1]。《纽约时报》将其描述为美国“消除紧张气氛”原则的重新声明。对陆军和海军军官们而言，与没有正式宣战的外交行动相比，有关日本军事动向的报告对整个形势构成了更大的阴影。

如果有人认为，清晰地解读《十点照会》和精确预测日本人可能对其做出的反应，就会导致向各战场发出明确警报以进入全面警戒状态，这是把事情想得过于简单。如果是**你自己的**国家正在采取确切的挑衅行动，就会很容易意识到有必要对自己的部队首先发出警告。但是，在 11 月份这些关键日子里的文件已经清楚地显示，对于战争前最后紧张时刻里这些“预先发生的事件”，历史有多种可能的发展途径；而最终导致爆发的，很大程度上却是一个偶发事件。当赫尔国务卿递交他的《十点照会》时，珍珠港特遣舰队已经出发 24 小时了。

第二节　警告战场的决定

很不幸，我们并不知道发出 11 月 27 日警报之前，军方对美国的外交动向了解多少，同样也不知道他们是如何了解到这方面情况的。11 月 25、26、27 日的记录中有许多缺失空白。比如，现在的文献主要是指 11 月 26 日的《赫尔决定》。但赫尔的决定实际上包含两个方面：一是放弃《暂时妥协案》，二是提交《十点照会》。第一个决定并不必然导致第二个决定（即使赫尔说他自己是同时考虑这两点的）。至于向军方传递了什么情况，让他们将其作为对战场发出警告的基础，今天看来似乎是第二个决定更能

[1] 原注：史汀生记录了罗斯福的这句话，参见 *Hearings*, Part 11, p. 5435。

引起注意。

不过至少有一点是清楚的。赫尔国务卿是在没有与陆军和海军协商的情况下递交了《十点照会》。尽管军方非常有可能是在得知已放弃《暂时妥协案》的情况下才发出战场警报的，但此时也有可能并不知道第二个决定。警报的第一稿草案在很大程度上是以日本进入印度支那的军事动向为基础，或是以 11 月 25 日风传的假定为基础而形成的。但无论怎样，马歇尔上将从来没有指望日本人会接受美国的《暂时妥协案》，起草海军警报的特纳海军少将也是这样想的。

能最精准地表达出陆军和海军在这一时刻想法的文字，记录在一份备忘录中：标注日期为 11 月 27 日，由马歇尔和斯塔克的作战计划部起草，并经他们签署后呈送给总统。特纳海军少将记得是在 11 月 24 日开始起草工作的；马歇尔可能是在 26 日签署文件的——因为他于 26 日下午离开华盛顿并且直到 27 日夜间才返回，罗斯福则是在 11 月 27 日看到并总体上同意这份备忘录的。[1]

11 月 27 日的备忘录在很大程度上重申了 11 月 5 日的备忘录，后者是源于更早的 11 月危机。那时，中国向美国政府施加了强大压力，要求美国警告日本并提供空中支援以确保滇缅公路的运转。在两份备忘录中，海空军都强调了需要时间[2]，急切地要推迟太平洋地区战争的爆发，或者多少"在未来数月中遏制形势发展"。[3] 他们明确表示，坚决反对中国建

[1] 原注：参考斯塔克写给罗斯福的信，参见 *Hearings*, Part 20, p. 4487。

[2] 原注：如果我们看一下 11 月 3 日由马歇尔、杰罗和邦迪上校召开会议的备忘录，就会理解陆军为什么急切表达出需要时间。马歇尔说："当发现 9 月底出发的一船运往新加坡的炸弹，要到 12 月 18 日才能到达时，都要崩溃了。不仅仅是这种情况的拖延问题，还有我们并不知道**为什么**会发生这样的拖延……正如马歇尔将军所看到的，只有在发出命令之后，行动才会开始。他不想通过经常性的检查来让他们感到压力，但必须要有办法知道，在危机形成之前事情是如何进展的，就像这次往新加坡运送炸弹一样。"（Notes on Conferences in OCS, II, 424C, Chief of Staff, U. S. Army records, quoted in Cline, *Washington Command Post: The Operations Division*, in the series *United States Army in World War II*, p. 73.）

[3] 原注：*Hearings*, Part 14, p. 1065.

议美国所采取的行动，“不论怎样掩饰，都会导致战争”。[1]

11 月 5 日备忘录的内容，是由 11 月 3 日的一个联合委员会会议形成的。联合委员会（Joint Board）是由斯塔克海军上将、马歇尔上将、他们的直接助手、英格索尔海军少将、布莱顿（Bryden）将军，以及作战计划部门的人员定期参加的。顺便解释一下，这个委员会非常有趣，因为从中能够看到军方对国务院的看法。比如，英格索尔海军少将评价说，“当前并非我们显示出傲慢的合适时机”，而且他极其清楚地表示不赞同国务院“有关日本的军事行动会在未来几周遭遇失败的印象”。[2] 有一种私下意见认为，国务院所做的一切都是不负责任的，军方只希望国务院不要向日本递交一份最后通牒。

就日本可能对菲律宾采取行动而造成的危险，马歇尔和英格索尔的讨论更充分地体现出这一点：

马歇尔上将感到，未来在远东牵涉的将主要是海军。因此，基于这一假定，应当考虑海军目前正在大西洋地区作战的实际。他了解到的信息是，目前日本当局还没有决定在当前形势下应该采取什么行动。他收到的信息显示，日本当局有可能会在 11 月 5 日前决定国家政策。然后他阅读了杰罗将军有关日本在远东军事力量的分析，并强调将陆军航空兵从现在所在的菲律宾转移走的危险性。他相信，**只要已增强的陆军航空兵继续留在菲律宾，日本针对菲律宾或是向南采取行动，对他们而言就将会非常危险**。他相信，**到 12 月月中时，在菲律宾的陆军兵力将会非常强大，而这本身就会对日本的行动构成威慑**。

英格索尔海军少将简要汇报了海军计划对菲律宾的增援。目前已有一定数量增援菲律宾的潜艇在关岛。其他计划派遣给菲律宾的潜艇正要离开夏威夷。在谈到日本国家政策的决定时，他感到，如果日本在 11 月 5 日做出不利于美国利益的决定，美国目前向菲律宾调动的兵力和舰船将会处

[1] 原注：*Hearings*, Part 14, p. 1061.
[2] 原注：*Hearings*, Part 14, p. 1064.

于危险之中。马歇尔将军强调，**当有一支强大的空中和潜艇力量位于日本补给线侧翼时，日本不会冒险发动军事行动**；而当美国在菲律宾的力量达到足够规模时，我们就能有一些底气来支撑我们的声明了。在远东地区集结强大的美国兵力之前，应当采取某些非常机智的外交行动来挽救局势。似乎美国政策的基础应当是做出适当的、日本可以用来挽回颜面的微小让步。这样的让步可以是放松石油限制，或者其他类似的贸易限制。[1]

有关日本袭击菲律宾，或是通过菲律宾向南进攻将冒巨大风险的看法，显然直到袭击发生之前，都是陆军部所坚持的看法。这一看法得到斯塔克海军上将的强烈认同。

11 月 27 日的备忘录详细阐明日本采取其他替代行动的风险。我们将整个备忘录重新拟制如下：

1941 年 11 月 27 日

给总统的备忘录

主题：远东形势

如果当前的谈判没有达成协议，日本可能会袭击滇缅公路、泰国、马来亚、荷属东印度群岛、菲律宾、苏联滨海边疆区。

鉴于苏联部队的强大力量，**日本即刻袭击滨海边疆区的可能性微乎其微**。日本部队最近的动向似乎是已经向南。

除非目前美国在吕宋岛部队所产生的威慑作用被移除，否则，我们完成需要付出的大部分努力后，将阻止对马来亚和荷属东印度群岛的直接袭击。

如果没有主要大国反对，**那么对滇缅公路和泰国的进攻，将会以比采取其他行动冒更小危险的方式满足日本的目标**。然而，对滇缅公路的进攻会面临困难，并可能失败。一旦成功，中国的国民政府可能会垮台。作为

[1] 原注：*Hearings*, Part 14, p. 1064. 作者加粗。

对马来亚和荷属东印度群岛的先期行动，占领泰国能获得有限的战略优势，可以缓解国内的政治压力，并且在更小程度上缓解外部的经济压力。进攻是否针对滇缅公路、泰国还是菲律宾，目前难以预测。

从美国的角度来看，当前最为关键的是争取时间。相当规模的海军和陆军增援力量已经开始快速前往菲律宾，但尚未达到预期。增援行动目前仍在进行。最大和最紧迫的担忧是，目前位于关岛附近的陆军护航船队和刚刚离开上海的海军陆战队船队的安全问题。1941 年 12 月 8 日之前，总计 21000 人的地面部队将从美国出发，而这支部队在敌对情况开始前抵达菲律宾是至关重要的。**只要与国家政策一致，在我们看来，应当避免突然采取的军事行动**。拖延的时间越长，守住这些作为海军和空中基地岛屿的前景就会越乐观。只要我们守住菲律宾群岛，日本在台湾岛以南采取的行动就将受到阻碍，甚至受到严重阻拦。与日本的战争肯定会打断我们对西伯利亚的补给运输，并可能会打断我们援助中国的进程。

在相互协商后，美国、英国和荷兰在远东地区的军事当局同意，只有在日本进攻或是直接威胁到美国、英联邦、荷属东印度群岛的领土或托管地时，或是日本的兵力进入泰国东经 100 度以西或北纬 10 度以南、葡萄牙的帝汶、新喀里多尼亚群岛（New Caledonia）或是洛亚蒂群岛（Loyalty Islands）时，将对日本采取联合军事反击。

从某种程度上看，日本进入云南或泰国对我们有利，因为这会导致其兵力进一步分散、通信线路更长，并给交通带来负担。然而，日本若是进入东经 100 度以西或北纬 10 度以南，就会立刻对缅甸和新加坡造成威胁。除非日本进入这些界线以内的意图已经非常明显，否则不应当立刻采取可能导致敌对的行动。

建议如下：

在完成对菲律宾的增援之前，除非日本进攻或是如上所述直接威胁到美国、英国或是荷兰的领土，否则不应考虑实施军事反击。

如果日本进入泰国，美国、英国和荷兰政府应当警告日本，跨过上述界线将会导致战争；在发出此类警告之前，不应当采取联合军事反制措施。

应当立刻采取步骤，与英国和荷兰就确保完成此警告达成一致。

签字：马歇尔　　　　　　　　　　　　　　签字：斯塔克

25–66654–2000[1]

在草拟给战场的警告讯息时，考虑的就是这些因素：需要时间，以及相信由于日本人不会冒险对菲律宾发动主要进攻，因此还有时间。如果说对菲律宾发动袭击是冒险，那么对我们最坚固的堡垒、离日本补给线更远的珍珠港发动袭击，就会是更大的赌博。

从备忘录的词语中，很难看出军方是否得知谈判没达成协议并已经结束。但显然在将备忘录呈交总统之前，史汀生曾请求杰罗将军和斯塔克海军上将，不要提议“会对美国造成任何羞辱或是重新开始可能会显示出我方怯弱”的行动。[2]“重新开始”一词意味着协商失败。但史汀生的请求显然“只导致了些许修改”。在这次交换意见的同时，史汀生办公室里正在修订陆军警报。[3]

对军方而言，我们对日本的外交斡旋是战争边缘复杂而危险的平衡。如果能够争取时间，就是好事；但如果行动是模糊的，并且动用了我们无法支撑的军事力量的威慑，就是糟糕的。在 11 月 27 日的备忘录中，他们确实没再谈到《暂时妥协案》，而是谈到对日本的警告，并且对实施军事反击定下明确的限制条件。显然，自 11 月 22 日之后，谈判的失败已经可以预见，而现在要把智慧用于应对这一危急情况的行动预测上。

我们第一次听到有关 11 月 27 日陆军警报草案，是 11 月 26 日上午 10 点 40 分在陆军参谋部会议室。会议纪要与 11 月 27 日备忘录有诸多相同之处。出席会议的有杰罗将军、阿诺德将军、邦迪上校、作战计划部汉

---

[1] 原注：*Hearings*, Part 14, p. 1083. 作者加粗。

[2] 原注：*Hearings*, Part 11, p. 5435.

[3] 译注：参见本节下述有关起草陆军警报的内容。

迪（Handy）上校。纪要中提到，马歇尔将军说，“总统和赫尔先生感到，日本人对当前的会议不满并且‘很快就会中断’”。[1] 陆军官方历史学家马克·沃森曾总结此次会议纪要：他认为，除了说“总统和赫尔先生预计对菲律宾的袭击将会发生”外，并没有进一步提到赫尔国务卿的看法。[2] 马歇尔将军不同意：

马歇尔将军说他并不认为（对菲律宾的袭击）有可能，因为对日本人而言太过于危险了……我们知道日本人并不知道我们知道的许多东西，我们在某种程度上对他们的计划非常熟悉。[3]

然而，马歇尔指出：“我们并不能就此忽视任何可能对我们利益造成威胁的日本船队。目前我们谈论的都是菲律宾的防御问题，但现在的问题是，我们在此之外还要做什么。”[4]

这里的船队指的是台湾岛海岸的日本远征部队。第二句话指的是对菲律宾防御理论设想的重大改变，这一点也对陆军警报产生了重大影响。布莱顿将军在 11 月 21 日曾致信麦克阿瑟将军，总结了我们的菲律宾政策：

在此之前，苦苦思考出来的陆军在远东的行动纯粹是防御性的。在菲律宾，陆军航空兵力量的增强已经改变了陆军在此地区的行动理念，除了将菲律宾群岛作为空中和海上基地进行防御外，通过进一步增强战略进攻力量，现在已经包含进攻性的空中行动。[5]

在同一天（11 月 21 日）送达麦克阿瑟处的《彩虹 5 号计划》修订

[1] 原注：Watson, *Chief of Staff: Prewar Plans and Preparations*, p. 450.
[2] 原注：Watson, *Chief of Staff: Prewar Plans and Preparations*, p. 450.
[3] 原注：Watson, *Chief of Staff: Prewar Plans and Preparations*, p. 450.
[4] 原注：Watson, *Chief of Staff: Prewar Plans and Preparations*, p. 450.
[5] 原注：Quoted by Watson, *Chief of Staff: Prewar Plans and Preparations*, p. 440.

版，已经详细阐明了“进攻性的空中行动”。在这份修订的计划中，菲律宾海岸前线已经从吕宋岛一岛扩大到涵盖所有群岛在内，麦克阿瑟则增加了三项新任务：

1. 支援海军袭击日本海上交通线、摧毁轴心国力量。

2. 在可用基地的战术行动半径内，对日本兵力、设施实施空中袭击。

3. 与参战国一起，在批准的政策和协议范围内防御这些国家的领土。[1]

菲律宾防御理论框架的这一变化，提醒麦克阿瑟上将要行动起来，而不仅仅是防御自己免遭直接袭击。

在 11 月 26 日的参谋部门会议上，马歇尔上将暗示谈判已陷入困境，但谈判破裂并不必然意味日本宣战。杰罗将军顺着马歇尔的话，预测日本最可能进军泰国。接着，他提出当日本跨过拟议的北纬 10 度和东经 100 度界线后，美国采取什么行动的问题。他还“提出立刻指示麦克阿瑟将军，同时与会人员建议，在敌对事实发生之前，麦克阿瑟应当与海军密切合作，采取他认为必要的侦察和其他措施”。[2]

“敌对事实”这一词语是马歇尔提议用来替换杰罗草案中的“战争状态”这个词的。马歇尔带着现实主义的口吻评价说：“现在，中国有战争，大西洋有战争，但哪一个都不是宣战的战争。”[3]

尽管并不精确，但这些参谋部门会议的纪要显示，至少陆军警报的第一稿[4]是在已知道谈判暂时中断、对我们英国和荷兰盟友担忧的背景下起草的。赫尔预测日本人将很快“终止”谈判，及 G–2 有关日本船队动向

[1] 原注：《陆海军联合基本作战计划彩虹 5 号》的改动，参见 Louis Morton, *The Fall of the Philippines*, p. 67。

[2] 原注：Watson, *Chief of Staff: Prewar Plans and Preparations*, p. 450.

[3] 原注：Watson, *Chief of Staff: Prewar Plans and Preparations*, p. 450.

[4] 原注：杰罗将军无法想起原始草案的复件在何处。

的信息，似乎为会议提供了关键的观点。纪要也显示出，尽管参谋人员们并不同意总统或赫尔国务卿认为的可能袭击菲律宾，但陆军警报还是会主要发送给麦克阿瑟上将。他们预计，日本将会突破“商定的界线”，因此想要警告麦克阿瑟将军采取某些可能会“突破”单纯防御的行动。

这份草案原文中的一些假定，很有可能会让史汀生提出并得到罗斯福批准的建议显得更加含糊不清，因为它对麦克阿瑟发出“最后警示”要“做好应对任何袭击的戒备”。[1] 而这些正是史汀生记录在自己日记中的话语。史汀生并没有在 11 月 27 日早晨与杰罗将军一同修改草案，但他做出的调整都强调了原先的语气，特别是建议并不一定要终止谈判。第一稿草案是在作战计划部起草的，其中并没有警告对美国领地直接袭击的想法。马歇尔同意了这份文本，然后离开首都前往北卡罗来纳，直到讯息发出前都没返回。杰罗负责文本的措辞，即使史汀生对菲律宾遭到袭击这一点感到十分担忧，但文本的最终稿显然还是让他满意的。文稿显然也让罗斯福感到满意，他在 26 日向菲律宾高级专员发出一份加急讯息，其中一部分这样说：

经我同意，一份海军作战部长和陆军参谋长指示驻菲律宾陆军和海军高级指挥官们的电文，将会由哈特海军上将呈送给你。**此外，你应当知晓**，日本人正在托管地极大地增强其驻军和海军兵力，显示出他们将尽快做好准备，以在本地区应对美国军队可能对其实施的进攻。但是，让我更加感到担忧的，还是来自日本领导人的日益对立，以及目前从上海和日本出发前往台湾岛地区部队的南进动向。虽然并无清晰迹象表明日本侵略力量的实力，及其是否针对滇缅公路、马来亚半岛、荷属东印度群岛或菲律宾，但日本在中国大陆、台湾岛和印度支那具有先期侵略动向的某些特征的准备工作是明显的。向泰国进军是最可能的情况。**我认为，日本下一步的侵略行动可能导致美国和日本之间的敌对……**[2]

[1] 原注：*Hearings*, Part 11, p. 5435.

[2] 原注：*Hearings*, Part 2, p. 950. 作者加粗。

让我们把目光返回到 11 月 26 日早晨。在陆军参谋部门会议后，11 点 30 分召开了联合委员会会议。会议记录并没有反映曾讨论警报措施或是任何导致警报的事情。但是，一份 11 月 27 日杰罗发给马歇尔的备忘录中提到“你在联合委员会会议上讨论过的草案讯息”。[1] 特纳海军少将作证说，联合委员会确实讨论过海军警报草案，而记录中不包括此讨论也是“正确”并“符合惯例的”。他说：“这样性质的电文，虽然会在联合委员会上讨论……但要发送却并非委员会的职能。这是斯塔克海军上将和马歇尔上将的事……因此习惯上，针对此类事情需要采取什么行动的话，是不会被体现在联合委员会记录中的，因为如此一来，就好像是联合委员会做出了决定，但事情并不是这样。”[2]

不管情况究竟如何，陆海军作战计划部门军官们在 11 月 26 日下午显然是在忙于起草警报讯息的草案，而陆军和海军两方面的草案都反映出几乎一致的理由。

面对国务院和陆海军 11 月 26 日早晨联络时相互冲突的证词时，很容易就会迷失。但我们毕竟还有本文中引用的那些文件，以及斯塔克、马歇尔、特纳、杰罗和舒尔曼（海军驻国务院联络官）的证词。比如，特纳作证说，舒尔曼是在 11 月 26 日上午 10 点 30 分把决定放弃《暂时妥协案》的消息告诉了斯塔克。舒尔曼的证词则说自己记不清楚，但他知道自己从没说过《十点照会》的消息。斯塔克作证说，他记得陆军和海军手中当时有日本事务的相关情况，但不记得是在 27 日还是 28 日听到的。马歇尔说，由于自己是从史汀生那里听说赫尔的行动，因此自己不可能比史汀生先知道消息，而且史汀生发现整件事情是在 11 月 27 日早晨“启动”的。我们能够得出的唯一结论是，此时的外交斡旋已变得非常复杂和摇摆，并且与我们在太平洋地区的防御准备工作，以及模糊但具有预兆作用的“魔

---

[1] 原注：*Hearings*, Part 3, p. 1020.

[2] 原注：*Hearings*, Part 4, p. 1497. 特纳的解释似乎有些怪异，因为联合委员会主要是提供讨论而非行动的一个场合。它是咨询性质的而非行政管理性质的，如果因为害怕委员会表现出要做决策的权力并因此不记录，就不会有任何记录存在了。

术”讯息之间的关系变得含糊不清，以至于在军方领导人的脑海中，都无法准确记住外交斡旋的具体时间。[1] 因为我们知道日本主要的陆军和海军力量正在有所动作，因此我们在远东的部队才得到警报。正如特纳所说，呈送《十点照会》“对形势不会有任何影响，因为日本人早已在行动”。[2]

比如，我们可以从斯塔克 11 月 25 日写给金梅尔信中的一份附言，看出斯塔克当时在想什么。这些话是在战争委员会会议之后写的：

我不想谈论美国应当怎么做和不应当怎么做。如果我知道，我就见鬼了。但我希望知道。我知道的唯一一件事情是，我们可以尽力做好所有的事，这也是我知道要准备的唯一事情；或者我们可以什么都不做，我想更应该说是“任何事情”［金梅尔于 12 月 3 日收到］。[3]

简言之，让斯塔克吃惊的是我们可能会做的事情。对日本的行动，他有脉络更为清晰和更为确定的预期：

我一直和赫尔先生保持联系，在与他一番长谈之后，我才在一两天前给你发送讯息［11 月 24 日警报］表明形势的严峻。他在今天会议上确认了所有方面，总统也一样。他们两人对日本发动突然袭击都不会觉得惊奇。从许多角度来看，袭击菲律宾将会是对我们而言最为尴尬的事情。有些人认为这有可能发生。我不像其他人那么认同这种可能性，但由于一些人有强烈的感觉，因此我把它包括进去。你知道我一直认为，现在对日本人而言还不是针对苏联采取行动的时机。我仍然这么想。同时，我更认为日本进军泰国、印度支那、滇缅公路最有可能。[4]

[1] 原注：这样的结论对军方而言是宽容的。实际上，斯塔克得到的信息通常比马歇尔更全面、更精确和更早。实在没有理由说明为什么对 11 月 26 日事情的记忆会这么少。

[2] 原注：*Hearings*, Part 32, p. 618.

[3] 原注：*Hearings*, Part 16, p. 2225.

[4] 原注：*Hearings*, Part 16, p. 2224.

这些假定与马歇尔和杰罗的想法非常接近。11 月 24 日海军电文警告说，“在任何方向上采取包括袭击菲律宾或关岛在内的一次突然性侵略行动的可能性”。11 月 27 日海军警报说：“日本可能在任何方向上采取一次突然性侵略行动，包括针对菲律宾、泰国、克拉半岛或可能是婆罗洲，采取一次两栖远征作战行动。”尽管斯塔克本人并不认同，但两份海军警报都清楚地提到直接袭击菲律宾的可能性。在 11 月 24 日回复荷兰发来有关日本一支远征部队正位于帕劳附近，并似乎威胁到荷属东印度群岛的报告时，斯塔克在发给驻伦敦海军特别观察员的电报中也表达出自己的观点：

海军作战部长并不相信我们讨论的地区（帕劳）有任何大规模日本侵略部队正准备即刻采取行动，但他对从上海和日本向台湾岛实施南进的部队动向，以及在中国大陆、台湾岛、印度支那所做的先期入侵动向特征明显的准备活动十分担忧。关于此动向的方向和力量，目前尚无明确迹象，应当小心谨慎地监控形势。[1]

在海军质询法庭上，斯塔克作证说，自己 24 日发给金梅尔海军上将的电文“很大程度上是通报信息”。“金梅尔之前已采取措施……我认为是合适的……我试图让他了解我所看到的情景，让他知道有突然袭击的‘可能性’。”[2] 他并没有指望金梅尔会基于这份电文采取进一步的行动：他用了一个语气弱的词“可能性”，并且用了“慎重地”。他的“在任何方向上采取……一次突然性侵略行动的可能性”这句话，当然也没有传递什么新信息。他可以在 1941 年任何时候把这样一句话发送到战场，也不会改变金梅尔的预期。“我还没准备好，”他说，“在那时全力推进。金梅尔海军上将面临训练方面的问题，非常困难的问题。他正在实施所谓的状况巡检航行……我感到那时他还没必要把掌握的所有东西都用到战争上，虽然我

[1] 原注：*Hearings*, Part 15, p. 1772.

[2] 原注：*Hearings*, Part 32, p. 49.

知道情况不会更好，或者如果有的话，也只能说变得更糟，但我还是慎重地使用了‘可能性’这个词。”[1]

然而，11 月 27 日，斯塔克还是说他感到不可能再拖延。自从 24 日以来发生了两件事：一是谈判已经中止，二是他已经收到日本船队在台湾岛沿海的消息。他把自己对预测的改变归因于第一件事情。[2] 但是，似乎与罗斯福一样，日本海军动向的消息也对斯塔克产生了重大影响。正如金梅尔不耐烦地指出的，在 12 月的第一周，檀香山的报纸上仍然刊载着谈判继续的消息。[3] 如果日本海军动向这一点很关键，而且如果斯塔克知道金梅尔像往常一样主要依靠他自己的公开来源，那就应该告诉后者，谈判继续看来只是日本人的诡计。对日本海军和陆军动向的信号收集可能成为 11 月 27 日海军警报的主要推动力。

从 11 月 27 日起，斯塔克开始感到战争“可能在任何时候爆发”。在起草海军警报时，“我们整个上午都在斟酌”词语，用了“预计未来数日日本将采取侵略性行动”而不是“存在可能性”，对“这是战争警报”这句话斟酌了良久，并且“我们使用了我们认为最严肃的语言来暗示他们日本将要发动袭击”。[4] 至于在 11 月 27 日电文中保留“在任何方向上”和具体的地点清单这一点，斯塔克感到“在任何方向上”就应该能继续起到对两份电文读者有效预警的作用。他认为，具体的地点清单并不限制袭击的目标，而只是预示最有可能的地点，因此 11 月 27 日电文包括珍珠港。至于斯塔克为何相信，单单一个“在任何方向上”就能够承载超出一个谨慎修订的、不那么紧急讯息中的一句话所包含的含义，没人能够理解。他为何相信，这样已经包含所有地点的话语就能够说明对珍珠港的袭击，同样

[1] 原注：*Hearings*, Part 32, p. 49.

[2] 原注：*Hearings*, Part 32, p. 90.

[3] 原注：比如，檀香山《广告报》12 月 1 日头版头条就是“日本宣称对和平仍抱希望”。12 月 2 日谈到这一问题时，在第 5 版有一个整版标题说：“日本又给了谈判两周时间”。在袭击之前 10 天内，许多其他有关日本的专栏，有足够证据显示檀香山的报道在很大程度上是盲人摸象。

[4] 原注：*Hearings*, Part 32, p. 51.

也没人能弄清楚。不管怎样，在金梅尔的脑海中，这个短语在 24 日至 27 之间没有延续下来。

“日本部队的数量和装备，以及海军特遣舰队的组织都显示……一次两栖远征作战行动”，这句话同样具有误导性。确实，当这些日本舰船停泊在上海时，确实有人观察到船上有两栖装备。但是，即使是那些对自己冒险的预计与我们推测的有些不同的日本海军指挥官们，也认为对珍珠港实施一次两栖远征作战是极为冒险的。阅读斯塔克列举的目标清单，这样的情报只能够证实此次动向的目的不止珍珠港这一点。

史汀生 11 月 27 日的日记记录下事件发生的顺序，以及他自己对战场警报的预期：

今天紧张而漫长。有消息说，日本的一支大规模远征部队正在集结和向南动作，从上海向南机动且显然奔向印度支那，也有可能是朝着菲律宾或缅甸，或是滇缅公路、荷属东印度群岛，但也有可能是集结以进入泰国，并抢占时机成熟时能进攻新加坡的位置。

今早我第一件事就是打电话给赫尔，看看他和日本人最后是怎么收场的，他是否把我们两三天前通过的新提案递交给他们，还是像他昨天建议的那样，他要完全终止这件事情。他告诉我说，他已完全终止了这件事情。正如他说的：“我撒手了，现在你和诺克斯，即陆军和海军接手了。”我接着给总统打电话。总统告诉我，他的看法略有不同。他说他们已经终止了，不过是用赫尔准备的精彩声明收场的。我后来发现，这个声明并不是要重新开始，而是我们一贯和经常性立场的声明［《十点照会》］。

阿诺德将军过来给我展示了，把我们两架最大型飞机从旧金山调离，并经过托管岛屿调往马尼拉的命令。日本人正在托管岛屿集结，这些飞机可从高空飞越他们，在他们驱逐机达不到的高度拍照。

诺克斯和斯塔克海军上将过来，同我和杰罗将军一起开会。马歇尔今天往南边去了，我感到他的缺席影响很大。虽然很正常，但斯塔克和杰罗都倾向于争取更多时间。我说如果能有更多时间，我会很高兴，但我并不想以美国遭到羞辱或是通过重开谈判显示出我方怯弱为代价。最主要的问题是我们发给麦克阿瑟的讯息。我们已给他发过一个准警戒讯息，或者说警戒状态第一个信号的讯息，今早和总统通过电话时，我建议并得到总统的批准，我们应当发出最后警戒；也就是说，麦克阿瑟应当为袭击做好戒备准备，并告诉他说形势究竟如何。因此我和杰罗、斯塔克非常仔细地阅读了马歇尔送来的拟议讯息；最后定稿，并在和赫尔通过电话后，我从他那里得知形势如何的最终阐述。[1]

正是他和赫尔的通话，最终导致形成了发给檀香山陆军的、比海军措辞更为温和的警报。赫尔仍然寄希望于通过对话来解决某些问题。陆军警报开头说："对日谈判看来将要终止，日本政府返回谈判桌并提出继续谈判，只存在微弱可能。"[2] 斯塔克海军上将则秉承海军一贯的、阐述更加明确的传统，在发给金梅尔和哈特的警报中这样开头："本电报应被视为战争警报。希望在太平洋地区实现形势稳定的对日谈判已经终止。"[3] 然而，斯塔克在这份警报讯息之后，于 11 月 28 日又发出另外一条讯息，全文转述陆军警报讯息的内容，并且增加了"在日本打响第一枪前不要采取任何进攻性行动"的提醒[4]。

第一份陆军警报发出大约是在 11 月 27 日白天，留有足够时间让肖特中将在同一天就回复他已知道。华盛顿是在 11 月 28 日早晨 5 点 57 分收到肖特中将的回答。回复由信号中心分发给马歇尔上将、杰罗将军和史汀生部长，他们每个人都在复件上签了字。肖特的回答是："报告夏威夷陆军已得到警告，防止破坏。参照你方第 4722017 号电报，与海军联络。"[5]

[1] 原注：*Hearings*, Part 11, p. 5434*f.*
[2] 原注：*Hearings*, Part 14, p. 1328.
[3] 原注：*Hearings*, Part 14, p. 1406.
[4] 原注：*Hearings*, Part 14, p. 1407.
[5] 原注：*Hearings*, Part 14, p. 1330.

此时，作战计划部计划组（Plans Group of WPD）不仅担负着准备和发出给战场命令的职责，而且要追踪这些命令，检查战场指挥官们是否采取充分措施。然而，正如雷・克莱因（Ray S. Cline）指出的，"这个小组的名称就反映出它的基本功能"。[1] 此时，并没有像后来的作战部战场组（OPD Theater Group）这样的部门来完全处理有关追踪作战命令的事务。袭击事件后读到肖特中将的讯息似乎说得非常清楚，他已对破坏行动，而不是其他的事情有所警惕。但在工作压力的影响下，无论是杰罗将军，还是他的任何一个助手，在 11 月 28 日都没有看到讯息中需要询问的内容。考虑到当时陆军部有关日本可能袭击目标的假设，或许那时产生疑问确实是吹毛求疵。当初，正是基于这些假设，才形成 11 月 27 日的警报电文。

如我们在第 1 章中所见，在 11 月 27 日和 28 日，其他几个陆军机构也发出警报讯息。陆军航空兵和 G–2 分别给肖特中将发出讯息，强调破坏行动的危险。

第一个海军警报是在 11 月 27 日午夜之前 23 分钟从华盛顿发出的，金梅尔是在 11 月 28 日收到的。讯息并没有要求报告采取的措施，在《听证会》中也没有金梅尔对此回答的记录。他在袭击之前写的最后一封信是在 12 月 2 日，信中内容完全是后来斯塔克发出电文中的事情：增援中途岛和威克岛外围岛屿，以及用陆军部队替代海军陆战队。但是，金梅尔的有些话却是与"执行适当的防御部署准备工作，以实施第 46 号作战计划［海军向太平洋舰队提供的、朝马绍尔群岛机动的作战计划］中部署的任务"的指令相吻合。

金梅尔在信中写道："最终，这场战争会导致在太平洋地区需要更大规模的运输和补给舰船。我们正在计算所需的数量。除了约 30 或 40 艘运输船和同等数量的补给船外，还必须考虑我们跨越太平洋前进并占领马绍尔群岛和加罗林群岛之前，要将舰队的作战实力增强 30% 至 50%。"[2]

金梅尔还就保护在斐济和新喀里多尼亚建设的机场进行了评论："我

[1] 原注：*Washington Command Post: The Operations Division*, p. 78.

[2] 原注：*Hearings*, Part 16, p. 2255.

担心，我们越来越关注发挥防御作用，这样会让我们越来越无法实施进攻。在防御上投入如此多努力，会让我们没有充足的力量实施进攻。”[1]

这样写，可不像是一个感到已被警告说自己舰队即将遇袭的军官所说的话。更像是一名军官在英国人和荷兰人完全被卷入远东冲突之后，将持有的长远进攻计划。第 46 号作战计划预计，至少会有 6 个月的准备时间。

如我们在第 2 章中指出的，斯塔克正推动金梅尔做好太平洋战争一旦爆发就进攻马绍尔群岛的准备：“执行适当的防御部署准备工作，以实施第 46 号作战计划中部署的任务。”陆军也有同样的想法，并重点让麦克阿瑟去支援英国人：“一旦进入敌对状态，你应当执行由布里尔顿（Brereton）将军交给你的彩虹 5 号修订版中分配的任务。”

在结束战场警报这个话题之前，我们可以留意一下 11 月 28 日斯塔克海军上将写给罗斯福总统信中的一段话。这封信主要讲的是，罗斯福对 11 月 27 日马歇尔—斯塔克备忘录原则上批准的问题，并提到他希望填补两个“窟窿”：

很高兴您原则上同意我和马歇尔提交的文件。第一个窟窿在我给您读的、发给哈特和金梅尔的讯息中。第二个涉及具体确定我们正在拟制的、您要求准备讯息中的界定地区。[2]

谈及这些绝密事务的书面话语自然比较简洁，对于今天的我们而言，它有些令人费解。第一个已经挖的窟窿应当是提醒日本人打第一枪。27 日海军警报原件中并不包含这样的指令。斯塔克随后在 11 月 28 日发出的讯息中说：

第 52 号作战计划［在西大西洋地区摧毁敌对陆上、海上或空中力量的开火令］不适用于太平洋地区，并且除非在西南太平洋区域和巴拿马海

[1] 原注：*Hearings*, Part 16, p. 2256.
[2] 原注：*Hearings*, Part 20, p. 4487.

岸前沿之外，否则也不会在该地区生效。在日本打响第一枪前不要采取任何进攻性行动。鉴于第46号作战计划适用于敌对情况发生时的日本，做好实施该计划规定任务的准备。[1]

第二个“涉及具体确定界定地区”的窟窿，可能是指几天后作为总统指令发给哈特海军上将，并要求他“尽快”派出“三艘小型舰船组成一支‘防御信息巡逻队’”的讯息。这份讯息随后说：

要确定美国作战人员身份，最低要求是由一名海军军官指挥，并且船上装配一门小口径炮和一挺机枪足够。可以雇佣菲律宾船员，携带最低基数的海军口粮，完成观察和通过无线电报告在西中国海、暹罗湾的日本人动向的任务。应在金兰湾和头顿（Cape St. Jacques）之间部署一艘船，在玛乌角（Pointe de Camau）海岸外部署一艘。[2]

讯息中进一步明确授权使用“伊莎贝拉”号（*Isabel*）作为租用船之一，并要求就陆军和海军采取的所有常规侦察措施进行报告。[3]

---

[1] 原注：*Hearings*, Part 14, p. 1407.

[2] 原注：*Hearings*, Part 14, p. 1407.

[3] 原注：1941年12月2日哈特的回答是：“我的看法如下：日本沿印度支那海岸南下的动向早已明确，但仍需观察其行动是否针对马来半岛、婆罗洲，或是针对两者。英国人可以在防御巴达兰角（Cape Padaran）方面做出贡献，我们则将防御吕宋岛袭击之外的力量，防卫婆罗洲。正在召回‘伊莎贝拉’号并派往巴达兰角。该舰船的续航半径短，无法完成太多任务，而鉴于我们没有几艘快速舰船，要是再损失这艘舰船，形势就会很严峻。因此，鉴于要在两天内让任何租借舰船启动不太可能，建议不让‘伊莎贝拉’号执行机动。正在找寻合适的租借舰船，但还不能说一定可以获得，要加上安装无线电所需时间。陆军飞机正在侦察吕宋岛以北、圣贝纳迪诺（St. Bernardino）以东的区域。海军飞机侦察的是吕宋岛西北，并覆盖巴拉巴克海峡（Balabac Strait），与荷兰一同覆盖棉兰老岛—哈马黑拉岛（Mindanao-Halmahera）航线，是否有效目前还是问题，但正在动用可用力量尽最大努力继续。两艘巡洋舰、两支驱逐舰编队已经部署在南边，其他的水面力量在本地或正在维修……”（*Hearings*, Part 6, p. 2670*f.*）

在12月7日早晨之前，这个巡逻队都没有组建。但是，这些指示显示出需要有关日本在印度支那海岸向暹罗湾方向，动向的、更为具体信息的需求。斯塔克海军上将办公室自然十分关注日本海上动向的消息，而通常这样的额外侦察工作应当是哈特海军上将考虑的事情，因为他的舰队情报部门是此类信息的主要来源之一。但这是总统的指令，一些批评者提出，这样一艘小型美国巡逻船驻守在日本兵力的前进路线上，可能通过一个小“事件”而触发太平洋地区战争的第一枪，因此日本的信息和第一枪的行动就可以通过无线电同时报告给哈特。但是，在斯塔克的信中并没有显示出，除了要确定日本进军这一更加具体目标之外的其他动机。他之所以要将这一讯息标注上总统指令的标签，也许只是为了向哈特显示自己对哈特的侦察方法非常满意。兰格和格里森曾提出，这份指令与英国对总统施压要求在南中国海和暹罗湾合作开展巡逻相吻合，而他们的解释似乎最为合理。

第三节　最后时刻的外交和最后时刻的信号

当陆军和海军计划人员在11月27日早晨忙于修订警报讯息时，赫尔正与他的同事汉密尔顿、霍恩贝克、巴兰坦（Ballantine）开会，商讨当天下午拟进行的罗斯福和日本大使们的会面。赫尔的远东事务主要顾问霍恩贝克是国务院中支持援助中国这一派中最积极的人。他的做法是：

敦促定下决心运用武力展开行动。国务卿指出，陆军感到还需要3周时间才能准备好，海军则需要3个月。霍恩贝克指出，海军在2月份提出还需要6个月，而国务卿开展的对日谈判已为他们争取了6个月时间。现在他们又想再争取 3 个月。霍恩贝克认为，总统应当不再询问海军，就告诉他们结果。国务卿却对此感到厌烦，搁置在一边……[1]

赫尔还期望自己也许能够拖延预期会爆发的战争。在他的建议下，总统的会议演变成又一轮的政治托词讨论。

霍恩贝克热衷于美国对日持强硬态度立场，并要推动冲突的发生。他主要基于两点考虑：一是日本迫切希望可以避免与美国发生战争；二是即便日本开战，战争也是短暂的，并可能以美国完全和压倒性的胜利告终。他在 11 月 27 日签署的一份备忘录中，采用 3 个令人称奇、必定会载入史册、精确到有赔率的赌注，连同 1929 年时乐观的商业预测，来比喻政治事务令人饱受教训的不确定性，并显示出自己的坚定信心。

那些没脑子的人认为，日本政府并不急于，或并无意图，或并不期望与美国之间爆发武装冲突。日本政府正在远东某个或某些地方发动新的进攻行动，并将积极努力避免进攻美国或遭受美国的进攻。因此，它不会命令或是鼓励其代理人（其中最重要的是其武装力量）的行动，而一旦采取这些行动，就会导致美国的武装力量进行报复或抵抗。现在就美日关系而言，美国要比一周前更没有理由担心日本会对本国进行“战争”。要是打赌的话，没脑子的人会说，美国和日本在 12 月 15 日（杰罗将军确认在这一日期之前，我们兵力的一些部署达到完美是“没有问题”的）或这之前不会爆发“战争”的可能性是 1 赔 5；如果是美国和日本的“战争”不会在 1 月 15 日之前（就是从现在起 7 周）爆发，那么赌注是 1 赔 3；如果是美国和日本的“战争”不会在 3 月 1 日之前（从现在起超过 90 天，也就是我们的战略家们预测在这段时间内，我们有“时间”进一步准备和部署，从而对我们有利的时间段），那么赌注是 1 赔 1……简单地说，没脑子的人不相信，本国现在在太平洋地区正处于即刻

[1] 原注：Berle, “Diaries.”

爆发“战争”的边缘。[1]

事情再清楚不过。这些是鼓吹立刻与日本开战或是对日本采取持续“强硬”政策者的典型假定。遗憾的是，没有任何记录告诉我们，霍恩贝克的赌注是否有人下注。

在 G–2 的报告中，我们已经看到同样愉悦的乐观情绪，而且国务院和国会中吵闹的亲中国派别无疑增强了这种情绪。霍恩贝克的意见经常被军方认为等同于国务院的政策，并受到陆海军联合委员会的重视和警惕。虽然霍恩贝克在远东事务方面确实处于权威位置，但他的观点并不能左右赫尔的观点。很容易理解的是，那些持霍恩贝克观点的人，自然会对 12 月第一周时国务院收到的信号充耳不闻。

11 月 27 日的一份 G–2 报告，是 11 月 28 日战争委员会另一次会议的焦点。报告是由远东组起草的，而我们即将看到，它导致 G–2 在 12 月 7 日前形成了一份警告通知。在史汀生看来，这个报告“将可怕危险的可能性阐明得如此清晰”，因此他立刻带去给总统，这样总统就能在中午召开战争委员会会议前看到它。[2]

史汀生记录下这次会议讨论的一些细节。除他和总统外，斯塔克、马歇尔和诺克斯也参加了会议。赫尔回顾了 11 月 26 日给日本的照会，并强调了自己的观点，认为“日本人有可能在任何时候开展新的占领行动，保卫我们国家安全的事情现在落到陆军和海军的手中……我们军事防御的任何计划都应当包括这样一个假定，即日本人可能会把突袭这个因素作为其战略核心点，并出于打击我们防御和协作的目的而同时对多个地点展开袭击。”[3]

接着会议转为对 G–2 报告的思考：

---

[1] 原注：*Hearings*, Part 5, p. 2089.

[2] 原注：*Hearings*, Part 11, p. 5435.

[3] 原注：*Hearings*, Part 2, p. 440.

文件的要点是研究我们已经知道的、离开上海南下的远征部队要去干什么。G–2 指出，这支部队可能会进攻菲律宾，或是有更多的部队在印度支那登陆，或是袭击泰国、荷兰群岛、新加坡。在总统大声阅读完毕后，他指出，还有一个地方。这支部队可能通过袭击克拉地峡，进而进攻离克拉地峡不远的仰光，而占领仰光，日本人就能够最终从起点处切断滇缅公路。我认为，他提出的这一点是非常好的意见，也是一个非常可能出现的情况。我们达成一致，目前在海上、约 25000 人、准备在某一处登陆的这支日本部队的动向，完全改变了我们上次讨论的形势。那时我们还在讨论，是否应当就日本出动早已在印度支那登陆的部队，向其发出最后通牒。现在每个人都认为，如果允许这支远征部队抵达印度支那南端附近展开行动并在暹罗湾登陆，不论是在曼谷或是更向西的地方，都会对三个国家——在新加坡的英国、荷兰，还有在菲律宾的我们形成可怕的一击。每个人都同意，不能允许这样的事情发生。接着我们讨论了如何阻止。我们同意，如果日本人进入克拉地峡，英国就会开战。同时我们一致认为，一旦英国开战，我们也不得不开战。现在有一点似乎很清楚，一旦这支远征部队包围印度支那南端，整个灾难性事件就会一发不可收拾。[1]

在如何阻止日本远征军登陆暹罗湾的讨论中，形成了最后总统向国会讲话中提到的计划，以及向日本天皇发出的私人请求和警告。请注意之后委员会清晰地表明拒绝首先进攻想法的这段话。当然，日本人已做好应对此紧急状况的准备，因为他们认识到自己在军事方面的风险。

后来形成一致观点，一方面，在这支远征部队经过时不经任何警告就对其进攻，这并非我们能做的；但另一方面，坐等并允许其继续行动，我们认为也不能这样。因此，我们能做的唯一事情就是发出警报，如果这

[1] 原注：*Hearings*, Part 11, p. 5434*f*.

支部队到达某个地方，或是某一路线，或是某一节点，我们将不得不开战。总统显然想到自己要给天皇发出一份特别电报。他这样做，在班乃岛（Panay）事件时曾收到良好的效果，但出于许多原因，我并不认为现在这样做是正确的，并向总统指出原因。首先，给日本天皇的信件不能包含清楚表达警告的内容。天皇是不能被警告的。其次，这样并不能向美国人民显示出当前危险的真正性质。因此，我说应当由总统给美国人民传递一个讯息，而我认为这个讯息最好的形式就是对国会发表演讲，汇报危险，并汇报如果危险发生我们不得不怎样做。总统接受传递这样一个讯息的观点，但他首先想到的还是把这一点包含到自己给天皇的信中。但我随后再次指出，他不能用这种方式公开给天皇的信；他最后分开实施，先给天皇发信，然后对国会发表演讲，后者更容易让美国人民接受。这是那时最后的决定，总统要求赫尔、诺克斯和我起草这样的文件。[1]

这次会议记录没有提到“魔术”中11月29日这一最后期限。显然，他们相信，没有必要在最后期限前对日本发出警告。也许，11月28日收到的、其中承诺要在数日内回复美国《十点照会》的“魔术”讯息翻译件，促使他们形成了日本人会在递交答复之前拖延的结论。也许，这一点或多或少与我们海军专家对日本船队启航时间的认识有关系。不管怎样，从11月29日（周六）起，直到12月6日早晨的这一段时间，被很欣然地用于起草和重新起草给国会的讯息及给裕仁天皇的讯息。史汀生、诺克斯、赫尔，还有赫尔的数名助手都在忙于这些工作。

诺克斯草案是在11月29日总统前往佐治亚州温泉营地时收到的，草案还附言说“今天早上的新闻显示日本人正刻意拖延两至三天”。[2]

包含这些讯息的草案完美反映出，起草者中没有一个人思考过最后期限或是日本的远征，或是其他危险的、显示出对美国或是美国在太平洋领地直接袭击的可能性。真实情况是，11月28日会议曾提到袭击菲律宾。

[1] 原注：*Hearings*, Part 11, p. 5436.
[2] 原注：*Hearings*, Part 19, p. 3508.

赫尔也曾对来自西贡、有关日本部队抵达的报告感到警惕——这些报告是荷兰的部长那天晚些时候带给他看的。[1] 但总体的假定是，这些前往印度支那的运兵船只是之后对英国和荷兰领地大规模袭击的初步举动。他们的即刻目的并不可能是挑衅美国以逼迫后者采取行动，而是更加简单和安全的目标，比如泰国。尽管赫尔作了警告，他们自己也表达了对在太平洋若干地点同时出现袭击的预期，战争委员会成员们显然相信日本战略家会与美国战略家想的一样。根据这样的推理，日本人没有能力在南太平洋开展如此大规模、时间间隔如此紧密的袭击，如果立即让美国卷入战争，日本人也不会得到任何好处。日本应当首先将其侵略目标指向那些尽管美国会极力抗议但却不会导致美国与其开战的地区，而且逐渐蚕食美国盟友的政策，远比直接袭击美国领地更让美国感到尴尬。

这是为什么对日本侵略行动历史一再修改措辞的背景。问题在于，究竟如何才能唤起美国公众认识到这样遥远的一次——比如针对克拉地峡——袭击的危险。我们如何才能消除那些我们不应该把自己的孩子们送去海外保卫英国和荷兰帝国利益的孤立主义说辞？

我们可以像诺克斯那样，把希特勒的战略和日本的画上等号；或者像史汀生那样，指出我们在菲律宾和远东的利益，是如何与保持荷兰和英国在那里的地位紧密相关的。但这些听起来都太过模糊和理论性，在国务院内部，对要求日本人必须在哪里停止并没有形成一致意见。因此，这些草案仅仅是说美国将不得不诉诸武力，但没有进一步确切说明在何地、何时和如何。霍恩贝克最后直率地说，除非自己知道草案中包含什么，比如是和平、战争还是其他，否则他无法起草这份讯息。就像其他参加过日美谈判的人一样，他“对此厌倦、不愉快和厌恶”[2]；最后，在得到赫尔同意后，他把起草讯息的任务交给赫尔的助理国务卿小阿道夫·伯利，后者直

[1] 原注：*Report of the Joint Committee on the Investigation of the Pearl Harbor Attack, and Additional Views of Mr. Keefe Together with Minority Views of Mr. Ferguson and Mr. Brewster*, p. 396. Hereafter cited as *Majority Report*.

[2] 原注：Berle, “Diaries.”

到那时对远东的情况还一无所知。

我们的主要关切在于拖延，而总统相信他还有一些时间，这两点在我们行动中得到印证：给天皇的讯息尽管是在11月29日那个周末完成的，但直到12月6日（周六）晚上9点才发出。递交讯息后预期流程为：总统要到周一晚上才会收到回复。如果他没有收到答复，在周二下午或晚上他就会正式警告日本。英国和其他国家则会在周三重复这一警告，但只是在确定总统的警告已提交给东京和日本驻华盛顿大使们之后才会发出。[1] 显然是赫尔阻止了更早发出这样严厉的警告。他还在为《暂时妥协案》的宿命而懊恼，并动用自己的影响力来延迟对国会的公开声明以及发给天皇的讯息。

但是，并非只有赫尔一人对推迟已确定要实施的行动施加了影响。当罗斯福在28日下午前往温泉镇时，似乎紧张气氛有了决定性的缓解。"魔术"曾显示日本人有过好几天的刻意"拖延"。不过，更加重要的是，台湾岛沿海日本船队的消息已被融入日本在印度支那、海南和台湾岛集结兵力的总体图景中，而现在我们不得不等着看这些部队究竟会向哪个方向动作。赫尔在周末消失了，史汀生则在这一周的前半周去纽约看牙医了。

在最后几天中，我们的决策者们基本上都在忙于公众舆论，以及一些孤注一掷的、最后时刻可能实施的外交补救措施。军事方面的考虑由马歇尔和斯塔克负责。警告已发出，也没有再进行有关战场警报的讨论。比如，史汀生的时间除忙于日本问题外，还有最近卡罗来纳演习的会议；他还忙于讨论对在12月4日公开我们最为机密战争预测的《芝加哥论坛报》可能采取的行动，忙于处理为菲律宾争取更多补给和大型轰炸机的

[1] 原注：依据澳大利亚外交事务大臣可能是在12月6日发给英国自治领事务大臣（Secretary of State for Dominion Affairs）的一份电报。（*Hearings*, Part 11, p. 5166.）澳大利亚外交事务大臣后来在周六下午见到罗斯福总统。（Langer and Gleason, *The Undecalred War, 1940-1941*, p. 928.）由于罗斯福的许多谈判都未记录，因此国务院没有记录这次对话，也并非不正常。

问题。在低得多的信息和决策层面上，作战计划部门的军官和远东情报部门的专家倒是讨论过发出进一步警报的必要性。海军情报局的迈科克伦海军中校和信号情报处的萨特勒上校都提交了再次向战场发出警报的提议草案。但是，作战计划部门认为，11 月 27 日和 28 日的讯息已完全足够，并认为远东专家们的急切心情来源于太接近“魔术”的观点，而对于政策层面了解太少。

罗斯福总统在 28 日战争委员会会议后就前往温泉镇。他小心翼翼地告诉媒体，远东危机的发展可能会在任何时候把他召回来。那天的“魔术”报告了日本大使对我们 26 日照会的愤慨，以及东京的狂怒反应。但直到 30 日下午，赫尔才打电话给总统说有两个最新情况需要他返回。第一个，英国大使带来消息说，英国政府有可靠信息说日本人正准备进攻暹罗，而这次袭击包括出动海上远征力量袭击克拉地峡。第二个，据报告，东条首相 11 月 30 日在公众集会上发表一份侵略性的声明：

蒋介石跟着英国、美国和共产主义的指挥棒起舞，让他们体格强健、前途光明的年轻人做出牺牲，来进行针对日本的无谓抵抗，原因仅仅在于英国和美国通过让东亚人民相互敌对而浑水摸鱼，以及对东亚实施霸权主义的欲望。这就是英国和美国的股票交易。

为了人类的荣誉和尊严，我们必须倾尽全力肃清东亚的这种行径。[1]

罗斯福于 12 月 1 日返回，在他回来之前，赫尔已向日本大使们“狂吼了好一阵子，并根据东条的声明和他们在印度支那的行动，将日本称为魔鬼”。[2] 总统随后正式通过国务院向东京要求日本政府解释，为什么要在印度支那维持一支超过他们和维希政府达成一致的兵力。（这一要求，

[1] 原注：*Hearings*, Part 2, p. 441. 这是同盟通讯社官方译文，比日语原文更加让人警觉。最后一句话更精确的说法应当是，“必须消除这样的行径”。(Butow, *Tojo and the Coming of the War*, p. 355.)

[2] 原注：Berle, “Diaries.”

正好与海军情报局12月2日提交，日本有21艘运兵船停泊在金兰湾的报告时间一致。）日本政府于12月5日回复，其中解释说增援兵力仅仅是针对临近中国境内中国部队的预防措施。赫尔，甚至是日本人自己都没有接受这一谎言。同时，“魔术”12月3日给伦敦、中国香港、新加坡和马尼拉带来销毁密码本的命令，还有对大使们准备提交给罗斯福质询的答复的不满之情。截获的一份东京—柏林通信线路上的讯息中也宣称，与盎格鲁—撒克逊国家的战争会比任何人想象的更早爆发。罗斯福要求复印一份自己存档，以便进一步研究。

12月4日，荷兰政府提议，警告日本不要跨过指向东印度群岛方向的达沃和卫吉岛一线。曼谷请求英美保证，日本一旦侵略暹罗，就会遭到武装抵抗。这些提议没获得任何美国代表的承诺，虽然英国更愿意做出承诺，但美国不会加入英国。海军情报局12月5日草拟了一份给总统的报告，预测日本在印度支那和邻近地区的兵力。该报告认为，在印度支那有105000名日本陆军，同时海军力量在金兰湾、西贡和海南—台湾岛地域有重兵集结。最后，12月6日早晨，美国驻新加坡官员和哈特都发来消息说，三支日本船队正包围柬埔寨角（Cape Cambodia），据信正朝印度支那西岸的富国（Koh Tron）进军并前往曼谷。驻伦敦怀南特大使将英国在马来亚开展空中侦察获知的同样消息，发了电报给华盛顿。他的第一份讯息是在上午10点40分到达国务院的，第二份是在下午3点。[1] 最终，“整个灾难性事件”终于开始了。

这些报告有关三支船队的规模和组成情况并不一致，但似乎至少其中两支船队规模大到令人警觉。至于它们是否沿着暹罗海岸向西北方向前进，或是向西朝着马来亚方向，并不清楚。[2] 显然，日本人可能在暹

[1] 原注：*Hearings*, Part 14, Exhibit 21, p. 1246f., and Part 15, Exhibit 66, p. 1680*f*.

[2] 原注：就此问题，对比阿兰布鲁克（Alanbrooke）勋爵在英国参谋长会议上的记录：“我们仔细研究形势，但从运输的观点来看，不可能判断出他们正前往曼谷、克拉半岛，或只是作虚张声势的巡航”；quoted in Bryant, *The Turn of the Tide: A History of the War Years, 1939-1943, Based on the Diaries of Field-Marshal Lord Alanbrooke, Chief of Imperial General Staff*, p. 225。

罗登陆比可能袭击英国领地，更加引起白宫的担忧，因为要让美国公众接受防御暹罗的前景是完全不可想象的。12 月 6 日下午的部分时间就用于讨论这个问题。根据总统要求，陆军部、海军部和国务院匆忙汇集形成对印度支那日本陆军和装备的估计，其中包括船队上装载部队数量；海军部则被要求精准定位美国在远东的所有海军舰船，以及属于日本和我们盟友的所有舰船位置。正是在这样的背景下，白宫和国务院收到最后的“魔术”讯息。

又一次出现这样的情况：似乎日本船队的动向才是引发警告的主要原因。我们的决策者们和军方领导们无疑会对这样的刺激产生反应，他们也确实做出了反应；但遗憾的是，反应并没有超出这一特定刺激物的范畴。回顾最后一周中的事件，人们就会得出这样的印象，即我们的领导人在应对日本最后动向时，是受到感情驱使的、短视的，并且严重受到愿望思维的影响。这些态度可以合理解释为什么在 29 日那个周末，紧张情绪会出现缓解。“魔术”显示出几天美景，一些船队进港，而除赫尔国务卿之外，其他每个人的精力都再次转向压力更为紧迫的其他问题，特别是转向欧洲和大西洋。马歇尔早先说过，假定仍然未变，“如果我们在大西洋失败，我们将在所有地方失败”。这意味着，在远东不得不保持安静。这种愿望产生的影响显然限制了我们远东政策的范畴，同时延迟了我们对最后时刻军事信号做出反应。

似乎是因为 12 月 6 日得知日本船队进发的消息，战争委员会的成员们还是预计到英国和日本之间战争即将爆发。但是，至于这一预计如何影响到对最后时刻“魔术”信息的解读，却没有太多可以研究的东西。唯一记录下来的反应是有关总统的。总统当着哈里·霍普金斯和舒尔茨（L. R. Schulz）中尉的面，读完 14 部分讯息的前 13 个部分后说：“这就是战争”。就这份日本加密的声明而言，他显然指的是日本和美国之间的战争，因为美国将会支持英国，而不是因为日本正要袭击美国。霍普金斯评价说，很遗憾“我们不能首先进攻，也不能防止任何突袭”。罗斯福回答说：“是的。我们做不到。我们是一个民主、和平的民族。但我们会有良好的记录。”[1]

接着，总统试图通过电话联系斯塔克海军上将，在得知斯塔克正在观看《学生王子》（*The Student Prince*）的演出后，总统决定不把他从剧院叫出以防惊扰公众。他在当晚联系上斯塔克，但没有他们对话内容的证据。

根据伯利的说法，陆军情报部门是在周六晚间 7 点 30 分把同样的消息递交给国务院。伯利将前 13 部分形容为“不仅是断然拒绝，而且是粗野、无理和羞辱的讯息。尽管它已经如此，但同样截获的另一份讯息更加糟糕。要求日本船队把这一讯息锁在他们保险柜中，并在收到某个信号后才拿出来，而在这段时间里，将会完成最后的部署。换言之，他们在完成某些军事部署之前，不递交回复”。[2] 因此，赫尔国务卿是在周六晚上得到前 13 部分内容和引航讯息的。

如果我们意识到，伯利本人相信我们提出的《十点照会》体现了“太平洋地区总体和平计划”而非任何形式的“最后通牒”，就能理解他把前 13 部分称为“断然拒绝”的原因了。他的这番评价是在 12 月 7 日晚上做出的，因此他应该是在“魔术”中读出了原始讯息中没有的一些信息。伯利原本对日本延迟回复的预计是，“11 月 26 日的行动方针不会成功”。他整个周六下午和晚上都忙于赫尔提议的、总统给国会的讯息草案。周日上午，伯利和远东顾问们“对讯息进行了些许进一步的争论”，并与赫尔讨论了向国会提交的时间，就在此时，日本大使要求在 1 点与赫尔国务卿会面。

至于在周日早晨提交给赫尔的日本回复的第 14 部分内容，或是提交时间的截获讯息，伯利都没有提到。因此，这些讯息都不能像现在那样，被认为是独立的紧急信号。赫尔那天早晨与诺克斯、史汀生部长一同在研究给国会的讯息。与其他草案相比，诺克斯的草案更接近于对日本的一个具体警告，但其中前 5 点看来依然与即刻要发生袭击的感觉相去甚远：

[1] 原注：*Hearings*, Part 10, pp. 4661*ff.*

[2] 原注：Berle, “Diaries.”

1. 我们不可避免地和英国在世界上的形势联系在一起。

2. 新加坡的陷落和英国失去马来亚，将不仅会让英国在远东地位沦丧，而且会威胁到英国所有的努力。

3. 如果英国人丧失其地位，荷兰人几乎肯定也会丧失其地位。

4. 如果英国人和荷兰人都丧失其地位，我们也肯定会是下一个，因为那时我们会被日本人包围。

5. 如果接受以上 4 点，那么任何对英国人或荷兰人的严重威胁，就是对美国的严重威胁；或者可以说，对我们三国中任何一国的任何威胁，就是对我们所有三国的威胁。因此，我们必须做好共同行动的准备，如果还没达成这样的理解，就应当立刻达成。否则我们将依次逐个败落（或者有人将会孤立无援）。[1]

最后一点：

6. 我认为，应当告知日本人，任何指向美国的威胁动作都会遭遇武力。总统将希望能够让他自己来决定如何定义这一点。以下是拟议应当实施武力报复的事项：任何进入泰国的动向；任何进入泰国东经 100 度以西、北纬 10 度以南的动向，这一点是和英国、荷兰、美国在远东的军方建议一致；任何针对英国、荷兰、美国、自由法国、葡萄牙在太平洋地区领地的动向。[2]

所有证据都表明，总统及其高级顾问们的主要精力都放在敦促国会，让美国与英国一同阻止日本发动进一步侵略战争的最有效方式上。“魔术”并没有给他们的预期增加任何新的东西，因为他们预计日本人将会对 11 月 26 日照会给出让人不快的答复。此外，在“魔术”中，或是其他任何信息中，都没有显示出他们概念中日本最偏好的战略——在不与

[1] 原注：*Hearings*, Part 11, p. 5440.

[2] 原注：*Hearings*, Part 11, p. 5440.

美国发生直接冲突的情况下在东南亚进行扩张——已经发生改变。所有讨论的前提都认为，日本下一步的行动要么是针对英国人或荷兰人，要么就是针对泰国。

在珍珠港事件6周后，霍普金斯总结了他记忆中罗斯福对远东局势的焦虑，而他的总结透露出真实状态：

我回想起过去一年中曾数次与总统谈话，总统一直感到困惑，因为他确实认为日本人的策略就是避免与我们发生冲突；他们不会袭击菲律宾或夏威夷，而可能是泰国、法属印度支那，更加深入中国腹地，也有可能攻击马来海峡。他还认为，他们将在时机成熟时攻击苏联。这会让总统面对如何保护我们利益的难题。

他一直都认为，日本会利用有利时机对我们发动袭击，而且他们使用的就是德国的"逐一攻击"战术。因此，他对于日本使用这一方法感到极大的解脱。尽管珍珠港事件和日本人的闪击战在前几周内造成灾难，但却完全让美国人民团结起来，也注定对日本的战争不可避免。[1]

霍普金斯也写下他观察到的，总统在日美谈判问题上表现出来的有趣方面。

总统告诉我，他和赫尔就我们在远东地区对外政策漏洞的几次谈话，其中考虑了一旦某些后果出现，美国就将与日本开战的情况。赫尔所有的谈判工作，虽然总体上显示出我们希望能够保护在远东的权利，但如果日本袭击新加坡或是荷属东印度群岛，当我们不得不面对问题时，这些谈判也不会给出什么强硬的答案。总统感到，我们不能具体阐明这一点，而这就是我们政策中的弱点。总统告诉我，他认为对荷属东印度群岛的袭击会导致与日本的战争；他还告诉我，赫尔总是在回避这个问题。

[1] 原注：Sherwood, *Roosevelt and Hopkins: An Intimate History*, p. 428.

我记得，当我 1941 年 2 月在英国时，英国外交大臣反复问我，一旦日本袭击新加坡或是荷兰人，我们国家会怎么做，他说这一点对他们的政策非常关键，必须知道。

当然，非常清楚的是，由于国会掌握着宣战权，而且孤立主义者们——实际上有很大一部分美国人——对于一旦日本袭击荷兰我们是否要在远东开战不感兴趣，因此无论是总统还是赫尔都不会就这个问题给予英国人完全回答。

……………………………………………………………………

罗伯茨有关国务院已放弃与日本达成协议的所有希望的报告，在我看来，它与事实并不相符。确实，赫尔告诉陆军部长和海军部长说，他相信日本可能会在任何时候发动袭击。另一方面，直到最后一天，他无疑仍然对最后时刻能够形成什么结果抱有希望。赫尔一直以来都希望能够与日本达成协议。当然，这是日本人不太可能会接受的协议，但在另一方面，这样的协议也会让我们在远东极不受欢迎。

赫尔将和平作为首选，因为他全身心地与日本人之间相互调解，夜以继日地工作了数周时间。毫无疑问，在战争爆发前 10 天时间，他仍然希望能够达成某些调解。[1]

当这些军民领导人在 12 月 6 日和 7 日等待日本下一步动向、下一个“恶行”的消息时，他们虽然心情急切，但却并没有就日本可能采用的其他战略展开详细讨论。比如，在不袭击美国的情况下，在盎格鲁—美国联盟存在的情况下，日本会冒险对英国发动袭击吗？这就是日本御前会议在采纳珍珠港袭击计划之前最终讨论的问题。这个问题曾在 1941 年早些时候吸引过我们的注意，但现在却没被提及。

似乎可以用“奇怪的麻木”来形容这些等待的最后时间，而之所以这样麻木，是长期接触到危险不断上升信号的必然结果。在一段时间里，信

[1] 原注：Sherwood, *Roosevelt and Hopkins: An Intimate History*, p. 428*f.*

号图景持续预示了不祥后果，现在显然已经累积预示出某些重大但却不清晰的事件。它显然与日本下一个动作将会针对某个盟友而非直接针对美国这样的主要前提相吻合。同样，与公开声明的、美国不会首先攻击政策相联系的，还有基本的被动性。在最后一周，白宫担忧最多的问题是，如何在国会和宪法设定的范围内适宜行动，以及如何驱动美国的公众舆论。正是在这些国内问题上，我们集中了所有的预期，我们的能力也被束缚了。

第四节　小结

从情报观点来看，我们可以对华盛顿材料总结如下：

1. 关于日本的行动和企图，华盛 顿机构要比战场拥有多得多的信号。

2. 关于美国掌握日本行动和意图的情况，他们拥有多得多的信号。

3. 虽然有关远东的大量信息并不模糊，但却包含大量相互冲突的信号。特别是在有关美国的动向方面，既有至关重要的声音，又有大量的噪声。

4. 此外，没有哪个机构或个人能够完全接触到所有远东信息。

5. 远东信息本身，只是主要关系到欧洲国家行动和意图的大量信息中的一小部分。欧洲国家，特别是大西洋战役，吸引了华盛顿的主要注意力。

6. 对大西洋和欧洲的关注，不仅分散或是减少了本应给予远东的注意力，而且导致对远东信号的误读。

7. 导致误读信号的另一个重要原因，就在于一些美国决策者持有的太平洋舰队和菲律宾增援兵力是威慑而非威胁的观点。

8. 对远东信号，尽管战场情报机构可能会比华盛顿情报机构做出更好的判断，但要把华盛顿所有可用信息都发送给战场，却是不现实的。

9. 这样的政策选择导致在 1941 年时无法使用可能有用信息的事实，而不应当被解释为是保持沉默的阴谋。一个不那么令人瞩目和更加精确的假定是：华盛顿军方并不总是能够很好地判断出哪些材料会对战场最为有用。无论如何，在起草给战场的警报时，他们并没预见到珍珠港空袭或是发出空袭警报。

第 5 章
华盛顿的情报

鉴于我们已管窥过在华盛顿特区复杂而大量的可用信号，现在要询问一下，在如此大量信号中，哪些被陆军和海军的核心情报机构选择出来？哪些信号首先抵达情报机构，然而才被转发给我们的决策者？情报遗漏了哪种信号，原因是什么？

在政府的核心，陆军情报机构发现自己比海军情报机构能更好地掌握情况，也更加贴近行动。但在绝大多数情况下，这两个机构的角色却令人沮丧地居于边缘地位。他们本应当是信息的源泉，但却经常不被包括在分发清单中。他们本应当是处理和评估所有种类信息的关键中枢，但却不被允许做出评估，或者他们的评估因为无条件接受主流的作战假设而受到严格限制。陆军或海军情报部门认为，自己的中心职能就是侦测敌人的突然袭击，而他们搜集和评估的行动也同样受到这一点的影响。对于陆军情报部门（G–2）而言，侦测颠覆性活动是首要职能。对海军情报部门（海军情报局）而言，列出敌人的能力就几乎等同于能够预测敌人企图这样微妙的问题。两家机构没有哪个完全使用自身资源，特别是其最有价值的资源——破译的“魔术”截获讯息。陆军情报部门倾向于追踪并报告日本陆军的期望，海军情报局则追踪日本海军的动向。1940 年和 1941 年时，日本这两个军种之间正好严重对立：陆军倾向于向北扩张，海军则倾向于南进。两个军种的目的在 1941 年夏天时终于达成和解，当时海军赢得了争论，但显然我们的情报机构并没收到此类和解消息。

在本章，我们将要从一些细节方面来审视陆军 G–2 和海军情报局。我们先从这些机构中工作的人入手，看一看这样的工作究竟需要什么样的经验。接着我们再看一看他们能够搜集到的信息，以及他们是如何解读这些信息的。

第一节 陆军情报部门

一、结构和人员

1941 年 12 月 7 日，谢尔曼·迈尔斯准将是陆军军事情报首脑，其官方头衔是负责 G–2 的参谋长助理。他在情报方面的培训要回溯到 1912 年，当时他开始任职陆军武官并先后就任于 5 个国家，最后一次是在第一次世界大战时的苏联。他还在 1919 年担任过美国和平委员会（American Peace Commission）的军官。尽管他并没有远东情报工作经历，但他 1929 年至 1932 年曾在夏威夷总部担任作战官（G–3）。从 1934 年至 1938 年，他在华盛顿领导作战计划部计划和项目组（Plans and Projects Section），并因此监管过菲律宾、夏威夷和巴拿马这 3 个海外司令部。他是从 1940 年 5 月 1 日开始担任陆军情报部门负责人，并一直持续到 1942 年 1 月 30 日。因此，迈尔斯准将在相关的陆军领域至少拥有 15 年的工作经历，这帮助他预见到珍珠港这一灾难事件。

在第二次世界大战的早些年，正如我们已经注意到的，陆军情报部门正在扩张。其工作人员中军官的数量在 1939 年 9 月 1 日是 22 人，而到迈尔斯任职时，已经扩展到115人，并计划在1941年7月1日最少扩展到180人。华盛顿部门内一份1941年10月10日的组织机构图列出了168名成员。[1] 根据迈尔斯在国会听证会上的证词，他估计1941年12月7日时，华盛顿军事情报局的总人数约为400至450人。（参见图5–1）

考虑到那时国家仍然不太愿意进行军事拨款，特别是当我们想起这个数字不包括信号情报部门的人员（进行截获材料破译和翻译的技术工作）时，这确实是一个相当大的规模。（信号部队完全独立于军事情报局，直接向参谋长汇报；但信号情报处和军事情报局的布拉顿上校保持了紧密而有效的直接联络关系。）

1941年12月，在400至450名人员组成的军事情报局中，有一个行政处、一个计划与训练处、一个信息控制处、一个反情报处、一个情报处。最让我们感兴趣的就是情报处。遗憾的是，图5–1列出的情报处中绝大多数人从没被传唤或是出现，针对1941年12月的事件作证。然而，记录中确实包含一些来自远东组的证人，特别是有该组组长鲁夫斯·布拉顿上校的证词。

除了在华盛顿的人员外，还有驻在海外的、由军事情报局挑选并直接对其负责的军事观察员和陆军武官们。在远东地区的观察员很少（在新加坡有三人，在香港有一人）；他们的薪水很低；而且，我们能想到，他们的信息只能与他们的薪水相当。[2] 军事情报局在泰国，新加坡，中国重庆、香港、北京，东京都驻有陆军武官，但正如迈尔斯作证时所说，从驻东京武官那里获得的“有关军事方面”的信息是“非常有限的；日本人的嘴非常紧”。[3] 实际上，绝大多数有关日本的军事信息都来自中国、泰国和韩国。

军事情报局没有秘密特工，但迈尔斯说过：“在新加坡，我们曾在克里尔（Clear）手下启动一个可被称为秘密机构的组织。我们没多少

[1] 原注：*Hearings*, Part 34, p. 140.

[2] 原注：参考佩蒂格鲁的备忘录，参见 *Hearings*, Part 18, p. 3439。

[3] 原注：*Hearings*, Part 27, p. 56.

钱可以给他，但至少他确实在力争与远东的英国秘密机构联系方面取得了进展。”[1]

代理参谋长助理（主管 G–2）谢尔曼·迈尔斯准将行政办公室

拉尔夫·史密斯（Ralph C. Smith）上校　托马斯·罗德里克（Thomas E. Roderick）中校（助理）
小迈克卡伯（E.R.W.McCabe, Jr.）少尉　沃伦·理查兹（Warren S. Richards）少尉

行政处 **拉尔夫·史密斯上校**	**情报处** **海耶斯·克罗内尔上校**	
陆军武官组 约翰·温斯洛中校 美国陆军武官、代表团、海外观察员和翻译官 **外国联络组** 劳伦斯·希金斯（Lawrence Higgins）中校 外国在美武官、代表团、官员 **协调组** 麦克马洪（B. B. McMahon）中校 特定联系 **财务组** 罗伯特·理查兹（Robert B. Richards）中校 财务和资产 **人事组** 乔治·阿什沃斯（George F. Ashworth）上尉 所有G–2军官，陆军总参谋部（WDGS）及陆军情报预备役军官的行政管理 **档案组** 小马尔科姆·海（Malcolm Hay, Jr.）中尉 记录与归档	**行政组** 佩蒂格鲁（M. W. Pettigrew）中校 情报处所有行政事务，人事、电报与讯息、起草与速记人员 **战场人员组** 罗雷尔（H. V. Rohrer）上尉 新军事观察员和武官的选址（不包括人员）。军事情报人员的训练 **情况组** 托马斯·贝茨（Thomas J. Betts）中校 有关世界各地情况的信息。情报处的核心部门。管理G–2和陆军部长的情况态势图。本处的所有专门研究等 **联系组** 哈里·卡宁汉上校 与国务院、海军情报局等就陆军信息进行联系 **分发组** 弗雷德·德罗汉（Fred J. deRohan）上校 归纳形成临时启示、专题公告等，并分发到部队	**拉丁美洲组** 汤森德·赫德（R. Townsend Heard）上校 **加勒比** 贝尼特斯（E. M. Benitez）上校 **墨西哥** 哈里·格温（Harry M. Gwynn）中校 **中美** 斯图尔特·卡斯韦尔（Stuart R. Carswell）中校 **南美西海岸** 哈勒尔（T. H. Harrell）中尉 **南美河职平原** 威尔逊·汤森德（Wilson L. Townsend）少校 **巴西** 威廉·萨克韦尔（William Sackville）中校 **特别地区** 鲍勃·梅森盖尔（Bob N. Massengale）上尉 **大英帝国组** 康普顿（L. J. Compton）中校

[1] 原注：*Hearings*, Part 2, p. 785.

（接上页）

翻译组 拉尔夫·史密斯上校 翻译和字典准备 **首席文员** 约翰·卡尔沃特 （John S. Calvert） 文职人员，申请文职岗位人员的分类与雇佣，其他事务	**南欧组** （之前的巴尔干及近东组） 沃尔顿·考克斯 （Walton W. Cox）中校 **中欧组** 汉密尔顿·马奎尔 （Hamilton E. Maguire）上校 **东欧组** 冈瑟（G. B. Guenther）中校 **西欧组** 路易斯·福蒂尔 （Louis J. Fortier）中校	**远东组** 鲁夫斯·布拉顿上校 **日本** 卡尔利斯利·杜森贝里 （Carlisle C. Dusenbury）中校 华莱士·摩尔 （Wallace H. Moore）少校 贝亚德·辛德尔 （J. Bayard Schindel）少尉 **中国** 弗兰克·罗伯茨 （Frank N. Roberts）少校 小朱利安·阿诺德 （Julean Arnold, Jr.）中尉 杜怀特·爱德华 （Dwight Edwards）少尉 **东南亚及菲律宾群岛** 霍梅尔·斯泰宾斯 （Homer A. Stebbins）少校 菲利普·泰勒 （Philip N. Taylor）少校 **太平洋岛屿及阿拉斯加** 约翰·库尔特 （John W. Coulter）少校 约翰·布罗达斯 （John B. Broaddus）中尉 **空中组** 霍奇森（J. C. Hodgson）中校
反情报处 **约翰·比斯利** **（John T. B. Bissell）中校**	**计划和训练处** **查尔斯·班菲尔** **（Charles Y. Banfill）中校**	**信息控制处** **考德曼** **（W. P. Corderman）少校**
行政组 小霍尔布鲁克 （W. A. Holbrook, Jr.）中校 反情报处总体行政事务。监督反情报处的所有活动和政策 **国内情报组** 戴维·厄斯金 （David G. Erskine）少校 颠覆团体及其活动；评估国内形势	**计划和训练组** 沃尔特·巴克 （Walter A. Buck）少校 协调和监督陆军中所有军事情报活动。协调G–2成果应用于机动和作战计划。回顾检查G–2组织机构图、机动计划、作战计划和防御项目。就对陆军情报产生影响的所有制度和手册进行审查。就未布置给其他机构的陆军情	与海军部协同进行国家信息控制（National Information Control）的计划和制度规范。训练信息控制人员。与外国信息控制机构进行联络。与政府其他部门就信息控制事务进行联络

（接上页）

<table>
<tr>
<td rowspan="2">调查组
尼古拉斯·贝克特
（Nicholas S. Beckett）少校
调查，包括陆军内的人员、不满情绪、颠覆和破坏

工业设施情报组
克里斯特（W. E. Crist）少校
保护、评估和分发有关工业设施、通信、运输、电力和其他对国家防御计划至关重要设施的情报信息，包括劳工情况和谍报活动。破坏、罢工、鼓动工人等。对航空兵部队或其他保密合同需雇佣外国人的申请提出意见

保卫军事信息组
卡特尔·克拉克
（Carter W. Clarke）中校
有关保护军事信息的政策、制度和监控措施。与公共关系局就发布情况进行联络。信号情报及护照控制。监督陆军武官的密码安全

特别任务组
弗兰克·诺斯特曼
（Frank B. Nosterman）上尉
没有指定给其他组的所有活动

情报保卫部队组
亨利·戈登·希恩
（Henry Gordon Sheen）上尉
招募和训练情报保卫部队人员，颁布相应制度</td>
<td rowspan="2">报手册和军事情报局陆军扩展课程进行准备。分配备用的情报训练资金

地理组
帕特里克·蒂莫西
（Patrick H. Timothy）中校
制定形成搜集和归类国内外地图和地理信息的计划和政策。采购、复制和分发地图。由地理组研究办公室准备情报测量调查中的地理部分内容。指导选择和准备情报测量调查所需的地图和图表。协调工兵和航空兵部队的地图事务。审查有关地图、识图、制图的制度和手册。与国家地图相关机构联络。作为联邦调查和地图委员会（Federal Board of Surveys and Maps）代表</td>
<td></td>
</tr>
<tr>
<td>特别研究小组
佩尔西·布莱克
（Percy G. Black）中校</td>
</tr>
</table>

图 5–1　1941 年华盛顿军事情报局

对比美国的做法，迈尔斯谈到英国、德国和日本在谍报上的大笔花费时总是心有不甘；但他相信美国人民不会愿意为这样一个机构拨款。无论如何，他暗示自己或是罗斯福总统不会同意间谍活动："我们要光明正大"。[1]

[1]　原注：*Hearings*, Part 2, p. 899.

根据迈尔斯的说法，有关日本最重要的信息来源是驻东京格鲁大使领导的使馆，以及他发往国务院的报告。迈尔斯称，自己能够接触到的这些报告中，“几乎完全是关于日本人民对战争的想法，还有他们对美国的仇恨”。[1] 它们只包括有关日本陆军和海军动向的“非常宽泛和总体”的信息。事实上，11 月 17 日格鲁大使在一份给国务院的电报中已清楚公开地表明，自己在东京的工作人员，还有日本和美国的联系人不能再作为发出突袭准备工作警报的可靠来源：

参照 12 月 3 日……使馆之前的电报……强调要防备目前不在中国作战战场地区的日本海军或陆军采取的突然行动。我顾虑的是，日本尽可能利用突袭和先发制人战术的可能性。鉴此，建议你们不要把发出预先警报的主要责任放在使馆工作人员（包括海军和陆军武官们）身上，因为在日本，对于原始和二手军事信息的控制极为有效。我们预计不能从日本联系人那里或是通过媒体事先获得任何信息；由目前留下来的、主要集中在三个城市（东京、横滨、神户）的少量美国人来观察军事动向，也是不可能的；鉴于在临近水域中没有美国和其他外国舰船，日本人可以放心地在没有外国人观察到的情况下，将其运兵船发往各个方向。最近美国驻“满洲”和台湾岛领事们已报告日本部队的集结，而根据所有其他可用迹象，还有自 7 月总体动员以来的部队部署情况，其目的是要在尽可能最短时间内，在西南太平洋方向，或是在西伯利亚，或是同时在两个方向，实施新的作战行动。

我们完全意识到，我们当前最重要的职责可能是，侦测任何可能在上述提及地区中的海军或陆军作战行动的预先指标，以及目前正在采取的防止突袭的预防措施。使馆观察海军和陆军的活动领域目前局限到几乎只能使用肉眼的程度，而这又是微不足道的。因此，出于极大的谨慎，建议你们对我们提供实质性警报能力的可能性，尽可能降低预期。[2]

[1] 原注：*Hearings*, Part 27, p. 57.

[2] 原注：*Hearings*, Part 27, p. 58.

另一个有关日本和远东的信息来源是，在华盛顿的盟国——特别是英国——的武官和观察员们。英国和荷兰的情报机构也向军事情报局透露了一些信息，但迈尔斯强调说他们很不情愿这样做。迈尔斯最有价值的秘密来源就是“魔术”。同样，还有与华盛顿国务院之间交换的某些秘密信息。来自军事情报局的一名军官被任命与国务院保持联系，而在 1940 年和 1941 年，共有四名军官先后承担这一工作。

迈尔斯在作证时说：“除此之外，我个人也认识一些助理国务卿和副国务卿，并且应国务卿的要求，我曾至少就情报事务到他办公室去过两次或三次。”[1] 这也许可被看作是迈尔斯经常能够获知美国有关对日谈判进展情况的观点。实际上，他有关谈判的信息主要是来自“魔术”中日本方面的叙述。当布拉顿上校说“要从国务院获得任何种类的情报，我们得用超过我们想象的极长时间”时，他倒是显得更加现实。[2] 实际上，通过东京，情况来得更快。

“至于海军部，”迈尔斯作证时继续说道，“也有同样的联络（与国务院之间），但却更加具体。换言之，远东组军官们一周要去拜访海军情报局对等军官好几次，在某些日子里可能一天就去许多次。”[3] 迈尔斯本人也与海军情报局负责人威尔金森海军上校保持着联系。布拉顿上校经常与海军情报部门中远东专家、迈克科伦海军中校保持联系。

另一个信息来源可能就是，驻扎在夏威夷等海外司令部中的 G–2 工作人员。他们是由当地指挥官选拔出来的，并只对后者负责。如迈尔斯所说，华盛顿 G–2 和海外 G–2 之间仅仅是一种“联络”关系。相互之间交换信息也只是出于工作程序和礼貌的需要。

对于可能被认为是“作战行动性的”或是被理解为“指令”的任何信息，华盛顿 G–2 最为谨慎。在第 2 章，我们注意到“动态”信息和“静态”信息之间的差异，G–2 为参谋长准备的预测中所包含的“动态”信息

[1] 原注：*Hearings*, Part 2, p. 785.

[2] 原注：*Hearings*, Part 9, p. 4570.

[3] 原注：*Hearings*, Part 2, p. 785.

清单，并没有发送给海外的 G–2。当然，“魔术”包含“动态”信息，即使那时的安全要求并非如此，也不太可能会有 G–2 军官将信息发送给战场。此外，海外 G–2 并不一定要回复自己已获得“基础”信息或是“静态”信息。卢卡斯参议员总结说：“无论你给夏威夷 G–2 发送了什么样的信息，就那里的指挥而言，他们可能完全忽视，而你对他们是否明智地处理却一无所知。”[1] 迈尔斯准将对此进行了抗议，但结果反而是印证了这一点，他说：“至于他们想要如何使用信息，这取决于夏威夷工作人员的规定或政策”。[2] 这同样适用于从战场发送给华盛顿 G–2 的信息。当地 G–2 并没有义务发送任何信息给华盛顿。

以上这个发生在陆军某部门内事情的例子，解释了非正式联络关系中的信息是多么不可靠和低效。尽管陆海军双方都有许多历史记录，说明他们之间的联络已经非常热忱和亲密，但 1941 年时，这样的联络关系总体上与陆军部门内的关系一样。正如我们讨论“魔术”时所注意到的，迈尔斯反复说过：“陆军和海军之间关于完全交换信息有着长期的协议或政策”。[3] 对于在华盛顿的两军种部门和海外的军种部门，都同样如此。

之所以要营造这种紧密联络的表象，部分原因显然是，为了对公众，更是对质询的议员们竖起一堵防火墙。尽管两军种之间存在众所周知的竞争关系，但面对共同敌人时，巨大的忠诚感却将他们紧紧联系在一起。同时也存在自我保护的正常本能。比如，本来人们都期待，情报官们应当说自己和军种内的所有部门之间保持着紧密的联络关系，或是应当承认在他们工作中某个重要方面失败过。他们的声誉部分地依靠掌握了与各种非军事政府部门打交道的门道，而如果他们在公开作证时说自己不能接触这些方面来源的信息，那就会让人感到惊奇。

遗憾的是，这些机构经常把这种表象当作现实，但历史记录却经常反映出决定了行动的那些看法。布拉顿上校“无数次被海军情报局的同僚告

[1] 原注：*Hearings*, Part 2, p. 884.
[2] 原注：*Hearings*, Part 2, p. 884.
[3] 原注：*Hearings*, Part 2, p. 896.

知，他们把所有这些东西都给了”夏威夷陆军。[1] 因此，就 12 月 3 日东京要求销毁日本密码的命令一事，他没有单独发送重复的讯息给陆军战场指挥部，并进而危及我们自己密码的安全。他一直以来都确信，“当紧急情况发生时，舰队不会在那里”，也就是说，不会在港口。而对于港口内舰船的所有谍报活动，“对日本领事人员而言，就是浪费时间和精力”。[2] 因此，当日本人对檀香山当地提出要求，布拉顿根本就没“浪费”时间担心：“海军情报局中，G–2 中，没有人知道，12 月 7 日（周日）早晨时，舰队会有任何主力舰只留在珍珠港内。我们所有人都认为它们已经出海了……因为这是作战计划的一部分，他们已得到战争警报。”[3]

尽管事实上根本不存在紧密的联络，但相信存在紧密联络关系的想法却让迈尔斯认定，金梅尔海军上将会把自己从华盛顿得到的所有讯息都给肖特中将看——即使讯息中没有明确的指令要求他这样去做。与迈尔斯有相同看法的人不在少数，其中也包括肖特中将。如果他自己努力提升在华盛顿的联络沟通关系，就应该会削弱他的这种乐观情绪。

要理解两军种间联络沟通关系真正发挥作用的方式，最有趣的途径就是了解建立联合情报委员会的尝试。G–2 和海军情报局显然正试图修补情报部门和作战部门间通联环节上的缺口。

根据迈尔斯的证词，他在 1941 年 7 月与当时海军情报局负责人科克海军上校会面，两人于 7 月 16 日在陆海军联合委员会共同提交了一份提议，希望情报部门与政策决定机构之间更紧密融合。他们建议，要么让海军情报和军事情报的首脑们成为联合委员会成员，要么应当成为保障该委员会的联合计划委员会成员，要么就应当建立一个与联合计划委员会地位相等的联合情报委员会。联合委员会则建议，应当建立一个联合情报委员会。这个委员会在 10 月 11 日召开了第一次会议，但直到 12 月 8 日或 9

[1] 原注：*Hearings*, Part 9, p. 4541.

[2] 原注：*Hearings*, Part 9, p. 4534.

[3] 原注：*Hearings*, Part 9, p. 4534.

日时，该委员会才正式开始运转。[1]

第一个出现的问题是，为什么在10月11日至12月8日之间，会议会延迟。被询问时，迈尔斯准将说他们不能在没有杰罗将军批准的情况下召开会议。（杰罗是陆军作战计划部门的领导。）但是，似乎杰罗并不是障碍。最终，迈尔斯准将提交了一份由联合情报委员会前任秘书蒙塔古（L. L. Montague）上校起草的一份备忘录，揭示出：

在文档中，有初步的草案……分别由杰罗将军和特纳海军少将起草。这些文件显示，他们之间在拟议的陆海军联合情报委员会（Joint Army-Naval Intelligence Committee）职能范畴方面存在争议。

杰罗将军希望委员会能够核对、分析和解读信息中的预兆，预测敌人的能力和可能采取的行动。特纳海军少将则希望将其职能限制在提出可用的实际证据方面，但不要进行预测或其他形式的预计……特纳海军少将赢了。[2]

在海军中，特纳海军少将早已就有关海军情报局的问题赢得了争论。备忘录还显示出，情报工作领域存在与理论分歧同样具有影响的另一个官僚拖延机制：

陆海军联合情报委员会直到1941年才完全运行，因为直到那时，海军情报部门对外情报处的负责人还不能与海军部之间，就该办公室的位置达成协议。如果不是因为这一困难，委员会可能在12月1日时就能够启动。[3]

迈尔斯准将还有启动信息通道的进一步构想方案。从1941年4月起，

[1] 原注：*Hearings*, Part 2, p. 786.
[2] 原注：*Hearings*, Part 2, p. 911.
[3] 原注：*Hearings*, Part 2, p. 911.

他开始讨论与包括陆军部在内的 9 个内阁部门之间建立联络的方式和措施；最后在 9 月份时，他得到书面同意，批准在每个部都建立一个专门负责向其他部和在每个部内分发信息的办公室。[1] 至于这个框架是否真正开始运行，或是仅仅得到一些签字就结束了，没有人清楚。无论如何，如果它是在 9 月份开始运转的，那也没有为军事情报局带来任何巨大的信息丰收成果。相对于海军情报部门与海军作战计划部门的关系，迈尔斯准将与陆军作战计划部门的关系更好，但也经常出现他没有得到重要政策决定，或根据可用情报信息采取行动的直接或及时通报。"我……从来都不知道，"他作证时说，"国务卿或是总统对陆军部长和参谋长说了什么。" [2]

在弗格森参议员持续和步步紧逼的询问下，迈尔斯表现得像是一个游离于所有事情之外的傻瓜。然而，如果他不知情，他就没有任何责任。在私下而非公开交流中，他显示出自己意识到有必要在作战部门和情报部门之间建立紧密关系。他努力推动并进展到向一个值得称赞方向发展的地步，但遗憾的是，这些努力受到持续阻碍。

二、功能

1941 年时，华盛顿有关军事情报局职责和功能的概念是什么？根据 1940 年《陆军章程》(Army Regulations)，军事情报局的总体职责如下：[3]

总体上，军事情报局被赋予陆军总参谋部有关军事信息搜集、评估和分发的职责。

军事情报局被专门赋予计划和政策准备工作，以及监督所有涉及以下方面的活动：

1. 军事地形勘测与地图，包括它们的获取、复制和分配（除了由 G–3

[1] 原注：*Hearings*, Part 2, p. 786*f.*

[2] 原注：*Hearings*, Part 2, p. 967.

[3] 原注：*Hearings*, Part 14, p. 1419.

准备的专门形势图外）。

2. 监管陆军部地图搜集工作。

3. 陆军武官、观察员和外语学生。

4. 所有部门的情报人员。

5. 与政府其他情报机构、可信任的外国陆军武官和使团的联络。

6. 代码和密码。

7. 翻译。

8. ［被划掉］

9. 战争时期的审查。

10. 保护陆军信息。

在作证时，迈尔斯对这一描述进行了补充：“就参谋部进行的反颠覆预防措施和作战行动而言，具体相关的、专门相关的、事实上只能相关的，就是军事情报部门了。”[1] 后来在被询问要把其他一些职责包括进来，如报告“在陆军看来世界上各国陆军的状况如何，以及敌人正在做什么”时，他又改变了这一说法。[2] 他的修改让其有关军事情报的观点与弗格森参议员的定义更接近了，后者认为，情报机构应当主要“决定战争何时到来”和“战争在哪里爆发”，并且确定“预期敌人可能会寻求的力量”。[3] 迈尔斯认为这些目标难能可贵，但事实上，它们远远超过了他的机构能够实现的能力，超过了最青睐的希望：“我认为，任何情报官都不能认定，自己能够在其出发和知道它的具体方向之前，就盯上还在日本的一个船队、一支进攻部队或特遣舰队。这远超我们所说的效率。”[4] 拉塞尔将军问：“G–2 的人曾经……取消了在日本本土和日本其他领土上的、能确定日本陆军和海军可能行动的调查活动吗？”迈尔斯回答说：“我们没有取

[1] 原注：*Hearings*, Part 2, p. 829.

[2] 原注：*Hearings*, Part 2, p. 905.

[3] 原注：*Hearings*, Part 7, p. 3184.

[4] 原注：*Hearings*, Part 27, p. 62.

消过。如格鲁先生所说，这是使馆，尤其是使馆的陆军和海军部门的主要任务。我要说的就是格鲁先生说的，我们从未梦想可依赖于得到这样的信息。如果我们能够发现正在组建的一支特遣舰队，如果我们在它出发之前就知道其目的地，那简直就是情报工作的一个奇迹了。”[1]

就职责而言，迈尔斯自己的行动是建立在我们引用过的第一个定义基础之上，即军事情报局是一个反颠覆机构。当他坚持要向檀香山发出额外指令时，也是要去增强或弄清楚防止破坏活动的预防措施。他详细解释说：

在 1939 年夏，总统对所有机构发布了一项指令……要求除了三个机构，即联邦调查局、海军情报局和军事情报局外，都不再从事反破坏和反颠覆方面的工作。在我 1940 年 5 月任职于军事情报局之后，我开始建立反情报部门……到 1941 年夏我已让各种类型的反颠覆活动成为 G–2 的职责，而且只归 G–2 负责。我与作战部门、作战计划部门共同承担起有关防止敌人可能实施袭击的措施职责，因为我被要求向他们提供作为所发出命令基础的信息。但在反颠覆措施方面，我不与任何人分享职责。[2]

正是反颠覆措施吸引了迈尔斯的注意力。他机构的一个次要活动就是，搜集和评估敌人从外部实施袭击意图的信息。对这种活动的重视程度，取决于 G–2 负责人，他的态度必然对搜集活动产生影响。这可用于解释我们在研究早期警戒时所发现的 G–2 特点，即在预测外国政策方面不足。

三、军事情报局的近期预测

让我们看一看，突然袭击之前军事情报局搜集的有关日本和远东的材料，并探究它们究竟是如何使用的。一个明显的研究起点是，谢尔曼 · 迈

[1] 原注：*Hearings*, Part 27, p. 62.
[2] 原注：*Hearings*, Part 27, p. 66.

尔斯在12月1日至12月6日间签署，提交给参谋长的一系列预测。鉴于政府的运转就是那样，因此有可能迈尔斯与这些预测之间毫无关系。甚至他是否读过这些预测都不确定。但是，它们都是从他办公室发出去的，并代表当时军事情报局的某些主要假设。

11月前半个月备忘录关注的是，衡量有关日本是否可能进入云南省，以切断对中国滇缅公路补给线的证据。蒋介石本人、他的大使，以及国务院里支援中国的呼吁者们都在施加巨大的压力，要求美国官方发出抗议，反对此行动，同时以提供美国飞机的形式直接援助中国。陆军部和海军部的必然立场是认为，直接援助非常有可能让美国立刻卷入与日本的战争中，他们都认为，这是极不合时宜的一个目标。他们同样也警惕地认为，如果要进一步警告日本，需要有军事力量的支持。陆军公开表明观点，它需要更多时间来完成在菲律宾的准备工作，海军则再次提醒白宫，1941年太平洋舰队已被削弱而不是得到加强。

在11月1日和11月13日有关日本入侵云南可能性的军事情报局预测中，这个陆军部政策的背景情况可能会对决定这两份预测的预期和内容产生影响。它们用大量细节描述指出地形的复杂性、日本已在中国过度扩张的事实，以及日军在印度支那增援的部队数量，进而得出结论，认为日本还需要1至3个月才能准备好另一支侵略兵力。如果陆军需要更多时间，这份预测认为陆军最少也有1个月的时间。但是，唯一能够确定的预计，用的是令人熟悉的、反复赘述的语句："日军向昆明推进的概率……将依赖于中国抵抗的程度……"同时，两份备忘录都承认，如果日军推进，这样的行动将导致不幸的结果："日军从印度支那向云南进攻将会是一次极其困难的作战行动，而如果这一行动成功地封锁了从缅甸而来的补给线路，就会沉重打击中国继续抵抗的实力和意愿。"[1]

11月2日一份更加概括性的军事情报局预测，重拾了自7月份《贸易禁运法案》以来绝大多数备忘录中使用的措辞。我们的远东经济政策

[1] 原注：*Hearings*, Part 14, p. 1362.

仍被视为对日本战争的主要威慑。这份备忘录信心满满地假定，日本希望避免与美国—英国—荷兰之间的武装冲突。日本“军事上在亚洲大陆已经过分扩张，经济上衰弱，心理上也意识到自己的经济结构正在崩溃这一事实”。因此，她“最后可能采取的行动……就是继续努力确保美国放松经济压力，与此同时，完成其计划，并安排其兵力在某个能够最快取得成果的方向上推进行动”。[1] 备忘录中并没有说明会是哪个方向，但一些可能的方向被主动剔除在外。日本不会进攻西伯利亚、新加坡、泰国、菲律宾、中国香港、荷属东印度群岛或是中国云南。至少“现在”不会。

这样的允诺并没有延续得太久，但它是确定的。它仍受到军事情报局 10 月份预计中乐观情绪的引导。我们记得，之所以存在乐观情绪，是因为陆军相信美国的贸易禁运和增援菲律宾的计划发挥了威慑作用。除一次例外（11 月 27 日的预测），这种乐观情绪是最后五周内和平时期分析的主要基调。10 月份和 11 月份预测之间的主要差异，仅仅就在于西伯利亚前线没有再受到那么多关注。11 月份，有大量的证据显示出日本在东南亚地区的行动。

在记录中，自 11 月 13 日有关云南的报告之后，一直到 11 月 25 日和 26 日之前，都再没出现其他报告。在这些天，分散的信号开始从海军情报局被筛选进入到军事情报局：日本增加了对美国至澳大利亚船运线路的空中和水面巡逻，加强了向海南和印度支那的部队机动，集结了大规模海军并准备在东南亚沿海、帕劳和马绍尔群岛沿海展开行动。一份 11 月 21 日从上海发往海军情报局的报告尤其提到：

15 日以来，吴淞的行动密集。包括 1 万吨及以上的、以前做商船使用的、超出寻常数量的舰船出现。周三，10 艘运输船出航，其中 8 艘装运了部队。同日，32 艘类似级别的舰船停泊在黄埔港下游。其中包括装载即将出航装备的登陆船……[2]

[1] 原注：*Hearings*, Part 14, p. 1363.

[2] 原注：*Hearings*, Part 14, p. 1365.

G–2 评论说："据信，从中国中部机动而来的部队目标是前往海南和印度支那。没有在台湾岛大规模集结的证据。"[1]（11 月 25 日下午该报告就已发送给史汀生。他立刻将报告送交罗斯福总统，但不知是何原因，讯息并未抵达罗斯福处。他第二天打电话向总统汇报此消息，总统则"相当愤怒"。该报告成为国务院和白宫一个至关重要的信号。）

将这些信息汇总并扩展后，军事情报局在 11 月 27 日形成了一份有关远东形势的预测，其中阐明了警告：

> ……显然日本人已完成在东南亚进一步侵略行动的计划。当军方感到来栖的任务必将失败之后，这些计划就有可能很快付诸实施。由相当规模空中和海上力量支持的一支特遣舰队的五支分队，已经集结准备实施这些计划。这支兵力正向南前进，前往一个目前尚未确定的集结点。
>
> 本部门的观点是，日本将会通过海上和在陆上经过印度支那南部，对泰国展开先期行动。同时认为，日本人尚未确定美国、英国和荷兰对此行动会如何反应，因此已组织足够的力量以应对上述国家在南中国海地区展开的反击。[2]

最后一段话显然与此前一直盛行的、日本想不惜一切代价避免同美国、英国和荷兰开战的看法并不吻合。这段话流露出日本与美国、英国或荷兰之间冲突的紧迫性。在撰写这份预测时，起草者一定了解到同一日发出的战场警报讯息的内容，而列举出的证据也累积形成了巨大的危急状况。

11 月 27 日备忘录的开篇是最令人担心的消息，即已确认苏联远东陆军有约 18 至 24 个陆军师和 8 个装甲旅出现在西部战线。虽然"这样的动向在当时并不被认为是急迫的，"但苏联兵力的削减可能意味着"关

[1] 原注：*Hearings*, Part 14, p. 1365.

[2] 原注：*Hearings*, Part 14, p. 1368.

东军袭击西伯利亚的可能性”会增强。[1] 剩下有关日本动向的证据包括：24000 人的部队从中国北部和中部抽调出来，并搭载运输船从上海附近的港口出发；在台湾和海南组成的一支海军特遣舰队，正出发前往一个未知的集结点；位于托管地的日本陆上兵力在过去 6 个月内从 5000 人增加到 15000 人；英国报告说，日本对英国太平洋岛屿和马来亚北部进行了空中侦察；来自曼谷和法属印度支那北部的报告显示，日本外务省官员预计在未来不久就会爆发敌对状态；日本在印度支那的兵力达到至少 70000 人，飞机总数为 157 架；大批超过现在所需的装备进口而来（报告给出坦克、枪支、汽车、防毒面具、船艇等的数量和种类）；在海南岛的兵力达到 50000 人；“一个可靠来源在 11 月 25 日报告说……日本计划于 12 月 1 日入侵泰国，这包括攫取克拉地峡；……到 11 月 26 日夜，日本大使已无法让国务卿对日本的提案和要求让步，因此日本人希望美国做出绥靖妥协的概率非常低”；[2] 最后有日本人准备利用化学和生物战的证据。有趣的是，对我们国务院的评论竟然是从日本人角度出发的，而其中只使用“绥靖”一词来表达美国的观点。也许是因为军事情报局有关国务院政策的信息，都来源于日本驻华盛顿大使发往东京的破译材料。

11 月 29 日和 12 月 5 日的预测没有这样的紧迫性。它们考虑到 4 个作战战场，即大西洋、东部（苏联）、中东和远东，并总结说盟国有 4 个月时间，“反轴心国和轴心国都不能做出决定”：“反轴心国国家至少有 4 个月时间来加强在 4 个作战战场（1 个或多个）上的力量，他们将会在兵力重新部署的基础上做出决定，这些决定将取决于某些物质上的限制，但与他们打败纳粹的长期战略相吻合。”[3]

根据这些最后的报告，在远东战场，日本掌握着主动：她“有多种多样的战略目标；但基于不同的原因，她将不能集中所需兵力来对其中一个发动大规模进攻并确保成功。对最后一点，唯一例外的情况，可能就是苏

[1] 原注：*Hearings*, Part 14, p. 1366.

[2] 原注：*Hearings*, Part 14, p. 1367.

[3] 原注：*Hearings*, Part 14, p. 1374.

联在东西伯利亚的兵力受到严重削弱”。[1] 这些目标列举如下：[2]

1. 进攻西伯利亚。

2. 进攻云南省以切断滇缅公路，尽早结束与中国的战争。

3. 占领泰国。

4. 通过泰国，进攻：

（1）缅甸和滇缅公路。

（2）马来亚。

5. 进攻菲律宾和中国香港，准备进一步进攻新加坡或是荷属东印度群岛。

6. 围困或孤立菲律宾和香港；并且：

（1）进攻新加坡。

a. 直接通过海上。

b. 同时通过泰国和马来亚发动陆上进攻。

（2）进攻荷属东印度群岛。

7. 争取时间，等待更好的机会实施上述行动中的任何一个，希望事态的发展能够逐渐转化为有利于日本。

8. 在美国调停下达成一个总体协议，包括对东南亚、西南太平洋的政治和经济渗透问题，与美国和英国达成理解。

9. 退出轴心国，重新定位其整个对外政策。

通过审视这些替代方案，军事情报局意识到第 8 项和第 9 项是不可能的，除非完全推翻日本的统治势力。报告认定“日本最有可能的行动路线就是占领泰国”。至于美国的作用，报告重复了令人宽慰并且现在听来十分熟悉的口号：“我们在远东的影响力，根植于我们海军实力产生的威胁和我们经济封锁的努力。这两点是对日本作为轴心国主要伙伴而发动全面战争的主要威慑。如果我们卷入对日战争，我们可以通过基地在菲律宾和

[1] 原注：*Hearings*, Part 14, p. 1374.

[2] 原注：*Hearings*, Part 14, p. 1371f.

马来西亚其他地方的海军和空中力量，对日本发动大规模的进攻。”[1]

在12月5日一份支持上述观点的对日分析的预测中，军事情报局刻画出被轴心国和盟国纽带撕裂的日本。这样的日本绝对不会是一个与美国，甚至不会与英国处在战争边缘的国家。我们详细引述该分析，因为这也是军事情报局在《听证会》复件中最后一份有分量的阐述：

1940年日本与德国和意大利签署的《三国同盟条约》意味着，不包括苏联，当时身处欧洲战争之外的美国或是任何国家，只要他们进攻轴心国成员，日本就要进攻他们。苏联对纳粹进攻的强烈抵抗，是对日本履行其轴心国义务的巨大抑制。继任丰田担任外相的东乡宣布说日本的对外政策没有任何变化，日本将坚守轴心国联盟，而有证据显示，日本为确保更好的地位，**有可能放弃她的义务，甚至是从轴心国抽身**。日本在东亚有无穷的野心，但鉴于美国和英国在远东的力量，以及自身持续深陷中国，日本发现自己陷入一个越来越不利的战略位置，无法实现其野心。日本政府领导人清楚继续军事冒险的危险性；**他们想要避免在太平洋的全面战争**。他们希望通过一切可能的手段，诱使美国达成一份“就两国之间所有重要事务希望和平解决”的协议。这意味着承认日本在东亚的领土和经济获益。这样相互冲突的欲望导致几乎无法挽回的犹豫不决。而当来栖先生与本国就寻求一项和平解决方案开始会谈时，日本报纸表现出最浮夸的威吓，就是日本国内缺乏协调、犹豫不决和总体政治局势混乱的最好证明。毫无疑问，陆军的莽夫们、黑龙会（Black Dragon Society），还有其他强硬派，将会竭尽全力反对任何其现任政府领导人做出的任何重要让步。因此，来栖先生或是任何其他外交代表成功进行谈判的主要障碍在于，尽管东条首相是陆军，却不能说他控制着陆军、海军或是极端民族主义秘密团体。除非确定他有这样的控制力，否则不会通过谈判成功达成任何协议。现在可以说，由于日本政府感到可在远东地区达成让步并进而采取极端立

[1] 原注：*Hearings*, Part 14, p. 1378.

场，来栖会谈注定失败。

……………………………………………………

由于丧失了之前的热情，而且领导层不够稳定，日本人正继续承担他们认为的天赋使命，同时却不知道此使命将会把他们带向何方。事实上，日本人民正变得越来越警惕和担忧；他们害怕现在的道路会将他们引入不只与一个大国，而是与一群大国的重大战争中。就目前其形势而言，如果日本要走向战争，日本人民将会绝望而非自信地开战。[1]

如何解释 11 月 27 日和 29 日两份备忘录之间的巨大差异呢？也许是因为两天时间里，紧张情绪已经缓解。但更有可能的情况是——特别是依据军事情报局信息获取程度的其他证据——有两组写作者在工作。11 月 29 日备忘录的标题是“1941 年 12 月 1 日至 1942 年 3 月 31 日的阶段性形势简要预测”，11 月 27 日备忘录则属于一个标题为“远东地区当前形势发展”的系列报告。在为期 3 个月的预测中，使用之前预测中的大篇幅原文并偶尔做字词删增是很正常的情况。这样的文本有自己的性质和特色；它不会增加最近动向的材料，当这些材料存在剧烈的情况变化并能导致文本的基本假设改变时，更是如此。11 月 27 日的材料就会改变整个文本，因为如果该材料的推理正确，即一旦确切得知来栖的使命将会失败，日本就将在太平洋地区发动战争，而当时间真的到来时，完全无法想象日本会从轴心国撤出，或者同盟国会有 4 个月的时间来进行机动部署。

11 月 27 日的预测，也许是出自远东组，并且没有太大改动。迈尔斯作证时说，这个组“与我或者本局情报处相比，在更长时间里一直认为，与日本之间爆发战争的概率更高。如果他们不这样预测，好像他们就缺乏人性，也没有效率”。[2] 当然，远东组的预测在到达预测部门时，通常都要进行调整并缓和语气，然后通过情报处负责人提交给迈尔斯：“现在，当它们从远东组出手后，就会进入我们那些天一直考虑的更大图景之中；

[1] 原注：*Hearings*, Part 14, p. 1381*f*. 作者加粗。

[2] 原注：*Hearings*, Part 2, p. 817.

在这个图景中，我们看到，欧洲目前令人非常沮丧的战争阻止了对美国安全和拉美所有活动造成直接威胁的可能。”[1]

不论原因如何，在同一个机构最后出手的文件中出现前后不一致，一定会引起人们质疑这样一个机构作为咨询顾问的价值。

这些军事情报局的预测，特别是关系到远东地区的预测，其中一个重要的秘密来源是从东京发往华盛顿和其他日本驻外使馆的“魔术”电文。迈尔斯在作证时反复提及，自己预测时总是会把“魔术”电文考虑在内。他和军事情报局远东组组长布拉顿是陆军情报部门中有权看到“魔术”的人。但除了 11 月 27 日预测的其中两项内容——泰国阴谋和美日谈判失败——可以直接回溯到“魔术”之外，并没有直接证据显示在预测中使用了“魔术”这一秘密来源材料。其他预测中，也没有某个警告的峰值可以对应“魔术”电文的峰值。通报的 11 月 25 日最后期限，后来的 11 月 29 日最后期限，11 月 28 日预计的美日关系破裂，12 月 3 日下达的在所有重要使馆中销毁主要日本密码的命令，更早的风语密码指示和设立隐语密码，12 月 1 日发给驻柏林日本大使要求他告诉希特勒和里宾特洛普“目前在盎格鲁—撒克逊国家和日本之间存在通过武装冲突而突然爆发战争的极度危险，并且爆发时间可能比任何人预想的都要早”，等等，这些事项都没有在军事情报局的任何文件中出现。“魔术”好像是一股只能稳定提供背景情况的暗流——就像是西方电影中无声的《威廉·泰尔序曲》[2]，知道存在这一来源也让迈尔斯对自己能够把住日本的脉搏而沾沾自喜。

人们可以总结说，不可能在不经历较长时间的情况下，在阶段性情报预测中列举出推翻原先假设的新事件。也可以总结认为，这些特定的分析人员既没有适合的时间，也没有适宜的能力来评估“魔术”材料。这两点

---

[1] 原注：*Hearings*, Part 2, p. 817.

[2] 译注：《威廉·泰尔序曲》是意大利作曲家罗西尼为歌剧《威廉·泰尔》所作，乐曲旋律优美、节奏欢快。作者用该曲来作比喻，意思是说“魔术”提供的信号虽然重要，但由于基本假定和假设没有改变，因此“魔术”并不能改变决策者对日美关系、日本发动战争和对美作战的基本认识。这就好比乐曲本身虽然优美，但如果无声播放，也就失去了意义。

说得也许都有些道理，但布拉顿上校领导的远东组却是例外。我们曾提到，除了那些只能快速浏览一遍的人外，没有人能够阅读到“魔术”讯息。军事情报局的撰写工作是由那些根本无法看到“魔术”的低级别人员完成的。迈尔斯和布拉顿曾看到“魔术”，但除布拉顿之外，陆军中“魔术”的接收者们对日本人心理持有某些固定的框架。当然，日本人是狡猾的，他们的话不能够相信。这甚至包括他们秘密说给日本谈判者的话；而结束他们工作的最后期限通知——用马歇尔的话说——是“不可尽信”。

日本谍报工作也存在类似方式，即毫无必要地提炼，以及大量的、仅仅是为了细节而阐述的细节。这也让两个军种内的情报专家们有可能忽视，日本要求在檀香山特工详细报告珍珠港美国舰船进出和停泊在码头的情况。

但是，“魔术”未能有效运用的最主要原因在于，远东问题似乎并没有大西洋和欧洲问题那么紧迫。此外，陆军情报部门更关心日本陆军而非日本海军。因此，他们笃信并报告一直以来日本陆军要发动西伯利亚战役的期望，甚至在日本陆军同意海军向南扩张的计划之后，也是如此。我们看到，到 11 月 29 日时，军事情报局一直把西伯利亚列在日本目标的前列。而 7 月 30 日之后的远东问题，似乎与美国贸易禁运政策和菲律宾防御计划对日本侵略产生有效效果的乐观情绪大背景格格不入。整个陆军部充满这样的乐观情绪。在军事情报局，由于更关注于反情报而非从外部而来的袭击，这种情绪更是得到强化。

我们可以专门看一看，这样的背景如何影响到迈尔斯对原始情报材料的处理。比如，我们可以选择“魔术”文件夹分发的系列谍报讯息，其中包括著名的 9 月 24 日把珍珠港划分为 5 个区块的讯息。迈尔斯的第一反应是，这些讯息是海军讯息，因此与军事情报局无关。这应当是海军情报局的职责，进行评估并根据它们采取行动。[1] 迈尔斯当然“对日本人正在跟踪处于我们水域、巴拿马、夏威夷和菲律宾的我方舰船的情况”，[2] 而不

[1] 原注：*Hearings*, Part 2, pp. 859*ff*.

[2] 原注：*Hearings*, Part 2, pp. 859*ff*.

是他们在荷属东印度群岛和远东其他地方的航行轨迹更感兴趣。当然，他的兴趣是“总体性的”；没有对这一材料进行任何“特殊对待”，也没有思考过要对从这些位置发起的袭击采取预防措施。根据迈尔斯的观点，除了看看讯息中究竟说了什么，没有办法对这些讯息进行研究；而鉴于这些讯息对所有涉及的地点都讲了差不多同样的话，它们只是再次加深迈尔斯对一个已经细致而且高效的日本谍报机构的印象而已。

卢卡斯参议员在询问迈尔斯的过程中试图说明，与从一个不知名的檀香山特工发给东京的讯息，或是从东京发给檀香山的许多指令相比，从东京的东乡外相发给檀香山的讯息也许应当得到更多的分析或更多的关注；而且，只有一份讯息是从东京发给巴拿马运河的，也许意味着东京对珍珠港而非运河更感兴趣。迈尔斯否认这样的分析有任何意义。[1] 同样，他认为截获讯息的地点对一条讯息的意义而言，不会产生任何影响。[2]

迈尔斯拒绝把一份海军讯息放置到信号图景中，这可以用我们熟悉的、相互推诿的实际情况来解释。或者也可以解释为，情报机构之间就利益或调查领域的竞争。某些特定材料给人一种应当**属于**某一部门而非另一部门的感觉。因此，迈尔斯可能会限制自己主动使用海军材料，以防和海军方面的解读发生冲突。但不论原因如何，对这些讯息，他从未以外部袭击的角度进行认真思考。此外，他拒绝开展任何正式的分析，这显示出他十分认同当时陆军部对形势预测的解读。好侦探的一个关键品质是，愿意从不同角度来认识材料，并且不论最后能否解决某次犯罪或是形成情报评估，都能在将材料置于主流假设中的同时，将其置于非主流假设中来考虑。但对个人而言，这样的灵活性也许并非有利于一个明智预测者的声誉，因为明智判断的一个指标是与现在部门政策所基于的假设一致。但情报总是要面对选择：是随大流还是要有所警觉。

从英国情报部门得到的信息，同样落入军事情报局的总体背景中。比如，11 月 9 日，一份从伦敦发给 G–2 的加密无线电报说：

---

[1] 原注：*Hearings*, Part 2, p. 891.

[2] 原注：*Hearings*, Part 2, p. 962.

预计日本人最可能进攻的地点就在荷属东印度群岛。英国驻东京大使认为，鉴于日本已控制所需法属印度支那和泰国的资源，她将不会针对后者采取进一步行动。进攻英属马来亚将会是一次困难的行动，传闻中向滇缅公路进军也需要付出极大的努力。从托管地群岛就可以秘密袭击荷属东印度群岛，并可以提供日本所需的石油。消息来源完全改变了他原来的观点，现在他相信，日本不再感到必须要竭尽全力避免与美国发生战争，而这项深思熟虑的作战行动将会用事实来挑战美国和英国。[1]

G–2 对这份报告的评价，流露出如同 11 月份历次预测中表现的同样坚定的乐观情绪：

G–2 的观点是，尽管存在对荷属东印度群岛发动进攻的可能性，但鉴于以下原因，这一点并不可行：（1）**哪怕是从本土发动一次突然袭击之前**，美国和英国就会预计到行动；（2）**日本途经菲律宾和新加坡的极大危险**；（3）**日本人一定知道**，荷兰人已准备好随时立刻毁坏其石油设施，这样在日本人得到石油之前就需要一年多的时间。[2]

对于英国大使的态度变得更加悲观这一点，G–2 的评论是："大使完全改变了他之前的观点，不再相信日本将尽一切可能来阻止与美国之间发生战争，这一点至关重要。并没有预计到会有这样的情况。"[3] 这一评论隐藏着某种意思，如果要明说，那应当是："很有趣，但多么具有英国特点。"

在《听证会》中，另外一条来自英国情报部门的信息，是一份 11 月 21 日的无线电报长文，报告"基于至 11 月 18 日为止的所有可用信息，

---

[1] 原注：*Hearings*, Part 16, p. 2140*f*.

[2] 原注：*Hearings*, Part 16, p. 2141. 为了应对这一紧急情况，日本人采取空降伞兵的行动，以阻止这一"立刻毁坏"行动。作者加粗。

[3] 原注：*Hearings*, Part 16, p. 2141.

英国所有情报机构就日本问题达成一致意见”。[1] 英国预测的结论，似乎与11月29日军事情报局备忘录中，选择泰国作为“第一个可能的（日本）目标，最不可能发生重大冲突”的结论非常一致。[2] 但英国的预测，与出自布拉顿远东组的11月27日备忘录“不确定”，在紧迫性语气方面非常接近，这份英国联合情报总结认为“日本已决定冒与英国、美国之间冲突的危险，而事态正推动她尽早做出决定。日本希望目前在华盛顿举行的对话，能够提供一个解决办法。随着来栖的抵达，对话现在已达到高潮，而政策的基础决定可能与对话结果一致”。[3]

没有G–2关于这一电报的评论记录，但似乎可以推测，如同布拉顿一样，英国人的紧迫感被军事情报局打磨后也被削弱了。我们可以通过对比英国和美国情报预测对11月下旬日本向印度支那增援部队的评论，来衡量双方的差异。11月21日，军事情报局驻马尼拉的单位向华盛顿军事情报局发送了兵力增加的预测，英国情报部门也向檀香山的英国代表发出同样的预测。[4] 英国的报告总结说：“日本考虑了与英国和美国的先期敌对状态。日本目前并**无**［重复一次］无意图袭击苏联，但将会在南方行动。”[5] 另一方面，军事情报局内相关军官在看到来自马尼拉和上海的信号时，却感到“除非我们接到其他信息，否则这或多或少只是一次正常的动向，也就是说，是他们［日本］之前对维希政府通报的必然后续行动”[6]。G–2的这一观点出现在11月26日陆军部长向总统提交的一份备忘录中，而这一日期与日本宣布11月29日最后期限的时间点却是如此接近，令人尴尬。[7]

---

[1] 原注：*Hearings*, Part 16, p. 2141.

[2] 原注：*Hearings*, Part 16, p. 2143.

[3] 原注：*Hearings*, Part 16, p. 2143.

[4] 原注：*Hearings*, Part 35, p. 203 (Clausen Exhibit), and *Majority Report*, p. 142.

[5] 原注：*Majority Report*, p. 142.

[6] 原注：*Hearings*, Part 5, p. 2081.

[7] 原注：*Hearings*, Part 20, p. 4476. 罗斯福听到这一消息时“气炸了”。史汀生也向罗斯福提交了英国11月21日的预测。

关于军事情报局对其他“魔术”信号，比如焚烧密码的信号是如何使用的，我们不得不主要依赖于迈尔斯的证词，因为布拉顿对远东事务的反应并非军事情报局整体的常态。让我们把迈尔斯对自己在11月月中和12月1日时的预测，他自己对最后时刻信号反应的证词，以及他办公室在12月第一周里所采取的行动做一个对比。我们再次从中看到一个基本事实，即当一个警报信号指向的事件被认为不太可能发生以至于无人理睬时，它就不可能被注意到。

迈尔斯对自己11月月中的预测总结道：

我们能够肯定的一件事是，日本面临一场危机，而危机几乎肯定会导致她采取激烈行动。她1939年对苏联的军事冒险已经失败，也并没有在长期的、代价极高的与中国战争中取得多大成功。她的军方虽然正在获得权力，但也丢了脸。我们通过贸易禁运和其他措施正从经济上对她步步紧逼，但她的激进行动可能会采取许多形式中的一种或多种。她可能通过直接进攻苏联而给予其轴心国伙伴直接援助。她也可能在某些伪装的掩护下，通过攫取荷属东印度群岛向南进一步扩展。她可能会寻求香港地区和马来亚联邦的财富，或是泰国，或是缅甸。她可能进一步加大针对中国的投入力度……

……………………………………………………………………………………

最后，日本要是同时对世界上最强大的两个海上大国发动袭击，就会给自己困难重重的军事资源增加巨大负担。而后一个选择必然会将美国卷入进来。到那时，我怀疑我们是否会为了保卫荷兰人、暹罗人或甚至是远东的英国人而开战，当然这并不包括中国人或苏联人在内。[1]

迈尔斯对自己在12月第一周的预测回忆道：

[1] 原注：*Hearings*, Part 2, p. 817.

马歇尔上将 11 月 27 日电报所说的危机显然显示出，美国和日本之间爆发战争的可能性已大大增加。

12 月 3 日，当我们知道他们正在焚烧密码时，就概率而言，现在应当说可能性更高。因此，如果你在 12 月 7 日问我，我很确定我会说高度确信日美战争立即，或是肯定在未来近期爆发的概率。

我记得 12 月 6 日向一位海军老朋友、金凯德（Kincaid）海军上将道别，他当时正要出发去指挥自己的巡洋舰支队，我告诉他说希望他加快速度，因为我不知道他还能不能赶上。[1]

这些预测都是在事件爆发之后重新组织形成的。尽管有事后之见的便利，“……日美战争……在未来近期爆发”这样的词语意义却仍然含混。它并没有比“魔术”更加具体地表明美国或日本是否会首先发动打击，也没有具体阐述迈尔斯是否更倾向于在日本袭击我们某个盟国之后，我们将会逐渐卷入的理论，或是日本直接对美国发动袭击的理论。在更早的陆军听证会上，他同样对两个理论表现得不偏不倚：

我非常肯定地认为，日本采取的行动——非常激进的行动，会立刻发生，但并不必然意味着对美国公然、公开的袭击……如果日本在华盛顿的谈判破裂，即使不发动对美国的公开战争，她还是有许多其他事情可以做；我们正在考虑所有的可能性。[2]

在袭击发生前 10 天，迈尔斯获得以下信息。尽管他并没有参与起草斯塔克和马歇尔 11 月 5 日和 27 日给总统的备忘录，但他意识到“陆军参谋长、陆军部长想要我们尽可能多地争取时间，特别是增强我们在菲律宾的兵力”。[3] 尽管他并没有收到预警，但他知道 11 月 27 日发出的、针对

[1] 原注：*Hearings*, Part 2, p. 817*f*.

[2] 原注：*Hearings*, Part 2, p. 970.

[3] 原注：*Hearings*, Part 2, p. 805.

日本舰队在台湾岛沿海的警报讯息的背景情况。他读过自己所属远东组整理的 11 月 27 日危险信号。他还多少知道一些谈判终结的情况。11 月 29 日，他通过“魔术”得知“一些日本官员认为，我们 11 月 26 日的讯息是在华盛顿举行的外交谈判中的最后话语或是最后通牒”。[1] 11 月 28 日翻译出来的一份“魔术”讯息，曾记录下日本大使们对于《十点照会》的震惊之情：“……我们俩哑然失声，并说我们甚至都不能配合向东京报告这个照会。”[2] 通过“魔术”，他还知道一些最后时刻的外交事务细节情况。

记住从来没有人询问迈尔斯对《暂时妥协案》的意见，这一点很重要。在知道赫尔做出决定之前，他对《暂时妥协案》或是《十点照会》一无所知。[3] 就国务院的事务来咨询他或是通报他，都不是传统做法。（当实施贸易禁运时，《纽约时报》比军事情报局更早听到风声，这一点已清楚说明了一切。）但是，迈尔斯和作战计划部门负责人杰罗将军保持紧密联系，因为杰罗要依靠迈尔斯的情报评估。由于战场警报的原因，也许迈尔斯是在 27 日通过杰罗听说了赫尔对日美谈判已丧失希望的消息。他没有从国务院获得任何通知，也没有参加 11 月 26 日上午 10 点 40 分召开的陆军参谋部门会议，或是当天 11 点 35 分召开的陆海军联合委员会会议。

迈尔斯作证说，他没有参加起草 11 月 27 日的警报，[4] 但根据杰罗将军所说，迈尔斯参加了。迈尔斯说他知道其中的总体内容，发现并不足以让海外的 G–2 对破坏活动的危险引起警觉，因此他在 11 月 27 日给这些机构发出另一份警报：“日本谈判已陷入实际困局。继而可能发生敌对状态。预计会有颠覆性活动。仅通报司令官和参谋长”。因为这一警报与同日马歇尔的警报一致，杰罗将军同意他发出。迈尔斯还参与了与阿诺德将军一同在 11 月 28 日起草的、类似但却更加详细的后续讯息。

11 月 28 日，“魔术”给迈尔斯带来风语密码的消息。他和布拉顿专

[1] 原注：*Hearings*, Part 2, p. 943.
[2] 原注：*Hearings*, Part 12, p. 182.
[3] 原注：*Hearings*, Part 2, p. 801*f*.
[4] 原注：*Hearings*, Part 2, p. 829.

门做出安排，对这一讯息进行24小时监控。11月29日，也就是日本的最后期限日，平静地度过。从马尼拉不断传来日军正在印度支那集结的消息。12月2日，一份针对11月10日以来的情况报告预测说，有6个日军师团（100000人）已在印度支那北部的港口海防登陆，而这一数字是来源于舰船运行列表的估计。G–2将这些数字认定为“保留意见”，评论说他们“怀疑能否对日本的运输……印证是否如同描述的那样”，并指出这个数字“几乎是该港口卸载量的3倍”。但G–2表示，登陆可能是发生在印度支那南部，并预测在印度支那的整个兵力为105000人。[1] 这一保守的估计本身就令人警觉。

迈尔斯的另一个重要信息是，12月3日“魔术”中从东京发出销毁密码的命令。他的远东专家布拉顿上校收到这条通知后，立刻派出自己的年轻军官前往日本大使馆：“一定要了解他们是否在后院焚烧任何文件，而他回来报告说……他们正在焚烧。”[2] 同日，布拉顿和迈尔斯采取了预防措施，命令在远东的陆军武官们和观察员们销毁他们的绝大多数密码。[3]

12月5日，收到一条可能是风语密码的播报时，布拉顿的办公室里一片兴奋。那时布拉顿相信，收到的是一条说明日本和英国外交关系破裂的有效密语播报。他起草了一份讯息，并发送给檀香山的G–2，要求他们就东京的天气广播事宜联系罗彻福特。不管原先的动机究竟怎样，布拉顿作证说，他之所以这么做，是因为之前他在海军中的对应军官迈科克伦海军中校告诉他，“罗彻福特知道我们在华盛顿做的所有事情”[4]，因此他要让菲尔德中校去找罗彻福特海军少校。迈尔斯有关这件事情的回忆是含混的。

12月5日，军事情报局起草了另一份发给巴拿马运河的讯息电文。

---

[1] 原注：*Hearings*, Part 5, pp. 2079-2081.

[2] 原注：*Hearings*, Part 9, p. 4576.

[3] 原注：*Hearings*, Part 14, p. 1409.

[4] 原注：*Hearings*, Part 9, p. 4596.

电文没有标注“特急”或“加急”，因此直到 12 月 7 日才发出。以正常顺序发出这一电文，以及电文的内容，似乎都反映出陆军一贯的、缓和官方警报造成的紧张气氛的特点。讯息说：“美日关系紧张。一旦外交关系断绝，将立即通知你们。”[1] 最后一句话显然是暗示当天外交关系不会立刻断绝，并显示出也许日本人会用诡计让谈判表面上看来取得了部分成功。

12 月 6 日，军事情报局就日本在印度支那的实力撰写了一份给参谋长的预测。[2] 这一预测报告说，在战场上有 125000 名日军（25000 人在北部，82000 人在南部，还有约 18000 人在港口的船上，特别是在位于金兰湾的 21 艘运输船上）；50000 人在海南；40000 人在台湾岛。其他未知数量的兵力在上海以南，正向印度支那进发。这份报告是应参谋长要求为白宫起草的。

正是在这样的总体背景下，迈尔斯收到最后时刻的信号。当时他和妻子正在海军情报局局长威尔金森海军上校家中晚餐。克拉默约在晚上 10 点 30 分给他带来 12 月 6 日（周六）的最后一份“魔术”送呈文件。这一次，迈尔斯读到 14 部分讯息的前 13 个部分。当天下午，他已看到宣称第 14 部分送达的引航讯息。他在国会听证会作证时说：“这 13 个部分在军事上并无多少重要性。它们只是总结说，日本拒绝把美国 11 月 26 日的提案作为谈判的基础，这样的结果在此之前已经预计到并且也没有多少效果。”[3] 迈尔斯后来又说：

我们已做好充分准备，数日以来一直等着收到一份对 11 月 26 日讯息不利的答复……我们收到并破译了一份从东京发给日本驻华盛顿大使的讯息，要求大使在收到答复时把它锁在保险柜里，就提交事宜等待进

[1] 原注：*Hearings*, Part 9, p. 4579.

[2] 原注：*Hearings*, Part 14, p. 1384.

[3] 原注：*Hearings*, Part 2, p. 925.

一步指示。[1]

因此迈尔斯并没有特别感到警觉。他指示布拉顿上校先留下这13个部分，等第14部分到了以后，再在周日早晨把整个讯息提交给马歇尔上将："我认为，在12月6日晚上，没必要向参谋长发出警戒或叫醒他……或是肯定有赫尔国务卿"。[2] 但是，"当我们得到第14部分时，我们看到了完全不同的情况；当我们得到1点讯息时，我们看到了完全不同的情况……"[3]

显然，周日早上收到这两份最后的"魔术"信号，迈尔斯立刻开始行动，他试图让作战计划部的杰罗将军去见马歇尔上将，而他自己准备给战场发送另一份警报。他似乎是在布拉顿上校最后时刻的催促推动之下才采取行动的。

布拉顿对日本长电文的第14部分并没有特别激烈的反应。他早已预计到这样的结果，并且早已（在12月5日）尽全力清楚地向作战计划部门阐明自己将会截获有关谈判破裂的讯息，而这意味着日本将会同美国开战。布拉顿曾十分正确地指出，第14部分最终送达了，它并**不**包括日本新提出的一项反提案。但是，"只要日本大使把它锁在自己的保险柜里，它出现在华盛顿就没有任何军事上的意义"。[4] 这正是引航讯息的指示要求。

大约在周日上午9点，或是稍早一点，布拉顿收到1点讯息的复件，他当时的反应是"狂怒的"。他确信，这意味着在此刻或非常近的时刻"对美国在太平洋设施的袭击"，他立刻放下其他所有工作，首先联系马歇尔上将和杰罗将军——这两人都有发出另一份警报讯息的权力，接着是迈尔斯准将。他大约是在10点联系上迈尔斯。但由于一系列的事故和拖延，

[1] 原注：*Hearings*, Part 2, p. 940.
[2] 原注：*Hearings*, Part 2, p. 942.
[3] 原注：*Hearings*, Part 2, p. 942.
[4] 原注：*Hearings*, Part 9, p. 4529.

直到马歇尔将军那天早上 11 点 25 分到达办公室时，布拉顿才得以把讯息呈送给马歇尔。那个周日最让人伤心的事情之一是，当马歇尔上将沉浸于阅读 14 部分讯息时，布拉顿和迈尔斯只能站在他的桌子旁边，却不能打扰他。显然，布拉顿曾想要吸引马歇尔的注意，但没有成功。当马歇尔最终看到 1 点呈送的讯息，并且在读完整个 14 部分讯息后，他的反应才突然发生变化，变得和布拉顿一样十分肯定，然后只花几分钟时间起草并发出一份给战场的进一步警戒命令。正如大家所知道的，最后警戒是在袭击之后数小时才抵达。

在华盛顿还有其他的最后时刻可用信号，但其中只有一个抵达军事情报局。12 月 6 日，海军情报局给 G–2 反情报部门的小霍尔布鲁克少校发送这一信号并引起他的注意，因为“据可靠消息报告，日本驻华盛顿特区大使馆已经在昨夜焚烧了一本代码本和密码”。[1] 但这条信息显然留在反情报部门而没有知会远东组。

没有抵达军事情报局的一个最重要信号，就是 12 月 6 日由驻伦敦怀南特大使、哈特海军上将发给国务院、海军部、陆军部，有关两支大规模船队正前往克拉的电报。但是，收到这些新信号能否让军事情报局的预测做出大的改变，这一点值得怀疑。在袭击事件之后，迈尔斯和布拉顿认为，这些新信号仅仅是对已有假设的印证而已。

迈尔斯的行动显然显示出对破坏行动值得称赞的高度警惕。但他对从外部而来袭击的警惕性要低得多，因为这不是他的主要职责。如陆军其他人一样，显然他感到战争“几乎很快就要发生”。他作证时说：“那些日子里，陆军……忙于强大自身、训练、机动等等，我不会说，如果陆军作为一个整体，能够在战争爆发之前就让他们的部队做好准备，就不会那么关注战争将在哪里爆发了。”[2] 迈尔斯显然认同这一看法，即与投入战争的能力和战争爆发后的作战能力相比，战争的爆发并没有那么重要。他的工作仅仅是，确保我们不会因为破坏而导致许多可以投入作

[1] 原注：*Hearings*, Part 8, p. 4053.

[2] 原注：*Hearings*, Part 27, p. 69.

战的装备遭受损失而已。

另一方面，出于对远东的专门了解和兴趣，以及能够近距离接触到“魔术”，布拉顿上校也对从外部而来袭击的信号十分警惕。解读 1 点讯息时，他首先依据的，就是让人不快的 14 部分讯息已从保险柜中拿出来这一事实；其次，这一讯息是在周日呈送的，而对于开展外交讨论活动而言，这是一个最不同寻常的日子；再次，讯息应当在可能的情况下直接呈送赫尔国务卿；最后，这份讯息要在当天一个特定的时刻呈送。以前从没收到要求在特定时刻呈送的指示。我们必须记住，布拉顿此时也相信，我们曾在 5 日收到风语密码的有效密语播报，并且里面显示要同英国先期断绝关系；他自己充分了解美国和荷兰人、英国人的军事对话，这足以让他进一步假定，这样的断绝关系意味着同美国断绝关系。有许许多多的证据显示，布拉顿、信号情报处的萨特勒上校、海军情报局的迈科克伦海军中校确实在 12 月 5 日，试图要将自己理解的、显示情势更为紧迫的解读直接发送给陆军和海军作战部门的首脑们。但是，由于情报工作的不佳声誉、情报军官的低级军衔，以及鉴于这些专家或是“长头发的人”的领域等等，他们的努力并未成功。比如，杰罗将军感到，“在这样严峻的时刻，敌人的信息应当由……负责 G–2 的参谋长助理，而不是一个信号部队军官带给我”。[1] 我们不禁要思考，他究竟是怎样圆滑才不至于说出“仅仅一个信号部队军官”？

确实，布拉顿、萨特勒和迈科克伦都是专家，总体而言，汇总并比较专家们的意见，把它们放置在更大世界的视角中，无疑是有益的。但遗憾的是，对布拉顿而言，在迈尔斯确定其职能的部门中，并不包括这样更大的、世界的视角。在与欧洲战场的权衡中，在对菲律宾抱有的希望中，在针对破坏行动的集中关注中，远东组产生的所有现实主义态度，最后都迷失掉了。

---

[1] 原注：*Hearings*, Part 35, p. 92.

第二节　海军情报部门

一、结构和人员

1941 年 12 月 7 日，威尔金森海军上校是华盛顿海军情报局的首脑。他曾是班级中的尖子（1909 年），并且留下辉煌的服现役记录。1939 年 10 月至 1941 年 5 月，他曾在行动于夏威夷沿海的夏威夷支队服役，因此十分熟悉夏威夷地区舰队的问题。在这段时间里，他作为阿道尔夫斯·安德鲁斯（Adolphus Andrews）海军中将的参谋长，拥有作战计划方面的一些经验，并且可能因此熟悉一些预测敌人企图的做法。但人们也许会总结说，他作为海军情报局局长的训练却相对有限。根据他自己的说法，他之前在情报方面的工作就是 1933 年和 1934 年参加过两次国际裁军会议，而他也坦诚，对自己被任命为海军情报局负责人感到吃惊。他于 1941 年 10 月 15 日就任，即在最后的和平时期，他只有两个月不到的时间来搞清楚状况。

威尔金森是在 1941 年里第三位领导海军情报局的军官。他的前任阿兰·科克海军上校的任期是从 3 月 1 日至 10 月 15 日。在科克之前的朱尔斯·詹姆斯（Jules James）海军上校的任期只有两个月，而 1940 年担任这一职务的是安德森海军少将。对于这样一个关键职位而言，人员变化过于迅速，而且似乎也没有任何要通过谨慎选择候选者的努力，来改变这种职位变化的状况。威尔金森只有几天时间了解如何运转整个局，他花费“数小时，可能是一天时间”在远东组，与组长迈科克伦海军中校，还有科克海军上校交谈。[1] 没有人给他看过，他上任之前收到的任何一份“魔术”讯息。没有人告诉他，在 7 月份或是其他任何时间里曾有“魔术”发

[1] 原注：*Hearings*, Part 4, p. 1736.

往夏威夷，也没有人向他通报，莱顿和金梅尔分别努力要获得更多基于截获讯息的信息和有关美国政策的信息。威尔金森仅仅知道，涉及分发“魔术”的工作是安全方面最为严密的工作之一。即使是威尔金森拥有显而易见的敏锐思想和相当丰富的海军经验，如果他能够在10月15日至12月7日之间，就变得非常善于解读专门的远东材料，或是非常熟悉作战部队的情报需求，也必定让人大吃一惊。局长这一岗位的任职军官连续快速变化，加上对这一工作没起作用的情况介绍，让这一机构在1941年的工作水平表现低下。[1]

海军情报局此时有3个主要处，分别是行政处、国内处和国外处。（参见图5–2[2]）国内情报工作主要涉及谍报和反谍报。国外情报处被分成7个地区组，远东组就是其中之一。赫德（W. A. Heard）海军上校领导国外情报处，迈科克伦海军中校领导远东组。迈科克伦是一位专业日语专家，曾在远东服役多年，并在东京担任过2年的海军武官助理。他1933年至1935年负责领导海军情报局远东组，返回海军情报局后，于1939年9月重任该职。他完全符合自己的岗位需要，而且威尔金森显然十分尊重并信任他。迈科克伦有2名军官助手，1名是日语专家，另1名是中国专家；还有另外4名远东事务文职专家。

1941年12月初，整个华盛顿海军情报局的人员规模为230名军官、175名士兵和300名文职。在各个海区还有约1000人，其中10%是文职。在海外，还有133名军官和200名士兵，分别担任海军武官或观察员。海军武官驻扎在外国首都，海军观察员则驻守在主要外国港口。在远东共有17名观察员。[3]

---

[1] 原注：哈里·桑德斯海军中将反驳说，情况介绍的长度和类型并不能体现出这一工作的重要性，显然海军也没有做这种准备工作。但是，海军情报局的声誉极度低下却是一个普遍共识。

[2] 原注：海军情报局没有在国会调查委员会上公布其组织和人员图。一些海军军官认为，此时该组织还处于相对初始的阶段，因此没有组织图。图5–2是基于海军各证人的证词而画出。

[3] 原注：*Hearings*, Part 4, p. 1846.

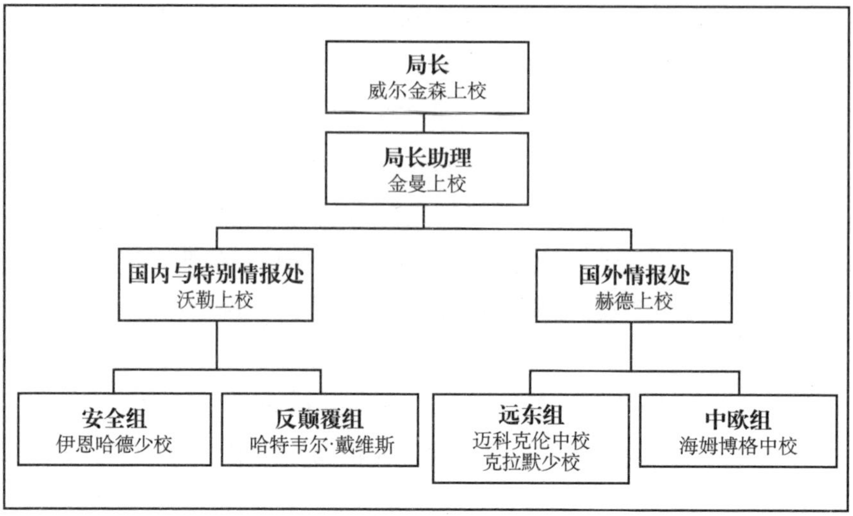

图 5–2　1941 年，华盛顿海军情报局

威尔金森作证时说，自己获取的信息“绝大部分”来源于海军武官和观察员。舰队情报官和舰队无线电部门的报告，包含预测敌人能力和动向所需的大量信息。檀香山的两名军官，即第 14 海区无线电通信部门的罗彻福特海军少校和太平洋舰队情报官莱顿海军少校把他们的材料发往华盛顿，威尔金森的办公室通过海军通信办公室和海军作战部长办公室来接收。

分配到各个海区的情报官搜集的信息只涉及当地谍报情况，而且向华盛顿报告并非这些海区军官的职责。海区军官是“海区司令官参谋的助手……他在指挥关系上直接隶属司令官”。[1] 这样的指挥关系，并没有对海军情报局把海区办公室用来获取当地外国人群体活动信息的活动造成严重影响，但当涉及预测外来袭击可能性的搜集工作时，海区办公室却并不负责，或者说并不感兴趣。根据驻檀香山第 14 海区情报官梅菲尔德海军上校的证词，他从来没有考虑这类问题。

[1]　原注：*Hearings*, Part 26, p. 304.

在华盛顿海军作战办公室内，尽管绝大多数情况下，威尔金森都是和斯塔克的助手英格索尔海军少将会面，但他还是可以直接接触到斯塔克海军上将。英格索尔显然是威尔金森有关美国海军政策的主要信息来源，因为后者和海军作战计划部部长特纳海军少将的关系谈不上热切。军事情报局的迈尔斯准将得到陆军作战计划部杰罗将军的信任，因此自然能够知晓陆军的作战计划，但特纳与威尔金森之间的沟通却始终停留在最低程度上。这不是个人的事情。不管谁是情报首脑，作为海军作战计划部门首脑的特纳，一直对海军情报部门不信任。

海军情报局的另一个重要信息来源就是海军作战办公室中央组组长、海军与国务院特别联络官舒尔曼海军上校。舒尔曼定期与赫尔的远东顾问们会面，他“通常就被召去开会的场合发生了什么”向威尔金森汇报。[1]他与威尔金森相同的军衔肯定增加了他获取信息的能力，但此军衔又没有高到很容易接触赫尔国务卿。他只在很少的场合下才有机会直接与国务卿交流。我们记得，赫尔自己负责对日谈判，但他一直将进展情况通报给汉密尔顿、霍恩贝克和巴兰坦。

在更低一些层面，威尔金森有一名海军预备役少校德兰尼·亨特，后者“每天都到国务院浏览电文，看到了世界各地的电文。他制作了大量的电文复件，对那些鉴于密码保护原因无法复制的电文，他还做了摘要，然后把这些材料带回来”。[2]这些材料仅仅只包括**收到**而不包括发出的电文，但在海军情报局和海军作战部长办公室内，这些电文每天都在传阅。

威尔金森的办公室还与陆军情报部门、联邦调查局之间互换信息。他没提到自己的来源中包括英国或荷兰的情报，但显然，迈尔斯准将能看到的这方面材料，他也能看到。到目前为止，他最重要的远东信息来源，就是来自海军通信安全部门的“魔术”破译材料。

但是，威尔金森没有任何正式渠道可以获知战争委员会会议或赫尔办公室召集会议的情况。他主要是从报纸和阅读“魔术”来获知美国在远东

[1] 原注：*Hearings*, Part 4, p. 1771.

[2] 原注：*Hearings*, Part 4, p. 1771.

的政策。[1] 他在作证时说："我们的机构是收取和接收来自国外和国内各地区的信息。我们不涉及向舰队发出指令，事实上也没被告知有关我们自己兵力的动向和行动……在开战之前，我们不知道美国方面正持有的论点是什么。" [2]

这样收取和发出信号的二分法，显然在 1941 年海军圈子里是一件正常的事情，但威尔金森作证说："这会时不时造成一些困难"。[3] 在战争爆发之后，威尔金森得以将自己的驻外办公室驻扎在美国舰队的所在地，但在战争之前，海军情报局能够形成的信号图景是一个有关日本活动的图景，其中所揭示的美国方面的信息，竟然和日本人掌握的一样多。

二、职能

根据 1940 年 10 月 23 日颁发的书面规定，国外情报处（海军情报局第 16 处）的职责如下：

1. 获取各种级别有关外国的相关信息，特别是影响到海军和海上事务的信息，重点关注外国海军力量的实力、部署和可能企图。
2. 评估搜集到的信息并进行适宜分发。
3. 指导美国海军武官的活动。
4. 保持和海军代表团的联络。
5. 保持与驻美外国海军武官的联络。
6. 就交换外国信息保持与政府其他部门的联络。[4]

至于第 2 条规定，"评估"一词的意思在 1941 年 4 月已被赋予确切的

[1] 原注：*Hearings*, Part 4, p. 1856*f*.
[2] 原注：*Hearings*, Part 4, p. 1772*f*. Cf. p. 1778.
[3] 原注：*Hearings*, Part 4, p. 1778.
[4] 原注：*Hearings*, Part 4, p. 1728.

范畴。那时，科克海军上校还是海军情报局局长，他曾与海军作战部长助理英格索尔、作战计划部部长特纳就自己的职责范围进行过一次讨论。科克非常强烈地感到，自己的工作应当包括“解读敌人可能的企图”，而他的部门应当可以与陆军部的 G–2 相比，并着手准备被称为“敌人企图”的正式预测。特纳海军少将强烈感到，作战计划部应当准备这样的预测部分，“解读并评估所有涉及从任何来源接收到的、可能的敌对国家的信息”。特纳相信，海军情报局只是“纯粹的一个搜集机构，一个分发机构，不负责发出可能会让任何地方的舰队采取行动的任何信息”。科克、英格索尔和特纳这三名军官到斯塔克海军上将那里，要求他做出最终决定。斯塔克“同意了特纳海军少将的立场”。[1] 书面指示规定仍保持不变，但口头指示非常清楚地要求，从 1941 年 4 月至 12 月，海军情报局只能就信息来源的可靠性和吻合度评级进行“评估”。就斯塔克这一决定，科克撰写的备忘录中的描述还是比较克制的，但特纳和威尔金森的证词还原了当时这场冲突的激烈程度。威尔金森对强加于他和手下的限制十分苦闷，特纳却对这样的决定洋洋自得。

至于分发，威尔金森分发的就是所谓的基础信息或静态信息：

……比如该国的防御、经济、外交关系，陆军和海军人员的品性、活动和之前的职业生涯，其舰队所在地、舰队的实际动向，除了敌人可能企图之外的任何事情，还有本身就会引起或需要我们舰队，或是我们海军力量采取行动的具体信息。[2]

静态图景主要是历史的、统计性的，而任何时候，新信息的出现都会让这一图景变为动态图景；也就是说，需要作战行动命令或指挥决策的图景。从静态转化为动态的这个微妙节点，是海军作战计划部负责决策，并负责将海军作战部长批准的指令转发给各个战场。

[1] 原注：*Hearings*, Part 4, p. 1926.

[2] 原注：*Hearings*, Part 4, p. 1730.

由谁向作战部队发出什么，当然是一个部分涉及荣誉的问题。静态信息是迟缓、安全、老旧和长期的事情，主要基于公开来源。指令通常是基于绝密来源，不仅涉及美国政府的意图，还有敌人的意图，而且通常是令人兴奋并且及时更新的。部分情况下，是来源的声誉和价值，而不是严谨遵循确切定义的职责，决定由谁来发送指令。特纳海军少将发现，很难区别信息的种类，特别是在国会听证会时，他更是想要把自己部门忽视而未能发出某些信息的实际责任归结于海军情报局身上。[1] 这部分归结于权力的问题。传统上，海军作战计划部门比海军情报部门权力更大，特纳海军少将作为前者的首脑，因此要去垄断让情报发挥高效作用的职能。

让海军情报局变成一个纯粹搜集机构的做法，1941 年产生了严重后果，海军作战计划部门却不愿意承认。当搜集信息的工作与评价其意义的工作分离开，搜集信息的基础动机和动力就消失了。也就会同样漫不经心地接收和发送信号和噪声。对威尔金森海军上校而言，如果他忽视从日本发出的关键最后时刻讯息中外交语言的意义，不仅可能而且合情合理。理解这些讯息并采取适当行动，本就不是他的工作，而是特纳海军少将的工作。威尔金森所要做的，就是确保自己机构中有人把这些讯息交给特纳。

作战计划和情报两个部门之间的争斗显然非常激烈，以至于各战场都知道了。金梅尔在 1941 年 2 月 18 日写给斯塔克海军上将的信中附言说：

> 一位刚刚从华盛顿来的军官最近告诉我说，海军情报局认为向司令官提供秘密来源信息是作战部门的职能。我还听说，作战部门认为提供此类信息是海军情报局的职能。我不知道我们错过了什么，但如果就让司令官完全知晓涉及舰队利益的相关报告究竟是谁的职责这一方面，存在任何疑问，你能否确定这一职责，这样就不会产生误会。[2]

---

[1] 原注：任何发给美国舰队单位的指令，当然必须得到作战部长或部长助理的同意。作战计划部门具有顾问的职责，但特纳经常起草并完成指令的撰写。

[2] 原注：*Hearings*, Part 16, p. 2229.

直到3月22日，斯塔克才对这一要求进行回复。斯塔克暗示，自己已了解到，所有可用信息，特别是金梅尔之前提到的具体问题，正在并且一直在发送给金梅尔。斯塔克写道："科克告诉我说，海军情报局完全知晓自己要充分通报，你有关外国的和美国国内不忠诚分子的信息。"[1] 但信件并未提到任何有关让金梅尔知晓当前美国政策的事情，也许是因为海军情报局自身都不知道吧。金梅尔所说的"秘密来源信息"一词当然是含糊的；但斯塔克的答复非常清楚，同时产生了积极的误导作用。其实海军情报局可以发出一些秘密信息，但它却没发出任何足以改变金梅尔有关当前形势认识的信息。基于信息的合理定义，我们知道，这样做无异于无法发出任何信息。

但金梅尔没有就此罢休。5月26日，他给斯塔克海军上将提交了一份长备忘录，其中提到美国政府政策信息及其对海军决策的问题，还有与外国行动的关系问题：

太平洋舰队司令官目前处于一个非常困难的位置。他远离政府所在，身处一个复杂而快速变化的形势中。作为一个原则，反映在当前事务或海军动向中的有关政策或政策改变的信息，未能向他通报，而他因此无法评估这些信息对自己所处形势可能产生的影响。他甚至无法知道自己可以使用什么样的力量，对于那些严重影响到自己执行所分配任务能力的事务，他也没有发言权。这样的信息缺乏，让人不安，容易造成不确定性，进而直接违背了为实施军事行动而必须采取行动的唯一目的和信心。

我们已意识到，有时国际形势的快速发展变化——无论是外交方面的还是军事方面的，甚至还有军事当局自己对此缺乏了解，都可能阻碍及时提供信息，但形势显然是可以显著改善的。虽然有时必然出现延迟，但让太平洋舰队司令官完全充分了解到具有权威性的当前政策和目标，他就能让可能采取的行动更加完善、适宜，甚至是重新调整来适应当前的观念。

---

[1] 原注：*Hearings*, Part 16, p. 2160.

这一点尤其适用于当前的太平洋形势，因为此时需要让只接受部分训练的舰队开展必需的强化训练，也需要在进行战略部署或应对即将发生的后果和中断训练的必要性之间，进行谨慎小心的权衡。此外，由于存在同样的时间和距离的因素，海军部自己并不充分了解本地形势，尤其是当前外围岛屿的形势发展状况，这更需要让太平洋舰队司令官得到广泛政策和目标的指导，而非断然决定的指示。

建议是，在所有重要情况苗头出现时，能够立即和通过最快速可行的安全手段让太平洋舰队司令官知晓，这应当作为一条基本原则。[1]

金梅尔的请求既具体又有说服力。如果今天读起来像为后世所写的辩解书，我们必须要记住，1941 年时这份请求的读者只有海军作战部长，而它的主要动机就是从华盛顿得到更加充分的指导。不善于装腔作势的哈尔西海军中将强烈同意金梅尔，认为他们“是在黑暗中行动”，而华盛顿比战场知道的多得多，应当通知战场。[2]

在《听证会》公开的信件选集中，并没有给金梅尔这份备忘录的具体回复。但是，在对威尔金森进行盘问时，引用了一封 8 月 19 日的信件，其中一段话如下：

我完全理解，你希望得知必须做出的、应对国际形势变化的海军部政策、决策及其变化情况。我们正努力这样做，如果你不能得到想象的那么多信息，你应该知道，答案或许是因为你脑海中最为重要的形势还没有完全成型，因此还不能给你任何权威的信息。[3]

在之后数封信件中，斯塔克也试图要回复金梅尔提出的尖刻政策问题，比如如果英国在远东采取某些行动，我们应当怎么办。斯塔克最常见

[1] 原注：*Hearings*, Part 16, p. 2238.

[2] 原注：*Hearings*, Part 26, p. 325.

[3] 原注：*Hearings*, Part 4, p. 1838.

的评论是，他不知道答案，通常是“我得到一个微笑或者是‘贝蒂，请别问我这个’。政策似乎永远无法确定，总是不固定，总在变化”。[1]

我们在第 4 章已经看到，斯塔克对于我们政策总是不固定的描述非常精确。没有一个确切的、罗斯福要让自己坚定投入的政策。老实说，斯塔克感到困惑，罗斯福的许多顾问也是如此。

但是，斯塔克身处华盛顿，身处讨论和决策的中心，他对自己意见的谦虚和过低评价确实有些过分。他习惯性的忽视（“某个人的预测与另一个人的一样好，我真的不确定这封信是否有价值”），加上敷衍了事地确信向金梅尔发送了所有可用信息，这必定让金梅尔形成一个具有欺骗性、让自己宽心的印象，进而让他在收到 11 月 27 日警报时决定不打断自己的训练计划。今天，同样的形势也让我们出现了停顿。“不固定”仍然是一个用来描述当前外交政策的、虽委婉但却正确的词语。问一下我们的战场指挥官们，他们中有多少位目前得到了保证——他们得到的信息是全面、及时的，再问一问这些保证究竟有多少能够兑现。

尽管在科克早先掌管海军情报局时，作战计划部门和情报部门之间的争斗非常喧闹，但到威尔金森掌管该机构时，情报部门地位低于作战计划部门已是**既成事实**。特纳海军少将不仅把评估工作保留下来，还把评估工作之后的结果也保留下来，他每天都在自己的部门进行战略预测，但却从没给海军情报局看过。《听证会》中根本没有这些预测的任何一份复件，因此我们只能凭空猜测它们原来究竟有多么精确。我们几乎和威尔金森海军上校处于同样的位置，后者不得不主要依靠更低指挥层面来获知特纳部门正发生的事情，以及自己转交给作战计划部的情报材料会被加上什么样的评估。

但是，我们所处的位置要好于威尔金森。因为在国会听证会的过程中，已经多次证实特纳海军少将对日本进军西伯利亚看法的偏好。他认为，日本有更高可能性朝东南方向前进的首次公开记录是在 11 月 26 日。

---

[1] 原注：*Hearings*, Part 16, p. 2177.

此外，他自己对海军复杂的作战计划的分析也清楚地表明，他将主要精力放在打败德国的问题上：

> 计划最初详细考虑了与德国对立的主要相关国家。海军部感到，有可能在德国不卷入的情况下与日本作战，但后来，经过相当长的时期，对这一事务进行了讨论，并且决定在这样的情况下，美国在可能时应当会努力把德国拖入针对我们的战争中来，这样我们就能够在欧洲给予英国强大的支持。我们感到，我们义不容辞要打败德国，要把我们主要的努力首先放在针对德国上，要在太平洋中部实施有限进攻，而在亚洲则严格实施防御。[1]

至于金梅尔海军上将，特纳同时作证说，“他（金梅尔）在计划中的作用不是防御。计划要求在太平洋中部岛屿实施有限的进攻。人们意识到，金梅尔海军上将并不掌握立刻对吉尔伯特群岛（Gilbert Islands）和马绍尔群岛发动强大进攻所需要的物资、人员和组织”。[2] 我们在第 4 章看到，海军要求有更多的时间来准备实施这样的进攻，同时完成在菲律宾的准备工作。11 月 27 日海军战争警报草案，不是为了应对敌人对太平洋舰队实施的空袭，而是完全遵循了要求金梅尔海军上将实施有限进攻的这个理念。

鉴于缺少反面证据，自然可以认定特纳海军少将把海军情报局的材料融入自己偏好的系列假设中。他原本就会忽视掉任何不能放置在自己假设中的那些材料，因为并不会有情报专家来审查或讨论他的假设。尽管有斯塔克的保证，但负责向战场发出指令的是作战计划部门而非海军情报局，而各战场也因此备受困扰。此外，海军情报局因为自己被作战计划部排除在评估和政策决策之外，而受到严重影响。它甚至被限制到不能自己进行评估的地步，而它对海军的作用，仅仅局限在可以运用原始情报资料的程度上。

---

[1] 原注：*Hearings*, Part 26, p. 264*f*.

[2] 原注：*Hearings*, Part 26, p. 265.

三、海军情报局的预测

在《听证会》中，在最后几周关键时间段，海军情报局的公开预测只有三份，分别于 11 月 1 日、11 月 15 日和 12 月 1 日做出。所有预测的标题都是“当前国家形势两周总结”，并涵盖外交和军事方面的问题。两周总结是从 1940 年 12 月份开始的，并增加了每日总结作为补充；而从 1941 年 10 月 24 日起，后者就停止了，原因可能是没有足够的人手来进行文字工作。根据特纳海军少将建立的政策，这些预测基本上都不包括预测情况。斯塔克的指令同时也设定，“不包括任何关系到美国、英国、荷兰的陆军和海军部署和实力的信息；不涉及有关美国作战计划或秘密外交对话”。[1] 尽管有这些限制，海军情报局还是在汇总国际形势发展时，阐述了较易做出的推测。

11 月 1 日有关日本外交发展的预测，从 10 月 16 日近卫内阁倒台开始，并对新任首相进行了现实的评价：

作为近卫政府陆相的东条中将……担任首相、陆相和内务相职位。他还对有权势的内阁顾问委员会（Cabinet Advisory Council）成员进行了改组，确保该机构能够与政府合作。东条也因此把巨大的、远超当代任何一任首相的权力集中在自己手中。他是一个黩武主义者，反对外国，特别是反对苏联。他有强烈的亲轴心国倾向。[2]

在这个评价之后，是对日本下一步动向的若干评论：

东条声称日本要寻求解决“中国事件”，加强与轴心国的纽带，继续自己建立大东亚共荣圈的政策。许多观察家认为，日本将先期发动对西伯利亚的进攻，其他人则预测日本会对泰国有所动作。但也有一些人认为，

[1] 原注：*Hearings*, Part 4, p. 1731.

[2] 原注：*Hearings*, Part 15, p. 1815.

日本会马上向云南推进以切断滇缅公路。但是，东条将军宣称日美谈判将会继续。加上 11 月 15 日要开展一次为期 5 天的专门节食运动，日本可能不会在 11 月中旬之前发动新的进攻。[1]

如同我们之前看到的，在这段时期，西伯利亚、泰国和中国云南都是 G–2 预测中最常提及的目标。

在 11 月 15 日的外交预测中，美日关系被认为正在进一步恶化，而来栖的任务显然已经几乎无望：

即将到来的美日关系危机阴云，笼罩了此段时间内远东的所有其他形势。

前任驻柏林大使来栖三郎正带着日本的妥协提案飞往华盛顿。显然没有人期待他的使命会成功，特使本人也表现出极度的悲观。美国的发言人，包括诺克斯部长在内，暗示美国将不会丝毫改变其立场。丘吉尔首相警告说，如果日本和美国之间爆发战争，英国将会“迅速”对日本宣战。美国做好了从中国撤出海军陆战队分遣队的准备。日本媒体持续谴责英国和美国。

日本抗议巴拿马对在其领土上日本国民的处置。巴拿马驳回了抗议。日本还向苏联提出对日本海漂浮水雷的抗议，因为它们已经炸沉一艘在韩国水域的日本客船。

苏联和日本达成蒙古和“伪满洲国”在呼伦贝尔湖（Lake Buir Nor）地区分界的协议。[2]

12 月 1 日的外交回顾相当简短。日美谈判已破裂，日苏关系被形容为“紧张”：

[1] 原注：*Hearings*, Part 15, p. 1815.
[2] 原注：*Hearings*, Part 15, p. 1796.

除非日本人要求继续对话，否则日美谈判事实上已经破裂。日本政府和媒体正在大肆渲染，日本必须承担起建立大东亚共荣圈的任务。媒体也在严厉地指责泰国。强烈预示日本将要针对泰国采取先期行动。

日本和苏联之间的关系仍然紧张。11月25日，日本与德国和其他轴心国国家签订了为期5年的反共产国际条约。[1]

基于这样平淡的语言，没有办法在日本进军泰国和进入西伯利亚的行动之间做出选择。

这些外交预测的核心基于陆军和海军的总结。11月1日陆军总结的数字，强调日本的兵力部署可能是要对苏联采取进攻：

据可靠消息报告，日本在“伪满洲国”、朝鲜和内蒙古部署，用于进攻苏联的兵力已经增加到684000人。同时，增援部队正进入印度支那，据信，在这一殖民地的驻军从50000人增加到约100000人。在印度支那北部，正兴建一个新的大型空军基地。日本在广州的部队也正在加强。福州附近蚺蛇尖（Sharps Peak）的小规模日本驻军已经撤离。苏联人报告说，在靠近西伯利亚和“伪满洲国”边境爆发了小规模冲突，双方均有人员伤亡，但日本人否认了这一点。[2]

11月15日，陆军和海军总结只涉及在印度支那日益增加的危险，但其中的预期却一点也不紧迫，与军事情报局对这一时期预测的语气十分接近：

报告称，日本在印度支那的兵力在43500人至120000人之间。据信，实际上在印度支那有60000人的日本部队，这一数字正在缓慢增长。中国担心云南会受到攻击，泰国也担心受到攻击。两国政府都试图获得英国和

[1] 原注：*Hearings*, Part 15, p. 1775.

[2] 原注：*Hearings*, Part 15, p. 1825.

美国的军事支持（特别是空中力量）。但是，似乎日本在印度支那不足以强大到能够攻击云南或甚至是泰国。[1]

12 月 1 日的总结认为印度支那的形势严峻，但其中并未给出任何攻击目的地的线索：

过去 15 天里，日本的部队、补给和装备正蜂拥进入印度支那，在海防（Haiphong）登陆后，通过铁路向南运输到西贡（Saigon）。部队快速通过西贡向内陆和泰国边境运动。增援还在持续到来。日本目前在印度支那的陆军兵力，据信在东京省达到约 25000 人，在印度支那南部达到 70000 人至 100000 人。

海军舰船和飞机也在向南机动。估计在印度支那约有 200 架日本飞机，在海南岛也有约同样数量的飞机。[2]

对日本海军状况的评述自然更加详细。11 月 1 日的预测指出，日本海军省发言人宣称，日本海军“做好应对任何直接后果的准备”。它确定联合舰队在“本土水域”，处于正常位置，第 3 舰队也位于中国沿海的正常驻扎地。但是，“舰队飞行部队……相当大的力量已南下前往台湾岛南部”。（这些是为袭击珍珠港和菲律宾而进行训练的飞行员们。）这一部分预测在结尾指出：“尽管运兵船和货运船一直在将部队和补给运往印度支那港口，但这些舰船并没有海军护航舰船伴随。”[3]

11 月 15 日，据报告说，前往台湾岛南部的日本舰队飞行部队已返回本土水域。（这是准确的；他们正前往千岛群岛的集结点。）预测仍然将联合舰队定位在本土水域，并且“没有任何部队……离开他们日常驻扎地”。当运兵船和货运船被注明是“持续向南前往印度支那港口”而“小型海

[1] 原注：*Hearings*, Part 15, p. 1805.
[2] 原注：*Hearings*, Part 15, p. 1783.
[3] 原注：*Hearings*, Part 15, p. 1825.

军舰船……提供护航”，“在当前，在任何地区都没有大规模海军集结的迹象”。但是，在印度支那的海军飞机规模正在增强，“它们来自中国海南和沿海基地，而且可能来自正常情况下驻守在日本沿海基地的部队”。遗憾的是，并不知道“精确的数字”。[1]

尽管日本主力舰力量和“航母中的最大部分”据信仍在本土水域，但 12 月 1 日关于海军状况的报告更加令人警惕：

海军部队向南部署已清晰地显示出，日本正在为敌对状态进行广泛准备。同时，运兵船和货运船正持续从日本和中国北部沿海港口向南蜂拥而去，其目的地显然是法属印度支那和台湾岛港口。当前向南的动向似乎是由小规模独立单位实施的，但也许未来数天内，一支大规模的特遣舰队——而且越来越清晰地显示出来——将会愈加成型。到目前为止，这支在第 2 舰队司令官指挥下的特遣舰队似乎被分成两个主要的特遣部队，一个在亚洲东南部沿海一带逐渐集结，另一个则在托管地集结。两支部队都构成了拥有重型和轻型巡洋舰，以及联合的航空兵部队、驱逐舰和潜艇支队等作战单位在内的强大攻击力量。尽管可能还组成了一支战列舰分队，但主要的主力舰只，以及航母中的最大部分仍然停留在本土水域。

运往南方的装备包括各种物资，其中有数量庞大的登陆船。在海军指挥下，托管地的活动不仅包括增派大量人员、飞机、弹药，而且涉及建筑材料和场地工人、工程师等等。[2]

陆军和外交材料，加上海军材料，似乎显示出日本对南方某地进攻的前景已比向西伯利亚方向行动更加明确。幸运的是，对于这段时间，记录中有一份海军情报局远东组组长迈科克伦海军中校给威尔金森海军上校的备忘录，其中显示这些简短预测背后的某些证据。迈科克伦在其中详述了日本正计划“对英国领地，可能是缅甸或新加坡发动攻击后，立即最终控

[1] 原注：*Hearings*, Part 15, p. 1805.
[2] 原注：*Hearings*, Part 15, p. 1783.

制或占领泰国”的假设。[1] 备忘录日期是12月1日，它总结了从10月1日至11月30日间日本陆军、海军和政治方面的准备工作，而且与军事情报局预测相区别的是，它汇集了大量包括破译“魔术”讯息在内的专属信息。

至于陆军方面的准备情况，迈科克伦解释说，到11月15日为止，从上海出发船队装载的绝大部分是陆军补给物资，包括大量的登陆船、迷彩坦克和卡车，还有相当规模的铁路设备。但是：

从约11月15日起，船运的特点开始显著发生变化。从11月15日至21日，大型运输船搭载约24000名全副装备、有实战经历的部队驶离上海，同时据报告，另有30000人从中国北方撤出，据传是前往台湾岛。从11月21日至26日，有20000人在西贡登陆，4000人在海防登陆，而已有6000人从海防通过铁路向南面的西贡和柬埔寨推进。据报告，所有海防和西贡的港口挤满了正在卸载补给和人员的日本运输船。预计目前在法属印度支那完成装备并准备行动的日本部队，包括以下：

一是在印度支那南部和中部，70000人；

二是在印度支那北部，25000人。

增援部队仍在持续登陆，在邻近的海南岛和距离更远的台湾岛，无疑还有其他的部队和补给。[2]

迈科克伦列出日本海军准备工作要点如下：

1. 所有可用舰船均已被召回日本进行快速进坞和维修检查，并且目前已完成。

2. 一些加强的海军飞行力量已被派往日本托管地岛屿地区。

3. 在马绍尔群岛和吉尔伯特群岛中间建立了一条空中和海面巡逻路线。关岛已处于空中和潜艇监视中。

[1] 原注：*Hearings*, Part 15, p. 1839.

[2] 原注：*Hearings*, Part 15, p. 1840. 作者加粗。

4. 第2舰队司令官组织了两支特遣部队，两支部队的组织均较为松散：第1特遣部队在南中国海地区行动，第2特遣部队在托管地岛屿地区行动。组建工作即将结束，第2舰队司令官预计将会在12月3日或4日出现在台湾岛南部。

5. 联合航空兵部队司令官刚刚完成对所有外围的海军航空部队，特别是位于托管地、中国大陆南部和台湾岛部队的视察。

6. 许多商船最近已被海军接管，其中至少3艘已装备完毕，改造为防空舰船。[1]

在讨论日本的政治准备工作时，迈科克伦指出，日本从6个不同地区撤离日本居民：

1. 英属印度和新加坡；
2. 荷属东印度群岛；
3. 菲律宾群岛；
4. 中国香港；
5. 澳大利亚；
6. 美国、加拿大和南美。

迈科克伦列举的谍报活动引出大量重要的信号。他提到负责美洲方面的日本陆军情报和谍报机构，正从华盛顿特区向里约热内卢转移，而日本驻里约使馆最近也装备了短波无线电发射器。他还提到日本在泰国和新加坡建立了一个谍报网，其中包括以下具体事项：

1. 宋卡的日本领事馆有4名陆军情报官。
2. 在清迈（Chiengmai）的北部铁路线上建立了一个领事馆。

[1] 原注：*Hearings*, Part 15, p. 1840*f.*

3. 陆军通信人员和装备出现在宋卡、曼谷和清迈。

4. 使用假名的 4 名陆军和海军军官已被派往驻曼谷使馆。大使收到指示，不要干涉这些人的工作。

5. 情报人员负责的一系列药店正在设立。

6. 使用假名的日本陆军医生目前正在曼谷的医院。

7. 到 11 月底，60000 铢黄金已被送给驻曼谷大使，指示他保留到紧急情报工作所需时使用。

8. 至少有 2 名执行破坏任务的特工已被派往新加坡。[1]

备忘录继续阐明了几点更加具有普遍意义的指标：

在法属印度支那，日本陆军已接管警察职能。许多中国人和安南人被拘捕。到 11 月底，日本大使吉泽询问其政府，自己及属下是否应该接管法属印度支那的政府职能，或是继续与法国政府总督进行斡旋。

驻上海总领事通知自己的政府，已完成在中国接管属于英国、美国和其他敌对国家国民资产的准备工作。[2]

今天看来，最让人感兴趣的就是倒数第 2 个事项：

陆军参谋部发出紧急信息请求……有关在菲律宾和荷属东印度群岛上美国和荷兰部队、飞机实力及部署情况。

最后，迈科克伦强调了来栖大使前来谈判的事。为符合海军情报局的政策，他刻意避免“就每件事做出结论”。遗憾的是，我们因此无法了解到这些不同情报事项中包含的特殊意义和价值。

12 月 1 日，迈科克伦将这份备忘录的复件送交斯塔克、英格索尔、

[1] 原注：*Hearings*, Part 15, p. 1841.

[2] 原注：*Hearings*, Part 15, p. 1842.

布莱纳德（Brainard）、诺伊斯等将军和威尔金森海军上校。他大声向他们宣读，并“指出，在他看来，战争或是外交关系的破裂迫在眉睫……要求知道太平洋地区的舰队是否已得到充分警告”。[1] 斯塔克和特纳“明确保证”，“全面警告舰队和让他们处于战争准备状态的电文已经发出”。[2] 在那时，迈科克伦既没有看到 11 月 24 日的电文，也没有看到 11 月 27 日的电文。正如他在国会听证会上所言：“我个人并不知道究竟给舰队发了什么，这让我的处境十分困难。”[3] 他还说，“也许这就不是我的事。”但是，当向美国海军武官发出要在东京、北京、曼谷和上海销毁美国密码的讯息时，迈科克伦压缩了自己 12 月 1 日的备忘录，起草了一份给作战部队的电文，阐述说“我们感到所有事情都指向日本和美国之间敌对状态即将爆发”。他和自己的主管赫德海军上校拿着电文找到威尔金森，说：“鉴于事实上情报评估的职能，也就是说进行推论的工作已被转交给作战计划部，我们起草了电文。”[4]

威尔金森派迈科克伦拿着文稿去找特纳，后者“做了数处修改，画掉除信息部分以外的其他所有内容”。（“信息部分”已在前述迈科克伦海军中校给威尔金森海军上校的备忘录中引用过。从这些内容看，是否明显暗示出美日战争将在未来数天之内爆发？更准确地说，是否暗示出日本将在对美国实施袭击的同时，进犯克拉地峡呢？）

特纳接着给迈科克伦看了 11 月 27 日的警报，迈科克伦的反应是：“哦，上帝，你用了‘战争预警’这个词。我不知道还有什么比它更平淡的了。不管怎样，我希望我的这份电文也能发出去。”[5] 特纳回答说：“如果你想要发出，要么按照我修改的发出，要么拿回去给威尔金森，我们会讨论。”迈科克伦将文稿带给威尔金森，并放在后者的桌子上——非常可

[1] 原注：*Hearings*, Part 8, p. 3385.

[2] 原注：*Hearings*, Part 8, p. 3385.

[3] 原注：*Hearings*, Part 8, p. 3388.

[4] 原注：*Hearings*, Part 8, p. 3388.

[5] 原注：*Hearings*, Part 8, p. 3388.

能之后只能在垃圾桶里找到它。

见过特纳后，迈科克伦才知道11月24日和27日的警报电文。他的上司威尔金森知道的也不多。威尔金森是在这些电文被发出几天之后，“通过非正式渠道”才知道的。他在作证时说，自己“并不直接与电文有关系”。就像他理解的，自己的职责是提供信息；同时，也没有指示要求斯塔克或是特纳告诉自己，他们是如何使用信息的。他对斯塔克—马歇尔11月5日和11月27日的备忘录一无所知。但是，他对形势的预测却与他们十分接近。他对到当时为止的预测是，“每个证据都显示对南中国海的袭击，要么是暹罗，要么是克拉半岛……实际上，存在对从太平洋沿岸的巴拿马到夏威夷、关岛、威克岛和菲律宾的广大地区中任何一处袭击的可能性。这些目标距离日本越近，对我们而言，他们实施袭击的概率就越大”。[1] 威尔金森认为，日本人将会向南前进，并且会观察，自己通过“渗透方式”，在不卷入全面战争的情况下能够走多远。在他看来，尽管夏威夷仍处于日本海军的续航距离范围内，仍是一个可能的目标，但“没有哪怕最微小”的信息具体说夏威夷是袭击的地点。威尔金森相信，日本人会因为政治原因而不会攻击菲律宾，他们也不会攻击夏威夷，因为“无论他们的何种力量到那里，都会暴露在巨大的危险之下。此外，他们将卷入与美国的战争之中，而这正是他们一直以来竭尽全力试图避免的”。[2] 他没有想到要给珍珠港发送一条警报讯息，来具体阐明遭受突然空袭的危险：

首先，从我在那里服役的情况，还有这些年相互信件往来的情况看，我相信，夏威夷知道空袭的可能性。其次，我没有想到的原因是，尽管我对此十分感兴趣，但就此做出结论或得出敌人职能，并非我的职责范围。再次，我本人也相信，迫近的部队将在进入攻击范围之前就被侦测到。[3]

---

[1] 原注：*Hearings*, Part 4, p. 1754.

[2] 原注：*Hearings*, Part 4, p. 1758.

[3] 原注：*Hearings*, Part 4, p. 1756*f*.

简言之，与迈科克伦相比，在灾难发生前的最后几天里，威尔金森更不关心也更不相信日本将会冒险袭击美国的领地。

11 月 27 日之后，威尔金森显然没有理由改变，自己基于海军情报局接收到信号而做出的预测。他知道发送给主要日本使馆有关销毁密码的命令，并发出通知金梅尔海军上将的电报。[1] 他还同意要求在远东地区的美国海军武官们销毁密码的指示。他知道设立风语密码的讯息和我们所做的截获播报的工作。他知道荷兰人严重关切他们在东印度群岛的领地，并且看到荷兰的警戒电文。这些都让他在脑海中坚定有关日本向南动作进展的印象，而且这一点也有他办公室为总统起草的 12 月 5 日预测作为证据；这份预测显示了日本在印度支那的地面部队，以及在金兰湾、西贡、印度支那沿海、海南岛、台湾岛的海军部队。威尔金森知道，哈特海军上将正与英国人一起，在克拉半岛外实施侦察，而且在 12 月 6 日，他看到哈特报告日本船队在柬埔寨角附近海面动向的讯息，还有怀南特的讯息。威尔金森相信，日本船队可能的目的地是曼谷而非克拉，因为他相信日本更愿意占领泰国而非袭击英国人；但同时非常奇怪的是，他相信英国人将会支持泰国，并与日本开战。至于美国在这个节点上是否参与，他"听说了臆想出来的东经 100 度和北纬 10 度线……并根据我国目前的态度，对我们能否保障这一决定存有怀疑"。[2] 是在这样的背景下，威尔金森海军上校收到最后时刻的信号。

12 月 6 日（周六），在离开办公室之前，威尔金森看到日本宣布要对我们《十点照会》立刻提交回复的引航讯息。那天晚上，他在家中举行了一个小型晚宴，参加者有陆军情报部门负责人迈尔斯准将、负责接收"魔术"的总统海军助手约翰 · 贝尔达尔（John R. Beardall）海军上校。克拉默海军少校大约是在晚上 10 点 30 分或 11 点带来 14 部分讯息的前 13 个部分。在迈尔斯和贝尔达尔的陪伴下，威尔金森从晚宴抽身去研究这些

---

[1] 原注：电报原始稿最后的结尾是："从前述情况来看，日本计划在东南亚展开先期行动。"这句话被英格索尔或是威尔金森画掉了。（*Hearings*, Part 4, p. 1753.）

[2] 原注：*Hearings*, Part 4, p. 1777.

材料。此时，克拉默通报威尔金森说，他无法通过电话联系上斯塔克和特纳。显然威尔金森接着试图联系两人，但是没成功。其实当时并没有非常急迫，因为没人预想过日本人会接受美国的提案，而前 13 个部分在语气和内容上都与东京之前发出的讯息类似。所有当时聚集在威尔金森家中的人都“感觉这是一条外交讯息……与外交白皮书类似，我们之前经常看到，它只是日本对自己立场的辩护”。[1] 它意味着当前的谈判如同所有人预计的那样将会破裂，但它并不必然意味着外交关系将会破裂。

威尔金森在周日早上 8 点 30 分到达办公室，想要确定能拿到第 14 部分。迈科克伦早就等在那里，因为他在早上 8 点解除最后一名夜间值班人员的值班工作。第 14 部分让威尔金森感到警惕；他认为这些是“战斗的词语”，而且“非常严峻”。他和迈科克伦在早上大约 9 点 15 分去见斯塔克，并且“建议应当通知舰队，但脑中并不存在袭击夏威夷的疑问，想的却是在南中国海即将爆发敌对状态的问题”。[2]

接着，他们没有等着看究竟还会再发出什么警报，就离开了斯塔克的办公室。大约 10 点 40 分，他们又拿着 1 点递交的讯息返回来。威尔金森记得，之后的讨论就是递交时间比原先在引航讯息中显示的要早。但其中提到的在特定某一时刻递交，以及周日本身对外交人员而言就不是一个通常的工作日这一点，却并没有让他产生不祥的预感；因为引航讯息已经说明，东京将会通知大使们具体呈送这一回复的时间：“在某一特定时刻呈交，对我而言并没有重要意义……对于呈交时间意味着最后通牒而非普通照会，而普通照会通常不会在某一特定时刻呈交这样的外交语言，我不熟悉……换言之，时间这一要素，就是这些讯息在某一特定时刻呈交这件事情，对我而言，就是与谈判有关的时间而已……”[3] 这样的事情，是国务院应当处理的事情。

如果在今天看来，威尔金森对于最后时刻信号的解读实在是太过放

[1] 原注：*Hearings*, Part 4, p. 1763.

[2] 原注：*Hearings*, Part 4, p. 1766.

[3] 原注：*Hearings*, Part 4, p. 1874.

松，我们必须记住，在把讯息呈送到斯塔克海军上将办公室时，他的职责已经完成了。严格地说，如果 1 点讯息包含任何新的信息，就会改变整个战略格局，特纳海军少将或是海军作战部长就应当负责实施新的作战指令。如果 11 月 27 日警报讯息中的前提，已经从非常可能的日本对泰国、英国或荷兰领地的袭击，转变为非常肯定或是非常可能同时对美国领地实施攻击，那也应当是由特纳或斯塔克去说。

特纳一直坚持说，11 月 27 日海军警报已经考虑到这一紧急情况，而且这一讯息中确实把对菲律宾的两栖远征行动的可能性列在首位。（电文中提到的地区没有一个归金梅尔管辖。）此外特纳坚持认为，11 月 27 日之后收到的每个重要信号都是对之前预测的印证，或者是“纯粹的信息”，因此属于海军情报局的职责范畴。他在就 1 点讯息作证时说：“我不认为这一讯息，以及它看来似乎是最后通牒这一事实，会让整个局势有任何程度的改变。因为我在脑海中非常确定，美国和日本之间即将爆发战争，而这仅仅是印证而已。”[1] 但是，不久前他说过：“我是中午在斯塔克办公室里看到这份电文的，我意识到它的重要性，并询问他是否已就此采取措施。他告诉我说，马歇尔将军正在发出一份电文，我就没再采取进一步行动，因为我认为这样足以考虑到整个形势。”[2]

这两条证词都不够精确，不足以显示相互之间的不一致。但就在回忆危机发生的时刻，对于向作战部队发出新的、具有重要战略意义信息的职责，特纳海军少将选择放弃的意愿与他自己在 1941 年对这一职责的热切之情，形成了鲜明的对比。就 14 部分讯息中的前 13 部分，他在国会听证会上评价说：“我认为电文非常重要，但鉴于威尔金森海军上校、英格索尔海军少将、诺克斯部长已经看过，我认为采取行动不属于我的职责。”[3]

---

[1] 原注：*Hearings*, Part 4, p. 1924*f*.

[2] 原注：*Hearings*, Part 4, p. 1924.

[3] 原注：类似的，当说到肖特中将的警戒命令只针对破坏活动，并且他的答复过于简单时，特纳并没有告诉杰罗将军，因为他“感到，如果事情出了岔子，有人会处理”。（*Hearings*, Part 4, p. 1960.）

简言之，尽管某些远东专家，特别是克拉默和迈科克伦认为，最后时刻信号中包含一些紧迫性，但海军对这些信号的反应完全不热切。威尔金森海军上校显然是在阅读了14部分讯息的最后一部分之后，才预想到日本对菲律宾的直接攻击。但直到那时，他也没有预计到日本会直接攻击英国人。海军情报部门对作战计划部门和海军作战部长的影响如此小，对作战部队的职责如此小，才是警告缺失的部分原因。也由于同样的原因，无论有什么样的警觉，无论如何认识到更加准确的确定威胁，它们都不能也没有转化为一份警报讯息。特纳海军少将把权力牢牢控制在手中，直到最后一刻。当然，也许有人会争论——正如特纳海军少将后来所做的，对认识到威胁的人而言，11月27日的讯息就是一个警报。但毫无疑问，如果发出讯息的人能够更加警觉，警报本身就会更让人警觉。

第三节　预测和现实

在结束本章关于华盛顿情报机构的描述时，将美国对日本能力的预测与日本的现实情况做对比，是一件有趣的事。总体上看，在受过训练的部队、后备役部队及其位置方面，在舰船的数量、类型和组织方面，在飞机的数量、类型及其基地方面，在受过训练的飞行人员和技师的数字方面，美国的描述是相对精确的。而海军的描述比陆军的相对更加保守。（这一点很让人奇怪，因为海军对数字的解读通常比陆军更加令人警惕。）比如，12月5日海军情报局预测说，日本在印度支那的部队是105000人，陆军的预测则认为是125000人。[1]海军预测说有158架日本飞机驻扎在台湾岛，200架在海南，陆军的预测分别是400架和200架。（事实上，在台

[1]　原注：*Hearings*, Part 14, p. 1384, and Part 15, p. 1838.

湾岛有 475 架，在海南是 200 架。）当数字估计出现错误时，总是估计得少了；[1] 但相较于对生产效率及各种车辆和装备性能的低估，这种数量上的差距还不算太严重。

比如，在 12 月 1 日，陆军情报部门将日本的飞机生产认定为，“所有类型的战斗机，陆军和海军的战斗机，是每月 200 架”。[2] 而确切的生产速度是每月 426 架。[3] 通常认为，日本的飞行员训练水平要低于我们，但他们的学员平均飞行时间是 300 小时，美国学员是 200 小时；他们一线飞行员的飞行时间是 600 小时；他们的航母飞行员则大约是 800 小时。我们低估了零式单引擎战斗机的半径（800 英里，事实上是 900 英里），速度（法定 250 英里，实际上是 300 英里，在高海拔上比我们的 P–40 更快）和机动性。绝大多数美国海军军官相信，日本驱逐舰上的声纳设备比我们的低级，而实际上，他们的比我们的先进 4 到 5 倍；普遍认为，他们的舰船是超重型，而实际上不是。他们航母的装载飞机数、测向站的效率也同样被低估。甚至有关日本人视力很差的普遍看法，似乎也对其预测能力起到潜移默化的作用。[4]

除了 1941 年军事思维方面的思考之外，对日本人的表现和生产能力

---

[1] 原注：根据今天可用的来源，“确切”的数字本身也不可靠，因为美国战略轰炸调查团（USSBS）的预测与日本各部门的不尽相同，甚至日本部门之间也不相同。本章使用的是美国战略轰炸调查团的数字，但迈科克伦海军上将认为，这些数字值得怀疑。

[2] 原注：*Hearings*, Part 14, p. 1380.

[3] 原注：USSBS, *Japanese Air Power*, p. 28.

[4] 原注：In addition to USSBS, *Japanses Air Power*, see Graven and Gate (eds.), *United States Air Force in World War II: Plans and Early Operations: January 1939 to August 1942*, pp. 79-81. 作者在 1957 年 5 月 20 日与斯图尔特·穆雷将军的访谈中得到该方面的进一步信息。当然，当时有个别专家和军官并未受到普遍偏见的影响，但显然，他们的观点并没有起到什么作用。比如，到 1941 年年中时，海军情报局认定零式飞机的作战半径在 1500 英里（足以完成从怒江 [Salween River] 大桥到印度支那北部空军基地之间的往返航程，而日本人已成功做到这一点），但无论是海军航空局（Navy Bureau of Aeronautics）或是陆军航空兵都不相信情报报告。（1958 年 8 月 23 日与迈克科伦海军上将的访谈。）

的持续低估是基于两个假定：美国经济更加强大和美国科学技术更加发达。当然，不仅仅是情报军官们才拥有这些假定。毫无疑问，1941 年的美国经济能比日本更快地去扩展军事生产能力。因此，我们将日本的飞机生产能力低估了一半，但也没有造成严重的后果。然而，1941 年对美国"专门技能"（know-how）的自鸣得意态度，以及以上两个假定，如今看来都是应当质疑的。

我们在评判日本的技能和足智多谋方面犯下了错误；同时，日本在衡量美国时也犯下同样严重的错误。日本人有一个庞大和高效的间谍网，在汇报公开来源和个人来源的大量数据资料方面，他们拥有非常高的精确性记录；还有一个比我们精细得多的装备列表系统。事实上，他们对于我们 1941 年 12 月 1 日在菲律宾装备的汇总，甚至比我们自己的更加精确。他们在预测美国战争时期生产能力方面也相当强大。然而，日本计划人员没有充分利用这一情报，特别是在生产能力预测方面，因为其结果无疑指明美国会在战争中赢得最后胜利。

接下来的一章描述了这些战争计划，以及日本军方看待美国在远东角色的方式。

第6章
信号背后的实际情况

我们已详细考察美国的信号图景和美国对日本的印象。我们会问，日本的实际情况是什么？基于战争结束以来可用的日本数据资料，实际情况与我们的想象之间有多接近？

由于日本袭击珍珠港的惊人之处，自然在有关第二次世界大战开端的历史讨论中吸引了绝大多数注意力和兴趣。在美国，所有此类讨论都是基于“背后捅刀子”这一主题和其中的突然背信弃义。对于美国的批评，日本的反馈集中在对自己作战计划中这一特定部分的辩护之上。比如，他们指出，自己的秘密外交讯息被错误地解读，而原因是我们的破译人员没有正确翻译；或是在赫尔的《十点照会》提交给日本政府之前，日本军方是如何进行篡改，从而让其从一份试探性的提案变成一份“最后通牒”；或是他们在准备一份文字流畅的最后照会复件时，如何因为意外耽搁而导致我们被突袭，而他们的本意是要呈交这一照会作为正式宣战文本。

如果从整体来看日本的基本战争计划，上述观点都非常不沾边。开始就袭击珍珠港，完成了日本人之前期望完成的目标。事实上，对美国而言，袭击是一次完全的突袭。但基本计划是主张精密安排时间，实施**系列**突袭攻击；目标不仅针对英国和荷兰在远东的属地，而且包括菲律宾、关岛和威克岛。出于某些原因，对美国在太平洋的其他前哨阵地造成的损伤，并没被认为与珍珠港袭击达到同样的罪行级别。显然，从严格意义上看，华盛顿并没被这些攻击震惊，因为它们一直被认为是任何战争行动都会针对的目标：似乎对美国军方而言，菲律宾一直以来都是比珍珠港更有可能被袭击的目标，而袭击珍珠港的消息当然是在菲律宾和外围岛屿遭到空袭之前就传到那里。日本的计划中，并**没有**考虑要给美国留下这样的最后警告机会。从理想状态看，对菲律宾的攻击应当是在袭击珍珠港之后、最早的可行时间里，即菲律宾当地拂晓实施，也就是在珍珠港拂晓之后的5个半小时。在这段时间，帝国大本营则依靠无线电干扰来阻止所有发往菲律宾的广播。

日本的作战计划确定，要让珍珠港的美国舰队丧失战斗力，紧接着就对菲律宾和马来亚同时发动猛烈空袭，主要目标是摧毁盟国在远东的空中力量。同时，在菲律宾和马来亚实施登陆，部队将占领关岛、威克岛、香港地区、英属婆罗洲、泰国，在俾斯麦群岛（Bismarcks）、荷属婆罗洲、西里伯斯岛、摩洛加岛（Molucca）和帝汶建立前进基地。在完全控制菲律宾和马来亚之后，将会抽调部分部队，集中实施占领爪哇和缅甸。这样就完成了第一阶段的作战计划。

第一阶段的准备工作于11月5日至7日开始，联合舰队司令官将发布作战命令。南方方面军（Southern Army）于11月6日正式组建。海上、地面和空中的指挥官一起工作到11月10日，完成联合行动计划的细节。所有这些联合行动都是合作开展，而所需要的协调工作极度复杂。

比如，在战争首日的第1个小时，日本人将要分头攻击29个目标（参见表6–1）。在这些目标中，6个位于瓦胡岛，10个在菲律宾，8个在马来亚沿海，还有香港、泰国、关岛和威克岛各1个。8个目标将遭到2轮空袭，每轮分别持续约1小时。而若是日美谈判取得成功，在D日（开战日）之前24小时内将会取消对马来亚、珍珠港和菲律宾的袭击行动。这一连串袭击的发生类似于一串日本鞭炮：在得到入侵马来亚的通知之前，不会对香港地区发动袭击；在得到袭击珍珠港的通知之前，不会对关岛或是菲律宾发动袭击。

表 6–1 日本计划在日本时间 12 月 8 日早晨攻击的目标

地点	数量	具体情况
珍珠港	6	空袭目标，2轮攻击
菲律宾	10	4个空袭目标，2个目标实施2轮攻击；6个登陆攻击目标（只完成了5个）
马来亚	9	5个空袭目标；3个登陆攻击目标，并从泰国实施内陆渗透
泰国	1	陆军越过边境攻击曼谷
关岛	1	登陆后实施空袭
威克岛	1	登陆后实施空袭
香港地区	1	登陆后实施空袭
目标总计	29	

主要的袭击目标之间相隔数百英里，有时是数千英里，而这些距离需要被——速度从最慢 10 节的水面舰船到最快 250 节的飞机全面覆盖。行动涉及超过 2000 架飞机，其中四分之一是航母舰载机，其他则是陆基飞机。行动涉及 169 艘水面舰只和 64 艘水下舰只。[1] 在最后驶离之前，从 11 月 5 日至 7 日，也就是袭击之前 33 天，这些舰队和部队就开始重新编组和集结。首批最后离港的、袭击目标为珍珠港的特遣舰队不得不在 11 月 25 日就开始行动。（参见表 6–2）

[1] 原注：水下舰只平均水面速度为 12 节，平均下潜时速度为 3 节。

表 6–2　日本对珍珠港袭击的时间顺序和协调问题

飞机（陆基）	1478
飞机（航母舰载）	537
水面舰只	169
潜艇	65
总计	2248

从最初决策到扔下首枚炸弹	33天
从第一艘舰只驶离到扔下首枚炸弹	20天
从最终决策到扔下首枚炸弹	24小时
飞机速度	150—250节
水面舰只速度	10—35节
潜艇速度	平均12节
作战装备最大速度差	240节

尽管计划第一阶段十分复杂，但日本陆军和海军指挥官在 11 月 20 日之前达成一致，并发出了攻击命令。这些命令只发给高级官员。比如，所有涉及 12 月 22 日主要在菲律宾登陆作战的陆军人员，绝大部分都不知道自己的任务。将在仁牙因湾（Lingayen Gulf）[1] 和拉蒙湾（Lamon Bay）登陆的舰队单位和部队，不得不 11 月 25 日就在临近台湾岛地域集结，出发日期则是 12 月 17 日。出发日期和目的地均没有公布，当然这样严格保密成功确保了对珍珠港的突袭，但显然在美国宣战之后，也引发了巨大的混乱、迟延和紧张情绪。

时间表的第一阶段要求，入侵部队在 50 天内完成对马来亚和菲律宾的占领，并在敌对状态开始 90 天内控制整个南方地区。第一阶段的计划如此紧凑，显然有战术上的优点。比如可以通过占领盟国的前进基地而减

[1]　译注：菲律宾吕宋岛西岸。

少他们增援的概率，或是给他们一个难以接受的**既成事实**。第一阶段计划的实施时间，正好是因为西伯利亚的天气而无法攻击苏联的月份。西伯利亚恶劣的气候条件，加上东南亚有利的气候条件，让 11 月 1 日左右成为理想的开战日期，但由于日本政府不愿听从军方关于战争的意见，时间被推迟到 12 月 8 日。

第二和第三阶段作战计划要求日本采取战略防御姿态，利用他们新占土地上的自然资源，加强那时将会从千岛群岛呈弧线向南经过马绍尔群岛、俾斯麦群岛，至爪哇、苏门答腊，再到缅甸一线的防御，然后发动一场消耗战摧毁美国作战的意愿。后一个目标将通过袭击盟国的前进基地来完成。日本期望的是，欧洲战场产生的巨大压力，还有日本快速完成第一阶段作战计划，让美国接受或是至少不会挑战那时的远东形势。

第一节　日本的政策计划和长期预测

战争第一阶段的战术计划完全是军方的职责。米内（Yonai）海军大将描述说，“帝国大本营将其活动限定在作战问题上”，而且他们关于这一问题的决定都是最终决定；“就陆军作战问题而言，如果陆军参谋部参谋长说我们会这么做，那就是这样了；就海军作战问题，如果海军军令部总长说我们会这么做，那就定下了。”“如果他们无法达成一致，”他又用意思相同的另外一句话解释说，“那就意味着缺乏统一性。”[1]

至于更长期的考虑，如是否首先选择开战，政府和军方成员们不得不召开会议讨论；这些方面的事务都必须在由军方和政府官员组成的联席会议（Liaison Conference）讨论后，提交内阁批准。这个与我们战争委员会

[1]　原注：USSBS, *Interrogations of Japanese Officials*, Vol. II (Pacific), Interrogation No. 379, November 17, 1945, p. 328.

类似的会议有 6 名成员：首相、外相、海相、陆相、陆军参谋长和海军军令部总长。副参谋长和军令部副总长，以及一些受邀的文职内阁成员通常也会参会。军方能够左右决策，这一点也不惊奇，东条大将在 1941 年 10 月 17 日成为首相之后更是如此。这个会议做出的“完全一致”决策，就是今天大多数意见的委婉表达，因为本身军方成员就占了大多数。[1] 通常，天皇在与上述同一批军方成员举行会议后会确认联席会议的决策，而全体会议被称为“御前会议”。[2]

从美国情报的观点来看，日本政府做出的最为重要的、完全一致的决策，主要集中在 7 月 2 日、9 月 6 日、10 月 16 日、11 月 5 日、11 月 25 日、11 月 29 日和 12 月 8 日（东京时间）。我们将简要回顾这些决策，因为日本政府通过每次做出的决策，逐渐走向与美国之间的战争。从我们现在这样有利的视角来看，这些决策顺序是非常顺畅的。但在 1941 年，除 12 月 8 日的决策，能够接触到其他所有决策的美国专家们却认为，在东京的温和派比事实上要有影响力。日本委员会会议运行的方式经常导致温和立场的声明出现——但这些声明阐述本身却与最后采取的决议之间没有联系。

1941 年 7 月 2 日，天皇召开检讨国家政策的御前会议。这次会议的起因是德国 6 月 22 日入侵苏联，并且德国向日本施压，要求后者进攻西伯利亚。出席会议的有首相近卫亲王、之后很快就下台的外相松冈、之后将领导战时内阁的东条陆相、海军大臣及川（Oikawa）、陆军参谋长杉山（Sugiyama）、海军军令部总长永野（Nagano）、枢密院大臣、内务相。这次会议做出决定，批准了最终导致日美之间战争的行动方针。

---

[1] 原注：Maxon, *Control of Japanese Foreign Policy: A Study of Civil-Military Rivalry, 1930-1945*, pp. 149-189.

[2] 原注：内阁官房长官（Chief Cabinet Secretary）迫水（Sakomizu）描述说，御前会议主要是礼仪性质的。会议议程和最后决定显然在会议之前就已完成，但每个人“都竭尽全力让会议看起来是那么回事”。（Maxon, *Control of Japanese Foreign Policy: A Study of Civil-Military Rivalry, 1930-1945*, p.157*f.*）

近卫亲王在他的回忆录中记录了这一决定：[1]

1. 帝国政府决定，无论国际形势如何发展，都将采取最终会建立大东亚共荣圈与世界和平的政策。[这个共荣圈包括英国、荷兰、法国和葡萄牙在远东的领地，还有菲律宾、印度和澳大利亚。这在 1940 年 7 月被确定为日本的主要国家目标。我们“魔术”翻译的第 1 点是：“不论国际形势如何改变，日本帝国都将奉行通过建立大东亚共荣圈维护世界和平的政策。”[2]]

2. 帝国政府将继续致力于达成“中国事件”的解决方案，寻求建立一个有利于国家安全和完整的坚实基础。这包括向南方各地推进，并依据形势进一步发展来解决苏联问题。[我们的“魔术”译文并没有显示出第 2 句话或是下面一段的第 3 点。要么是这些部分没被截获，要么是没有发出；更可能的是没有发出。]

3. 无论遭遇什么阻碍，帝国政府都将实施上述计划。

“无论国际形势如何发展”和“无论遭遇什么阻碍”等词语在帝国决策随后的总结部分中阐述得更加明确，近卫记录下这些话语：“在实施这些筹划时……我们不应被卷入与英国和美国战争的可能性所威慑”，并且，“所有的计划，特别是动用武装力量的计划，都不应该对我们进行的对英国和美国的战争军事准备造成任何障碍”。[3] 但是，“帝国政府将继续进行所有必要的外交谈判”。[4] 最后一条对近卫亲王是一个宽慰，他一直宣称仍相信谈判，同时也同意在印度支那开展事实上让日本外交官的工作无法继续的军事行动。这份总结也没发往华盛顿，或者虽然发出但却没被截获。

---

[1] 原注：*Hearings*, Part 20, p. 4018.

[2] 原注：*Hearings*, Part 12, p.1.

[3] 原注：*Hearings*, Part 20, p.4019.

[4] 原注：*Hearings*, Part 20, p.4018.

关于7月2日的政策决定，华盛顿的野村大使只获知第1点和第2点。7月8日，我们的政府领导通过“魔术”破译讯息获知上述两点，以及有关南进的一些细节和以下这个模糊但却具有威胁性质的摘要：

至于苏德战争，尽管应当继续维持三国轴心的精神，但目前开展的各项准备工作和对形势的处理，必须坚持我们自己的方式。同时，应当极度谨慎地继续开展外交谈判。尽管应当竭尽全力尝试所有可能的措施来避免美国加入战争，但是，如果必须，日本将会依照《三国同盟条约》行事，并决定何时和如何动用武力。[1]

我们看到，这份讯息，还有后续有关印度支那战役的细节，形成了一系列发往夏威夷的电报。但是，我们“魔术”译文的语气比原文更加温和，甚至上述发给野村大使的、被认为是安全的两点也是如此。如果我们的领导人能够掌握整个政策阐述文本，在实施贸易禁运之后，赫尔国务卿是否会如此耐心地寻求重开谈判，就值得怀疑了。

因此，7月2日在整个信号图景中是一个重要的日期。

9月6日是另一个重要的日期。当天，日本再次召开御前会议，又确认了7月2日的政策决定，并给近卫内阁确定10月15日必须成功完成谈判的最后期限。“魔术”却没有显示这一最后期限的迹象。

10月16日，近卫内阁倒台在华盛顿引发系列警觉反应，我们已在第2章阐述。我们从公开和私下的消息来源得知这一事件，以及东条将军组建了新内阁。

从10月23日至11月2日，联席会议几乎是连续开会，重新检讨了7月2日的决策。“魔术”给我们带来了11月3日之后的消息：

自新内阁组建以来，政府已与帝国大本营召开了数日会议。我们已经

[1] 原注：*Hearings*, Part 12, p.2.

认真地考虑了提升日本和美国间关系的一项基本政策，但我们期望在 5 日早晨的会议上形成最后决策，并将立刻让你知道结果。这将是我们政府提升外交关系的最后努力。[1]

在 10 月 23 日开始的联席会议上，提出以下问题：

1. **是否有希望让美国立刻接受 9 月 6 日达成的要求？**答案是“没有”。

2. **日本接受美国 10 月 2 日备忘录会产生什么后果？**答案是：“如果日本接受……所有自从‘满洲事件’之后取得的一切都将消失，日本在‘满洲’和朝鲜确立的地位将会受到侵害，日本将会最终被迫从亚洲大陆全面撤出。”[2]

3. **日本能够从 9 月 6 日决策上让步多少？**此问题的答案已显示在《甲案》和《乙案》中，我们在第 3 章看到，两案在提交给美国后都遭到拒绝。(《乙案》中阐述了日本能够做出的最大让步，就是从法属印度支那南部至北部撤军，不再向东南亚地区或是南太平洋地区推进。作为回报，日本期望美国能够全面恢复与东京的商业关系，提供“所需数量的石油”，帮助东京建立与荷属东印度群岛的全面贸易关系，并停止所有对中国的援助。)

4. **欧战的前景如何？**外相认为，德国入侵英国将十分困难，将是一场长期的战争，而德国可能遭受挫折。日本陆军认为德国必将战胜苏联和英国。

5. **日本有无可能分别与英国和美国作战？**答案是“不会”。

6. **美国战争的潜力和能力如何？**答案是约为日本的 7 或 8 倍：“大家完全一致同意，在与美国作战时无法直接战胜后者。”[3]

7. **如何增强日本的战争潜力？**答案涉及的方法包括增加财政实力，以及钢铁、石油、船舶、其他武器弹药的生产。这里的记录简短而模糊，因

---

[1] 原注：*Hearings*, Part 12, p.90.

[2] 原注：Togo, *The Cause of Japan*, p. 125*f*.

[3] 原注：Togo, *The Cause of Japan*, p. 126.

为陆海军非常严密地保护了自己真实的生产数字。

在讨论之后，即显示出不解决矛盾而只是委婉地阐明矛盾的日本传统讨论之后，11 月 5 日，与英国、美国和荷兰开战的“完全一致”决定被做出。尽管陆军代表对日本能够做出让步的限制苛刻到其无法成功完成的地步，但与美国进行谈判还将继续。严格地讲，之所以要保持继续谈判的形式，是主张立即发动战争的成员们，与希望能将和美国的战争再拖延一段时间的成员们之间观点的官僚主义妥协的产物。决定将最后期限向后延伸至 11 月 25 日，以便在美国的日本大使们能够完成他们的使命，并且将开战日期延后至 12 月 8 日。后来，最后期限从 11 月 25 日又改变为 11 月 29 日，并且就呈交日本对美国《十点照会》答复和第一波攻击时刻之间究竟应当间隔多少时间，成员们产生了一些争执，大家的观点从 2 个半小时至 45 分钟不等。

有关珍珠港袭击开始时刻的讨论，显示出对道德的必要性和突袭的前提之间精心平衡的关注。日本人想让我们收到导致他们宣战和发动战争的理由，他们想让我们在攻击真正实施之前就收到，但时间又少到足以让突袭有效。也许在日本人关于时间的讨论中，最让人感兴趣的就是他们对世界舆论的关注。

我们在有关“魔术”的章节中看到，11 月份的警报包含 11 月 25 日和 29 日最后期限的警报，以及日本的要求和让步的所有内容。我们缺少的是 12 月 8 日这个日期的确切目标清单，还有最重要的一点，就是能够正确预测到日本的绝望和大胆。至于信号，我们已经有许多。但我们不相信，像日本这样一个小国竟然会对美国这样一个大国首先发动攻击。即使现在回顾起来，也很难理解日本这种极大且特有的鲁莽特性。

历史学家曾忽视日本长期考虑中最显著的方面，即相对于其短期计划的精准和清晰而言，长期考虑所具有的模糊性。在日本投降之前，军方和政府的绝大多数记录都被销毁了，因此，对他们 1943 年及之后计划的回忆，自然会有些模糊和相互矛盾。但他们能够回忆起来的短期计划却完全不是这样。

虽然，严格地讲，策划珍珠港袭击的山本海军大将的工作属于作战领域范畴，但就长期预测而言，他一直是一个最让人感兴趣的证人。（战争中，他在一次空中伏击中丧生。）他做出的极少数阐述显示出，他一开始是坚决反对与美国开战的，因为他认为日本将不可避免战败。在给笹川良一（Ryoichi Sasakawa）的一封信中，他警告说："如果日本和美国走向敌对，我们不会满足于拿下关岛和菲律宾，更不要说夏威夷和旧金山了。我们将会迈进华盛顿，在白宫签署条约。"[1]

在做出开战决定之后，据说山本这样告诉近卫首相：

> 如果你告诉我说，我们必须要作战，在对英国和美国开战的前半年至一年时间里，我将势不可当，我将给你带来一连串的胜利；但我必须也告诉你，如果战争拖延两或三年，我对我们最后将取得胜利没有任何信心。[2]

我们并不清楚，山本后来在这一次阐述时是否相信日本将会在短期战争中获胜，他是否相信美国和英国将会在目前太平洋地区的部队完全被摧毁后接受和平妥协，还有他是否相信战争将会是长期的；而且一旦美国经济转入战时生产状态，美国部队返回报仇，日本将不可避免战败。

东条首相和杉山大将的证词，对于长期图景而言一样模糊。他们都向天皇和内阁保证日本将获得胜利，但他们说胜利并不重要，因为日本不得不立刻攻击，或者永远都不能攻击。当胜利可以清晰表达时，是以当时的力量和计划为期一年作为前提的。而对于美国的战争潜力是日本的7至8倍这一威胁，最后仅是说说而已。[3]

---

[1] 原注：Kato, *The Lost War*, p. 89.

[2] 原注：Okumiya and Horikoshi, *Zero*, p. 61. Cf. Fuchida and Okumiya, *Midway: The Battle That Doomed Japan*, p. 18.

[3] 原注：也有证据表明，日本计划委员会（Japan's Planning Board）显然对日本经济"小心而保守的预测"并不感冒："那些提出的人会被罢免，或者失去晋升机会。"（Kato, *The Lost War*, p. 169*f.*）

上述对美国未来实力的看法，与给日本驻华盛顿大使们的指示中提到的几乎差不多。大使们不得不“更加努力”，并更加积极地尝试说服赫尔国务卿及其顾问。他们并不准备做出任何让步或是改变自己的要求，而只是更加努力地做说服工作。同样，也准备号召海军和陆军为了日本的荣誉，付出比之前更大的努力。但是，一个扩张的帝国形象，以及实现大肆宣传的国家目标，才是动力所在。美国的战争潜力在整个背景中只是一个遥远的威胁而已。

在 11 月 1 日联席会议上，岛田海军大臣相当详尽地讲述了所冒的风险：

在战争中，海军军令部相信，以当前实力来说，海军在早期作战行动和对敌人舰队的拦截作战阶段有极大可能获胜。但是，如果战争持续进入第三年……战争物资的缺乏和日本工业潜力的不足，将开始对海军实力产生直接影响。在后一种情况下，我们很难对自己获胜保持信心。

另一方面，如果我们决定继续开展外交谈判，但随后难以成功，我们将因为时间上的拖延而被迫在进入敌对状态时，面临极为不利的作战条件。虽然目前开启战端存在极大风险，但我们必须意识到，除非我们对最后结果十分确定，否则我们寄希望于谈判同样会冒极大风险。因此，无论我们是继续谈判，还是进入敌对状态，都会有巨大的风险和困难。在两种情况下，都必须衡量风险，以便预测形势发展。[1]

这些话听来足够理性，但并没有证据显示这些风险是如何被衡量的，或是它们究竟有没有被衡量过。（不幸的是，外交和长期的军事风险又极为难以衡量。）12 月 4 日和 5 日，军方和政府召开了一系列会议，决定要同美国、英国和荷兰开战。支持这一决定的是各种数字，它们都显示出日本无法寄希望于跟上美国武器或飞机的生产速度，同时还伴随着经常重复

[1] 原注：“Political Strategy prior to the Outbreak of War,” Part V, p. 1.

的“每一天的拖延都会让我们处于更加不利局面”的话语。[1]

日本人确实拥有可以做出相关长期预测的材料。比如，美国战略轰炸调查团揭示，对于我们 1941、1942、1943 年在飞机制造、船舶制造、必要乘务员培训率等方面的战争潜力评估，他们的情报预测要比我们自己的更加精确。[2] 这样的材料和将美国作为对手这两者之间的关系，是无法用理性的话语解释的。日本和平时期内阁最后一任外相、在最后时刻还尝试让日美谈判能取得某些成果的东乡茂德抱怨说：“大本营拒绝披露我们兵力的数字，或是有关作战行动的任何事实。”[3] 他“真切地感到，我们将自己的筹划建立在假定之上的荒谬”。[4] 虽然他从“无数有关美国生产能力的公开数字中”[5] 知晓美国当时的实力和潜力，并且完全意识到“她的潜力大到日本无法比较”[6],但他对日本军队如何行动却一无所知。他曾在 11 月 1 日联席会议上“要求大本营对战争前景进行预测”[7]。永野海军大将向他保证在战争初期阶段会获胜，但东乡继续施压，要求保证能获得最终胜利：“陆相回应说，总体来看，胜利是肯定的，我可以把担忧放在一边，信任大本营。海相重复说没有悲观的理由。海军军令部总长阐述了对于伏击作战的信心，并说海军会在美国舰队从中太平洋向托管地北上时将其击沉。”[8] 东乡最后得出的结论是，自己“除了相信陆海两军的保证外，没有其他选择”。[9] 但这些保证掩盖了核心的、未解决的问题：日本无法赢得一场长期战争；她也没有可行计划来确保战争将会是短期的。她在初始阶段的成功可能会让我们泄气、退出——她的领导人只能寄希望于这一点，

[1] 原注：“Political Strategy prior to the Outbreak of War,” Part V, p. 3*f*.

[2] 原注：USSBS, *Japanese Military and Naval Intelligence Division*.

[3] 原注：Togo, *The Cause of Japan*, p. 127.

[4] 原注：Togo, *The Cause of Japan*, p. 127.

[5] 原注：Togo, *The Cause of Japan*, p. 126.

[6] 原注：Togo, *The Cause of Japan*, p. 126.

[7] 原注：Togo, *The Cause of Japan*, p. 141.

[8] 原注：Togo, *The Cause of Japan*, p. 142.

[9] 原注：Togo, *The Cause of Japan*, p. 143.

但他们无法消灭我们继续战斗的手段和意志。

换言之，与美国的战争并不是选择出来的。战争的决定更多是受到要避免更加可怕的、丧失地位或放弃国家目标的可能性欲望的驱使。这些继续推动日本帝国扩张的目标，已经宣传好多年，至少从 20 世纪 30 年代起就开始了。但它们是否可行，是否与其他国家的目标相适应，却很少被分析过，甚至是被提出过。一步一步在中国、朝鲜和印度支那推进的扩张计划，已让日本人致力于在同样的道路上继续推进；因此，在任何一点上停下来，就等同于“接受国家的耻辱”或是“接受二流强国的角色”。比如，到 7 月份时，当罗斯福总统在实施贸易禁运之前建议将印度支那和暹罗中立化作为最后解决方案时，事情早已覆水难收。正如东乡说的：“日本当局研究了这个想法；但印度支那的行动是基于 7 月 2 日御前会议做出的决策，因此除非放弃整个南进，我们不能从南印度支那撤出部队，而且正是在那里，我们首先实施了南进政策。”[1]

在这样轻率的发展进程中，毫无疑问，不那么富有侵略性的文职政府成员们被军方扔到了一旁。由于两个军种在讨价还价时，陆军慷慨地表示可以共享在东南方向的新资源，海军内部残存的一丝勉强也被消除了。在内阁里，曾协助制订中国战役计划的、聪明而又固执的东条大将取代了最后一位懦弱的温和派近卫，成为首相。他主宰每次讨论并赢得每次争论。每次讨论日本面临的各种可能性时，他都让讨论集中于具体而即刻的战略，甚至是战术问题上，而阻挠任何想要提出长期考虑的倾向。问题不是应不应该将美国和英国卷入进来，而是变成对哪一个发动最有效的首次打击——是首先进攻马来亚并在之后才进攻菲律宾呢，还是同时对两地发动攻击。这样的考虑可以决定一次战斗的结果，却决定不了一次战争的结果。

我们观察到，有一点很有趣，即对于日本计划的大规模战争，以及单独的作战行动，日本和美国对其中所冒风险的认识是相同的。我们错误估

[1] 原注：Togo, *The Cause of Japan*, p. 86.

算的，是日本接受这些风险的能力和意愿。格鲁大使说过："国家的理智会反对这一事件，但我们不能用自己的逻辑标准来衡量日本的理智。"[1]

正如我们在军方和国务院的文件中所见，我们自己的标准认为，日本人面临的风险太大，因此他们不会去冒险。风险确实太大了。但日本人会去冒这些风险。我们之所以忽视这个明显不具有逻辑性的联系，原因在于我们没有在认识中考虑"逐渐消耗"这一可能性，即被包围和被打败但却没有发动一次打击的危险。如果用我们自己的逻辑标准，目标指向的是更容易的英国和荷兰目标，但日本人认为美国、英国和荷兰的联盟是一个坚实的整体，一旦更容易的目标被袭击，我们也有义务开战。我们自己的海军标准认为，在一次海上发动的空袭行动中，不会动用超过 2 艘航母，那是因为我们习惯于用自己的能力框架进行思考。即使到 1945 年国会听证会召开时，面对日本出动 6 艘航母的证据时，海军的证人们经常提到的也只有 4 艘航母。因为对于他们的想象而言，任何海军绝不会冒险把自己所有重型航母力量都投入到一次作战行动中。即使是我们之前进行日本战争的推演，我们也无法揭示敌人的大胆和创造性。（第 1 章中提及的马丁—贝林格预测具体说到"一艘或多艘航母"。）

当然，绝大多数战争推演中固有的瑕疵，就是无法想到敌人的心理和战术；总体上讲，其实和参与者一样，战略具有参与者的典型特征，而非参与者在推演中所扮演角色的典型特征。前面提到，美国的决策者非常不擅长想象日本的企图和价值观。应当说，日本人自己也很难用别人的角度来看自己，很难想象出美国对日本行动的反应。最不现实的一点是，他们认定军事潜力十倍于己的美国、以一旦发动战争就只接受无条件胜利而闻名的美国，[2] 会在短暂的斗争之后，就接受自己一大部分海空力量和在远东的所有军力都被消灭的事实。

日本无法理解美国心理的一个最有趣的例子，就是日本人在 1941 年

---

[1] 原注：*Hearings*, Part 14, p. 1056.

[2] 原注：这是第一次世界大战时期形成的美国名声。See Kennan, *American Diplomacy, 1900-1950.*

8月份开展的一次政治军事联合推演。[1] 这次推演虽然不如海军在9月份实施的战争推演那么闻名，[2] 但目标是应对某些长期考虑。来自陆军、海军和政府各部的参与者，都是日本政府在1940年10月设立的、位于东京的全面战争研究所的成员。推演中的代表国家包括意大利和德国（作为一个国家对待）、苏联、美国、英国、泰国、荷属东印度群岛、中国、朝鲜、“满洲”和法属印度支那。为与国内真实情况相对应，参与者并没有把日本作为一个只有单一利益的团队，而是作为必须要在主要问题上达成一致的各种相互矛盾利益的联合体。比如，推演中存在对战争不可避免性、战争开始日期和方式、卷入的敌人数量、需要用来支持战争的经济控制措施等方面的分歧。

在推演中的战前阶段，即从1941年8月中至10月15日，军事机构成功地让内阁接受了向东南方向扩张的计划。在这次推演中，日本并没有首先发动对美国的战争。意大利和德国则首先与美国搅在一起（现存文件中没有给出细节），然后才是日本。在美国宣布于远东设立中立海区并击沉一些日本舰船之前，日本一直采取外交拖延的战术。美国的这两个行动，触发了日本发动对包括菲律宾在内的所有东南亚国家的、精心准备的一系列突然袭击。但并没有提到珍珠港。

推演中的热战阶段是在1943年，该阶段显示德国缓慢地形成对苏联的优势，从而让日本可以在1942年秋成功发动对西伯利亚的攻击。这与当时日本陆军预计的完全一致；因此，人们可以认为是陆军的参与者掌握了推演的主导权。与1941年事件发展相一致的是，推演呈现出陆军是最具侵略性和最具影响力的一派。陆军赢得在内阁中的所有辩论，它列出的前提被普遍接受。推演没有提到珍珠港这一令人生疑且当时正被海军热烈辩论的问题，显示出推演参与者们对计划一无所知。

与9月份在海军战争学院举行的战术推演不同，这次政治推演似乎

[1] 原注：Exhibits, 868 and 871 in “Tokyo War Crime Trial Documents,” Vol. 16.

[2] 原注：有关这次推演的证据比较分散，因为研究东京战争罪审判的法律人员感兴趣的，主要是全面战争研究所（Total War Research Institute）这一监督机构的设立。

并不是检验各种替代可能性，而更像是展示或论证一系列观念的复杂方式。日本部队最偏爱的预兆，处理美国和英国与自己敌对而产生的后果时所显示出来的模糊性，与陆军参谋长杉山大将呈交给天皇的论述有紧密联系。德国战胜了苏联和英国，美国就会退出冲突，退出的具体细节则无关紧要。

所有证据似乎都暗示，日本做出的对美国开战的决策并没有得到条理清晰的论证，而更像是作为两害相较取其轻的结果。要么是对美国的战争，要么就是国家分崩离析。无论是政策计划者，还是作战行动专家们，都没有认真考虑过战争的目标和在太平洋地区能够形成妥协的和平或平衡类型。

战争第一阶段的计算，如果不能说是草率，那就是细致而大胆的。这些计算在时间节点、地理覆盖范围、对日本和美国当时力量的细致对照等方面，相当复杂。这些计算要求进行几乎完美的协调，而在计划时已将日本的能力用到极限，在某些情况下甚至超过了极限。但是，预期美国将在第二和第三阶段最终默许日本的行动，却根本谈不上是“计算”。似乎日本人在没有透彻考虑的情况下，一厢情愿地承担起风险。或者说，承担起在攻击英国人和荷兰人的同时**不对**美国采取行动的风险，以及**不对**英国人和荷兰人发动攻击的风险，似乎是不可想象的、压倒一切的，这就意味着接受自己是劣等国家。

停下来思考一下，对日本这个独特的侵略者而言，未来能发挥的遏制作用是多么微乎其微。在所有必需的经济和军事数据都预示自己将失败时，日本人从未认真地思考自己在追求领土扩张上的限制，因为他们认为这是“国家荣誉”。对于今天工业发达程度较低的国家而言，未来的威胁制约会更小。因为用当代的武器，可以在与现代军力的一系列初期冲突中，就决定一场战争的结果。

第二节　日本的短期计划

现在让我们更细致地看一下日本战争计划中的初期冲突：菲律宾战役和珍珠港袭击。对某些作战行动细节的考虑，将让我们进一步深入看到第一阶段军事计划者的大胆和精确计算。

一、对菲律宾的袭击

在二战爆发时任职第 11 航空舰队（Air Fleet）参谋的岛田光一准将，递给我们最近且最为权威的、菲律宾战役开始数日内情况的资料。[1] 我们应当只对一些特定方面进行总结。

简单地说，菲律宾战役是由陆军第 5 航空集群（Air Group）和海军第 11 航空舰队发动空袭开始，之后是在巴坦岛（Batan）[2]、吕宋岛（Luzon）和棉兰老岛（Mindanao）登陆。第 5 航空集群将出动 72 架战斗机、27 架双引擎轰炸机、54 架轻型轰炸机、27 架侦察机和 12 架联络机，总数达到 192 架。海军第 11 航空舰队将出动没有参与珍珠港袭击的 108 架零式战斗机，以及 13 架老式战斗机、81 架新式轰炸机、36 架老式轰炸机、15 架侦察机、24 架飞艇、27 架运输机，总数达到 304 架。[3] 陆军和海军飞机的不同作战范围决定了如何划分其任务。陆军的飞机原先主要设计用于针对苏联的陆上战争，这要求它们从临近的“满洲”陆上基地出发，对苏联的目标实施作战行动。此时陆军战斗机的作战半径仅有 300 英里，搭载一枚常规炸弹的陆军轰炸机甚至不能往返台

[1]　原注：Shimada, “Japanese Naval Air Operations in the Philippine Invasion,” pp. 1-17.

[2]　原注：不要和巴丹半岛（Bataan）混淆。

[3]　原注：Shimada, “Japanese Naval Air Operations in the Philippine Invasion,” p. 3.

湾岛基地和仁牙因湾。另一方面，海军零式战斗机的作战半径为 420 英里。因此，海军同意在北纬 16 度线以南进行作战（也就是从仁牙因湾到圣伊尔德丰索半岛 [San Ildefonso Peninsula] 一线），陆军航空部队则在该线以北作战。陆军航空兵袭击的目标是土格加劳（Tuguegarao）和碧瑶（Baguio）（菲律宾的夏都），海军则是克拉克（Clark）和尼科尔斯（Nichols）机场。

海军主要的航母力量都被分配去执行袭击珍珠港的任务；因此，对入侵菲律宾和马来亚的空中支持，不得不首先依靠来自台湾岛和南印度支那的陆上基地。每一次向南推进，都不得不实施行动，夺取下一阶段入侵行动空中支援所需的空军基地；每一次推进，也不得不有特定的时间限制。

从台湾岛到马尼拉地区目标之间的距离是 550 法定英里。甚至对海军零式战斗机而言，载满航油都无法往返这一中心目标。还有 3 艘小型航母可用，但使用起来都有很多困难。它们是可搭载 24 架飞机的“龙骧”号（*Ryujo*）、可搭载 28 架飞机的“瑞光”号（*Zuiko*）、可搭载 23 架飞机的“春日丸”号（*Kasuga Maru*）。它们一共可以搭载 75 架飞机，其中有些不得不用在空中巡逻作战。这 3 艘航母中没有哪一艘可让搭载飞机中的半数从甲板上起飞；要把从航母上起飞与从台湾岛上起飞协调起来，则是更为严重和复杂的问题，特别是突袭防御部队时必须实施严格的无线电静默，因此最后时刻万一出现变化，是无法沟通联络的。此外，由于航母不得不在可能被美国人观察到的范围内机动——这样才能让零式战斗机升空启动袭击，因此还存在让美国事先预警的风险。另外一个要考虑的问题是，把海军空勤维护人员分散到陆基基地和航母两处，带来的效率损失。

显然，海军不能完全指望小型航母或是仅仅依靠零式战斗机来袭击马尼拉地区。1941 年 9 月，日本海军似乎有了更好的主意，为增加零式的作战范围找到某种解决之道。第 11 航空舰队把主要的力量转移到台湾岛，并开始着手解决这一问题，同时还训练飞行员进行空战、扫射、夜飞等。在 10 月中，小型航母抵达台湾岛后，零式飞行员们开始演练从真正的飞行甲板上降落和起飞。如果零式战斗机的飞行范围无法提升，还可能会用到航母，因此，开展从陆基基地和从航母上起飞作战两方面的训练十分必要。这样的双重训练一直持续到 11 月初，此时终于做出主要从陆基基地起飞进行作战的决定。[1] 尽管很晚，但直到这时，零式战斗机的作战半径才终于增加到 500 法定英里，并可以在目标上空停留最长达 15 分钟。即使这样，离需要攻击的马尼拉地区目标还有 50 英里的距离。最终，通过将发动机巡航速度从 1850 转 / 分钟降低到 1650—1700 转 / 分钟，以及提高燃油纯度解决了这一问题。岛田将军解释说："最后 50 英里的作战半径，必须依靠飞行员的技巧和纪律来确保维持飞行速度，在夜间编队飞行时更是如此。" [2]

海军计划人员通过如此精密的计算，非常自信地把在 D 日早晨占领巴坦岛纳入作战计划中。坐落在台湾岛和吕宋岛间的巴坦岛，对于在目标上空飞行时间超过预计的零式战斗机飞行员而言，是一个非常有价值的加油中转站。

由于缺乏航母，导致需要增加零式战斗机作战半径；此外，在菲律宾达成如同在珍珠港那样的突袭效果要困难得多。突袭珍珠港是在夏威夷时间 12 月 7 日拂晓后立刻开始，这比菲律宾时间 12 月 8 日拂晓要早数小时。[3] 为同时达成对菲律宾和珍珠港的空袭，零式战斗机飞行员不得不在夜间轰炸菲律宾。但是，之前对中国实施的夜间轰炸就不理想，因为轰炸瞄准条件不足；计划人员因此决定要将对菲律宾的攻击延迟到天明后进行，那时就能保证轰炸成功。相应的，"12 月 6 日发布的对吕宋岛第一波攻击的最终计划确定了启动时间……是在 12 月 8 日 2 点 30 分从台湾岛

---

[1] 原注：在南部的达沃（Davao）登陆时，还是动用了一艘小型航母提供空中掩护。

[2] 原注：Shimada, "Japanese Naval Air Operations in the Philippine Invasion," p. 5. 另参见 Okumiya and Horikoshi, *Zero*, pp. 80*ff*, 关于菲律宾空袭训练的讨论。由于飞机上并未装备集结装置，因此必须保持夜间编队飞行。

[3] 原注：位于东经 180 度的国际日期变更线，将夏威夷和菲律宾分隔开来。所有在变更线以东的岛屿都与美国处于同一日期；位于西部的则与日本和澳大利亚处于同一日期。

基地出发。在6点15分日出后15分钟，尼科尔斯机场将会遭到从高雄（Takao）起飞的54架轰炸机和50架战斗机的打击，克拉克机场将会遭到从台南起飞的54架轰炸机和36架战斗机的打击”。[1]

这意味着如果所有的事情都按照计划实施，而协同又十分完美，菲律宾防御部队至少可以有数小时接收警报和做出反应的时间。帝国大本营打算依靠无线电干扰阻止珍珠港袭击的消息传过来，海军航空兵计划人员可没指望无线电干扰，他们预计防守的一方会有数小时的警报时间，但这是他们不得不冒的风险。

我们现在已知道，袭击并没有按照计划的那样实施。那天早上，大雾令日本飞行员在地面耽搁了6小时。在最后时刻，他们把攻击目标从尼科尔斯机场改为伊巴（Iba），以便能够摧毁袭击尼科尔斯时将反过来攻击自己的战斗机。此外，对菲律宾的无线电干扰并不成功，在珍珠港遇袭1小时后，马尼拉收到珍珠港事件的消息，这比计划中对菲律宾发动袭击的时间早了3个小时，比实际发动袭击的时间早了9个小时。尽管有延误，日本飞行员们却实现了巨大的、如同一切都在按计划实施的战术突袭。从某种程度上看，菲律宾的突袭甚至比更知名的珍珠港事件，还要让人瞠目结舌。

日本海军航空兵部队在菲律宾战役中所经历的困难，只是东南亚作战计划的庞大准备工作中诸多困难的冰山一角。比如，日本陆军在菲律宾战役这一阶段原先的计划是，[2] 部署6个营用于前期登陆，投入2个师团作为主要登陆作战力量，以及其他支援兵力。最终，第14军司令官本间[3]将军不得不指望第15师团和第48师团来实施整个作战行动。他的支援兵力包括2个坦克团、2个团加1个营的中程火炮、3个工兵团、5个防空营和数个服务部门。一旦占领吕宋岛，第48师团和许多部队立刻会被调去参加东印度群岛和马来亚战役。他原本希望能够有陆海军联合

[1] 原注：Shimada, “Japanese Naval Air Operations in the Philippine Invasion,” p. 8.

[2] 原注：Morton, *The Fall of the Philippines*, p. 59.

[3] 译注：即本间雅晴。

提供的约600架飞机的空中支援，但最终只得到500架。考虑到在D日同时实施登陆的巨大需求，以及早已深陷"中国事件"和在"满洲"、朝鲜、台湾岛和印度支那维持治安的规模巨大的兵力，也就能理解他的兵力为何会缩减。

因此，对日本人而言，存在人手不足、武器短缺，以及对珍珠港和吕宋岛分别进行轰炸存在数小时间隔的危险，更不要说还有没计划到的延误风险。对于这样一个突然性至关重要的计划而言，在D日之前至少6周内，这些都增加了计划实施的危险。至于海军，大量的运输船正向南航行。岛田将军提到，11月间在台湾岛南部的高雄，以及澎湖列岛（Pescadores）的马公岛（Mako）[1]有大规模的集结。在他看来，在那时这是"几乎不可能被误解的、即将在南方进行大规模两栖行动的暗示"。[2]

当然，舰船和部队的行动必须要预先数周实施，但空中侦察行动却一直延迟到很晚才开始实施。10月25日实施的第一次侦察，仅仅是飞越巴坦岛以确定岛上是否有机场。直到11月20日才开始对吕宋岛侦察，侦察飞行被分为数天实施，并采取各种可能的预防措施以防被发现。最后一次飞行是在12月5日，目的是考察在攻击前敌军部署是否有任何变化。从11月25日起，气候观测飞机也被派往菲律宾东侧和西侧海岸外，搜集攻击飞机在12月8日到目标上空所经航线上的天气情况数据。当然，已预先开展过搜集有关我们的机场位置、飞机数量、部队部署等详细情报数据的行动。但是，迟至12月6日，东京还持续从马尼拉接收最后时刻的资料。把这些来源汇总之后，日本的攻击者就会对情况有非常清晰的了解。事实上，对实际上可以动用的装备和车船情况，他们甚至比华盛顿知道得还要清楚。岛田总结台湾岛上海军航空兵计划人员在12月6日拥有的信息时说：

[1] 译注：即澎湖岛。

[2] 原注：Shimada, "Japanese Naval Air Operations in the Philippine Invasion," p. 7.

11月底在马尼拉湾观察到的敌人水面舰只和潜艇，绝大多数已不在那里。预计水面舰只转移到菲律宾南部水域，而潜艇的部署似乎更加分散。通过无线电，在菲律宾以东和帕劳群岛周围已定位数艘潜艇，其他的潜艇据信正向吕宋岛以西、靠近仁牙因湾的区域机动。此外，从11月初开始，数次报告说美国的潜艇位于台湾岛以东和以西区域。

敌人绝大多数重型轰炸机的基地在克拉克和尼科尔斯，少数分散在尼尔森、墨菲、伊巴、卡门和两大基地周围的其他小型机场内。从11月中开始，在吕宋岛西部水域实施每日定期空中巡逻。12月5日，敌人菲律宾的空中部队接到命令，要保持15分钟应急反应警戒。[1]

此外，日本侦察飞机还获取了仁牙因湾、陆军将要登陆的吕宋岛北部海滩、巴丹半岛的详细照片。巴丹岛的照片被立刻送到本间将军的司令部。

虽然攻击者们对情况十分清楚，但从表6–3中我们可以看到，他们的准备工作，以及他们的谍报活动让自己很容易被发现。美国情报机构曾得到许多可用的信号。华盛顿知道在南方的海军集结的绝大多数情况，知道舰船上搭载的两栖登陆装备，知道日本部队正机动到台湾岛和南部印度支那。我们的国务院已向日本政府提交了适宜的正式抗议。麦克阿瑟的部队已发觉在菲律宾上空的空中侦察，华盛顿也正采取相应步骤，让美国飞机对马绍尔群岛和加罗林群岛中的一些日本岛屿进行照相侦察。在菲律宾和华盛顿的密码分析军官，已掌握日本人从菲律宾发出的，有关我们防御力量的数量、种类和部署的讯息。

[1] 原注：Shimada, “Japanese Naval Air Operations in the Philippine Invasion,” p. 9.

表 6–3 1941 年 12 月 8 日（东京时间）在菲律宾的美国军力与日本预测的美国军力对比 *

美国军力实际情况	日本预测的美国军力
45艘海军舰船	33至48艘海军舰船
1艘重型巡洋舰	1艘重型巡洋舰
2艘轻型巡洋舰	2艘轻型巡洋舰
13艘驱逐舰	15艘驱逐舰
29艘潜艇	15至30艘潜艇
307架作战飞机	250至300架作战飞机**
107架P–40	108架P–40
68架其他型号战斗机	79架其他型号战斗机和巡逻机
35架B–17	38架轰炸机
39架其他型号轰炸机	18架PBY
58架其他各类飞机（侦察、货运）	13架侦察机
31104人的美国陆军部队	20000至25000人的美国陆军部队
11988人的菲律宾侦察兵	…………
19116人的其他美国部队	…………
绝大部分部队驻扎在吕宋岛	绝大部分部队驻扎在吕宋岛
1个师	1个师
1个航空飞行队	1个航空飞行队
1个守备部队	1个守备部队
1个有54辆坦克的营	1个有54辆坦克的营
…………	1个反坦克营
4个海岸炮兵团	4个海岸炮兵团
1个防空团	1个防空团

注释 *：根据以下文献来源编辑而成：Morton, *The Fall of the Philippines*, pp. 42, 49, and 58; Shimada, "Japanese Naval Air Operations in the Philippine Invasion," *Passim*; Craven and Cate (eds.), *United States Air Force in World War II: Plans and Early Operations: January 1939 to August 1942*, pp. 201*ff*; USSBS, *Japanese Air Power*, p.6。

注释 **：大致预测。

绝大多数时候，我们的军官**并不**掌握关键的最后时刻的信息资料。他们缺乏根据敌人部队向目标机动情况推测出敌人企图（这些通常属于“动态”情报），缺乏关于敌人能力的信息资料（通常属于具有讽刺意味的、乐观的“静态”情报）。因为即使是静态能力也已经发生改变：11月初还是正确的预测，到12月初就不是那么回事了。在菲律宾，日本作战能力出现快速变化，最为重要的就是零式战斗机作战范围的增加，这让从台湾岛基地到菲律宾的往返飞行成为可能。我们的军官在12月7日之前都没接收到这个信息。此外，尽管在11月月中，海军无线电通信分析人员有关日本航母正位于靠近日本某个隐蔽位置的预测是正确的，但他们不掌握航母在11月25日驶离千岛群岛的“动态”情报。他们也不掌握日本从马尼拉发出的最后时刻谍报讯息，因为这些讯息还未能被破译或翻译出来。当然，还有其他有关珍珠港袭击的最后时刻信号也被遗漏了。但是，此时唯一重要的事情是菲律宾战役；此外，也提到日本航母出发的情况，因为这些航母中有两艘原先就被分配用于实施对菲律宾和马来亚的空袭任务。

如果拥有这些最后的信号，可能会有助于菲律宾防御者们减少被突袭的突然性。比如，有助于防御者对从台湾岛或是航母上而来的空袭进行认真的准备。

他们计算时遗漏了上述提及的信号；菲律宾防御者们有整整9个小时的预警时间，即从2点30分通过无线电获知珍珠港袭击的消息到12点30分日本发动袭击这一段时间。[1]之所以对警报缺乏反应，原因并不是情报不足。相反，我们的防御没有做好应对突然空袭的准备，没有针对警报做出反应的能力。部分的原因在于通信和装备老旧，岛上缺乏指挥协同；另外部分原因在于，普遍相信日本的攻击将会在1942年3月或4月开始——这一时间恰好与军事预测中美国完成菲律宾防御的时间完全吻合。

但本质上，日本的空袭只是理论上考虑过、存在于纸上的情况。在收

---

[1] 原注：Morton（*The Fall of the Philippines*, pp. 80-89）对这10小时内所发生的相互矛盾的报告进行了极好的总结。另参见 Edmonds, *They Fought with What They Had*。

到警报之后应当采取的行动是无法，或者说无论如何也没有实施的。比如，在收到 11 月 27 日警报讯息后，麦克阿瑟上将命令将所有的重型轰炸机转移到棉兰老岛南部地扪（Del Monte）的新空军基地，但到 12 月 7 日，布雷莱顿将军只转移走了半数。B–17 是非常宝贵的物资，而新空军基地尚未完工，也不能有效保障其使用。11 月 27 日后，有证据显示日本加强对菲律宾的侦察，但我们自己并没有发出命令，将侦察扩展到台湾岛。根据一些记录（当然，报告的每个例子都存在诸多相互冲突的证据），为贯彻华盛顿让日本人打响第一枪的指令，我们的侦察只覆盖从吕宋岛北部到台湾岛南端这一段距离的三分之二。由于认为日本零式战斗机的作战半径有限，无法成功从台湾岛基地起飞攻击克拉克基地，似乎将轰炸机向南转移或是对台湾岛进行侦察也就没有那么紧迫。当袭击真正发生时，我们的部队仍认为日本来袭飞机是从航母上起飞的。

部分原因在于，我们缺乏照相侦察信息来精确定位目标，因此在收到珍珠港袭击的消息后，美国无法对台湾岛发动反击。克拉克和尼科尔斯机场的航空兵部队数名主要飞行员敦促实施这样一次反击，但直到 12 月 8 日下午（菲律宾时间），他们才获准拟制飞行计划。即使如此，计划中的首次飞行还是进行侦察，而反击被确定在 12 月 9 日早晨实施。与此同时，即使经过大量讨论，对于之后采取什么行动、如何分散飞机、是否将飞机升空以避免被摧毁，仍然存在分歧。正当这一切进行时，所有的 B–17——除一架之外——都在地面加油和装弹，此时，日本飞行员已抵达克拉克机场上空，所有的 B–17 都被摧毁了。第 20 驱逐机中队刚进行了一次失败的拦截行动，在回到地面加油时，也被全部摧毁。我们位于尼科尔斯机场的轰炸机在战争首日没有受到攻击，仅仅是因为在最后时刻攻击转移到伊巴去摧毁那里的战斗机。在伊巴，损失几乎和克拉克一样严重。

对菲律宾战役某些作战细节的管窥，让我们可以正视日本人预测的能力和之后不久甘冒风险的能力。当然，夏威夷的作战更大胆，而此前，至少进行了一年的秘密研究，并在日本海军高级计划人员中引发了激烈争论。1941 年秋之前，无论是陆军的计划人员，还是内阁的任何成员，都没有得知这一特别作战行动的信息。

二、珍珠港袭击

多年以来，事实上自1909年以来，日本舰队就已经针对美国舰队做了行动准备，但重点一直没变：应对的情况是，美国在太平洋地区发动攻击之后，日本在本国临近水域发动决定性反击进攻，为此目的开展了训练和武器提升。但是，到1939年时，海军军令部明显感到这一重点过于保守，认为日本海军可以同时应对荷兰、英国和美国的兵力，而美国在夏威夷如此紧邻地点部署这样一支规模庞大的舰队，其威胁必须用新观点去认真研究。正是大胆的赌徒、对空中力量坚定支持的联合舰队司令官山本海军大将提出解决方法，并最终被采用。

到1940年底前，山本海军大将要求有"一名既往职业生涯没有给他造成传统作战方式影响的飞行员"来协助，[1]以便研究对珍珠港空袭的问题。奇怪的是，袭击计划的消息在1941年1月通过秘鲁大使馆传到格鲁大使那里，但后者和我们的情报机构都认为太不可思议。他们的判断与日本海军军令部的想法一样。山本挑选大西泷治郎（Takijiro Ohnishi）海军少将，与另一名不按传统方式行事的飞行员源田实（Minoru Genda）一同进行研究。1941年4月底，大西最后形成一份总体计划，其中列出两个主要困难：一是，"在珍珠港，从飞机上发射鱼雷存在技术上的困难，因为珍珠港的海水太浅，正常方式发射的航空鱼雷会触底"；[2]二是，要达成对作战行动至关重要的突袭，在战略上存在困难。那时，大西认为自己的计划有六成胜算。秘密得知此事的时任海军军令部第一部（作战部）部长福留繁海军少将则预计只有四成胜算；正如他后来解释的，他认为作战方面的困难比大西考虑的要严峻。到1941年9月初，大西显然改变了主意，因为那时和10月份时，他都试图劝说山本大将放弃这一计划。此时，山

[1] 原注：Fukudome, "Hawaii Operation," p. 1317.

[2] 原注：Fukudome, "Hawaii Operation," p. 1318.

本已接受与美国进行战争的决定，但前提条件是，必须把袭击珍珠港纳入作战计划。

在大西的总体计划完成后不久，1941 年 5 月，日本海军立即开始夏威夷作战的训练。飞行员和船员们自然不知道他们训练的最终目的何在，甚至在高级海军军官中，也小心谨慎地限制有关计划的知情范围。至于海军军令部总长永野是否在 5 月份或 8 月份得知这一情况，就不得而知了。[1] 山本就是要确保自己提出计划时，不会有争论，并且已进行充分的训练。根据他的指示，俯冲轰炸训练是在九州（Kyushu）南端的鹿儿岛（Kagoshima）开展的，因为那里的地形与珍珠港相似。海上加油的专门训练，被允许使用到达目标最为保险的北部航线。研究人员开始研究开发浅水作战用的鱼雷，源田则让自己的飞行机组人员在佐伯训练使用浅水短距鱼雷。

并不清楚最终开发出合适鱼雷的确切日期。一些证词显示是在 1941 年夏，但源田和率领实施珍珠港袭击的渊田美津雄海军大佐说，通过在常规鱼雷上加装特别尾翼，才在 11 月初最终解决这个问题。同时，还为 15 英寸 [2] 和 16 英寸穿甲炸弹加装了尾翼，这样就可以穿透美国舰船上的装甲甲板。这些稍晚取得的开发成果，就如同菲律宾战役中拓展零式战斗机作战范围一样。当菲律宾的航空兵军官们研究零式战斗机的作战范围和机动性能时，金梅尔海军上将对这些关键的情况发展并不知情。

在 1941 年 2 月 15 日写给斯塔克海军上将的一封信中，金梅尔确信：

要从飞机上成功释放鱼雷，水深至少要 75 英尺。最好是 150 英尺。目前可行的飞机释放鱼雷高度最高是 250 英尺。释放速度在 120 至 150 节之间。理想的释放高度是 60 英尺或更低。鱼雷在爆炸装置待炸之前应当

[1] 原注：永野否认自己在 10 月份之前知道珍珠港的计划。（“Tokyo War Crime Trial Documents,” p. 10187.）

[2] 编注：1 英寸约为 2.5 厘米。

至少需要200码滑行距离，但这一点可以改变。[1]

金梅尔还得知在塔兰托事件[2]中鱼雷成功攻击的水深是84至90英尺，一些情况下的鱼雷滑行在水深66至72英尺之间。在珍珠港，通道的水深为40英尺，而港内水深是30英尺及以下。

之后6月13日来自英格索尔的一封信还加上了第二个想法：

近期的事态发展已显示出，美国和英国鱼雷可从约300英尺高度飞行的飞机上释放，在某些情况下，初入水深度可以少于75英尺，并可进行完美的滑行……当主力舰只和其他有价值的舰船在下锚状态时，如果周围水域有足够距离可进行鱼雷攻击，且足以让鱼雷进入待炸状态，就不能假定这些舰船是安全的，不会受到此类攻击。[3]

第三个想法是：

鉴于海军舰船下锚停泊的水域并不是必然免遭鱼雷攻击机袭击的最低水深，应当认定水深将会成为任何实施攻击部队考虑的因素之一，而从相对深水区域［10英寻（60英尺）或更深］实施的袭击变得更加可能。[4]

请注意，这些阐述从不可行（鱼雷释放低于250英尺高度或在水深低于75英尺水域），悄悄转变为更缓和的、水深将会是敌人考虑因素之一的表述，还有更倾向于深水区域攻击的可能性更大的表述。

这一信息被转发给所有舰队指挥官，并要求他们就反鱼雷障碍设置提

[1] 原注：*Hearings*, Part 33, p. 1283.

[2] 译注：英国为取得在地中海的制海权，在1941年11月11日对驻守在意大利塔兰托港的意大利海军实施的作战行动。作战的主要方式是，通过英国航母舰载飞机对意大利海军实施鱼雷攻击和轰炸。

[3] 原注：*Hearings*, Part 33, p. 1318.

[4] 原注：*Hearings*, Part 33, p. 1318.

出建议。指挥官们得到指示，要牢记自己的舰船必须有足够的机动空间，并且“在诸如一支舰队驻扎的大规模兵力的地方，由于过分拥挤，因此难以实现令人满意的障碍设置”。[1] 在 1941 年 12 月之前，还没有研发出能够快速轻易设置并转移的轻型防鱼雷网，海军技术人员似乎也认同，任何其他种类的防鱼雷网都不适用于珍珠港。金梅尔和自己的参谋们，还有布洛赫海军少将，在阅读完 6 月份的通信之后，也都相信“可以忽视在珍珠港成功发动鱼雷攻击的危险性”。[2] 就他们掌握的信息而言，这样的判断是正确的。但在这里，静态情报的目标再一次将发生动态变化。

除了广泛研发武器与开展飞行员和机组人员的训练外，9 月 2 日至 13 日在东京的海军战争学院，山本还将袭击珍珠港计划作为一个大规模战术性战争推演的一部分，进行了测试。山本担任首席裁判，后来领导实际攻击行动的南云忠一海军中将则担任实际职责。此时，必然会让大量的海军人员知道秘密。推演的主要目的是形成占领马来亚、缅甸、荷属东印度群岛、菲律宾群岛、所罗门群岛、中太平洋群岛的最佳作战计划，同时形成海军对珍珠港空袭的详细计划。[3] 在此次推演的基础上，他们决定，同时对马来亚和菲律宾发动攻击。

至于珍珠港：

> 形成的结论是，有五成可能美国舰队的主力将停泊在夏威夷水域，这是一个实施攻击的好机会。但是，如果美国舰队已经充分警惕，那就必须摧毁敌人的反抗。另一方面，存在夏威夷北部海域没被有效巡逻覆盖的可能性，因此最好是通过在该海域的机动来靠近。如果突然袭击成功，预计停泊在夏威夷的美国主力舰只中有三分之二将被击沉，日本可能会损失两或三艘航母。[4]

[1] 原注：*Hearings*, Part 33, p. 1317.

[2] 原注：*Hearings*, Part 6, p. 2509.

[3] 原注：“Tokyo War Crime Trial Documents,” p. 10210.

[4] 原注：“Political Strategy prior to the Outbreak of War,” Part V, p. 12. See also Hattori, “Complete History of the Greater East Asia War,” Vol I, pp. 318*ff*.

鉴于在这些推演中，为袭击珍珠港动用了6艘航母，这意味着将损失三分之一至一半的大型航母。对永野海军大将和军令部而言，这样的风险太大了。只是在11月初，当明确菲律宾和马来亚的空中掩护任务将由从台湾岛基地起飞的飞机实施，并且在与陆军航空兵进行特定谈判后，他们才愿意把所有大型航母分配给珍珠港攻击行动，并给特遣舰队增派加油所必需的油轮。尽管成功的概率在提高，但山本海军大将还是难以获得永野个人的批准，永野及其参谋人员提出4个主要的反对意见。

首先，要保守对突袭而言至关重要的秘密，存在巨大困难。特遣舰队规模庞大，涉及多达60艘舰船，[1]并且必须在攻击日之前至少一个月就出发。海军军令部担心，或是敌人能够观察发现，或是参与行动的某个日本人会无意泄露，或是发生某些事件必须通过无线电报送电文，这些都会让舰队在前往目标途中被发现。此外，据信美国飞机定期巡逻瓦胡岛附近水域，并且巡逻距离偶尔会延伸到600英里。因此，当航母到达距离目标200英里的进攻发起位置时，非常可能会被美国巡逻飞机发现，而那时要返航就太晚了。

其次，海军军令部争论说，遵循既往的教科书流程，集中所有力量在临近日本的熟悉水域进行一次决定性战斗，更有意义，而且获胜概率更大。并非突袭的观念过于新奇或是令人生厌。只是因为传统观点一直认为，所谓突然袭击，就是在珍珠港港口实施一次突然的**潜艇攻击**，关闭入口，阻碍并摧毁美国战舰而已；同时，航母和战列舰应当是用于临近本土的作战。海军军令部在调整战略适应于新的空战武器方面出现滞后，并不是独特现象，而是绝大多数军事部门的通病。要向西面提供补给显然更加容易一些。

再次，在北太平洋水域进行加油操作非常危险，不一定能完成。在抵达珍珠港之前，驱逐舰不是要加一次油，而是要加两次。而且事先根

[1] 原注：特遣舰队包括6艘重型航母，8艘加油的油轮、2艘重型巡洋舰、1艘轻型巡洋舰、2艘战列舰、11艘驱逐舰、3艘潜艇、432架飞机和日本海军航空兵的精英们，此外还有补给船和先行的远征潜艇部队。

据天气统计数据已计算过，平均一个月中只有7天能够满足加油行动所需的气候条件。[1]

最后，永野海军大将是野村大使的密友之一，因此仍寄希望于华盛顿谈判在最后时刻取得成功。他希望能够避免在最后期限之前，采取任何可能危及野村努力的行动。甚至到12月1日时，当山本最后一次来东京时，永野还重申，一旦谈判出现有利转机，就立即撤离袭击珍珠港的全部部队。

所有这些阻碍都被克服了。但在今天这样的时刻，人们会形成一个印象，即正是山本海军大将强硬的个性，而非理性的论证，才最终赢得海军军令部的支持。看起来，山本并不狂热地支持战争的决定，不过一旦做出决定，他就强调，除非一开始就彻底摧毁美国太平洋舰队，否则征服东南亚的整个计划会受到威胁。似乎正是由于他威胁说不把珍珠港袭击纳入更大的作战计划中就辞职，才最后促成计划被采纳。

读者也许注意到，包括之前提及的1941年9月战争推演在内，海军空中行动计划并没有要在攻击菲律宾时使用大型航母，因为它们都被分配给珍珠港特遣舰队。这似乎预示出，至少是在海军空中行动计划人员当中，不仅没有反对山本的计划，而且对海军军令部和帝国大本营最后能被说服并采纳这一计划有极大信心。当然，早在1941年夏季时，就在为这一重大事件开始训练了。

在战术性战争推演之后，对攻击信息进行了细致准备。到10月底前，两名在“太阳丸”号（*Taiyo Maru*）上的军事观察员搜集到详细的天气数据，这艘船前往檀香山所走的航线正是之后特遣舰队的航线，即从中途岛和阿留申群岛（Aleutians）一线以东航行，然后再折向南。[2] 抵达檀香山后，两人拍摄了港口的航空照片，并挑选出一些有用的信息。比如，他们验证了有关美国舰队并未在拉海纳集结、周末仍被普遍认为是休闲时光的谍报报告。东京指示在檀香山的喜多长雄（Nagao Kita）总领事，发回对

[1] 原注：根据斯图尔特·穆里海军上将所说，日本过分高估了加油的困难。

[2] 原注：Lord, *Day of Infamy*, p. 15*f*.

舰船动向、港口泊位、防鱼雷网、警戒措施、美国陆军设施等更多详细和更经常的观察结果。对喜多的指示中，最为人所知的就是9月24的讯息。这份讯息被我们的无线电专家截获，并送交给我们在华盛顿的军方和政界高级领导：

望你今后尽可能按下列要求发来关于舰船的报告：

1. 珍珠港水域大致可以分为5个区块（也不反对你尽可能作简要报告）。

区块A: 福特岛和海军兵工厂之间的水域；

区块B: 临近本岛南部和福特岛西部的水域（这个区块在A区岛屿的另一边）；

区块C: 东海湾；

区块D: 中部海湾；

区块E: 西海湾及通过海湾的各航道；

2. 关于战列舰及航空母舰，望首先报告停泊在港的（这些并不是那么重要）、系停于码头和浮标的、在船坞中的。（简要标明舰船种类和级别。如果可能，当两艘及以上数量舰船靠停同一码头时，望你能注明。）[1]

在9月、10月和11月，喜多和东京之间通常是通过J–19密码来发送讯息。但12月2日，喜多按照东京的命令，销毁除最简单的PA–K2之外的所有其他密码。[2] 虽然在檀香山没有任何分析人员能够解读J–19，但罗彻福特的当地通信分析人员却可以解读PA–K2密码。在12月第一周时，他们把解读其中某些讯息纳入工作计划中，而此前，所有此类讯息都以原始密码的方式被转发回华盛顿。遗憾的是，到最后时刻信号出现之前，罗

[1] 原注：*Hearings*, Part 12, p. 261.

[2] 原注："已销毁所有主要密码"的"Haruna"密码讯息，是在12月2日由喜多发往东京的。（*Hearings*, Part 37, p. 1003.）从檀香山日本领事馆发出且有"喜多"签字的讯息，就等同于福留和渊田所述的"甲级情报（A intelligence）"。

彻福特的人员开展这项工作的时间还不够长，尚不能快速处理这些材料。正因为此，直到12月7日才译出12月5日和6日喜多和东京之间使用PA–K2的往来讯息。如果能够及时译出，我们的军官们会如何处置这些讯息？这一直是一个令人寻味的问题，因为这些讯息中包含以下如此诱人的内容：

12月5日，**檀香山至东京**：

1. 我在第239号电报中所报告的3艘战列舰，已于5日（周五）上午返港，共在外海活动8天。

2. 同日，“列克星敦”号航母及5艘重型巡洋舰出港。

3. 5日下午停泊在珍珠港的舰艇为：

战列舰8艘

轻型巡洋舰3艘

驱逐舰16艘

4艘檀香山级巡洋舰和［无法读出］已入坞。

12月6日，**东京至檀香山**：

请立即就前日我第123号电报后一部分，回复舰队4日之后的动向。

12月6日，**檀香山至东京**：

回复你第123号电报最后部分：

10月份，在美国本土，陆军在北卡罗来纳州戴维营开始进行阻拦气球部队的训练。他们不仅订购了400至500个气球，而且——可以理解——他们正考虑在防御夏威夷和巴拿马时使用这些气球。就目前夏威夷的情况而言，尽管已对珍珠港周围地域进行调查，但他们尚未设立系泊装置，也没有挑选操控气球的部队。此外，并无迹象表明正在进行维护气球的训练。**目前，没有任何阻拦气球装备的迹象**。此外，难以想象他们有任何装备。但他们已做了准备，因为他们必须控制珍珠港、西坎姆、福特岛、伊瓦附近机场陆上和水上跑道的空域，因此，在珍珠港使用气球进行防御有局限性。我认为，**对上述地点采取突然袭击，有极大可能**。

2. **我认为，战列舰并未安装防鱼雷网**。细节并不知道……[1]

喜多发给东京最后一份讯息也是12月6日。其中报告说：

1. 5日夜间，入港的战列舰是［无法读出］和1艘潜艇维修保障船。以下是6日观察到停泊在港的舰船：

9艘战列舰、3艘轻型巡洋舰、3艘潜艇维修保障船、17艘驱逐舰，此外有4艘轻型巡洋舰、2艘驱逐舰在坞（**重型巡洋舰和航母都离开了**）。

2. 似乎**舰队空军并没有实施空中侦察**。[2]

根据福留所说，所有这些讯息都转发给特遣舰队。[3]上述最后一个讯息，是日本特遣舰队收到的、有关美国舰队的最后一条讯息。该讯息是在12月7日下午6点从东京发出，在东京时间12月7日下午8点50分，或华盛顿时间12月6日上午6点50分收到。无法读出的那个词是“犹他”号，东京还在讯息上加了一句话：“瓦胡岛很平静，帝国大本营完全相信会取得成功”。

尽管有上述证据，在战后审讯中，日本政府官员和军官们一直认为日本情报的作用低下，特别是外国间谍们提供的最后时刻谍报信息价值更低。他们强调的是，长期和煞费苦心对历史和统计数据的搜集工作，而这些主要来源于海军武官的报告、外国书籍、报刊和广播。要挖掘更为隐蔽的资料，这样的公开数据资料基础研究无疑是一个重要的，也许是关键的基础。但是，

[1] 译注：作者加粗。

[2] 原注：*Hearings*, Part 12, pp. 268-270. 作者加粗。

[3] 原注：Fukudome, “Hawaii Operation,” p. 1327.

这并不是说秘密来源的数据资料没有发挥重要作用。有关这方面的日本资料相对较少且不合情理。他们声称陆军和海军之间并无有组织的信息交换。情报部门一直人手短缺；照相侦察工作差劲，判读也一样；飞行员们没有得到充分的情况简介；地图不可靠；等等。他们声称，没有哪个海军军官接受过情报工作的专门训练，也没有向哪艘舰船派遣专门的情报官：舰长的一部分工作就是承担起情报方面的职责；在旗舰上，则指望通信官做出评估。但是，在5个日本舰队中，每一个舰队都有一名专职的情报官。

根据日本的记录，陆军情报机构甚至比海军的还差，至少在东南亚战役中如此。显然，在“满洲”和西伯利亚的作战中，陆军有充足的卧底间谍、观察站和巡逻队；但是，当战争扩展到1941年12月的东南亚战役阶段时，陆军只有一个小规模的、未经训练的情报机构。入侵美国和英国在远东领地所需的海量数据资料，是由海军提供给陆军的。

我们现在已知道日本掌握1941年12月时美国部队和设施的信息，但当时我们很难把该看法与日本对情报的这种认识对应起来。当然，他们在战争中使用的侦察照片确实乏善可陈，但他们对1941年的预测却令人惊奇的详细和精确。当处理空闲搜集汇总来的信息时，比如码头、机场、机库、兵营等固定设施及地点时，他们的数据令人惊讶的完整且包含最新情况。在诸如人员数量、武器种类、飞机和舰船数量等统计数据资料方面，他们的预测有时会比实际情况略高或略低一些，但经常出现的情况是，他们列出的我们战斗序列表，甚至比我们自己的都要精确。

他们的最后时刻信息也很出色。比如，他们非常精确地得知进出珍珠港的舰船通行情况，这要感谢喜多和另外一名领事馆的间谍、吉川猛夫（Takeo Yoshikawa）。吉川花费数小时待在一个饭店里观察港口，之后说自从特遣舰队出发后，自己每天都发报告给东京。12月7日早晨，珍珠港内舰船的确切数量是86艘。其中包括8艘战列舰、3艘重型巡洋舰、6艘轻型巡洋舰、29艘驱逐舰、5艘潜艇，但没有航母。喜多最后一份加密讯息中列出的是9艘战列舰、7艘轻型巡洋舰、19艘驱逐舰、3艘潜艇维修保障船，没有重型巡洋舰和航母。[1] 日本人宣称自己没有使用这一最后时刻观察情况的说法，是不合理的。获知港口内没有航母，差点导致对珍珠港攻击行动的取消。率先引导攻击的渊田海军大佐，记录下自己回忆 12 月 6 日（美国时间）收到这一讯息时在“赤城”号上的对话。[2]

日本方面，首先是对 11 月 28 日以来涉及具体舰船进出珍珠港的讯息进行了急切而谨慎的计算和重新审视。负责特遣舰队的南云海军中将与他的情报官小野、参谋长草鹿、作战官源田，就珍珠港内没有航母的情况下是否继续执行原定的任务，讨论了利弊。基于自己预测可能有 3 艘航母在周末到达进港的报告，小野解释说：

> 11 月 29 日……“企业”号（*Enterprise*）在 2 艘战列舰、2 艘重型巡洋舰和 12 艘驱逐舰的伴随下［实际上是 3 艘重型巡洋舰和 9 艘驱逐舰］离港。2 艘战列舰于 6 日返回，但其余舰只尚未返回。“列克星敦”号 29 日到达，于 6 日携 5 艘重型巡洋舰离开［实际上是 3 艘重型巡洋舰和 5 艘驱逐舰］。因此，“企业”号应当于今天返回。“萨拉托加”号（*Saratoga*）在圣地亚哥维修，“黄蜂”号（*Wasp*）在大西洋。但是，属于太平洋舰队的“约克城”号（*Yorktown*）和“大黄蜂”号（*Hornet*）一定在那里。它们将和“企业”号一同在今天到达。[3]

“一直非常重视数据统计”的草鹿参谋长争论说，8 艘战列舰和 3 艘航母同样可观：“航母在周六入港的可能性很小，战列舰在周六或周日离港也不太可能。我们可以假定，所有 8 艘战列舰明天都在港……我认为我们应当在明天攻击珍珠港。”[4] 南云认同这一观点，并在 12 月 6 日夜间发

[1] 原注：是这一讯息，而非 12 月 5 日美国商业广播（日本人原先是这么声称的）提供了日本收到美国舰队部署情况的最后信息。

[2] 原注：Fuchida, “I Led the Air Attacks on Pearl Harbor,” p. 944.

[3] 原注：Fuchida, “I Led the Air Attacks on Pearl Harbor,” p. 944.

[4] 原注：Fuchida, “I Led the Air Attacks on Pearl Harbor,” p. 944*f*.

出以下敌情预测：

1. 夏威夷地域敌方主要兵力有 8 艘战列舰、2 艘航母、约 10 艘重型巡洋舰、6 艘轻型巡洋舰。航母和重型巡洋舰似乎已经出海，其余舰只在港。在外海行动的舰船最有可能是在毛伊岛以南的训练区域；它们并不在拉海纳。

2. 除非今晚发生不可预见的情况，明天将发动对珍珠港的攻击。

3. 迄今尚无敌人已经警觉的迹象，但我们不应因此放松安全。[1]

“赤城”号上小野海军少佐的无线电通信部门通过密切关注夏威夷商业广播，也搜集了一些最后时刻的相关信息：

南云海军中将及其参谋们感到，从这些广播中他们能够感觉到瓦胡岛上的部队是否察觉即将到来袭击的迹象。他们感到可以从形势的紧张程度来判断……因为 KGU 和 DGMB［檀香山的商业无线电台］正按照正常的方式运行，南云感到我们的部队对情况发展毫不知情。[2]

小野部门另一个有价值的作用是截获了攻击前数日美国巡逻机发出的讯息：“日本人并没有破译密码，但却能够从中勾画……发射无线电的［美国巡逻机］的位置，知道所有时间里升空的巡逻机数量，以及它们在巡逻瓦胡岛西南所有方向。”[3] 只有在特遣舰队足够靠近珍珠港时，才能通过截获得到这样的信息。

在攻击之前，先出发的是 2 架侦察机。2 架飞机分别从“筑摩”号（*Tone*）和“利根”号（*Chikuma*）巡洋舰上起飞。他们发回报告说，舰队如同预计的那样停泊在港，航母不在拉海纳，也不知道在何处。凌晨 3 点 30 分和 5 点 30 分，5 艘微型潜艇已由主力部队的前卫潜艇部队中出发，

[1] 原注：Fuchida, “I Led the Air Attacks on Pearl Harbor,” p. 945.

[2] 原注：*Hearings*, Part 23, p. 427.

[3] 原注：*Hearings*, Part 23, p. 427.

任务是发出有关美国航母位置的确认信息。

与攻击前细致搜集信息紧密衔接的，是对这一部分攻击计划的安全预防措施和欺骗手段。特遣舰队的集结地点是在遥远择捉岛（Etorufu Island）外的单冠湾（Hitokappu Bay），就连日本国民也极不可能发现集结情况。在采购集结地点所需的抗寒服装和装备的过程中，以及有关北方航线的航行情况方面，都采取了精细的措施加以掩盖。严格禁止向千岛群岛水域倾倒废物或垃圾；所有东西必须被焚毁或是在岸上处置。从 11 月 10 日起，特遣舰队各舰船之间的直接通信被禁止。同时，在濑户内海（Inland Sea）和九州的主力部队采取欺骗性的通信联络，向外界显示出好像特遣舰队仍然在九州进行训练。此外，通过允许横须贺（Yokosuka）海区的人员在东京和横滨大量休假登岸，进一步加深这种印象。

前文提到，一开始只有最高层的海军计划军官了解袭击珍珠港的计划。是否除陆军参谋长及其副手之外，其他陆军军官在 10 月份之前只是听到了风声，或者说陆军和海军的内阁大臣们是否在 12 月 1 日之前就听说了这一计划，值得怀疑。[1] 财政大臣、农林大臣、通信大臣和外相从没被告知计划。参加攻击的机组人员并不知道自己的目的地，并且只是在驶离港口后才第一次听到情况简介。

在向南进攻的其他方面，实施了类似的预防措施。许多部队和舰船的动向自然是公开的，但直到 D 日之后不久，盟国才清楚地了解他们的最终目的地；有时甚至日本的部队单位也一直蒙在鼓里。比如，曾向法属印度支那北方的陆军指挥官发出真实命令，要求对昆明的中国空军基地发动大规模攻击，而真实意图是为了掩护对泰国和马来亚的进军。直到 1941 年 12 月 3 日，昆明的作战计划才被取消。[2] 11 月 25 日，在日本本土的美国公民和美国驻东京大使馆人员听到，日本外务省宣布“立田丸”号

[1] 原注：日本方面关于这一问题的证词相互矛盾。要了解有关这一问题最近的学术论述，参见 Butow, *Tojo and the Coming of the War*, p. 375。

[2] 原注：USSBS, *Japanese Air Power*, p. 8.

（*Tatsuta Maru*）将在 12 月 2 日驶往洛杉矶和巴尔博亚（Balboa）[1]，以撤出在美国和巴拿马的日本侨民的消息后，心中的疑虑有所缓解。“听到这一消息，松了一口气，当日本的破冰之船还在海上航行时，不太可能出现最终破裂的情况。”[2] 我们之前也看到报纸上宣称的继续日美谈判的烟雾。

通过这些针对菲律宾和珍珠港作战行动的细节，很明显能够看出，开战阶段数日内的日本短期计划极其高明。把现有兵力一一对应，使用到广泛的一系列目标上，这是大胆的，甚至是极具智慧的想法。他们的敌情报告细致而精确，无数安全保密预防措施都得到严谨的遵循。日本人在这些开战阶段战役中表现出来的足智多谋和小心谨慎，结果就是在战争初期 6 个月中取得了巨大成功。

从美国观点来看，这些开战阶段的战役显然涉及大胆而又大规模的人员、飞机、舰船和补给的调动。日本所做的物质准备很容易被侦测，而且在绝大多数情况下确实被我们的情报机构侦测到了。但是，美国关于日本总体实际情况的印象并不确切，也没有估计到敌人的巨大胆量和高超手段，错过了一些极具关键意义的最后时刻信号。但同时，我们的信息体系提供了日本战争计划的主要线索。

这又让我们回到开篇时提到的问题。有了所有这些可用信息，为什么我们的政治和军事领导人还是在 12 月 7 日被突袭震惊了？更确切地说，为什么他们会被对美国领地的突然袭击震惊了？之所以问这样的问题，原因在于，从某种意义上讲，他们并不是一无所知：他们确实预期到在远东地区突然事件的爆发；他们确实预计到日本将会在 12 月份第一周采取一个或多个侵略动作——也许是针对泰国，也许是针对美国的某个盟友。

这个突袭问题的许多答案，都已包含在本书研究的过程中。现在让我们搜集和整理这些答案，以显示出它们对今天情报问题的意义。

---

[1] 译注：巴拿马港口。

[2] 原注：Tolischus, *Tokyo Record*, p. 304.

第7章
突　袭

如果我们的情报体系和所有其他信息渠道都没能形成有关日本企图和能力的确切印象，原因并不在于缺乏相关材料。我们从未拥有如此全面的、有关敌人的情报图景。也许从未像珍珠港事件中那样，掌握如此出色的搜集来源。

第一节　回顾

简要回顾一下这些来源，我们发现，美国密码分析人员威廉·弗里德曼上校已经破译了日本的绝密外交密码，我们能够获得东京和世界各地主要日本使馆之间的大部分专门通信。我们不仅事先知道驻华盛顿日本大使们得到的建议，知道他们应当会说些什么，我们还知道东京和柏林、东京和罗马通信线路上的绝密讯息，这让我们知道了对指导大西洋和欧洲地区战争具有关键意义的信息。在远东，这个来源提供了日本在东南亚扩张计划中一举一动的细微情况。

除这个严格限制传播范围的外交密码外，在解读位于美国和其他外国主要港口的日本间谍使用密码方面，我们的密码分析人员也取得了一些成功。身处巴拿马运河地区、从加拿大北部向南一直到巴西的美洲东西海岸各城市、包括菲律宾群岛和夏威夷群岛在内的远东所有地区港口的这些间谍们，向东京发送的报告，以及东京对他们提出的要求，列在“魔术”分发名单上的人都能知道其中大部分内容。他们能够确切知道，东京对于广布全球这些地点上的哪些设施、部队和舰船动向、警戒和防御措施等感兴趣，能够知道日本间谍发回国内的信息大概有多么准确。

我们的海军领导人手上也掌握着无线电通信分析的结果。虽然在战争爆发前，我们海军的无线电专家们还不能解读出日本海军或陆军加密讯息，但他们能够通过研究截获的舰船呼号，推测出日本舰队的组成和位置。在呼号改变之后，他们可能丢掉了一些日本部队的踪迹，也无法找到返回日本本土水域的部队，因为在港舰船使用的是我们无线电无法截获的频率。但是，在绝大多数时候，我们的通信分析人员都将各类日本舰队的单位精确地定位在海军地图上。

在东京的格鲁大使及其手下提供了极其有力的现场式的经济和政治分析。格鲁大使本人就是一个极度敏感和精确的观察者，这一点已在他发给国务院的电文中得到证实。美国的海军武官们和在远东主要港口的海军观察员们定期发回报告，不仅印证了格鲁的观察，也补充了军事方面的细节情况。比如，海军情报机构在中国沿海部署了人员和无线电装备，他们报告了朝印度支那前进的船队动向。他们还在泰国和印度支那高度紧张的地区安置了海军观察员，他们提供了日本在当地政治阴谋和军事计划的大致情况。当然，1941 年时，在东京和其他日本城市中，审查变得越来越严格，格鲁大使最后感到，自己不能再承担公开报告战争一触即发的军事证据的任务。日本的审查如此细致，自然切断了对破译信息进行目击观察印证的渠道，但即使如此，也许远未达到苏联铁幕的晦暗程度。

在这段时期，虽然英国人和美国人相互之间并不信任对方提供的专有信息，但在华盛顿和远东地区的美国军官们也能够得到英国情报提供的数据资料和译电。

除这些秘密来源外，还有一些出色的公开来源。《纽约时报》《先驱论坛报》《华盛顿邮报》在东京、上海、澳大利亚堪培拉都驻有外国记者。他们的报道，以及他们关于日本政治图景的预测水平非常高。经常出现的情况是，他们接触到消息的速度更快，他们对消息意义的判断，比我们的情报官更加可靠。当然，这是指 1940 年和 1941 年绝大部分时间中的情况。因为在珍珠港袭击前的数周，报纸上的公开报道已经没什么用处。必须要有秘密信息，才能知道究竟正在发生什么。在这个关键时间段，东京和华盛顿都实施了严格的控制，防止消息泄露，新闻人员也因此不得不把自己的分析局限于对外交会议的猜测和通报上，但其中却没有任何外交意见交换内容的确切迹象。

日本媒体是另一个重要的公开来源。1941 年，日本媒体越来越叫嚣着宣传日本政府关于东南亚扩张计划的决心，期望军方能够肃清英国和美国在远东的殖民剥削。这个渠道充斥着日本侵略企图的清晰信号。

最后，1941 年的情报图景中还有一个关键部分，即有关美国在远东的政策和活动的公开和专有信息。在这一年中，日本和美国两个政府间的动作和互动模式变得越来越复杂。最后，对身负下达警戒命令的人而言，要知道美国政府在涉及日本的问题上正在做什么，猜测日本下一步动向是什么——因为其动向是对我们动向的反应，已经变得特别重要。遗憾的是，我们的军事领导人，特别是我们的情报官们，对白宫和国务院的动作，有时与日本人一样吃惊。通常，他们对日本政策和行为的预计，比对美国人自己的预计更加有条理。另一方面，由于不了解我们自己在军事方面的弱点，国务院和白宫的官员们在判断日本的企图和风险预测方面也确实存在困难。

1941 年，所有上述提及的公开和秘密信息渠道，对美国政治和军事领导人而言都是可用的。但是，我们只能公平地说，没有哪一个人或机构能够在任何一个时刻同时拥有这个巨大信息网中存在的所有信号。信号分散在大量不同的机构中；一些被破译出来，一些则没有；一些通过快速的通信渠道传递，另一些则因为技术或流程延误而被阻塞；一些从没抵达决策中心。但是，对12月第一周从已掌握信号形成的总体图景进行回顾，却是合理的做法。任何一个接近罗斯福总统的人，都可能在总统之前就获得以下关键信号片段。

首先是，在中国沿海南部和在印度支那的部队集结和舰船动向的图景。通过公开渠道和目击方式，以及通过对舰船呼号的分析，这些情况形成了南进动向的大图景。日本海军在11月1日和12月1日两次变换呼号，被海军情报机构评估认为极不寻常，是日本实施进攻前主要准备活动的某种迹象。这两次呼号改变，干扰了美国无线电通信分析的速度。12月1日之后，需要有数千份计的截获讯息，才能够解读新呼号。美国无线电通信分析人员之所以对日本航母所在位置产生分歧，部分是因为此原因。一部分人认为，所有的航母从11月月中起都在日本临近水域。另一部分人则相信，自己已在马绍尔群岛发现并定位了一支航母支队。似乎可能的情况是，无论航母在哪里，它们都已经采取了无线电静默；但既往的经验又让分析人员相信，航母位于临近日本本土的水域——在那里，航母之间可以用我们无法截获的波长相互通联。但是，我们无法定位航母这一事实，还有呼号的两次改变，本身就是一个危险信号。

我们最佳的密码来源"魔术"，确认了在10月17日取代前任温和内阁的日本新军方内阁的侵略企图。"魔术"特别揭示出，日本向东南亚推进的一些准备工作的细节情况。与此相对立的，则是10月份前往"满洲"边境的部队运输规模在增加。（情报图景从来也不清晰。）但到10月底，这些部队已开始撤离。"魔术"还包含给驻华盛顿的日本大使们加大与美国谈判力度的清晰指示，同时宣布谈判要达成有利结果的最后期限：第一次是11月25日，之后推迟到11月29日。日本大使们被告知，如果外交努力在这一日期之前失败，日本的耐心就将消耗完毕，日本将致力于追求自己的大东亚政策，而在11月29日"事情"就会自动发生。

日本提出，要求美国同意其在中国和印度支那的政策；11月26日，赫尔国务卿拒绝了这一请求。此前，“魔术”反复指出，日本这一提案是“最终的”，现在又揭示出日本大使们对美国拒绝同意的惊愕和绝望情绪，以及日本将美国的《十点照会》定性为“最后通牒”。

在搜集这些信号的基础上，华盛顿陆军和海军情报专家们暂时将**日本东南亚战役**的 D 日定在 11 月 30 日的那个周末，而当这一点没有变成现实之后，又定在 12 月 7 日那个周末。他们还汇集形成了一份可能的英国和荷兰的精确目标清单，并把菲律宾和关岛认定为可能被袭的美国目标。

在这样大量的信息中，有一条格鲁大使在 1941 年 1 月报告，但已被遗忘多时的传闻。这一传闻来自被认为不是那么可靠的来源——秘鲁使馆，其中说到日本人正在准备对珍珠港发动突然空袭。令人好奇的是，这一时间，正好与现在我们所知山本计划开始的时间相吻合。这个传闻最后追溯到一个在使馆里工作的日本厨师，他当时正在阅读一本有关战争开端于珍珠港袭击的小说。因此，包括格鲁大使在内的所有有关人员，都认定这个传闻相当可笑，而计划也荒谬到不可能实现。此时，美国的判断与日本的判断是一样的，因为山本的计划与日本海军战术条令直接相抵触。

第二节 看法

在快速摘要回顾了信号图景中的重要部分之后，有一点十分清晰：我们的决策者手中掌握大量可观的敌人信息。但他们没有完整的目标清单，因为没有哪个最后时刻的预测把珍珠港包括进来。他们不知道袭击启动的确切时刻和日期。他们无法确切知道日本的能力或是日本甘冒极大风险的能力。我们要重申，关键的问题是，如果我们能够精确地列举出英国和荷兰的被袭目标，并确信日本对上述两国的袭击将在 11 月 30 日或 12 月 7 日发生，为什么我们无法预计到对**我们自己**也存在特殊的危险？说到“预计”这个词，我们的意思是采取具体的警戒行动，来应对来自陆上、海上或空中袭击的偶然性。

在本书研究过程中，这个问题的一些答案已十分清楚。首要一点，在事件**发生之后**，将相关信号从不相关信号中筛选出来要容易得多。当然，在事件之后，一个信号总是十分清晰的；我们现在可以看出这个信号显示出什么样的灾难，因为灾难已经发生。但在事件发生之前，这个信号是晦暗的，充斥着各种相互冲突的意义。这个信号对观察者而言，埋藏在“噪声”的氛围中；也就是说，它伴随着各种各样对预测特定灾难无用和不相关的信息。比如，在华盛顿，珍珠港的信号与大量来自欧洲战场的信号相互矛盾。这些欧洲的信号要比远东的信号显示出更加经常和更加具体的危险。远东的信号在抵达决策中心时，还与一种普遍看法相矛盾：认为一支不受保护的进攻力量扮演的是威慑而非目标的角色。在檀香山，这些信号并不与来自欧洲战场的信号相矛盾，但却与大量显示出日本企图和准备进攻苏维埃俄国而非南进的信号相矛盾；此外，它们还与预计的、之前警戒所针对的当地破坏行动相矛盾。

简言之，我们之所以未能预测到珍珠港事件，不是因为缺乏相关的材料，而是因为存在太多不相关的材料。在各种灾难调查过程中显示出来的、许多无端忽视的情况，都来源于对指向珍珠港之外各个可能目标的大量迹象的无意识压制。在事件之后，要想再回忆起这些迹象十分困难，因为它们并没有真正指明任何结果。那些今天被定性为绝对清晰地显示了对珍珠港突然空袭的信号，在 1941 年 12 月的大背景下，不仅是模棱两可的，而且时常与这样的一次突袭不相吻合。回忆一下最具争论性的和公开的风语密码的例子。肖特中将和金梅尔海军上将都作证说，如果他们之前就得到这个信息，就能够对 12 月 7 日早晨来自外部的空袭做好准备。在有关珍珠港事件的文学作品中，设定风语密码的讯息经常被描述为是东京向美国宣战。如果这些讯息确实是宣战，显然未能通报檀香山这个关键消息就是渎职犯罪了。但是，在研究审查的过程中发现，这些讯息是在正常的商业渠道被切断之后，才被用来发出密码通信的指示。在其中一条讯息中，接收者被指示要在接到后销毁手中的所有剩余密码。在另一条讯息中，接收者得到警告说，将会在日本和其他三个国家之间的“关系变得危险时”发送播报。对英国、美国和苏联每一个国家，都有不同的密语。

没有证据显示，美国在 12 月 7 日前曾截获上述两条讯息的播报。命令销毁密码的讯息，之后被另一个在 12 月 2 日截获、12 月 3 日译出、东京发出的更加清晰的密码销毁命令取代。12 月 2 日之后，接收到销毁密码的风语播报并不会给我们增加什么新信息，销毁密码本身也不能被清晰地认定就是正式宣战的代称。在 12 月的第一周里，美国命令所有在远东的美国领事馆销毁所有美国的密码，但没人试图证明这样一个命令就等同于美国向日本宣战。至于其他风语讯息，如果是收到一条警告说日本和美国之间关系危急的播报，仅凭这一个信号，也无法确定东京是否发出将要袭击美国的企图，或是日本担心美国会突然袭击（即美国针对日本对远东美国盟友侵略行动的报复）。只是在事件发生之后，“关系危急”才会被解读为“对珍珠港的突然空袭”。

因此，在堆积如山的不相关信息中有一个可用信号，与认定这个信号就是一个警报，两者间存在差异；在认定这个信号就是一个警报，与采取行动或让他人采取行动之间，也存在差异。正如这些差异本身所显示的，它们描绘出笼罩在历史上这一时刻的迷雾。

在本书的研究过程中，已经考察过这些差异的许多例证。我们现在应当回想一下其中一些最具有戏剧性的例子。为阐明拥有和认定一个信号之间的差异，我们可以回到第 1 章提到的菲尔德中校身上。虽然他不是一个受过相关训练和有经验的情报官，但他却在袭击发生时领导珍珠港的陆军情报部门。他从事这一工作只有 4 个月时间，他对于自己的信息来源、与当地海军和华盛顿陆军情报部门之间的联系十分满意。显然他没有意识到，华盛顿陆军情报部门并不被允许向他发送任何“动态”信息或是政策信息；因此，对送到自己眼前的材料，除其中明显的意义外，他并没有特别关注想要寻找其他的东西。华盛顿陆军远东情报组负责人布拉顿上校却对菲尔德中校知情的范围有更加现实的看法。在 11 月底时，布拉顿已知道有关风语的情况，并被告知檀香山罗彻福特海军少校的海军通信分析部门正在 24 小时监控播报。他自然担心自己的部门和菲尔德中校的部门之间缺乏沟通。到 12 月 5 日，他感到情况已万分紧急，必须直接给菲尔德中校发出一份有关风语密码的讯息。鉴于风语密码属于最高机密信息，而且属于"动态"信息，因此任何有关风语密码的信息都不能通过正常的 G–2 渠道发送。布拉顿上校不得不琢磨出另外的办法，让菲尔德得到这个信息。他发出这条讯息："立刻就东京的天气广播事项，通过第 14 海区司令官联系罗彻福特海军少校。"信号部队的记录显示，菲尔德接收到这条讯息。那他是如何反应的呢？他把它存档了。根据他在 1945 年的证词，他对此毫无印象，也没有试图去会见罗彻福特。他未能想到即将到来的麻烦，因此没有从字里行间感受到任何紧迫性，而他的预期决定了他能从中读出什么样的内容。有一份警报信号他可以用，但他没有意识到。

菲尔德中校缺乏经验，也许会让这个例证成为例外。我们再回想一下威尔金森海军上校的表现。他在 1941 年秋开始领导华盛顿的海军情报局，因为职业生涯优异出色，他受到普遍好评。他对待现在已经闻名的一条珍珠港信号的方式，与他自己所说的并没有差别。受到质疑的这个信号在事件发生之后被称为"轰炸阴谋讯息"。这条讯息是东京在 9 月 24 日发给在檀香山一名间谍的。它要求该间谍将珍珠港细分为 5 个区块，并就这些区块中停泊的舰船情况做进一步报告。东京尤其感兴趣的是战列舰、驱逐舰和航母的位置，以及一个船坞中系泊了超过一艘舰船的所有信息。

这条讯息是在 10 月 9 日被解密和译出的，之后不久就分发给"魔术"的陆军、海军和国务院的接收者。"魔术"的海军专家克拉默海军少校用记号笔在讯息上做了标注，显示出他对此特别感兴趣。但兴趣是什么？他和威尔金森都认为，这显示出日本情报工作的"微妙"、难以置信的热情和他们搜集细节情况的效率。细分区块则被解读成是为了缩短报告的篇幅。斯塔克海军上将对日本人的效率有类似的印象。没人感到有必要把讯息转发给金梅尔海军上将。没人从中读出对于下锚停泊在珍珠港内舰船的特定危险。在那时，这是一个合乎情理的预测，因为类似的要求信息也发给了在巴拿马、温哥华、波特兰、圣地亚哥、旧金山和其他地方的日本间谍。但是，应当观察到，这一预测只有基于对东京和这些美洲港口往来谍报讯息的数量进行了粗略考察，才是合乎情理的。远东情报部门中没有哪个人对这些讯息进行更加细致的分析。任何一个分配去做这项工作的人都将发现并记录：在战争爆发之前数周内，东京对有关马尼拉和珍珠港要求的频率和详细程度在增加；他也将注意到，东京不再对美洲其他港口表现出同样的兴趣。这些观察如果单独来看，不具有任何意义，但放在总体的信号图景中，却是有用的。

但是，我们没必要把例子仅局限于情报人员这个范围。实际上，信号无法形成警报的关键，在于武装部队的作战单位。我们以金梅尔海军上将及其对日本人正在远东主要领事馆、伦敦和华盛顿销毁绝大多数密码这一信息的反应为例。自珍珠港袭击之后，这一信息经常被之前没在檀香山驻守的军事专家们定性为“不会被误解的密报”。事件发生之后，英格索尔海军少将在国会听证会上清晰解释：

如果外交谈判破裂，你没必要非得焚烧自己的密码。外交官们回家，他们可以把密码和自己的洋娃娃一同打包带回家。此外，当外交谈判破裂，你并不需要断绝领事关系。领事们还会留下来。

在这一系列特定的、并没有意味着外交关系破裂的电文中，意味着的是战争，我们一得到它就发送给各个舰队……[1]

当然，“意味着的是战争”是相当模糊的；在马尼拉、中国香港、新加坡和巴达维亚的战争，并不是5000英里之外的珍珠港战争。对金梅尔而言，事件发生之前，远东地区主要日本领事馆内焚烧密码的行动“意味着战争”，但并不是表明空袭珍珠港的危险信号。首要一点，他收到的信息并非原始“魔术”讯息。他从华盛顿得知日本领事馆正在焚烧“几乎所

[1] 原注：*Hearings*, Part 9, p. 4226.

有”的密码，而不是所有的密码，檀香山并没被包括在清单中。他从一个当地来源得知，檀香山的日本领事馆正在焚烧秘密文件（并不必然就是密码），而发生在领事馆后院的焚烧活动，在这一年里发生过三四次了。1941 年 7 月，金梅尔获知有关日本在临近印度支那各地领事馆销毁密码的消息，因此，对 12 月份发生的这次焚烧密码事件，他的理解是，这是日本为了防止美国人或其英国、荷兰盟友们占领日本领事馆，以报复南进行动而采取的行动。在那时，这尽管不是一个特别敏锐的理解，但却是一个合乎情理的解读。

在那时，确实有大量的可用证据都支持着对最后时刻信号的错误解读，而只有在事件**发生之后**，这些解读看来才是错误的。比如，有关日本将趁着苏联陆军深陷西线时从东面进攻后者的假设，就有大量的支持证据。华盛顿海军作战局局长特纳海军少将就是一个坚定持这种观点的人，直到 11 月最后一周不得不承认绝大多数日本的人员和补给正向南运动之前，他都认为日本进攻苏联的概率很高。能直接接触到日本内阁的苏联间谍大师理查德·佐尔格（Richard Sorge），早在 1941 年 7 月就准确预测到日本的南进，但即使这样，他在 9 月和 10 月初时也对“满洲”边境大量的部队运动情况非常警惕。他担心自己向苏联提出错误的建议。正是因为他高度警惕和关注，才最终导致自己在 10 月 14 日被捕。原因是他增加了发往莫斯科的讯息量，以至于日本警察有机会准确锁定无线电发射的来源。

有一点很重要且需要强调，我们引用例证中的绝大多数人，比如威尔金森海军上校、特纳海军少将、金梅尔海军上将等卷入到珍珠港灾难中的人，及其同事们，都是高效工作和极度忠诚的一群人。其中一些人特别有才干和有奉献精神。珍珠港突袭的事实，从来没有令人信服地被解释为，这群参与者——无论是个人还是作为群体——的阴谋、忽视或愚蠢。这些例证阐明了一点：对于那些支持当前有关敌人行为预期的信号，人类有关注的倾向。对某个可能性极高的目标袭击信号，如果没有人去倾听，这些信号就难以被听到。

对于 1941 年进入信息网络中的每个信号，通常都有数个合理的替代解释，因此我们的观察者和分析人员倾向于选择那些适应于主流假设的解释，并不令人惊奇。他们有时在现有假设旁边记下新的、与其相矛盾的证据，他们有时还同时秉持两种相互矛盾的看法。我们曾在 1941 年秋 G–2 的预测中看过这一点。显然，人类固执地身陷于旧的看法，也会固执地抵触那些会颠覆这些看法的新材料。

除选择与自己预期相一致证据的倾向外，还有许多其他的感知障碍会阻止我们的分析人员做出正确的解读。我们刚刚提到，大量相互冲突的证据会支持同样合理的不同替代假设。这就是一个信号所处的噪声现象。即使是在正常水平时，噪声也会造成误导的问题；但除了无用信息和相互矛盾的信号发出的嘈杂声外，在 1941 年时，还有大量的因素与之结合，形成比通常情况下更高的噪声。第一，是之前警戒情况和错误警告的背景，在檀香山更是如此。我们已看到，之前的警戒将注意力集中在当地的破坏活动，以及支持日本可能进攻苏联这一假设的信号上。第二，无论在檀香山还是在华盛顿，由于持续的国际紧张局势，个人对危险的反应都是麻木的，或者至少是迟钝的。

第三，增加了自然的噪声程度的因素，就是敌人主动采取让相关信号沉默的积极举措。日本的安全保密体系是阻碍我们感知的一个重要且成功的因素。它能够在袭击珍珠港的秘密之外，笼罩上严密的防护外衣，让知情范围仅仅局限在与陆军和海军计划细节紧密相关的人员。在日本内阁中，在特遣舰队出发离开最后停留港口之前，只有海军大臣、陆军大臣（也是首相）知道计划的情况。

第四，除了让特定的信号保持沉默之外，敌人还竭力要制造声音，并通过实施精心策划的“戏弄环节”，向我们的信息体系发送假信号（false signal）。假无线电通信让我们相信，某些舰船正在日本本土附近机动。日本人还向指挥官们单独发送假的、针对中国目标的作战计划，并且直到最后一刻才改变计划，让他们与南进行动步调一致。

第五个阻碍精确感知的障碍，就是相关信号发生改变，而且经常是非常突然做出改变的现实。这一点，对于包括军事力量能力和部署情况的所谓“静态”情报也是如此。在我们1941年在珍珠港浅水水域无法实施鱼雷攻击的预测案例中，或是低估日本零式战斗机作战范围和作战能力的案例中，变化发生得如此之快，难以出现在情报预测中。

第六，我们自己的安全保密体系有时阻碍了信号的沟通交流。军官们面临的问题是：要在努力让敌人不知道信息的同时，又不会让我们相互之间不知道信息。正如“魔术”案例中所显示的，他们不是总能成功。我们已看到，只有极少数的关键人物能够看到这些机密讯息，而且他们只能简要地扫一眼。他们既没有机会也没有时间来对材料进行认真回顾，而且每个人都假定其他看过的人会形成同样的解读。但是，究竟“其他的人”是谁，每个接收者都不清楚。比如，斯塔克海军上将认为，金梅尔海军上将阅读了所有的“魔术”讯息。那些没有在接收者目录上，但多少知道存在这些破译讯息的人，相信讯息中包含军事和外交信息，相信讯息要比实际的内容更加完整、更加精确。严格限制“魔术”阅读和讨论的工作，对于保守我们知道密码这个秘密而言，当然必要，但也因此让这样一批信号难以被听到。

在这些噪声和安全保密的障碍之外，我们必须加上一个事实，情报信息和预期的谨慎特征必然反映在要求采取行动的指示话语中。结果就是警报讯息有些模棱两可。敌人的动向经常会立刻发生反复，日本人也确实如此。他们原先计划在攻击设定时间之前24小时，取消对美国在太平洋地区领地的攻击行动。比如，在夏威夷群岛实施全面警戒，就是可以导致珍珠港特遣舰队在12月5日或6日返回日本的一个前提条件。情报预测必须基于那些几乎总是出现反复的动向情况之上；正是因为这一点，我们可以理解情报分析人员为什么不愿意大胆确信自己的预测。即使分析人员愿意拿自己的声誉去冒险，坚定预测在某一确切时间和地点会有袭击，也没有哪个指挥官会轻易甘冒惩罚和相应的成本来实施全面警戒。1941年12月，发出的全面警戒要求击落在夏威夷群岛上空发现的任何身份不明的飞机。但这样可能会被日本解读为打响第一枪。至少这是影响到肖特中将下令采取最低级别警戒的考虑因素之一。虽然发给战场的讯息中要小心措辞这一点是可以理解的，但也为感知信号设置了另一个障碍。在最后战场警报中使用的措辞——“可能在任何方向上采取一次突然性侵略行动”和“日本未来行动不可预计，但可能在任何时候采取敌对行动”——不能起到通知战场指挥官所面临战略态势已发生改变的丝毫作用。

最后，但绝非最不重要的一点，我们必须提到在所有大型官僚机构中固有的感知和沟通的障碍，以及源于跨机构和军种相互竞争而产生的障碍。在珍珠港事件中，最显著的案例是，海军作战计划部门和海军情报部门之间的竞争。这一点，不仅仅局限于军队内，而且很不幸，在美国普遍存在对知识分子和专家的歧视，也让情报专家的声音难以被听到。迈科克伦、布拉顿、萨特勒和其他一些人，已经感觉信号图景清晰到足以支撑发出更加紧迫的警报，但他们却没有权力去影响决策。比如，远东的密码分析人员被认为过于沉浸在“东方观点”中。美国情报部门的低预算，反映出情报活动的声誉低下；在英国、德国和日本，他们 1941 年的预算都达到被美国国会认为是毫无道理的规模。

鉴于以上有关感知和沟通的限制，是否可以说珍珠港突袭真的让人震惊？即使清楚地认识到这些限制，以及感知到行动之间的距离。假定我们已跨过第一道障碍：已感知到一条可用信号是危险即将爆发的征兆。我们如何解决接下来的问题：信号想要表达出来的具体危险是什么，随后应当采取什么具体行动或准备？

11 月 27 日，麦克阿瑟上将收到一个战争警报，与檀香山肖特中将所收到的类似。麦克阿瑟的反应立即转化为行动：他下令采取行动，让自己的轰炸机避免受到可能从台湾岛陆上基地起飞的空袭的打击。但命令执行得非常缓慢。到菲律宾时间 12 月 8 日，只有一半受命转到南方的轰炸机离开马尼拉地区，而且没有对台湾岛采取侦察行动。之所以没有准备应对日本空袭的意识，部分原因在于我们的情报预测曾计算出，日本飞机的作战范围不足以从台湾岛起飞轰炸马尼拉。

珍珠港被袭击的信息是在 12 月 8 日一早传到马尼拉，这让菲律宾的部队有 9 至 10 个小时对袭击做出准备。但是，对珍珠港的空袭是否必然意味着日本将对菲律宾发动空袭？他们是否有足够的装备来同时成功地发动两场空袭？他们会从台湾岛还是从航母上来？情报曾显示他们会从航母上来，但航母显然是在夏威夷地区。麦克阿瑟的司令部也指出，美国尚未正式对日本宣战。因此，要对台湾岛的基地发动反击不会得到批准。此外，就是否要在没有先期照相侦察行动的情况下发动反击，飞行人员之间还存在分歧。当布雷莱顿正在安排获得照相侦察行动的许可时，就如何处理飞机又产生新的分歧。为了在日本人抵达机场时免于被摧毁，是让它们升空还是分散？中午刚过，当日本轰炸机到来时，他们发现地面上所有的美国飞机机翼挨着机翼停在那里。就连珍珠港真的遇袭这个信号，都不是菲律宾将遇袭的一个清晰信号，而且也没有清晰地呈现出什么才是最佳反应。

第三节　前景

尽管非常血腥，但珍珠港事件其中的利害关系，迄今已超越任何可能是由忽视、愚蠢或叛国而造成孤立的灾难所包含的意义。从影响到一批诚实、勤恳奉献和智慧的人的环境中，我们已发现这次突袭的根源。在任何时候，这种突袭的可能性就根植于人类的感知，来源于如此基础的、虽然能够被削弱但却不可能被根除的不确定性。

我们可以预期，在事件发生之后如此清晰可见的相关信号，在事件发生之前被环绕着的噪声所遮掩。即使是既往的勤奋努力，也会产生虚假信号，制造出自身的噪声，会让真实的警告在事情真的发生时反而看来不太可能：古老的“狼来了”的故事一直在产生影响。一个集权主义的侵略者可以在其行动外围拉紧秘密围幕，遮掩住要实施袭击的信号。西方民主国家则必须认真负责和小心谨慎地解读这些信号，因为除**极端情况**之外，启动战争的进程必须要先经过咨询协商。甚至是在让专有信息来源开放的一个民主国家中，必须要有的保密预防措施可能也会阻碍信息的运用，或是延缓信息传送到有权进行决策的人手中。此外，在涉及什么可能发生时，人类的注意力受到观念信仰的左右，而人们无法总能倾听正确的声音。针对一个西方国家的全面热核袭击将会是史无前例的事件，而在该国的盟友明白事件的性质和采取适宜行动之前，一定会有一点点（可能会是关键的）时间。

有大量的、有时甚至是定量的证据显示，面对极大不确定性时，人们倾向于预期自己所希望发生的事情真的会发生。在面对不确定性时，产生某种愿望是自然的，难以通过极大的努力或希望清除掉。此外，不确定性是战略预警的内在本质属性，因为敌人袭击的决策可能出现反复，或是改变袭击的方向；而采取防御行动总是要付出一些代价的。（比如，在珍珠港事件中，进行360度全方位侦察意味着要牺牲训练，就会干扰优先朝向菲律宾的船运计划，并会在几周内让机组人员精疲力竭，让装备不堪重负。）总体而言，一次引发战备高潮的特别警戒状态之后，必然是战备的低潮。在某些情况下，防御行动的成本是难以预测的，所产生的关联影响也是不确定的。因此，针对战略预警选择所采取的行动必然是不确定的。最后，在某一时刻让某次袭击不可能实现的技术和军事因素的平衡会快速转变，它们会在不被知道的情况下、在另一时刻转化为可行。在我们的时代，这样的平衡正以前所未有的速度发生转变。

珍珠港事件不是一次孤立的灾难。有许多成功的突然袭击案例可与之相提并论。在1941年夏德国进攻苏联之前，也有潮水一样的信号、大规模的部队，甚至还有美国和英国政府——他们都准确得知即将开始的大屠杀情况——给苏联的直接警报。那次也实现了完全的突袭。[1] 苏联今天做出的辩解强调，斯大林及其总参谋长朱可夫元帅知晓情况，但却没有采取行动，这显然与针对罗斯福总统沉默的阴谋论有异曲同工之处。苏联对历

[1] 原注：麻省理工学院国际研究中心的威廉·考夫曼允许我阅读他尚未发表的《巴巴罗萨行动》文稿，其中研究了德国突然袭击的背景，我对他表示感谢。

史的重新诠释，目的在于诋毁斯大林，同时为了说明苏联领导人在1941年并非完全**真的**被突袭，苏联可以因此在任何未来的冲突中依靠自己提供充分的预警。[1] 对于集权主义国家和民主国家而言，要辨认出针对自己的突然袭击，困难是一样的。

由于英国深信新加坡堡垒坚不可摧，日本的袭击成功地造成战术上的突然性。正如格伦菲尔（Grenfell）海军上校所言，是报纸和政客们希望让他们自己的堡垒坚不可摧。他写道："我一生在新闻中所见到的每个堡垒，从旅顺港（Port Arthur）到青岛，再到伟大的法国马其诺防线防御体系，在被攻击之前都被普遍描述为坚不可摧……不管怎样，在英国和自治领，新加坡是帝国安全体系中不可攻破的堡垒，这一点最终变成被接受的既成事实。"[2] 但是，当突然袭击来自没被预计到的北方方向时，新加坡的防御就变得毫无用处。

最近，朝鲜战争提供了一些令人震惊的突袭例证。在朝鲜进攻之前，差不多每周都有穿越边界的机动行动。这些规律性的周末渗透活动制造了如此高程度的噪声，以至于在1950年6月25日，当真正的敌对行动开始时，都没把这些行动与之前的测探尝试和虚假警告区分开来。至于中国人在朝鲜战争后阶段的介入，之前就有中国部队大量活动和中国政府通过印度渠道对我国政府的清晰警告，其中准确地阐明了一旦我们越过三八线，他们就会这么做。但是，我们还是在1950年11月时遭到中国军队突袭。[3]

当一个集权主义政权在未来发动热核侵略行动时，事情会怎么样？与

---

[1] 原注：有关苏联最近对珍珠港袭击事件的观点和有感于"帝国主义国家发动侵略"的教训，参见 Maj. Gen N. Pavlenko, "Documents on Pearl Harbor," *Voenno-Istoricheskii Zhurnal (Military-Historical Journal),* No. 1, January, 1961, pp. 85-105。就这一点，我要感谢国防分析中心（Institute of Defense Analysis）的约翰·托马斯（John Thomas）和兰德公司的苏联分析师阿诺德·霍尔利克（Arnold Horelick）。

[2] 原注：Grenfell, *Main Fleet to Singapore*, p. 64.

[3] 原注：对此简洁明了的叙述，参见 Harvey DeWeerd's "Strategic Surprise in the Korean War," *Orbis*, Vol. 6, Fall, 1962, pp. 435-452。

日本袭击珍珠港相比，这样的一次进攻是更难被掩藏，还是更容易被掩盖？最近一些年，有些想法认为氢弹已让普通战争过时，因此这个问题不再重要。但是，对这样宽慰我们自己的尝试，实际上更需要提出问题。问题就是，在未来，对我们已经部署的、用于报复行动的部队，一个集权主义国家是否可能掩盖自己即将对其实施袭击的意图，并且在其没有接收到任何警报或有任何时间进行反应之前就彻底摧毁它？在这方面，有一点很重要，那就是千万不要自鸣得意。尽管搜集和分析情报数据资料的花费有巨幅增长，尽管在破译和机器翻译方面有进步，但自珍珠港事件后，优势的天平似乎已清晰地向突然袭击者一方倾斜了。达成突袭后可以预期的利益已有巨大增长，而在一场全面战争中，丧失这样先机受到的惩罚也已相应增加了。事实上，只有通过全面的突然袭击，袭击者才能期望阻止报复，而鉴于一些袭击是由一个大国针对另一大国而策划的，因此任何没考虑到这些的想法都会是自杀性质的。

在这样一次突然袭击中，今天一个大国拥有的优势将超过 1941 年时的日本。大家都熟悉的是，随着轰炸机和导弹部队的战备状态日益升级，战略预警越来越难以实现；而随着投送大规模杀伤性武器的飞行时间缩短，战术预警的时间已从数周压缩到数分钟。对侵略者而言，在即将发动一场全面战争之前的数周内，没有必要再像我们描述的日本战争计划那样，进行大规模的部队和舰船机动。现在的轰炸机，能够投送比日本人预期威力高出许多倍的炸弹；这些轰炸机也许从本国国土深处的基地起飞，但却不释放任何重要的情报预警信号；它们通过规避雷达上对友好或未知信号的探测——或至少是身份识别，可以沿着不会泄露任何战术预警信号的航线飞行。在和平时期，潜艇可以在我们海岸外数百英里处停留下来，并在接收到预先设定的信号后发射弹道导弹。最后，洲际弹道导弹可以保持高度战备状态达数年之久，而且如果数量足够多，它们只不过在“倒计时”后即可发射，而不需要进行任何可被观察到的准备工作。这样的火箭在大洲之间的整个飞行时间可能会少于 15 分钟，而雷达预警的时间更少。更为重要的是，与珍珠港事件中日本人实施袭击的程度不同，这样的打击不仅会决定一次战役，而且会决定战争本身的结果。简言之，突然袭击的议题仍然具有至关重要的意义。这一点已被大国之间就军控的巨大争论，就使用限制和监督措施来防止突然袭击可能性的巨大争论所证实。我们没有说到的，是做出这样的安排本身，具有巨大的困难。

本项研究的意图并不是要提出有关情报“怎么做”的手册，但也许是从这一点而来的主要实践教训。我们不能**指望**战略预警。我们**可以**有战略预警；如果没有，我们不可能采取有用的准备行动。如果此可能性出现，我们当然应该形成计划去挖掘。但是，鉴于我们不能依靠战略预警，如果我们要信任自己的防御，就必须让我们的防御按照没有战略预警的标准来设计其功能。如果我们接受即将发生袭击的信号图景几乎肯定模糊这一观点，就应该预先采取应对这些模棱两可信号——也包括可能是虚假的袭击迹象——正确和可行的举措。我们必须具备这样的能力：对反复出现的虚假警告做出反应，又不会导致我们自己或是我们的敌人发动热核战争。

只有人类才想得到独特的、意思明确的信号，想从情报中获得保证，让情报成为正式宣战的明确证据。这也是所有重新撰写珍珠港历史的无意识动机，这些叙述把风语密码、所有各种信息和广受争议的“魔术”文本等反复无常和不确定的信息来源，当成是清晰阐述日本企图的证据。但我们已经看到，这样的解读是如何过分简化了分析人员和决策者的任务。如果珍珠港事件的研究能够为未来提供些什么，那会是：我们必须接受不确定性存在的事实，并学会与不确定性共存。没有魔术——无论是密码还是其他——会提供确定性。我们的计划必须在不确定性的前提下发挥作用。

附　录

1941 年时，肖特中将曾修改他的警戒流程。7 月 14 日刊印了暂时修订的文本，并被转送到华盛顿的陆军部进行评价。马歇尔是在 10 月 10 日第一次做出评价。[1] 到 11 月 5 日时，最终确定并重新刊印了最终流程，这份被称为“标准作业流程”的文本在夏威夷当地进行了分发，并再次被转发给了华盛顿。

我们重新形成了 11 月 5 日《听证会》文件中完整的警戒内容部分。鉴于这个修订版本在 12 月 7 日导致了许多困惑，后面列举了一些评价。

在暂时修订的版本中，肖特中将设立了三个不同的警戒阶段，即第一、二、三级警戒。第一级是全面警戒。它要求“所有单位占据所有战场位置，做好最大程度防御瓦胡岛和外围岛屿上陆军设施的准备”。[2] 第二级是“针对破坏和暴乱”以及针对“来自敌对的水下、水面舰船和飞机的袭击”的警戒。[3] 第三级是“针对来自岛内的破坏和暴乱活动，而非来自

[1]　原注：*Hearings*, Part 3, p. 1080.

[2]　原注：*Hearings*, Part 15, p. 1655.

[3]　原注：*Hearings*, Part 15, p. 1441; cf. p. 1657.

外部威胁”的警戒。[1] 在最终修订版中，肖特将三个等级的顺序对调，这样一来，全面警戒就成为第三级警戒，破坏警戒则成为第一级警戒。这意味着他所使用的数字与海军使用的警戒“等级”不再相当，因为后者的第一级等级意味着的是全面警戒。海军的流程是进入第一级等级，并在袭击危险减弱的情况下逐渐降低等级。肖特的流程则是根据标示的危险来选定相应的警戒。

肖特中将的前任赫伦中将认为，这样的改变是没有必要的修饰：

这是肖特中将到那里之后，那些训练部门的人塞给他的想法。我告诉他说，我不会这样做。只有一种警戒，就是全面警戒，然后我也会根据形势来实施。但训练部门的人喜欢进一步修饰完善，他们建议设三种警戒，因为海军就有三种。但他们完全没有掌握精髓。海军是有三种，但全面警戒一直都是第一级警戒。然后舒缓进入第二级和第三级；但这些年轻人完全不知道这一点，当肖特到了那里，他们讲了三种警戒，并且把它们弄颠倒了，因此肖特进入的第一级警戒事实上是破坏警戒。我想，对他而言，这不是什么大不了的改变，但最后却证明，这是一个关键的改变。[2]

在珍珠港袭击事件之前，这些数字的改变在 11 月 28 日警戒行动中，在夏威夷当地引发了混乱。尽管赫伦反对分级警戒，但在 1941 年经常存在警报的情况下，这样一个灵活的警戒体系似乎有其合理的原因——在冷战的任何时候也一样。但是，为有效地利用这样的灵活性，必须让中央指挥机构和各战场都知晓具体流程，在警戒体系对各战场不完全统一的情况下更是如此。当时，肖特的三级警戒体系显然在陆军中是特立独行的。据称，直到 12 月 7 日袭击发生之后，他的最终修订版本才送达陆军部。马歇尔在发出其最后的警报讯息前，并没有看到这个版本的文本。当然，马歇尔确实知道肖特曾考虑三级警戒阶段，而当肖特对马歇尔 11 月 27 日发

[1] 原注：*Hearings*, Part 15, p. 1657.

[2] 原注：*Hearings*, Part 27, p. 125*f*.

出的警报回复时，他说自己已实施针对破坏的警戒。他并没有使用数字来标示警戒，因此可能没有造成困惑。但是，如果熟悉这个暂时操作流程的人读到讯息，那只意味着一件事：肖特实施的是最低级别的警戒，是针对破坏且只针对破坏的警戒。

标准作业流程[1]

夏威夷总部

1941 年 11 月 5 日

第二部分　警戒

13. 所有的防御措施被分为以下三级警戒状态。除非遭到敌人突然袭击，否则实施任何警戒行动，都必须有总部的命令。参见第 15.f.(8) 条。

14. 第一级警戒。

a. 第一级警戒是针对岛内而非来自岛外的破坏和暴乱活动威胁的防御措施。

b. 在总部司令部，参谋部门和特别参谋部门在目前岗位照常履行职责，等待进一步命令。

c. 总部直属部队正常训练，等待来自司令部的指示。

d. 各步兵师将要：

（1）在其指定区域内，镇压包括破坏活动在内的所有民事骚乱。

（2）保持一个步兵营以及足以用摩托化手段运输其兵力的运输力量，可在一小时内出发。

（3）在其指定区域内，保护那些没有受到当地警卫队保护的斯科菲尔德预备军营（Schofield Barracks Reservation）和所有关键设施（除了在陆军和海军军营内的）。

***[2]

e. 夏威夷海岸炮兵指挥部将要：

[1]　原注：*Hearings*, Part 15, pp. 1440-1444.

[2]　译注：这应当是未能引用的条款，用此符号代替。

（1）保护所有海岸和防空武器装备、探照灯、观察和火力控制设施，以及其他海岸和防空防御物件。

（2）保护指挥部在各站点和各营地内的所有关键设施。

***

f. 夏威夷航空兵部队将要：

（1）保护驻扎瓦胡岛上航空兵部队各站点的所有关键设施。

（2）通过在当地的基地分队，与防区指挥官们合作，协助防御外围岛屿上的机场。参见第 14.g. 条。

g. 在得到防区内航空兵分队的支援下，防区指挥官们将要：

防止机场和关键设施遭到破坏，维持当地平民社群的秩序。

i. 在夏威夷航空兵的指挥下，西坎姆、惠勒和贝勒斯（Bellows）机场的场站单位将协助保护各自场站内的所有关键设施。

***

15. 第二级警戒。

a. 该警戒适用于比第一级警戒更加严峻的情况。应针对在敌对的水下、水面舰船和飞机袭击的安全措施，以及针对破坏和暴乱活动的防御措施。

b. 在总部司令部中，只有 G–2 和 G–3 被要求 24 小时运转。其他参谋部门或特别部门将按正常安排继续运转。

c. 总部直属部队正常训练，等待来自司令部的指示。

d. 各步兵师将要：

（1）在其指定区域内，镇压包括破坏活动在内的所有民事骚乱。

（2）除下述第（3）、（4）、（5）条要求外，所有单位保持现有兵力 50% 在位。

（3）保持一个步兵营以及足以用摩托化手段运输其兵力的运输力量，可在一小时内出发。

（4）在其指定区域内，保护那些没有受到当地警卫队保护的斯科菲尔德预备军营和所有关键设施（除了那些在陆军和海军军营内的）。

***

（6）应将 240 毫米榴弹炮就位，建立必要的防卫，并在得到指示时将弹药就位。

（7）将操作海岸武器（155 毫米炮）的野战炮兵部门，调至夏威夷海岸炮兵指挥部。参见第 15.e. 条。

e. 夏威夷海岸炮兵指挥部和调配所属的野战炮兵将要：

（1）除铁路炮台将保留在卡姆哈梅哈堡或其他设置的地点外，进入海岸和防空防御预设位置。

（2）将第 53d 防空旅调配到截击机指挥部进行行动控制。

（3）保护所有海岸和防空武器装备、探照灯、观察和火力控制设施，以及其他海岸和防空防御物件。

（4）除沙夫特堡外，保护指挥部在各站点和各营地内的所有关键设施。关于沙夫特堡，参见第 15.k.(1) 条。

（5）在海岸武器的火力范围内，支持海军。

（6）防止敌船靠近和实施登陆。

（7）协调所有海岸情报单位。

（8）与近岸巡逻协调进行海岸防御。

（9）保护桑德岛（Sand Island）上的无线电灯塔。

（10）提供港口控制站所需的陆军人员。

f. 夏威夷航空兵部队将要：

（1）确保按照本司令部指示，让飞机和机组人员处于战备状态。参见第 17 条。

（2）立即调配所有驱逐机到截击机指挥部。

（3）做好将飞机派遣到外围岛屿上机场的准备，并在到达后分散到各机场。

（4）将轰炸机及其机组人员分散。

（5）将驱逐机及其机组人员分散到机库。

（6）保护驻扎在瓦胡岛上航空兵部队各站点的所有关键设施。

（7）通过在当地的基地分队，与防区指挥官们合作，协助防御外围岛屿上的机场。参见第 15.g. 条。

（8）若敌人突然袭击：

①调配所有处于“A”战备状态的轰炸机，并置于海军的作战控制之下。轰炸机指挥员将向第 2 巡逻机联队指挥官报告。

②接受所有处于适宜战备状态、驻扎在岸上的海军和陆战队的战斗机，并调配它们到截击机指挥部的作战控制之下。

g. 在得到防区内航空兵分队的支援下，防区指挥官们将防止机场和关键设施遭到破坏，维持当地平民社群的秩序。

***

i. 总部信号官将：

（1）确保飞机警报部队进入所有作战位置，并转交给截击机指挥部。

（2）确保陆海军联合通信准备完毕，随时使用。

j. 截击机指挥部将要：协调和控制驱逐机、防空火炮（包括可用的海军和海军陆战队防空火炮）、飞机警报部队，以及所属单位的作战行动，并将向不处于军事控制下的部门提供防空措施的协调工作，包括：

（1）所有友军飞机的抵达和离开。

（2）协调在珍珠港或 / 和檀香山港口内海军舰船的防空火力。

（3）将适宜的警报传递给所有相关机构。

k. 驻扎在位的部队：

（1）沙夫特堡所属单位，在总部宪兵司令的指导下，将保护沙夫特堡内所有关键设施，并将护卫总部司令部的后方指挥所和区普勒医院（Tripler General Hospital）。

（2）在夏威夷航空兵的指挥下，西坎姆、惠勒和贝勒斯机场的场站单位将协助保护各自场站免受破坏、空中和地面袭击。

***

16. 第三级警戒。

a. 该级警戒要求所有部队进入野战位置，做好对瓦胡岛和外围岛屿上陆军设施最大程度防御的准备。

b. 在总部司令部：

（1）前方指挥所 *** 的所有部门将进入前指位置，进入 24 小时运转的准备。

（2）后方指挥所 *** 的所有部门将继续在现有位置履行日常职责。应遵守灯火管制的指示。

c. 总部直属部队将在现有位置保持战备机动状态，等待来自司令部的指示。

d. 各步兵师将要：

（1）防卫其在瓦胡岛上的指定区域。

（2）在其指定区域内，保护那些没有受到当地警卫队保护的所有关键设施（除了在陆军和海军军营内的）。

***

（5）将 240 毫米榴弹炮就位。

（6）将操作海岸武器（155 毫米炮）的野战炮兵部门，调至夏威夷海岸炮兵指挥部。参见第 16.e. 条。

***

e. 夏威夷海岸炮兵指挥部和调配所属的野战炮兵将要：

（1）进入海岸和防空防御预设位置。

（2）在海岸武器的火力范围内，支持海军。

（3）防止敌船靠近和实施登陆。

（4）支持步兵师。

（5）协调所有海岸情报单位。

（6）与近岸巡逻协调进行海岸防御。

（7）提供港口控制站所需的陆军人员。

（8）将第 53d 防空旅调配到截击机指挥部以实施行动控制。

（9）除沙夫特堡外，保护指挥部在各站点和各营地内的所有关键设施。关于沙夫特堡，参见第 16.l.(2) 条。

（10）保护所有海岸和防空武器装备、探照灯、观察和火力控制设施，以及其他海岸和防空防御物件。

f. 夏威夷航空兵部队将要：

（1）摧毁敌方飞机。

（2）按照指令执行轰炸任务。

（3）与海军航空兵部队合作。

（4）保护驻扎在瓦胡岛上航空兵部队各站点的所有关键设施免受破坏、空中和地面袭击。

（5）通过在当地的基地分队，与防区指挥官们合作，协助防御外围岛屿上的机场。参见第 16.h. 条。

（6）除了派往外围岛屿并通常不在舰船上装载的炸弹外，给所有飞机装弹。

（7）做好将飞机派遣到外围岛屿上机场的准备，并在到达后分散到各机场。

（8）将轰炸机及其机组人员分散。

（9）将驱逐机及其机组人员分散到机库。

（10）实施观察、指挥和照相等任务。

（11）立刻调配所有驱逐机给截击机指挥部。

***

h. 夏威夷、毛伊岛（包括莫洛凯）和考艾岛等地的地区指挥官们，在得到本地区配属航空兵部队的支持下，将要：

防卫机场免受破坏、敌对袭击，并维持当地平民社群的秩序。

***

j. 截击机指挥部将协调和控制驱逐机、防空火炮（包括可用的海军和海军陆战队防空火炮）、飞机警报部队，以及所属单位的作战行动，并将向不处于军事控制下的部门提供防空措施的协调工作，包括：

（1）**所有**友军飞机的抵达和离开。

（2）协调在珍珠港或（和）檀香山港口内海军舰船的防空火力。

（3）将适宜的警报传递给所有相关机构。

k. 总部信号官将要：

（1）确保飞机警报部队进入所有作战位置，并转交给截击机指挥部。

（2）确保陆海军联合通信准备完毕，随时使用。

（3）做好接手关键民事通信的准备。

l. 驻扎在位的部队：

（1）斯科菲尔德军营部队将保护军营内所有关键设施。

（2）沙夫特堡所属单位，在总部宪兵司令的指导下，将保护沙夫特堡内所有关键设施，并将护卫总司令部的后方指挥所和区普勒医院。

（3）在夏威夷航空兵的指挥下，西坎姆、惠勒和贝勒斯机场的场站单位将协助保护各自场站免受破坏、空中和地面袭击。

缩略语与专有词语

ABCD（American-British-Chinese-Dutch）　美国—英国—中国—荷兰

ADB（ABD, American-Dutch-British）　美国—荷兰—英国

adees（Adees, Addressees）　收件（文）者

AGMC（Adjutant General Message Center）　副官长信息中心

AWS（Aircraft Warning Service, Army）　（陆军）飞机警报部队

Cardiv（Carrier Division）　航母编队

C. I.（Counterintelligence）　反情报

C in C（CinC, Commander-in-Chief）　司令官

Cincaf（CinCAF, Commander-in-Chief, Asiatic Fleet）　亚洲舰队司令官

Cinclant（Commander-in-Chief, Atlantic Fleet）　大西洋舰队司令官

Cincpac（CinCPAC, Commander-in-Chief, Pacific Fleet [U.S. Fleet, 1941]）　太平洋舰队（1941 年美国舰队）司令官

Cincus（Commander-in-Chief, U.S. Fleet）　美国舰队司令官

CNO（Chief of Naval Operations）　海军作战部长

CNS（Chief of Naval Staff [British]）　英国海军参谋长

Com（Command） 指挥部，司令部

COS（Chief of Staff, U.S. Army） 美国陆军参谋长

D. C. A.（Defensive Coastal Area） 海防区

DIP（Diplomatic Intelligence [derived from MAGIC]） 外交情报（来源于“魔术”）

D. N. I.（Director of Naval Intelligence） 海军情报局局长

FBI（Federal Bureau of Investigation） 联邦调查局

FCC（Federal Communications Commission） 联邦通信委员会

G（'s）（Divisions of the War Department in 1940–41） 1940—1941 年陆军部各部门

G–1（Army Personnel Division） 陆军人事部

G–2（Army Intelligence Division） 陆军情报部

G–3（Army Mobilization and Training Division） 陆军动员和训练部

G–4（Army Supply Division） 陆军后勤部

G–5（Army War Plans Division） 陆军作战计划部

GCT（Greenwich Civil Time） 格林尼治标准时间

HSCAB（Headquarters Separate Coast Artillery Brigade） 司令部独立海岸炮兵旅

IFF（Identification, Friend or Foe） 敌我识别

JD（Japanese Diplomatic [code]） 日本外交（密码）

JN–25（Japanese Naval [code]） 日本海军（密码）

JPC（Joint Planning Committee） 联合计划委员会

J-series（American term for group of Japanese codes; for example，the J–17 [K6] code） 美国专指的各种日本密码；比如 J–17 密码

LA（American term for a simple Japanese code） 美国专指的一种简单的日本密码

MAGIC（American term for all Japanese diplomatic codes and ciphers） 美国专指的所有日本外交代码和密码

MID（Military Intelligence Division, U.S. Army） 美国陆军军事情报局

N. E. I.（Netherlands East Indies） 荷属东印度群岛

ONI（Office of Naval Intelligence） 海军情报局

OPD（Operations Division，U.S. Army; became title of WPD after March，1942） 美国陆军作战部，在 1942 年 3 月后取代“作战计划部”名称

Opnav（Office of the Chief of Naval Operations） 海军作战部长办公室

Orange（U.S. code term for Japan） 美国专指“日本”的代码

OSS（Office of Strategic Services） 战略情报局

PA–K2（American term for a simple Japanese code） 美国专指的一种简单的日本代码

Patwing（Patrol wing） 巡逻机联队

PBY（Patrol bomber; Y designates the builder） 巡逻轰炸机，Y 代表制造商

Pncf（Pacific Naval Coastal Frontier） 太平洋海岸前沿

Pnncf（Pacific Northern Naval Coastal Frontier） 太平洋北部海岸前沿

Psncf（Pacific Southern Naval Coastal Frontier） 太平洋南部海岸前沿

PURPLE（American term for the top-priority Japanese diplomatic cipher）“紫色”或“紫色密码”，美国专指最高级别的日本外交密码系统

RCA（Radio Corporation of America） 美国无线电公司

SIS（Signal Intelligence Service） 信号情报处

SOPA（Senior Officer Present Afloat） 船上最高军官

Spenavo（Special Naval Observer [in London]） （驻伦敦）海军特别观察员

SWPA（Southwest Pacific Area） 西南太平洋地区

USN（U.S. Navy） 美国海军

USSBS（United States Strategic Bombing Survey） 美国战略轰炸调查团

WDCSA（Chief of Staff, U.S. Army） 美国陆军参谋长

WPD（War Plans Division，U.S. Army; changed to OPD after March, 1942 [U.S. Navy also had a War Plans Division]） 美国陆军作战计划部，在1942 年 3 月之后更名为“作战部”（美国海军也有一个作战计划部）

WPL（War Plan） 作战计划

参考文献

书籍、手稿和政府文件

Beard, Charles A., *American Foreign Policy in the Making, 1932–1940*, Yale University Press, New Haven, 1946.

———, *President Roosevelt and the Coming of the War, 1941*, Yale University Press, New Haven, 1948.

Berle, Adolf A., Jr., "Diaries" (unpublished manuscript in the possession of the diarist).

Brereton, Lewis H., *The Brereton Diaries*, W. Morrow & Co., Inc., New York, 1946.

Bryant, Arthur, *The Turn of the Tide: A History of the War Years, 1939–1943, Based on the Diaries of Field-Marshal Lord Alanbrooke, Chief of the Imperial General Staff*, Doubleday and Co., Garden City, New York, 1957.

Butow, Robert J. C., *Tojo and the Coming of the War*, Princeton University Press, Princeton, 1961.

Byas, Hugh, *Government by Assassination*, Alfred A. Knopf, New York, 1942.

Churchill, Winston S., *The Grand Alliance*, Houghton Mifflin Co., Boston, 1950.

Cline, Ray S., *Washington Command Post: The Operations Division*, in the series *United States Army in World War II*, Washington, D.C., 1951.

Conn, Stetson, and Byron Fairchild, *The Framework of Hemisphere Defense*, in the series *United States Army in World War II*, Washington, D.C., 1960.

Craigie, Sir Robert Leslie, *Behind the Japanese Mask*, Hutchinson & Co., Ltd., London, 1945.

Craven, Wesley F., and James L. Cate (eds.), *United States Air Force in World War II: Plans and Early Operations: January 1939 to August 1942*, University of Chicago Press, Chicago, 1948.

Davis, Forrest, and Ernest K. Lindley, *How War Came*, Simon and Schuster, New York, 1942.

Edmonds, Walter D., *They Fought with What They Had*, Little, Brown & Co., Boston, 1951.

Feis, Herbert, *The Road to Pearl Harbor*, Princeton University Press, Princeton, 1950.

Foote, Alexander, *Handbook for Spies*, Doubleday and Co., Garden City, New York, 1949.

Foreign Relations of the United States: Japan, 1931–1941, Department of State Publication No. 2016, United States Government Printing Office, Washington, D.C., 1943. 2 vols.

Fuchida, M., and M. Okumiya, *Midway: The Battle That Doomed Japan*, Naval Institute Publication, Annapolis, Maryland, 1955.

Grenfell, Russell, *Main Fleet to Singapore*, Faber & Faber, Ltd., London, 1951.

Grew, Joseph C., *Ten Years in Japan*, Simon and Schuster, New York, 1944.

———, *Turbulent Era: A Diplomatic Record of Forty Years, 1904–1945*, ed. by Walter Johnson, Vol. II, Houghton Mifflin Co., Boston, 1952.

Hart, Thomas, "Narrative of Events Leading up to War" (photostatic copy in the Office of the Chief of Military History).

Hattori, Takushiro, "Complete History of the Greater East Asia War," Vol. I (typescript in the Office of the Chief of Military History).

Hearings before the Joint Committee on the Investigation of the Pearl Harbor Attack, 79th Congress, United States Government Printing Office, Washington, D.C., 1946. 39 vols.

Hearings on American Aspects of the Richard Sorge Spy Case, based on testimony of M. Yoshikawa and Maj. Gen. C. A. Willoughby, Hearings before the Committee on Un-American Activities, August 9, 22, and 23, 1951, Washington, D.C., 1951.

Huie, William Bradford, *The Case against the Admirals*, E. P. Dutton and Co., New York, 1946.

Hull, Cordell, *The Memoirs of Cordell Hull*, The Macmillan Company, New York, 1948. 2 vols.

Ickes, Harold L., *The Lowering Clouds*, Vol. III of *The Secret Diary of Harold L. Ickes*, Simon and Schuster, New York, 1954.

Ind, Allison, *Bataan, the Judgment Seat: The Saga of the Philippine Command of the United States Army Air Force, May, 1941, to May, 1942*, The Macmillan Company, New York, 1944.

"Judgment," Judge Advocate, Department of the Army, International Military Tribunal for the Far East, November, 1948 (mimeo.).

Karig, Walter, and Welbourn Kelley, *Battle Report: Pearl Harbor to Coral Sea*, Farrar and Rinehart, New York, 1944.

Kase, Toshikazu, *Journey to the Missouri*, Yale University Press, New Haven, 1950.

Kato, Masuo, *The Lost War*, Alfred A. Knopf, New York, 1946.

Kaufmann, William W., "Operation Barbarossa" (unpublished manuscript in the possession of the author).

Kennan, George F., *American Diplomacy, 1900–1950*, University of Chicago Press, Chicago, 1951.

Kimmel, Husband E., *Admiral Kimmel's Story*, Henry Regnery Co., Chicago, 1955.

King, Ernest J., and Walter Muir Whitehill, *Fleet Admiral King: A Naval Record*, W. W. Norton and Co., New York, 1952.

Koehler, Hansjuergen, *Inside the Gestapo: Hitler's Shadow over the World*, Pallas Publishing Co., Ltd., London, 1940.

Langer, William L., and Everett S. Gleason, *The Challenge to Isolation*, Harper, New York, 1952.

———, *The Undeclared War, 1940–1941*, Harper, New York, 1953.

Lord, Walter, *Day of Infamy*, Henry Holt and Co., New York, 1957.

Mashbir, Sidney Forrester, *I Was an American Spy*, Vantage Press, Inc., New York, 1953.

Matloff, Maurice, and Edwin M. Snell, *Strategic Planning for Coalition Warfare, 1941–1942*, in the series *United States Army in World War II*, Washington, D.C., 1953.

Maxon, Yale Candee, *Control of Japanese Foreign Policy: A Study of Civil-Military Rivalry, 1930–1945*, University of California Press, Berkeley, 1957.

Meissner, Hans-Otto, *The Man with Three Faces*, Rinehart and Co., New York, 1956.

Millis, Walter, *This Is Pearl!* W. Morrow & Co., Inc., New York, 1947.

Morgenstern, George, *Pearl Harbor: The Story of the Secret War*, Devin-Adair Co., New York, 1947.

Morison, Elting, *Turmoil and Tradition: A Study of the Life and Times of Henry L. Stimson*, Houghton Mifflin Co., Boston, 1960.

Morison, Samuel Eliot, *The Rising Sun in the Pacific: 1931–April 1942*, Vol. III of *History of United States Naval Operations in World War II*, Little, Brown & Co., Boston, 1950.

Morton, Louis, *The Fall of the Philippines*, in the series *United States Army in World War II*, Washington, D.C., 1953.

Nomura, Kichisaburo, "Diary of Admiral Kichisaburo Nomura, 1 June–31 December, 1941," trans. by K. Kurosawa, July 18, 1946 (mimeo.).

Okumiya, Masatake, and Jiro Horikoshi, with Martin Caidin, *Zero*, E. P. Dutton and Co., New York, 1956.

Payne, Robert, *The Marshall Story: A Biography of General George C. Marshall*, Prentice-Hall, Inc., New York, 1951.

"Political Strategy prior to the Outbreak of War," Part V, Document No. 152, Office of the Chief of Military History (mimeo.).

Rauch, Basil, *Roosevelt from Munich to Pearl Harbor*, Creative Age Press, New York, 1950.

Report of the Joint Committee on the Investigation of the Pearl Harbor Attack, and Additional Views of Mr. Keefe Together with Minority Views of Mr. Ferguson and Mr. Brewster, United States Government Printing Office, Washington, D.C., 1946.

Roosevelt, Elliott, and Joseph P. Lash (eds.), *F.D.R.: His Personal Letters: 1928–1945*, Vol. II, Duell, Sloan and Pearce, New York, 1950.

Sakai, Saburo, with Martin Caidin and Fred Saito, *Samurai: The Personal Story of Japan's Greatest Living Fighter Pilot*, E. P. Dutton and Co., New York, 1957.

Seth, Ronald, *Secret Servants: A History of Japanese Espionage*, Farrar, Strauss, and Cudahy, New York, 1957.

Sherwood, Robert E., *Roosevelt and Hopkins: An Intimate History*, Harper, New York, 1948.

Shigemitsu, Mamoru, *Japan and Her Destiny*, trans. by Oswald White, Hutchinson & Co., Ltd., London, 1958.

Tansill, Charles C., *Back Door to War: The Roosevelt Foreign Policy, 1933–1941*, Henry Regnery Co., Chicago, 1952.

Terret, Dulany, *The Emergency*, Vol. I of *The Signal Corps*, in the series *United States Army in World War II*, Washington, D.C., 1956.

Theobald, Robert A., *The Final Secret of Pearl Harbor*, Devin-Adair Co., New York, 1954.

Togo, Shigenori, *The Cause of Japan*, Simon and Schuster, New York, 1956.

"Tokyo War Crime Trial Documents," International Military Tribunal for the Far East, Harvard Law School Treasure Room Collection (mimeo.).

Tolischus, Otto D., *Tokyo Record*, Reynal and Hitchcock, New York, 1943.

United States Strategic Bombing Survey: Interrogations of Japanese Officials, Reports, Pacific War, No. 72, Vols. I and II, Naval Analysis Division, Washington, D.C., 1946; *Japanese Air Power*, Military Analysis Division, Washington, D.C., July, 1946; *Japanese Military and Naval Intelligence Division*, Japanese Intelligence Section, G-2, Washington, D.C., 1946; *Summary Report* (Pacific War), Washington, D.C., 1946.

The War with Japan, Part I (December, 1941, to August, 1942), Department of Military Art and Engineering, United States Military Academy, West Point, New York, 1950.

Watson, Mark S., *Chief of Staff: Prewar Plans and Preparations*, in the series *United States Army in World War II*, Washington, D.C., 1950.

Willoughby, C. A., *Shanghai Conspiracy*, E. P. Dutton and Co., New York, 1952.

Ballantine, Joseph W., "Mukden to Pearl Harbor," *Foreign Affairs*, Vol. 27, July, 1949, pp. 651–664.

Burtness, Paul S., and Warren U. Ober, "Research Methodology: Problem of Pearl Harbor Intelligence Reports," *Military Affairs*, Vol. 25, Fall, 1961, pp. 132–145.

Current, Richard N., "How Stimson Meant To 'Maneuver' the Japanese," *Mississippi Valley Historical Review*, Vol. 40, June, 1953, pp. 67–74.

DeWeerd, Harvey, "Strategic Surprise in the Korean War," *Orbis*, Vol. 6, Fall, 1962, pp. 435-452.

Ellsberg, Daniel, "Uncalculated Risks and Wishful Thinking" (unpublished paper in the possession of the author).

Fioravanza, Giuseppe, "The Japanese Military Mission to Italy in 1941," *U.S. Naval Institute Proceedings*, Vol. 82, January, 1956, pp. 24–31.

Fuchida, Mitsuo, "I Led the Air Attack on Pearl Harbor," *U.S. Naval Institute Proceedings*, Vol. 78, September, 1952, pp. 939–952.

Fukudome, Shigeru, "Hawaii Operation," *U.S. Naval Institute Proceedings*, Vol. 81, December, 1955, pp. 1315–1332.

Higgins, Trumbull, " 'East Wind Rain,' " *U.S. Naval Institute Proceedings*, Vol. 81, November, 1955, pp. 1198–1205.

"Japanese Naval Intelligence," *The ONI Review*, Vol. 1, July, 1946, pp. 36–40.

Kiralfy, Alexander, "Japanese Naval Strategy," in *Makers of Modern Strategy*, ed. by Edward Mead Earle, with the collaboration of Gordon A. Craig and Felix Gilbert, Princeton University Press, Princeton, 1943, pp. 457–484.

Kittredge, Tracy B., "United States Defense Policy and Strategy, 1941," *U.S. News and World Report*, December 3, 1954, pp. 53–63 and 110–139.

May, Ernest R., "The Development of Political-Military Consultations in the United States," *Political Science Quarterly*, Vol. 70, June, 1955, pp. 161–180.

Miles, Sherman, "Pearl Harbor in Retrospect," *Atlantic Monthly*, Vol. 182, July, 1948, pp. 65–72.

Morton, Louis, "The Japanese Decision for War," *U.S. Naval Institute Proceedings*, Vol. 80, December, 1954, pp. 1325–1337.

———, "Pearl Harbor in Perspective," *U.S. Naval Institute Proceedings*, Vol. 81, April, 1955, pp. 461–468.

Pavlenko, N., "Documents on Pearl Harbor," *Voenno-Istoricheskii Zhurnal* (*Military-Historical Journal*), No. 1, January, 1961, pp. 85–105.

Sansom, Sir George, "Japan's Fatal Blunder," *International Affairs*, Vol. 24, October, 1948, pp. 543–554.

Shimada, Koichi, "Japanese Naval Air Operations in the Philippine Invasion," *U.S. Naval Institute Proceedings*, Vol. 81, January, 1955, pp. 1–17.

Ward, Robert E., "The Inside Story of the Pearl Harbor Plan," *U.S. Naval Institute Proceedings*, Vol. 77, December, 1951, pp. 1272–1281.

Welles, Sumner, "Far Eastern Policy Before Pearl Harbor," Chap. 3 of *Seven Decisions That Shaped History*, Harper, New York, 1950 and 1951.

Wilds, Thomas, "How Japan Fortified the Mandated Islands," *U.S. Naval Institute Proceedings*, Vol. 81, April, 1955, pp. 401–408.

Yoshida, Shigeru, "Memoirs," *Asahi* (*Asahi Evening News*), August, 1955, particularly August 2, 1955, trans. by A. M. Halpern.

Yoshikawa, Takeo, "Top Secret Assignment," *U.S. Naval Institute Proceedings*, Vol. 86, December, 1960, pp. 27–39.

参考文献说明

对珍珠港事件感兴趣的读者来说，1962 年春以来，先后出现了两本包含新材料的著作。其中一本是查尔莫斯·约翰逊（Chalmers Johnson）所著 *An Instance of Treason: Ozaki Hotsumi and the Sorge Spy Ring* (Stanford, University Press, Stanford, California, 1964)，该书基于日文资料，所述令人惊奇。苏联最近已经承认，佐尔格是其最有价值的特工之一，随着他名誉的恢复，可能会有更多关于该谍报网作用的材料被公开。若要了解珍珠港袭击之前数月内日德两国的外交联系，则可参考美国政府印刷局（United States Government Printing Office）1964 年出版的第 7682 号国务院出版物 *Documents on German Foreign Policy: 1918–1945*, Ser. D, Vol. 13 (June 23-December 11, 1941)。

罗伯塔·沃尔斯泰特

1965 年 8 月于加州洛杉矶

英汉对照表

[术语]

American Peace Commission 美国和平委员会
Army Air Corps 陆军航空兵
Army Antiaircraft Artillery Corps 陆军防空高炮部队
Army Pearl Harbor Board 陆军珍珠港委员会
Army Signal Corps 陆军信号部队
Black Dragon Society 黑龙会
Bomber Command of the Army 陆军轰炸机指挥部
Boxer Protocol《辛丑条约》
Business Advisory Council 商业顾问委员会
Cabinet Advisory Council（日本）内阁顾问委员会
call sign 呼号
Captain of the Yard 船坞指挥官
Chief Cabinet Secretary（日本）内阁官房长官
Chief Signal Officer 通信主任
conditions of alert 警戒等级
Conditions of Readiness 战备等级
direction-finding 测向
District Public Works Officer 地区公共工程军官
German Intelligence Agency 德国谍报局
Greater East Asia Co-Prosperity Sphere 大东亚共荣圈
Harbor Control Post 港口控制站
Hawaiian Air Force Headquarters 夏威夷航空司令部
Hearings《听证会》
Imperial Council（日本）御前会议
Imperial General Staff（日本）帝国大本营
Interceptor Command 截击机指挥部
Japanese Mandates 日本托管地
Joint Action of the Army and Navy《陆海

军联合行动》
Joint Air Agreement《联合空中协定》
Joint Army and Navy Basic War Plan Rainbow No. 1《陆海军联合基本作战计划彩虹 1 号》
Joint Army-Navy Board 陆海军联合委员会
Joint Coastal Frontier Defense Plan《联合海岸前沿防御计划》
Joint Congressional Committee 国会联合委员会
Joint Estimate《联合预测》
Joint Planning Committee 联合计划委员会
Kwantung Army 关东军
Naval Air Defense Officer 海军防空官
Naval Base Air Defense 海军基地防空部队
Naval Base Defense Air Force Operation Plan No. A-1-41《海军基地防御空中力量作战计划 A–1–41》
Naval Base Defense Force 海军基地防御力量
Naval Court of Inquiry 海军质询法庭
Naval General Staff（日本）海军军令部
Navy Communications Division 海军通信局
Navy Department 海军部
plane guard destroyer 对空警戒驱逐舰
Roberts Commission 罗伯茨委员会
Scouting Force 侦察部队
Secretary of State for Dominion Affairs（英国）自治领事务大臣
Signal Intelligence Service (SIS) 信号情报处
Southern Army（日本）南方方面军
Staff Instructions《参谋部指令》
static information 静态信息
Total War Research Institute（日本）全面战争研究所
Tripartite Pact《三国同盟条约》
Volunteer Participation Committee 志愿者参与委员会
War Council 战争委员会
War Department 陆军部
War Department General Staff (WDGS) 陆军总参谋部
War Ministry（日本）陆军省
Western Defense Command 西部防御指挥部

［人名］

A. M. Halpern 哈尔彭
Adolf A. Berle, Jr. 小阿道夫・伯利
Albert Wohlstetter 阿尔伯特・沃尔斯泰特
Andrew W. Marshall 安德鲁・马歇尔
Bernard Brodie 伯纳德・布罗迪
Douglas Robertson 道格拉斯・罗伯逊
Eleanor Harris 埃莉诺・哈里斯
Elliott Roosevelt 埃利奥特・罗斯福
Everett Gleason 埃弗里特・格里森
F. M. Sallagar 萨拉加
Franklin D. Roosevelt 富兰克林・罗斯福
Hallett Abend 哈雷特・阿本德
Hanson Baldwin 汉森・鲍德温
Harold L. Ickes 哈罗德・伊克斯
Harry Hopkins 哈里・霍普金斯
Harvey Bundy 哈威・邦迪
Harvey DeWeerd 哈威・德维尔德
Henry Rowen 亨利・洛文
Henry Stimson 亨利・史汀生
Herbert Feis 赫伯特・菲斯
Herman Kahn 赫尔曼・卡恩
Hideki Tojo 东条英机

Hideo Hiraide 平出秀雄
Isoroku Yamamoto 山本五十六
Israel Wice 伊斯雷尔・怀斯
James Digby 詹姆斯・迪格比
James Forrestal 詹姆斯・福莱斯特
Jean Decoux 让・德考斯
John H. Crider 约翰・克赖德
Joseph C. Grew 约瑟夫・格鲁
Joseph P. Lash 约瑟夫・拉什
Kent Roberts Greenfield 肯特・罗伯茨・格林菲尔德
Koichi Shimada 岛田光一
Mark Watson 马克・沃森
Maxwell Hamilton 马克斯维尔・汉密尔顿
Michael Arnsten 迈克尔・阿恩斯登
Minoru Genda 源田实
Mitsuo Fuchida 渊田美津雄
Nagao Kita 喜多长雄
Nomura Kichisaburo 野村吉三郎
Otto Tolischus 尾藤・塔利舒斯
Owen Lattimore 欧文・拉铁摩尔
Paul Langer 保罗・兰格
Robert Butow 罗伯特・布托
Robert Shivers 罗伯特・希弗斯
Saburo Kurusu 来栖三郎
Samuel Eliot Morison 塞缪尔・艾略特・莫里森
Shigemitsu 重光葵
Shigeru Fukudome 福留繁
Solis Horwitz 索利斯・霍尔威茨
Stanley Hornbeck 斯坦利・霍恩贝克
Stetson Conn 斯特森・康恩
Stuart S. Murray 斯图尔特・穆里
Sumner Welles 萨姆纳・威尔斯
Takeo Yoshikawa 吉川猛夫
Takijiro Ohnishi 大西泷治郎
Teijiro Toyoda 丰田贞次郎
Thomas C. Schelling 托马斯・谢林
Thomas E. Dewey 托马斯・杜威
Victor Hunt 维克多・亨特
Walter Milis 沃尔特・米利斯
William Langer 威廉・兰格
William W. Kaufmann 威廉・考夫曼

［美军军人（1941 年时军衔）］

A. H. McCollum 迈科克伦海军上将，1941 年时海军中校
Adolphus Andrews 阿道尔夫斯・安德鲁斯海军中将
Alan G. Kirk 阿兰・科克海军上校
Arthur C. Davis 阿瑟・戴维斯海军上校
C. A. Powell 鲍威尔中校
C. C. Bloch 布洛赫海军少将
C. Clyde Dusenbury 克莱德・杜森贝里中校
C. H. McMorris 麦克莫里斯海军上校
Charles D. Herron 查尔斯・赫伦中将
Charles L. Freeman 查尔斯・弗里曼海军上校
Edward W. Raley 爱德华・莱利中校
Edwin T. Layton 埃德温・莱顿海军上将，1941 年时海军少校
Ellis M. Zacharias 埃利斯・扎卡里亚斯上校
F. L. Martin 马丁少将
George C. Reinhardt 乔治・莱因哈特上校
George E. Elliott 二等兵乔治・埃利奥特
George V. Strong 乔治・斯特朗将军
George W. Bicknell 乔治・比克奈尔中校
Harold Kaminski 哈罗德・卡明斯基海军

上尉
Harry Sanders 哈里・桑德斯海军上校
Hayes A. Kroner 海耶斯・克罗内尔上校
Henry T. Burgin 亨利・布尔津少将
Herbert M. Coleman 赫伯特・科勒曼海军少校
Hewitt 休伊特海军上将
Howard C. Davidson 霍华德・戴维森准将
Husband E. Kimmel 赫斯本德・金梅尔海军上将
Irving Mayfield 欧文・梅菲尔德海军上校
John E. Earle 约翰・厄尔海军上校
John H. Newton 约翰・纽顿海军少将
John R. Beardall 约翰・贝尔达尔海军上校
Joseph J. Rochefort 约瑟夫・罗彻福特海军少校
Joseph L. Lockard 二等兵约瑟夫・洛卡德
Joseph O. Mauborgne 约瑟夫・莫博涅少将
Jules James 朱尔斯・詹姆斯海军上校
Kendall J. Fielder 肯达尔・菲尔德中校
Kenneth P. Bergquist 肯尼斯・伯奎斯特少校
Kermit Tyler 科密特・泰勒中尉
L. L. Montague 蒙塔古上校
L. R. Schulz 舒尔茨中尉
L. T. Gerow 杰罗将军
Leigh Noyes 利・诺伊斯海军少将
Logan C. Ramsey 罗根・拉姆塞海军中校
Moses Pettigrew 摩西・佩蒂格鲁中校
Outerbridge 奥特布里奇舰长
Patrick Bellinger 帕特里克・贝林格海军少将
Paul Bates 保罗・贝茨海军上尉
Philip Hayes 菲利普・海耶斯少将
R. E. Ingersoll 英格索尔海军少将
R. E. Schuirmann 舒尔曼海军上校
R. K. Turner 特纳海军少将
Robert G. Lockhart 罗伯特・洛克哈特海军上将
Rufus S. Bratton 鲁夫斯・布拉顿上校
Sherman Miles 谢尔曼・迈尔斯准将
Theodore Wyman 西奥多・怀曼上校
W. S. Pye 派耶海军中将
Walter C. Philips 沃尔特・菲利普斯上校
Walter S. Anderson 沃尔特・安德森海军少将
Walter Short 沃尔特・肖特中将
William F. Friedman 威廉・弗里德曼上校
William F. Halsey 威廉・哈尔西海军中将
William Taylor 威廉・泰勒海军中校
William W. Smith 威廉・史密斯海军少将

[地名]

Aleutians 阿留申群岛
Archangel 阿尔汉格尔斯克
Baguio 碧瑶
Bako 巴哥
Balabac Strait 巴拉巴克海峡
Balboa 巴尔博亚
Bataan 巴丹半岛
Batan 巴坦岛
Bellows 贝勒斯
Bering Sea 白令海
Bienhoa 边河
Bismarcks 俾斯麦群岛
Borneo 婆罗洲
Camranh Bay 金兰湾
Caroline Islands 加罗林群岛
Cavite 甲米地

Celebes 西里伯斯岛
Chiengmai 清迈
Clark Field 克拉克机场
Colon Pass 科隆水道
Davao 达沃
Del Monte 地扪
Diamond Head 钻石山
Dutch Harbor 荷兰港
Etorufu Island 择捉岛
Ewa 伊瓦
Fort Derussy 德鲁西堡
Fort Kamehameha 卡姆哈梅哈堡
Fort Shafter 沙夫特堡
Ft. Hancock 汉科克堡
Ft. Hunt 胡特堡
Gilbert Islands 吉尔伯特群岛
Gulf of Siam 暹罗湾
Hickham 西坎姆
Hitokappu Bay 单冠湾
Inland Sea 濑户内海
Jaluit 贾卢伊特
Johnston Islands 约翰斯顿群岛
Kagoshima 鹿儿岛
Kahoolawe 卡霍拉维岛
Kahuku Point 卡胡库角
Kaiwi Channel 凯维水道
Kalohi Channel 卡洛希水道
Kamchatka Peninsula 堪察加半岛
Kaneohe 卡内奥赫（湾）
Kauai 考艾岛
Kawailoa 科韦罗阿
Koko Head 科科角山
Kompontrach 孔旁
Kra Isthmus 克拉地峡
Kure-Sasebo 吴港—佐世保
Kyushu 九州
Lahaina Roads 拉海纳锚地
Lake Buir Nor 呼伦贝尔湖
Lamon Bay 拉蒙湾
Lanai 拉奈岛
Lingayen Gulf 仁牙因湾
Loyalty Islands 洛亚蒂群岛
Luzon 吕宋岛
Marianas 马里亚纳群岛
Maritime provinces 滨海边疆区
Marshalls 马绍尔群岛
Maui 毛伊岛
Mindanao 棉兰老岛
Molokai 莫洛凯岛
Molucca 摩洛加岛
Montevideo 蒙得维的亚
New Caledonia 新喀里多尼亚群岛
Nhatrang 芽庄
Nichols Field 尼科尔斯机场
Oahu 瓦胡岛
Opana 奥帕纳
Pailolo Channel 帕洛洛水道
Palmyra 巴尔米拉
Panay 班乃岛
Pearl Harbor 珍珠港
Pescadores 澎湖列岛
Pointe de Camau 玛乌角
Puget Sound 普吉特湾
Samoa 萨摩亚
San Ildefonso Peninsula 圣伊尔德丰索半岛
Sea of Japan 日本海
Sea of Okhotsk 鄂霍次克海
Simreap 暹粒

Singora 宋卡
Soctrang 朔庄
Takao 高雄
Torres Straits 托雷斯海峡
Touraine 都兰
Tuguegarao 土格加劳
Verkhneudinsk 上乌金斯克
Waianae 怀安纳
Wake Island 威克岛
Yokosuka 横须贺

[舰船名称]

Akagi“赤城”号
Amagisan“天城丸”
Antares“心宿二”号
Asuka“飞鸟丸”
Awajisan“淡路丸”
Boise“博伊西”号
California“加利福尼亚”号
CASTOR“卡斯托”号
Chikuma“利根”号
Condor“秃鹰”号
Crossbill“交嘴雀”号
CURTISS“柯蒂斯”号
Enterprise“企业”号
Hiryu“飞龙”号
Hornet“大黄蜂”号
Kaga“加贺”号
Kanju“完寿丸”
Kasuga Maru“春日丸”
Kearny“基尔尼”号
Kiyosume“清澄丸”
Kirishima“雾岛丸”
Lexington“列克星敦”号
Norfolk“诺福克”号
Pennsylvania“宾夕法尼亚”号
Quincy“昆西”号
Ryujo“龙骧”号
Saratoga“萨拉托加”号
Shokaku“翔鹤”号
Soryu“苍龙”号
St. Louis“圣路易斯”号
Taiyo Maru“太阳丸”
Tatsuta Maru“立田丸”
Tokai“东海丸”
Tone“筑摩”号
Tosan“兔山丸”
Ward“沃德”号
Wasp“黄蜂”号
West Virginia“西弗吉尼亚”号
Wright“赖特”号
Yorktown“约克城”号
Zuikaku“瑞鹤”号
Zuiko“瑞光”号

国家安全与保密参考书目

策划人：朱策英
邮　箱：gwpbooks@yahoo.com

《情报与突然袭击：战略预警案例研究》 ［美］埃里克·J. 达尔　著

本书对珍珠港事件、中途岛战役、"9·11"事件等重大突袭事件中的情报成败与决策关系进行了深刻剖析。在介绍了各个学派研究者对情报失误原因的观点后，作者结合上述突袭事件提出了自己的观点，即预防行动理论。最后，作者针对此前发生的未遂阴谋，对情报失误与决策不当的种种动因进行了理论验证。

《减少不确定性：情报分析与国家安全》 ［美］冯稼时　著

本书介绍了美国情报界的分析人员应该做什么工作，如何工作，以及怎样为国家安全减少不确定性。作者运用大量真实案例，结合自身经验，进行了专业理性的论述。同时，他也针对实际问题，提出各种极有见地的建议。作为战略预警学术著作，本书有助于读者了解美国的情报工作思维、国家安全逻辑和外交思想，为应对挑战提供可资参考的视角。

《珍珠港：预警与决策》 ［美］罗伯塔·沃尔斯泰特　著

本书是世界上首部关于情报失误或预警失误的著作，开启了预警问题的研究之门。作者深刻剖析了 1941 年日本成功突袭美国珍珠港这一事件，从美军预警失败的角度查找原因并总结经验，被奉为"最全面研究情报失误导致被突袭的最佳作品"，具有较高的情报研究价值。

《预警情报手册（完整解密版）：国家安全威胁评估》 ［美］辛西娅·格拉博　著

作者通过回顾美国 1971 年前的预警情报工作，分析经典情报失误案例，总结经验教训，指导如何有效阅读、撰写和分析预警情报，以便更准确预判突发事件。本书为最新完整解密版，涵盖军事情报、政治情报、经济情报、民生情报等各领域，堪称预警情报经典之作。

《先发制人：国际冲突的先制与预防》 ［美］迈克尔·多伊尔　著

一个负责任的政府是应采取预防措施，对潜在敌人发动先制战争以防患于未然，还是待冲突发生后再采取动作？为因应"9·11"恐怖袭击后的挑战，作者就近数十年来的国际冲突案例进行了深入浅出的分析，提出了自己的国家安全主张。

《突然袭击：被袭国的视角》 ［以］伊弗雷姆·卡姆　著

本书系统分析了 1939 年以来的全球 11 个经典突袭案例，梳理致使一国遭受战略突袭的分析困难、判断偏见、组织障碍等，是研究战略突袭的经典之作。它告诉我们，突袭虽极难预防，但只要处理得当，并非完全不可避免。

《美国政府保密史：制度的诞生与进化》 ［美］戴维·弗罗斯特　著

本书论述了美国政府自建国前至今的保密史。作者以大陆会议、宪法制定、曼哈顿计划等各种历史事件为切入点，讲述了保密如何在维护美国国家安全中发挥重要作用，政府保密制度与文化怎样跟随历史不断演变。

《情报欺骗：反欺骗与反情报》 ［美］罗伯特·克拉克　［丹］威廉·米切尔　著

通过丰富的案例，作者系统论述了情报欺骗的历史、原理和应用，兼顾理论与实践，并提供了各种实操训练方法。其内容包括欺骗的途径、方法，在战争中运用欺骗的优势，案例分析及其复盘，实操练习与批评性思考等等。作为情报欺骗的标杆性理论专著，本书利于我们加深对西方情报欺骗的认识，在复杂的国际局势中有效保护国家安全。

《情报搜集的五大科目》 ［美］马克·洛文塔尔　罗伯特·克拉克　主编

本书涵盖开源情报、人力情报、信号情报、地理空间情报、测量与特征情报等五大搜集科目，并对情报搜集的定义、历史、流程、管理和趋势等进行了系统介绍。这是一部重要的情报搜集专著，由五位情报实战专家撰稿，两位知名情报理论家担纲主编，有助于正确认识美国情报搜集理论和方法，对我国情报和安全研究具有一定的参考价值。

《情报分析：复杂环境下的思维方法》 ［美］韦恩·霍尔　加里·西腾鲍姆　著

本书全面论述了如何在复杂环境下思考、开展情报分析工作，做好应对国际冲突新形势下危险敌人和各种非常规冲突的准备，重点阐述了高级分析方法及其实践应用。本书乃美国情报分析经典著作，为国家安全研究提供了积极的参考视角。

《战略情报：情报人员、管理者和用户手册》 ［澳］唐·麦克道尔　著

本书阐述了战略情报从生产到应用的整个环节，重点论述了战略情报的概念和原理，战略情报分析的流程和方法，战略情报管理思想和决策观念的革新，战略情报批判性与创造性思维的实践应用等，堪称战略情报的首部系统性研究著作。

《分析情报：国家安全从业者视角》 ［美］罗杰·乔治　詹姆斯·布鲁斯　主编

本书从国家安全的视角，汇集美国情报界24位顶级专家的思想，深度阐释情报分析的20个核心议题，包括搜集缺口、认知缺陷、外国拒止与欺骗、分析与政策关系、不确定性、反恐斗争、国内情报等，是情报分析领域论述最为全面的书籍之一。

《情报分析案例·实操版：结构化分析方法的应用》 ［美］萨拉·毕比　伦道夫·弗森　著

本书是《情报分析案例：结构化分析方法的应用》的配套用书，采用情景化示范的方式，论证了结构化分析方法的实际应用，为情报分析及其他行业的决策者和管理者提供有效的工作指南。

《情报分析案例：结构化分析方法的应用》 ［美］萨拉·毕比　伦道夫·弗森　著

作者精选出17个经典案例，指导情报分析人员运用结构化分析方法处理实际问题。本书是《情报分析心理学》和《情报分析：结构化分析方法》的姊妹篇，与《情报分析案例·实操版：结构化分析方法的应用》是配套用书。

《情报分析：结构化分析方法》 ［美］小理查兹·J. 霍耶尔　伦道夫·弗森　著

本书采用结构化分析方法的新理念，将55种情报分析方法分成8大类，不仅阐述每一种分析方法本身的内容，还指出其适用场景、增加的价值、具体的操作步骤等，可有效提升情报用户的预测和决策能力。

《情报研究与分析入门》 ［美］杰罗姆·克劳泽　原著　［美］简·戈德曼　改编

本书全面探讨了情报研究与分析的各个阶段，重点讨论了情报研究的规范程序和适用的分析方法工具、模型，优秀情报分析人员的必备特质，以及如何提升情报产品的质量，是情报研究与分析入门必备教材。

《战略情报的批判性思维》 ［美］凯瑟琳·弗森　伦道夫·弗森　著

本书关注如何在情报工作中应用批判性思维，系统阐述了20个重点问题，介绍了其中的各种实用技巧与工具，以及简单易懂的解决办法。这是一部情报工作者高效思考力指南，情报分析的三大黄金标杆教科书之一。

《情报搜集技术》 ［美］罗伯特·克拉克　著

本书是首部系统论述情报搜集技术的专著，集中讨论了各种技术搜集手段，情报搜集策略与管理问题等；重点探讨了搜集技术在国家安全领域的三大用途，让读者一窥美国情报界强大的情报搜集能力、发展动向及维护国家安全的最新思维。

《情报：从秘密到政策》 ［美］马克·洛文塔尔　著

本书详细阐述情报的概念、历史、流程、搜集、分析、反情报、隐蔽行动等问题，重点讨论情报在美国国家安全决策中的重要作用。本作品享有极高声誉，多次再版修订，已成为全美外交、国关、国安、情报等诸多学科的权威教材。

《情报分析心理学》 ［美］小理查兹·J. 霍耶尔　著

本书主要探讨了人类在判断不完整或模糊信息过程中的认知心理问题，以及这些问题如何对情报分析产生影响，而我们又怎样有效克服这些影响。本书既是美国情报机构培训员工的经典教科书，也是中情局情报官员的必备参考读物。

《情报分析：以目标为中心的方法》 ［美］罗伯特·克拉克　著

作者创造性地提出运用“以目标为中心”的情报分析方法，完善情报分析的逻辑过程，形成“确定目标—问题分解—建立模型—评估数据—填充模型—进行预测”的情报分析流程，称得上是一部名副其实的情报分析教科书。

《斯诺登档案：世界头号通缉犯的内幕故事》（修订版） ［英］卢克·哈丁　著

本书对“斯诺登事件”进行了全面介绍和解读。它详细追踪了斯诺登的泄密动机、获取机密文件的方式、媒体的报道过程及事件的后续发展，讲述了事件背后各方的博弈较量与攻防策略，披露了美英等国监控全球的手段和规模。

《二战后的美国对外政策》 ［美］史蒂文·胡克　约翰·斯帕尼尔　著

作者将美国置于全球背景下，系统讲述了1945年二战结束后该国对外战略的重大发展与变化，深刻剖析了其外交政策的决策机制，提示了其对外战略的形成过程与规律。通过本书，读者可以了解美国对外政策的根源和复杂性，深入理解其对外战略的全景图。

《谁来监管泄密者?：国家安全与新闻自由的冲突》 ［美］盖里·罗斯 著

通过美国政府历史上重大的泄密案例，作者探讨了未授权信息泄露背后的动机、代价、法律困境和解决之道，以提醒全美情报系统：对手如何获取美国情报，获得情报后会取得怎样的优势。本书是信息时代普及国家安全意识的必备佳作。

《情报术：间谍大师杜勒斯论情报的搜集处理》 ［美］艾伦·杜勒斯 著

本书作者以第一人称的视角展开，着重阐述了情报的实用技巧——情报如何搜集和处理，以及形成的结果怎样为制定国家政策服务。本书是"间谍大师"、中情局任期最长局长、美国现代情报系统缔造者杜勒斯的收官之作。

《骗中骗：克格勃与中情局的无声战争》 ［美］爱德华·爱泼斯坦 著

本书以美国反间谍头目詹姆斯·安格尔顿之死为缘起，追踪了苏联从建国伊始到冷战末期"欺骗对手"的各种行动，以及美国是如何应对和接招的。该书呈现了中情局与克格勃在情报与反情报上的较量，是国家安全研究的重要资料。

《全民监控：大数据时代的安全与隐私困境》 ［英］约翰·帕克 著

阿桑奇、斯诺登等的接连爆料警示我们，"全民监控"的时代已经来临。为了获得全方位的监控能力，西方国家利用闭路系统、窃听设备、身份识别技术、定位追踪装置等随时随地监视民众。本书是读者迅速掌握隐私与信息安全知识的必读之作。

《网络战：信息空间攻防历史、案例与未来》 ［美］保罗·沙克瑞恩 等著

通过梳理各种经典案例，本书系统探讨了网络战历史、现实和未来。以跨学科的研究方法，作者有机融合理论与实例，涵盖了从个人、组织机构到国家的网络安全问题，细致阐述了网络空间的生存之道。

《秘密情报与公共政策：保密、民主和决策》 ［美］帕特·霍尔特 著

全书讲述了美国安全情报的起源与演变，介绍了与国家安全政策制定相关的四大情报活动，穿插了一些情报利用、误用、滥用等的经典案例，并展望了情报和政策两者的未来关系。

《国家安全与情报政策研究：美国安全体系的起源、思维和架构》 ［美］伯特·查普曼 著

本书总结和收集了大量以美国为主的世界各国国家安全政策资料，重点介绍了美国国家安全思想和架构的起源和发展历程，以及作为其国家安全基石的情报政策的历史变迁，具有极强的资料性和实用性，是研究国家安全历史的重要案头书。

《恐怖主义如何终结：恐怖活动的衰退与消亡》 ［美］奥德丽·克罗宁 著

通过精心研究各种恐怖组织，本书总结出终结恐怖组织的六种模式，分别系统、深入地加以论述，辅以大量实际数据、案例研究和图表作支撑。本书极具历史性、实践性和经典性，论证严谨，是反恐领域的一部不可多得的标杆性读物。

《21 世纪犯罪情报：公共安全从业者指南》 ［美］理查德·赖特 等主编

本书全面、系统、深入地介绍了以美国为主的西方国家犯罪情报工作的过去、现在和未来，论述了犯罪情报工作的思想、流程、方法、工具和实践。全书在理论上揭示了犯罪情报工作的基本规律；在实践上提供了犯罪情报工作的方法工具。

《数据与监控：信息安全的隐形之战》 ［美］布鲁斯·施奈尔 著

在西方世界，大量的个人数据会被政府和企业监控，政治自由与公平、商业公平与平等，甚至隐私以及安全等都因监控岌岌可危。本书给出切实可行的建议，探讨如何才能有效应对监控，保护信息安全和隐私。作者被誉为信息领域的"安全教父"。

《金融情报学》 王幸平 著

本书探讨了金融情报的概念，金融情报的搜集、撰写和分析，金融情报人员的定位，金融情报机构与金融决策机构的关系，以及金融反情报等等。全书思想丰沛，案例多样，构建了一套专业情报学框架，对金融理论创新和国家安全研究均有参考价值。